MALTE HERWIG

DER GROSSE KALANAG

Wie Hitlers Zauberer die
Vergangenheit verschwinden ließ
und die Welt eroberte

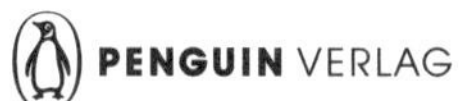
PENGUIN VERLAG

Wir danken der Stiftung Zauberkunst in Coesfeld für freundliche Genehmigung zur Nutzung von Abbildungen aus dem Archiv der Stiftung.

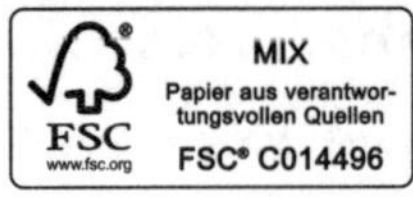

Penguin Random House Verlagsgruppe FSC® N001967

1. Auflage 2021

Neumarkter Str. 28, 81673 München
Lektorat: Nadine Lipp
Bildbearbeitung: Helio Repro GmbH, München
Umschlaggestaltung: FAVORITBUERO, München
Umschlagabbildung: Kalanag-Programm Schauspielhaus Hamburg 1950 (Ausschnitt), Sammlung Wittus Witt, www.zauber-pedia.de
Abbildungen auf dem Vorsatz: Kalanag-Bar, Sammlung Wittus Witt (vorne); Helmut Schreiber zaubert auf der Feier anlässlich des Tages der Deutschen Kunst im Führerbau in München, 1939, Archiv Stiftung Zauberkunst (hinten)
Satz: Vornehm Mediengestaltung GmbH, München
Druck und Bindung: GGP Media GmbH, Pößneck
Printed in Germany
ISBN 978-3-328-60054-1
www.penguin-verlag.de

Dieses Buch ist auch als E-Book erhältlich.

Zuschriften und Hinweise erreichen den Autor über den Verlag oder via E-Mail unter info@publicorum.com

Obgleich alles, was man im Laufe einer Vorstellung sagt, nichts als ein Lügengewebe ist, so muss der Vorführende doch ausreichend in die Rolle schlüpfen, die er spielt, und selbst seine fiktiven Feststellungen glauben. Dieser Glaube an seine eigene Rolle wird sich auf den Zuschauer übertragen.

JEAN EUGÈNE ROBERT-HOUDIN

Große Lügner sind auch große Zauberer.

ADOLF HITLER

Wenn Sie glauben, ich mache etwas, dann mach ich nichts; aber wenn Sie glauben, ich mache nichts, dann – habe ich schon gemacht.

KALANAG

Inhalt

Vorhang auf 9
Ein Magier aus Deutschland 12
Du sollst nicht zaubern 21
Tausendkünstler 30
Null und Neun 38
Der talentierte Herr Schreiber 46
Bei Papa Benz 58
Okkulte Erlebnisse 74
Geheimrat Moll 88
Die merkwürdigste aller Organisationen 100
Bruder Hanussen 113
In der Albtraumfabrik 133
Der Österreicher 147
Stets zeitgemäß 156
Erklären verboten 174
Weihnachten in Carinhall 186
Marvelli 200
Duell der Magier 208
Der größte Lump im ganzen Land 216
Zauberei an allen Fronten 227
Der Untergang 234
Nazi-Gold 246
Eine Karteikarte erscheint 253
Ein Parteiabzeichen verschwindet 261

Ein Freund, ein guter Freund 271
Widerstand 277
Persilscheine aus dem Nichts 281
Marvellis Rache 300
Das Unmögliche wird möglich 311
Simsalabim, da bin ich wieder 320
Der Herr Direktor 328
Die doppelte Brigitte 335
Der Geheimagent 349
Die Verzauberung der Welt 353
Vergib uns unsere Sünden 364
Freies Fernsehen 369
Ehrlicher Schwindel 384
Das Herz des Zauberers 402
Die sieben Schlüssel 408

Nachwort 416
Dank 421
Anmerkungen 423
Bildnachweis 472

Vorhang auf

Schauen Sie genau hin, meine Damen und Herren: Lassen Sie sich nicht in die Irre führen. Sehen Sie diesen Stapel mit Spielkarten? Ziehen Sie bitte eine der Karten, ja, Sie sind gemeint, nur nicht so schüchtern! Das ist alles kein Hexenwerk, nur ein bisschen Zauberei. Haben Sie sich die Karte gemerkt, ja? Dann geben Sie sie mir bitte zurück, aber ohne dass ich sie sehen kann. Sie erinnern sich noch an das Blatt, ja? Und Sie sind sicher, dass ich die Karte nicht gesehen habe? Gut, dann brauche ich jetzt einen Freiwilligen, um das Spiel neu zu mischen. Sie sehen, meine Damen und Herren, es geht alles mit rechten Dingen zu. Trauen Sie Ihren Augen, schauen Sie genau hin, lassen Sie sich nicht hinters Licht führen. Denken Sie bitte daran: Es ist alles nur ein Trick, eine Illusion. Und ist nicht das ganze Leben eine Illusion? Hier, das Herzass! War es das, ja? Sehen Sie?!

Zufrieden blickte er in den Spiegel und legte den Kartenstapel beiseite. Der Trick saß, und wie auch nicht? Es war ein Routinestück, das er schon seit Kindertagen beherrschte, ein Aufwärmer fürs Publikum. Er übte nur deshalb vor dem Spiegel des ländlich eingerichteten Gästezimmers, weil er sich auch nach Jahrzehnten immer noch gern beim Zaubern selbst zusah. Ja, sein Leibesumfang hatte zugenommen und sein Haar war bereits mit Mitte zwanzig schütter geworden. Aber welche Rolle spielte das schon, wenn er zauberte? Wer achtete auf Halbglatze oder Bauch eines Mannes im besten Alter, der es verstand, die Aufmerksamkeit des Publikums ganz auf seine Hände zu konzentrieren und seine Zuschauer um den kleinen Finger zu wickeln – wenn nicht gleich um alle zehn?

Die Leute sahen nur das, was sie sehen sollten. Dazu bedurfte es nicht einmal einer besonderen Fingerfertigkeit des Vorführenden. Es war immer wieder verblüffend, wie einfach die Menschen sich täuschen ließen. Dabei spielte es keine Rolle, ob sie dumm oder intelligent waren, zum einfachen Volk gehörten oder aus gehobenen Schichten kamen, ob sie Kinder waren oder Erwachsene. Dem Reiz einer gelungenen Illusion konnte sich niemand entziehen – denn die Menschen wollten getäuscht werden. Es bereitete ihnen ein unbeschreibliches Vergnügen, wenn man sie in die Irre führte, ihre Sinne überlistete und ihnen für einen kurzen Moment das Gefühl gab, dass das Unmögliche möglich war.

Und doch war er diesmal nervös – ein Gefühl, das er kaum kannte. Bei ihm war alles immer bis ins kleinste Detail vorbereitet, und wenn mal etwas Unvorhergesehenes geschah, konnte er blitzschnell reagieren.

Er warf einen prüfenden Blick in den Spiegel und zupfte an der schwarzen Fliege. Der Smoking saß, das war es nicht. Alles war vorbereitet. Neben ihm stand sein Zauberkoffer, den man eigens aus Berlin eingeflogen hatte. Keine Frage, sein Gastgeber hatte weder Kosten noch Mühen gescheut, als er ihn kurzfristig einlud, das Abendprogramm durch seine Illusionskünste zu bereichern.

Da ein solcher Auftritt eine Ehre war, der er sich weder entziehen konnte noch wollte, hatte er sofort zugesagt. Wer weiß, wozu es diesmal nutzen konnte? Das halbstündige Programm für diesen Abend schüttelte er aus dem Handgelenk, und er hätte dafür nicht einmal Zauberkoffer und Smoking gebraucht, wenn diese nicht zu den selbstverständlichen Attributen eines Zauberkünstlers gezählt hätten.

Warum also war er nervös? Lampenfieber war es nicht. Das kannte er gar nicht, seit er im Alter von fünfzehn Jahren das erste Mal öffentlich aufgetreten war. Aber wie würde die Stimmung im Publikum sein, nach den schlimmen Ereignissen der letzten Monate? Auch ein Zauberkünstler kann den Lauf der Welt nicht ändern. Aber er kann ihn eine Zeit lang vergessen machen.

Dazu brauchte er nicht viel. Nachdem er sein Publikum mit ein paar Kartenkunststücken aufgewärmt hatte, besorgte er sich seine Requisiten bei den Zuschauern. Nichts amüsierte die Menschen mehr, als wenn man sie vor aller Augen ihres Eigentums beraubte, um es ihnen einen Augenblick später zur allgemeinen Erheiterung wieder herbeizuzaubern. Er zerstörte goldene Taschenuhren, ließ sie verschwinden und an unerwarteter Stelle heil wiederauftauchen. Auf diese Weise konnte er die Zeit wenigstens für einen Augenblick anhalten.

Er warf einen letzten, prüfenden Blick in den Spiegel, da ging die Tür hinter ihm auf. Sein Freund, der Adjutant, trat ein und gab das Signal, dass die Zaubervorführung beginnen konnte: »Der Führer erwartet dich jetzt.«

Ein Magier aus Deutschland

London, im Januar 1951. Das Stoll Theatre am Kingsway füllte sich langsam. Das prächtige Gebäude war wenige Jahre vor dem Ersten Weltkrieg mit viel Stuck, Gold und Kristall im Stil der französischen Beaux-Arts-Architektur erbaut worden. Mit zwei Dutzend Logen und fast 3000 Plätzen auf vier Etagen war der ehemalige Opernpalast noch immer eines der größten Theater der britischen Metropole und seit vielen Jahren mit Varieté-Aufführungen und populärem Entertainment erfolgreich. Doch eine Vorstellung wie an diesem Abend hatte es noch nie gegeben. Seit Tagen kündigten riesige Plakate »das achte Weltwunder« und »Europas führenden Zauberkünstler« an.[1]

Gedankenverloren schlenderte Val Andrews zu seinem Platz im Parkett, von dem aus er die Bühne genau einsehen konnte. Der vierundzwanzigjährige Brite war nicht gekommen, um sich zu amüsieren – jedenfalls nicht nur. Seit ihm der Vater seinen ersten Zaubertrick gezeigt hatte, faszinierte ihn die Kunst der Täuschung und der Illusion, und er war für einen anständigen Beruf verloren. Er trat als Bauchredner in Varietés auf und schrieb über Zauberkunst. Der heutige Abend war Recherche, Konkurrenzbeobachtung und eine gute Gelegenheit, den jüngsten Gerüchten auf den Grund zu gehen.

Im Publikum saßen Magiefachleute, Theaterkritiker, Varieté-Agenten und Dutzende seiner Kollegen. Bekannte Zauberkünstler wie Cecil Lyle, Francis White, Oswald Rae, Billy

McComb und Robert Harbin waren in Begleitung ihrer Partnerinnen erschienen. Man konnte sie auf den ersten Blick erkennen, weil sie keinen Anzug trugen, sondern die Arbeitskluft der Magier, einen Smoking, und weil sie die Köpfe zusammensteckten und tuschelten.

Was war von diesem neuen Zauberer aus Deutschland zu halten? Würde er wirklich ein echtes Automobil vor aller Augen auf der Bühne verschwinden lassen? »Ein Spielzeugauto vielleicht«, höhnte einer der Anwesenden. »Selbst wenn es der schwächste Teil der Show werden sollte«, entgegnete der Zauberhändler und Verleger Charles Goodliffe und deutete auf das Programm, »ist es immer noch ein genialer Werbe-Trick.«[2] Wer immer dieser Magier war, er hatte offensichtlich einen guten Sinn fürs Geschäft und es nicht versäumt, prominent auf Fabrikat und Hersteller des verschwindenden Hillman-Minx-Tourenwagens hinzuweisen, wofür er zweifellos ein üppiges Honorar kassierte.

Auch Andrews war skeptisch, zumal es ihm keine Schwierigkeiten bereitet hatte, eine Karte für die Premiere zu bekommen. Jahrelang hatte es in England keine abendfüllende Zauberrevue mehr gegeben. Die Zauberkunst galt als verstaubt, ein altmodischer Zeitvertreib für Amateure, Kinder und Hinterwäldler.

So traurig das war, in einem waren sich Andrews und seine Kollegen einig: Was heutzutage als Zauberkunst präsentiert wurde, war für gewöhnlich eher fauler Zauber als echte Kunst. Die Tricks, die man in kleinen Varietés und in Nachtclubs zu sehen bekam, waren immer die gleichen, die Darstellung lieblos und langweilig. Alter Wein in neuen Schläuchen, keine Innovation, kein Witz. Das »achte Weltwunder« der Magie, so viel schien klar, war ein großmäuliges Versprechen, das diesem mysteriösen Magier nur auf die Füße fallen konnte.

Wer war dieser Mann mit dem klingenden Namen »Kalanag« überhaupt? Immerhin, das Rätsel seines Namens hatten sie schnell gelöst. »Dschungelbuch«, hatte einer der Kollegen im Foyer nur gesagt, und alle wussten Bescheid, denn die Geschichten des Schriftstellers Rudyard Kipling kannte in England jedes Kind. Andrews erinnerte sich, dass darin ein Elefant mit dem Namen Kala Nag vorkam, was so viel bedeutete wie schwarze Schlange. »Fragt sich bloß, ob er nachher einen Schlangenbeschwörer auf die Bühne bringt oder gleich einen ganzen Elefanten verschwinden lässt«, witzelte einer der englischen Experten und sorgte für allgemeine Erheiterung.

Aber der junge Andrews ließ sich von der Skepsis seiner abgebrühten Kollegen nicht abschrecken. Er liebte Premierenabende, und noch mehr liebte er Geheimnisse. Auch er hatte die Gerüchte gehört. Hinter dem Künstlernamen Kalanag sollte sich ein Zauberkünstler aus Deutschland verstecken, dem Land, mit dem Großbritannien wenige Jahre zuvor noch im Krieg gestanden hatte. Angeblich sogar jener Helmut Schreiber, der Anführer des Magischen Zirkels im »Dritten Reich« gewesen war und ein enger Freund von Goebbels und Göring. Im Hauptberuf sei dieser Schreiber Filmproduzent gewesen und habe Propagandafilme für die Nazis gemacht. Ein einflussreicher Mann, von dem gesagt wurde, er habe seine Zauberkünste sogar Adolf Hitler persönlich vorgeführt. »Macht euch auf eine Kostümschlacht gefasst«, hatte einer von Andrews' Kollegen im Foyer geraunt. Die Show werde mehr Spektakel als echte Zauberkunst bieten.

Doch davon war jetzt noch nichts zu sehen. Nur ein indischer Tonkrug stand vor dem schweren, roten Vorhang des Stoll Theatre. Ein undefinierbarer, bitterer Geruch stieg Andrews in die Nase und erschien ihm wie ein Omen für das, was da kommen würde. Aus dem Orchestergraben schwollen die ersten

Klänge. Auch das war ungewöhnlich. Welcher Zauberkünstler konnte sich schon ein eigenes Orchester leisten?

Dann öffnete sich der Vorhang. Mit dem Wort »Simsalabim« betrat Kalanag zusammen mit seiner platinblonden Partnerin Gloria de Vos die Bühne und schlug ein gewaltiges Zauberbuch auf, das, wie er sein Publikum mit einem Augenzwinkern wissen ließ, »die Wunder von Pharao bis heute« enthalte.

Dann präsentierte er im atemberaubenden Tempo ein Kunststück nach dem anderen und tat das so präzise, dass ein Kritiker die Show später mit der Uhr des Observatoriums in Greenwich verglich. Auf offener Bühne verschwand ein Auto mitsamt dem Bürgermeister von London, nachdem der Zauberer ihn gebeten hatte, im Wagen Platz zu nehmen. Der Tonkrug erwies sich als unversiegbare Quelle, aus der Kalanag zwischen den Szenen immer wieder »Wasser aus Indien« in eine Schale goss. Eine junge Frau wurde in drei Teile zersägt. Dann erschien eine riesige Buddhastatue auf der Bühne, und Tempeltänzerinnen rangen mit lebenden Pythonschlangen, während das Orchester geheimnisvolle Melodien spielte und Kalanag seine Partnerin Gloria bis unter den Bühnenhimmel in die Höhe schweben ließ.

Tauben flogen aus Schalen, in denen eben noch Flammen gelodert hatten. Schlangenbeschwörer, Ballett-Girls und Zwerge traten in ständig wechselnden Bühnenbildern und Kostümen auf, schwebten und lösten sich auf offener Bühne in Luft auf – und mittendrin Kalanag, immer mit einem harmlosen Lächeln, einer freundlichen Aufforderung, als ob das alles selbstverständlich wäre.

Andrews traute seinen Augen kaum. Viele der Tricks waren ihm bekannt, aber noch nie hatte er eine so einfallsreiche und prächtige Darbietung gesehen. Kalanag begnügte sich zum Beispiel nicht damit, eine Öllampe einfach verschwinden zu lassen.

Er ließ gleich ein Dutzend Tänzerinnen in Lampenschirm-Kostümen antreten. »Den Schirm würde ich mir gerne mal genauer anschauen«, flüsterte ein Zuschauer – eine Bemerkung, die Andrews als zynisch empfand, da sie auf das Gerücht anspielte, die Nazis hätten aus der Haut ihrer Opfer in den Konzentrationslagern Lampenschirme gefertigt.

Gewiss, Andrews verstand die Vorbehalte seiner Kollegen. Kalanags magische Truppe war das erste deutsche Ensemble, das nach Ende des Zweiten Weltkriegs in England gastierte. Der Krieg lag gerade einmal ein halbes Jahrzehnt zurück. England hatte ihn zwar gewonnen, litt aber unter den wirtschaftlichen Folgen und dem Verlust seines Empires. Schwang in den gehässigen Bemerkungen nicht auch ein wenig Neid mit dem wiedererstarkenden Westdeutschland mit, das inzwischen nicht nur ein politischer Bündnispartner war, sondern auch wirtschaftlich für einen in Grund und Boden Besiegten schon wieder erstaunliche Fortschritte machte?

Einem britischen Publikum musste dies alles übertreffende Spektakel wie der Inbegriff des deutschen Wiederaufstiegs nach 1945 erscheinen. Opulente Bühnenbilder, Dutzende Mitwirkende, der offensiv zur Schau gestellte Reichtum des korpulenten, eine dicke Zigarre rauchenden Magiers und seiner in teure Pelze und Kostüme gehüllten Partnerin Gloria wirkten wie Vorboten des beginnenden Wirtschaftswunders in Westdeutschland.

Keines von Kalanags Kunststücken machte das deutlicher als seine »Kalanag-Bar«. Mit einem durchsichtigen Glaskrug in der Hand wandte sich der in einen Barkeeper mit schwarzer Fliege verwandelte Magier dem Publikum zu und nahm Bestellungen entgegen. »Bitte, was wünschen die Ladies und Gentlemen? Einen Sherry? Sofort, meine Dame, einen trockenen oder süßen?« Und mit schwungvoller Geste goss er einen Schwall Wasser aus dem Krug in das Glas, das ihm eine seiner Assistentinnen auf einem Tablett entgegenhielt. Der Effekt war verblüffend, deutlich sichtbar füllte sich das Glas mit dem gelben Getränk und wurde der Bestellerin sofort serviert. »Bitte sehr, meine Dame«, rief der magische Barkeeper, »probieren Sie diesen köstlichen Sherry. Es ist wirklich Sherry, das können Sie bestätigen?« Die Angesprochene nickte erstaunt, nachdem sie einen Schluck gekostet hatte. »Sehen Sie, Ladies und Gentlemen! Hier bekommen Sie jeden Drink, den Sie wünschen.«

Das Publikum jauchzte vor Vergnügen, und schon hatte Kalanag alle Hände voll zu tun. Er verwandelte Wasser in Wein, Bier, Gin und Whisky und ließ die Getränke auch noch in passenden Gläsern servieren. Kein Wunsch blieb unerfüllt. Es war nicht das erste Mal, dass Andrews diesen Trick gesehen hatte, aber noch nie war er so raffiniert inszeniert worden wie von Kalanag. Als ein Scherzbold »Tinte« bestellte, bekam er auch die serviert – mit einem Federkiel als Cocktailstab. Selbst dampfenden Kaffee und gefrorenes Eis schüttete er im Handumdrehen aus seinem Glaskrug. Dann war er schon bei der nächsten Bestellung. Es schien kein Getränk zu geben, das Kalanag nicht herbeizaubern konnte. Die Wirkung auf ein Publikum, das sich noch an Rationierung und Kriegswirtschaft erinnerte, war unerhört. Wenn die Nummer schon in England solches Aufsehen erregte, wie begeistert musste sie dann erst im zerstörten Deutschland aufgenommen worden sein? Die »Kalanag-Bar« war – wie die ganze glitzernde Revue – ein Versprechen auf bessere Zeiten, auf Vergnügen, Rausch und Vergessen.

Nur einmal kam es zu einem Zwischenfall. Als Kalanag die Frau des britischen Zauberers Cecil Lyle fragte, ob sie auch einen Drink aus seinem magischen Wasserkrug nehmen würde, rief sie laut hörbar in den Zuschauerraum: »Ich trinke nicht mit Nazis.«

Es erschien Andrews unfair, diesen zweifellos beeindruckenden Zauberkünstler als Nazi zu schmähen, nur weil er Englisch mit starkem deutschem Akzent sprach. Gloria mochte dem Typ der arischen Blondine entsprechen, den sich deutsche Wehrmachtssoldaten als Pin-up vorstellten, und das große Finale mit Flaggenparade und blonden Tänzerinnen erinnerte das Londoner Publikum daran, dass es sich um eine sehr deutsche Show handelte.

Nein, es war zu billig, sich über den wohlgenährten Mann mit der Hornbrille lustig zu machen, von dem zweifellos eine unbeschreibliche Faszination auf sein Publikum ausging. Die größte Überraschung aber war, dass dieser Deutsche Humor und Selbstironie besaß und eine entwaffnende Liebenswürdigkeit – Eigenschaften, die so gar nicht zum Vorurteil des herrischen Teutonen passten, das man in England gerne pflegte.

Als nach fast drei Stunden und dem letzten Simsalabim schließlich der Vorhang fiel, war der Beifall groß. Val Andrews stand auf und bahnte sich den Weg in die Künstlergarderobe. Als er endlich dort ankam, fand er Kalanag bereits von seinen angelsächsischen Kollegen umringt, die ihn mit Fragen und Komplimenten überhäuften. Dann trat Robert Harbin auf den Deutschen zu: »Sie haben einen Trick aus meinem Zauberbuch geklaut!« Plötzlich herrschte betretenes Schweigen.

Jeder der Anwesenden kannte Harbins *Demon Magic* von 1938, ein Standardwerk der Zauberkunst, das sich mal nicht im Aufwärmen altbekannter Karten- und Seiltricks erging, sondern erfindungsreiche Konstruktionszeichnungen und Trickapparate präsentierte. Kalanag ergriff lächelnd und ohne zu zögern die Hand seines britischen Kollegen, schüttelte sie energisch und verkündete: »Und ich darf sagen, lieber Kollege, dass dieser Trick eine der besten Erfindungen ist, die ich je gesehen habe.«[3] Alle Augen ruhten auf Harbin, der nun auch lächelte und antwortete: »Glückwunsch, ich habe die Idee eigentlich für ein Hirngespinst gehalten und nie daran geglaubt, dass man sie wirklich aufführen kann.«

Auch die britische Fachpresse überschlug sich mit Lob für die »großartige Unterhaltungsshow« und bedauerte lediglich, »dass sich keiner unserer eigenen Landsleute so ein Spektakel einfallen ließ«. Die Zeitungen druckten große Bilder der hinreißenden Gloria. Immer wieder versuchten englische Pressefotografen, hinter die Bühne des Stoll Theatre zu schleichen, um Kalanags Tricks zu enthüllen.

Während seines vierwöchigen Gastspiels in London hielt Kalanag in einem Luxushotel Hof, täglich empfing er Zauberkollegen und Journalisten zum Tee. Inzwischen hatte sich herumgesprochen, dass hinter dem »fabulous Kalanag«, wie ihn die englische Fachpresse längst titulierte, tatsächlich jener Helmut Schreiber steckte, der vor 1945 Präsident des Magischen Zirkels in Deutschland gewesen war.

Ende Januar 1951 besuchte ihn ein Mitarbeiter der magischen Wochenschrift *Abracadabra* und fragte den Zauberer direkt, ob er früher ein Anhänger der Nazis gewesen sei. Sein Aufenthalt in Großbritannien, entgegnete Kalanag, sei doch der beste Beweis, dass an den Nazi-Gerüchten nichts dran sei, die in diversen englischen Zauberzeitschriften kolportiert worden waren. Im Übrigen habe er bereits einen Prozess gegen den deutschen Zauberer gewonnen, der diese Gerüchte verbreitet hatte, und wenn dieser Zauberer damit nicht aufhöre, werde er ihn für sechs Monate verschwinden lassen – und zwar ins Gefängnis.

Val Andrews würde nie vergessen, was er an diesem Abend

im Stoll Theatre gesehen hatte. Aber wenn Kalanag tatsächlich Helmut Schreiber war, wie hatte er überhaupt eine Arbeitserlaubnis in Großbritannien erhalten? Noch rätselhafter erschien dem jungen Engländer, dass ein ehemaliger Produzent von Nazi-Propagandafilmen es geschafft hatte, ausgerechnet von einem jüdischen Theaterunternehmer wie Bernard Delfont für das Londoner Westend gebucht zu werden. Tat man Kalanag, der ohne Zweifel ein großartiger Unterhaltungskünstler war, etwa Unrecht? Oder hatte dieser Magier aus Deutschland, der nach dem Krieg die berühmteste Zauberrevue der Welt scheinbar aus dem Nichts aufgebaut hatte, ein dunkleres Geheimnis als seine verblüffenden Zaubertricks? Wie hatte er es geschafft, in einem vollkommen zerstörten Land innerhalb von nur fünf Jahren eine so großartige Revue aus dem Boden zu stampfen?

Du sollst nicht zaubern

Alle waren dagegen: der Vater, die Mutter und natürlich auch der Pfarrer. Der Geistliche wählte die Auslegung des zweiten Gebots aus Dr. Martin Luthers kleinem Katechismus, als er einen Konfirmationsspruch für den jungen Helmut Ewald Schreiber suchte: »Wir sollen Gott fürchten und lieben, dass wir bei seinem Namen nicht fluchen, schwören, zaubern, lügen oder trügen.«

Nicht dass Wilhelm Schreiber abergläubisch gewesen wäre. Er glaubte wohl an Gott, aber nicht an Geister. Seine Bedenken gegen den Berufswunsch des Sohnes waren anderer Art. Der Textilkaufmann hatte es mit schwäbischer Nüchternheit zu Wohlstand und Ansehen gebracht. Sein ältester Sohn Otto war bereits Oberleutnant in der kaiserlichen Armee und Träger des Ordens Pour le Mérite, die Mutter seiner Frau Martha entstammte einer bekannten rheinischen Kaufmannsfamilie.[1]

Aber nun hatte sein Jüngster verkündet, dass er »Zauberer« werden wollte. Ein Varietékünstler! Ein Zirkusmensch!, schoss es dem Vater durch den Kopf. Sein Sohn als Vertreter einer brotlosen und dazu noch fragwürdigen Kunst, die auf der Vorspiegelung falscher Tatsachen beruhte und schon deshalb schädlich für den Charakter sein musste. Der Vater hatte nichts gegen Unterhaltung, wie viele Kaufleute liebte er die leichte Muse sogar und auch die Lieder von Schubert. Ein Besuch im Varieté, ein vergnüglicher Nachmittag im Theater mochten angehen. Aber der Platz für einen Mann von seinem Stande war vor der

Bühne, nicht auf ihr, und das hatte natürlich auch für seinen Sohn zu gelten.

Schuld war sein Schwager Ewald gewesen, nach dem der kleine Helmut seinen zweiten Vornamen bekommen hatte. Der Onkel hatte seine Fürsorgepflicht leider etwas zu locker genommen. Er hatte dem achtjährigen Neffen, als der mit einer Mittelohrentzündung im Marienkrankenhaus von Stuttgart lag, ein besonderes Buch geschenkt, ohne sich über die Konsequenzen dieses Geschenks im Klaren zu sein. Gegen einen Abenteuerroman von Karl May oder Jules Verne hätte der Vater nichts einzuwenden gehabt, er wäre mit jedem anderen Buch einverstanden gewesen. Doch der Onkel hatte dem Jungen ausgerechnet *Das Goldene Buch der Magie* geschenkt, das ihm in der Schwabacherschen Verlagsbuchhandlung in Stuttgart in die Hände gefallen war.[2]

Auf dem blaugrün schimmernden Einband sah man einen alten Magier mit weißem Bart und rotem Talar. Kapuze und Kragen waren mit geheimnisvollen Symbolen versehen, und hinter ihm schimmerten goldene Strahlen. Umgeben von Totenschädel, Fledermaus und Taube erhob der weise Magier gebieterisch den Zauberstab in seiner rechten Hand. Der Untertitel versprach neue und überraschende Zauberkunststücke »für Dilettanten« – ein Wort, das durchaus als Kompliment aufgefasst werden konnte, richtete es sich doch an die Angehörigen gut situierter bürgerlicher oder adeliger Schichten, die es sich leisten konnten, Liebhabereien nachzugehen.

Doch davon wollte Wilhelm Schreiber nichts wissen. Es war schlimm genug, dass der Junge im Krankenhaus genug Zeit gehabt hatte, sich von den Eltern unbeaufsichtigt der fragwürdigen Lektüre hinzugeben. Kaum hatte Helmut das Krankenhaus wieder verlassen, machte er sich daran, die dort beschriebenen

Kunststücke in der elterlichen Wohnung aufzuführen. Der Herr Papa musste beim Frühstück mit ansehen, wie sich sein Ei in Luft auflöste, um wenig später zerquetscht in seiner Schreibmappe aufzutauchen.[3] Beim Mittagessen erging es der Familie nicht besser, wenn der Sohn einen Suppenlöffel im Dekolleté der Mutter verschwinden ließ, um ihn im nächsten Moment dem erschrockenen Dienstmädchen aus der Nase zu ziehen.

Es waren primitive Scherze, die er sich tagein, tagaus von seinem begeisterten Sohn vorführen lassen musste. Er schlug ein Glas durch eine Tischplatte, färbte rote Rosen grün, zauberte aus zwei Würfeln drei oder trieb sich einen Nagel durch den Daumen. Irgendwann hatte Wilhelm Schreiber genug: Er nahm seinem Sohn das Buch wieder ab und verbrannte den Zauberkasten, den der Junge sich inzwischen von seinem Taschengeld zusammengespart hatte – was den Sohn nur darin bestärkte, seiner Leidenschaft im Geheimen umso eifriger nachzugehen.[4]

Der Junge durchsuchte Zeitungen nach Anzeigen von Zauberapparaten und ließ sich Kataloge postlagernd schicken. Er beschaffte sich das *Goldene Buch der Magie* wieder und richtete auf dem Dachboden, versteckt hinter den Schrankkoffern des Vaters, seine Zauberwerkstatt ein. Hier probte er die neuesten Kunststücke. Münzen, Karten, Seidentücher: Man musste die Griffe täglich trainieren wie ein Pianist seine Tonleitern. Die »magische Wasserschale des Zauberers Ching Ling Foo« und das »Pythagoras-Wunder« hatten es ihm besonders angetan. Waren die Eltern aus dem Haus, schlich er in ihr Schlafzimmer und übte stundenlang vor dem Spiegel, bis ihm die Täuschungen so verblüffend schnell von der Hand gingen, dass nicht einmal er selbst etwas gemerkt hatte.

Sogar während des Schulunterrichts übte er unter seiner Bank das Schlagen der Volte, bei der ein Kartenspiel unsichtbar abgehoben wurde. Da ihm die Karten manchmal entglitten und auf den Fußboden fielen, war der Zwölfjährige unter den Lehrern als fürchterlicher Skatbruder verschrien. Er ließ sich nicht davon abhalten, dass im Laufe seiner Schulzeit rund drei Dutzend Kartenspiele konfisziert wurden, sondern besorgte sich zu Hause oder bei Verwandten neue.

In der Wohnung eines Schulfreundes gab er seine ersten Vorführungen. Eintritt: fünf Pfennig pro Person. Die Einnahmen investierte er in neue Geräte und Literatur. Er vernachlässigte seine Klavierstunden und dachte nicht daran, je die von den Eltern gewünschte Laufbahn als Zahnarzt einzuschlagen. Er konnte nicht anders, er musste zaubern, am Morgen wie am Abend, ob er krank war oder gesund, glücklich oder betrübt. Er musste es tun, es war seine Bestimmung.[5] »Das Geheimnis jeden Erfolges«, hatte sein Idol, der berühmte Zauberkünstler Ernest Thorn, verkündet, »ist der Fleiß, ohne den selbst das größte Talent in unserem Fache nichts erreichen wird.«[6]

Allerdings: Der Fleiß wollte richtig eingesetzt werden, und manches Ziel im Leben war schneller zu erreichen, wenn man sich einiger Tricks bedienen konnte. Er ließ sich vom Vater bestechen, der sich wünschte, dass der Sohn zu Weihnachten ein Klavierstück vorspielte. Da der junge Zauberer längst keine Zeit mehr hatte, um auch noch auf dem Klavier zu üben, behalf er sich mit einem Trick. Mithilfe eines Zahlenstreifens über der Tastatur spielte er Schuberts »Am Meer«. Die Eltern durften im Nebenzimmer lauschen, das Hilfsmittel ließ er verschwinden und kassierte die vom Vater versprochenen zwanzig Mark.

Als er zwölf Jahre alt war, kam es zu einem folgenschweren Zwischenfall. Er hatte in die Rückwand des prächtigen Schrankkoffers seines Vaters ein Loch geschnitten, durch das ein Schulfreund heimlich hineinkriechen konnte. Was für Augen machte sein Publikum, wenn Helmut einen Anzug in den leeren Koffer steckte, ihn dann sorgfältig verschloss, seinen Zauberstab einige Male darüber kreisen ließ und plötzlich zum allgemeinen Erstaunen der Freund samt Anzug dem Koffer entstieg. Auch der Vater machte Augen, als sein bereits für den Sommerurlaub gepackter Schrankkoffer explodierte und der Inhalt sich auf den Fußboden ergoss. So konnte es nicht weitergehen. Wilhelm Schreiber hatte eine Idee. Er wandte sich hilfesuchend an den einzigen Mann, der seinen Sohn davon überzeugen könnte, dass die Zauberkunst kein erstrebenswerter Beruf war: an Chevalier Ernest Thorn.

Moses Abraham Thorn, 1853 als Untertan des österreichischen Kaisers in der Provinz Galizien geboren, war um die Jahrhundertwende einer der bedeutendsten Magier und Illusionisten seiner Zeit. Als »Chevalier Ernest Thorn« gastierte er in aller Welt, seine Reisen führten ihn bis nach Ägypten, China und Indien. Seine Bühnenshow trug den Titel »Ein Abend im Traumland«. Thorn war nicht nur weltgewandt und konnte seine Vorstellungen auch auf Spanisch, Englisch oder Französisch geben. Er wusste auch, wie er sein Publikum erreichen konnte, egal ob er am Hof des Königs Norodon in Kambodscha zauberte oder in Amerika mit einem verschwindenden Pferd Aufsehen erregte.[7]

Privat ein ruhiger und ausgeglichener Mann, konnte Thorn mit seinen Assistenten grob werden, wenn sie seine kunstvoll konstruierten Zauberapparate falsch behandelten. Seine Frau Julia war auch seine Bühnenpartnerin und musste einiges mitmachen. Mal verschwand die schöne Julia inmitten heftig lodernder Flammen, geschützt nur durch einen für das Publikum unsichtbaren Asbestvorhang. Mal entstieg sie als Höhepunkt von Thorns Arche-Noah-Illusion einem Modell des biblischen Schiffes, aus dem ihr Mann zuvor bereits allerlei Tiere hervorgezaubert hatte. Sintflut und Feuersbrunst auf der Bühne: Chevalier Ernest Thorn verstand sich darauf, seinen Vorführungen eine dramatische Note zu geben. Sein Wahlspruch lautete: »Das Leben ist eine Illusion, der Tod ein unlösbares Rätsel!«[8]

Thorn war – wie es der österreichische Zauberkünstler Hans Trunk formulierte – »einer jener Illusionisten, die wohl nicht durch besondere Neuheiten hervorstachen, es jedoch verstanden, ihren Darbietungen eine persönliche Note zu geben, aus jedem Kunststück das Letzte herauszuholen und Feinheiten darin einzubauen, so dass man mit Recht annehmen konnte, es handle sich um eine Neuheit.«[9] 1918 wurde er das erste Ehrenmitglied des Magischen Zirkels. Sein Wahlspruch wurde auch zu Kalanags Maxime: »Nie still zu stehen, immer weiter zu arbeiten und Neues hinzuzulernen.«

Wilhelm Schreiber konnte nicht ahnen, dass dieser Ernest Thorn einmal Vorbild und Mentor seines Sohnes werden würde, der aus Thorns Likörtrick Kalanags »Wunderbar« und aus dem verschwindenden Pferd – ganz im Sinne Henry Fords – ein verschwindendes Automobil machen und sich als ebenso einfallsreich wie sein Meister erweisen würde.

In einem aber lag der Vater mit seinen Befürchtungen richtig: Ernest Thorn würde die letzten Lebensjahre nach dem Tod seiner Frau in Armut verbringen und am 21. Mai 1928 völlig mittellos in Leipzig sterben. In seiner Wohnung fand man ein Kissen, in das Julias Juwelen eingenäht waren. Der Verkauf ihres Schmucks hätte ihm ermöglicht, seine letzten Jahre in Würde zu verbringen. Doch Thorn hatte es nicht übers Herz gebracht, sich von den letzten Erinnerungen an seine geliebte Frau zu trennen.[10]

Als Thorn im Stuttgarter Friedrichsbau gastierte, war er auf dem Höhepunkt seines Ruhms. Wilhelm Schreiber war nicht entgangen, dass sein Sohn sich heimlich in das Theater geschlichen hatte, um sich Notizen über die Vorstellung seines Idols zu machen.[11] Dabei hatte er vor lauter Aufregung das Bier seines Nachbarn verschüttet, der sich zu allem Übel als Freund seines Vaters herausstellte. Er war aufgeflogen. Aber das väterliche Donnerwetter fand nicht statt. Stattdessen sollte Helmut den Eltern Gesellschaft leisten, die am Samstagabend einen Gast zum Essen erwarteten.

Die Mutter hatte Pasteten und Klößchensuppe vorbereitet. Für den Nachtisch stand eine Eisbombe bereit. Dann ließ man die beiden allein. Pflichtschuldig wandte sich Ernest Thorn an Helmut.

»Ich höre, du möchtest Zauberkünstler werden, mein Junge?! Dazu beglückwünsche ich dich nicht. Magier zu sein ist kein guter Beruf. Und ich wünschte, ich wäre jung genug, um noch einmal wählen zu können.«

Helmut war entsetzt. »Sie sagen das, Chevalier Thorn?«

»Ja, ich, mein Junge, Chevalier Thorn, den die Menschen umjubeln. Ich habe dreimal in meinem Leben Schiffbruch erlitten. Es war schwerer, als du dir vorstellen kannst, immer wieder neu anzufangen. Nur wenigen gelingt es, viele gehen dabei zugrunde. Sei vernünftig, mein Junge, besuch erst einmal die Schule fertig, ehe du dich entscheidest. Auch für einen Zauberer ist es gut, das Reifezeugnis zu haben. Gib mir dein Ehrenwort, dass du es machst.«

Es war nicht das, was Helmut von seinem Vorbild hören wollte, und doch nickte er pflichtschuldig in der Hoffnung, dass ihm der Meister im Gegenzug noch einige seiner Kunststücke vorführen würde. Er hatte nicht umsonst gehofft. Thorn zeigte die Wanderung von vier Assen unter einem Zeitungsblatt, ließ sechs Münzen den Tisch durchdringen und Punkte von einer Kelle auf eine andere springen.

Dann sah er seinen Zuschauer auffordernd an: »Was kannst du denn überhaupt schon? Zeig mir was!«

Helmut zitterte vor Nervosität. Er begann mit dem Becherspiel, einer klassischen Fingerübung, die schon von Gauklern auf mittelalterlichen Marktplätzen vorgeführt worden war. Um sein Idol nicht zu langweilen, hatte er sich etwas Besonderes ausgedacht. Ein Rezept seiner Heimat, das er dem großen Ernest Thorn servieren wollte. Nachdem er die Kugel mehrmals hin- und herwandern ließ, verschwand sie auf einmal, und stattdessen erschienen eine Kartoffel, eine Zwiebel und eine Knoblauchknolle unter den drei Bechern. Thorn blickte den Jungen erstaunt an, der im breiten Dialekt seiner Heimatstadt verkündete: »Und da habe Se de Zutate für schwäbische Kartoffelsuppe!« Der Chevalier sagte nichts, aber ein Lächeln huschte über seine Lippen und gab Helmut das Gefühl, dass er den Meister für sich gewonnen hatte.

Als die Eltern eine halbe Stunde später wieder hereinkamen, trauten sie ihren Augen nicht. Da führte ausgerechnet ihr Sohn dem Großmeister der Illusionen seine Tricks vor, und der schien nicht nur angetan von der Vorführung, er gab dem Jungen auch noch Ratschläge. Es war alles umsonst gewesen. Der Vater warf Thorn einen ratlosen Blick zu. Der Chevalier zuckte hilflos mit dem Schultern. »Sie werden Ihren Sohn niemals mit Gewalt daran hindern, eine Kunst auszuüben, für die er geboren ist. Ich habe etwas Ähnliches noch nie gesehen.«[12]

Dann wandte er sich erneut dem jungen Helmut zu und sagte mit ernster Stimme: »Falls du der Zauberkunst dann immer noch dein Leben widmen willst, denk daran: Entweder du gehst an der Magie zugrunde oder du schaffst es!«[13]

Kalanag würde ihm darin später recht geben und in seinen Memoiren schreiben: »Ich habe viele meiner Kollegen straucheln sehen, und manche endeten durch Selbstmord. Nur wer diesen Beruf als eine Lebensaufgabe betrachtet statt als Verdienstmöglichkeit, wird die Menschen mit seiner Kunst beglücken.«[14]

Tausendkünstler

Helmut Ewald Schreiber – nicht gerade ein klingender Name. Erst recht nicht für einen Lehrling jener geheimnisvollen Künste, deren führende Vertreter zu Beginn des letzten Jahrhunderts gerne exotische Namen wie Houdini, Uferini, Okito oder Chung Ling Soo trugen. Aber der junge Gymnasiast hieß nun einmal Helmut Schreiber und war unter eben diesem Namen schon als Dreizehnjähriger zum ersten Mal öffentlich aufgetreten. Das war im August 1916 gewesen, der Erste Weltkrieg lag im zweiten Jahr. Die Lazarette des Deutschen Kaiserreichs füllten sich mit immer mehr Verwundeten, die, blind vom Giftgas oder halbzerfetzt von Schrapnellen, zurück in die Heimat gespült wurden. Auch nach Stuttgart, in die Geburtsstadt des Schülers Helmut Schreiber, der wie viele seiner Altersgenossen im Auftrag des Roten Kreuzes zur Betreuung der Verwundeten an der Heimatfront eingesetzt wurde.

Drei Jahre war sein Debüt im Reservelazarett XI in Stuttgart nun schon her, und es erschien ihm völlig zurecht als der Beginn einer vielversprechenden Künstlerkarriere, die er zielsicher planen und verfolgen wollte. »Helmut Schreiber hat mit drei Kameraden am 17. August 1916 abends 1/2 8 Uhr unsere Verwundeten und Kranken durch Zauberkunststücke angenehm unterhalten, wofür die Lazarett-Verwaltung verbindlichst dankt.« Wie freundlich, wie unvergesslich waren diese Worte des Lazarettinspektors Müller. Sie konnten nützlich sein, um zukünftigen Auftritten den Weg zu bereiten, als Referenz und

Werbung für den jungen Künstler. Er hatte ein Album angelegt, in dem er mit buchhalterischer Sorgfalt sämtliche seiner Auftritte mit Nummern verzeichnete, Atteste abschrieb, Handzettel und Plakate seiner Aufführungen einklebte.

Seitdem hatte er bereits achtundfünfzig Auftritte absolviert, und seine Lazarett-Tournee hatte ihn längst über die Grenzen seiner Heimatstadt Stuttgart hinaus nach Böblingen, Waiblingen, Freudenstadt und sogar Passau geführt. Ein Honorar nahm er nie, und wenn man ihm doch einmal fünf Mark aufdrängte, gab er sie als Spende der Kriegsgefangenen-Fürsorge. Er hatte unter dem verheißungsvollen Titel »Ein Stündchen im Reiche der Wunder« bereits ein abendfüllendes Programm ausgearbeitet, das sich sehen lassen konnte. Nach einem musikalischen Vorspiel begrüßte er seine Zuschauer mit einem »feurigen Gruß Floras«, zauberte ihnen etwas mit »Kriegsersatztinte« vor und führte durch »10 Minuten im politisch-zoologischen Garten«.[1] Nach einigen Karten- und Tuchzaubereien gab es eine Pause. Der zweite Teil begann vollmundig mit »Satanella, dem letzten Wunder des 20. Jahrhunderts«, gefolgt von einer »mysteriösen Verwechslung«, einer »sensationellen Enthüllung« und einer »bulgarisch-patriotischen Neuheit«, deren Ankündigung auf großen Handzetteln des Passauer Stadt-Theaters allein schon geeignet war, die Neugier des Publikums auf die Spitze zu treiben.[2] Mit einer Einlage als Kriegskoch und eierlegender Hahn bewies der junge Zauberer schon damals, dass er nicht nur Sinn für Humor, sondern auch für die Alltagssorgen und Bedürfnisse seines Publikums hatte.

Trat er im Rahmen eines größeren Unterhaltungsprogramms auf, passte er seine Vorstellung an. Dabei versäumte er es nie, sich entsprechend in Szene zu setzen. Als die Veranstalter eines bunten Abends am 12. Februar 1919 in Böblingen sein »Stündchen im Reiche der Wunder« auf zwanzig Minuten kürzten, durfte er im Gegenzug mit seinen »Experimenten zur Gedankenübertragung« das große Finale des Abends bestreiten und wurde auf dem Plakat eigens als »besondere Neuheit« angekündigt.

Mittlerweile waren auch die Zeitungen auf den »jungen Hexenmeister« aufmerksam geworden, der es verstand, seine verblüffenden Kunststücke »mit der nötigen Hand- und Mundfertigkeit auszuführen«.[3] Damit waren die beiden besonderen Talente des noch nicht einmal volljährigen Zauberlehrlings bereits auf den Punkt gebracht – jene Talente, die ihn nicht nur Jahrzehnte später zu einem der erfolgreichsten und berühmtesten Zauberkünstler werden lassen sollten, sondern sich als hilfreich in allen Lebenslagen erwiesen: Helmut Schreiber hatte geschickte Hände und ein flinkes Mundwerk.

So konnte bereits der Sechzehnjährige selbst abgebrühte Zeitungskritiker begeistern, die seine Zaubershow mit dem festen Vorsatz besuchten, sich über gar nichts mehr auf dieser Welt zu wundern – erst recht nicht über die Tricks eines »jungen Milchbarts aus dem Schwabenland«. Der war aber auch ein gar zu drolliges Kerlchen, lebhaft und leichtbeweglich. Er hatte den Schalk im Nacken und verstand es, im anheimelnden, gemütlichen Dialekt seiner Heimat allerliebst zu plaudern. Mit Humor und Selbstironie gewann er das Publikum für sich, wickelte es ein mit seinen schnellen Witzchen und Sprüchen, bis es empfänglich war für seine Täuschungen.

Ja, die Menschen wollten getäuscht werden. In einer von Krieg und Technologie und Wissenschaft entzauberten Welt sehnten sie sich danach, noch einmal ins Staunen zu geraten, wenigstens für einen kostbaren Augenblick. Auch der Kritiker war nicht gefeit und musste sich eingestehen, dass es ihm ging wie allen anderen Zuschauern dieses jungen Zauberers auch: »Ich warf die nüchterne stoische Weisheit einfach über den Haufen und wunderte mich und bewunderte nur so darauf los.« Keine Frage, diesem jungen Mann stand eine große Zukunft bevor. Trotz seines jugendlichen Alters und der kriegsbedingten Knappheit verfügte der schwäbische Zauberlehrling schon über eine beachtliche Anzahl magischer Apparate. Es konnte einem Hören und Sehen angesichts des Tempos vergehen, wenn er sich hinter den kleinen, mit schwarzem Samt verhängten Tisch stellte und irgendeine Geschichte erzählte, während er mit Würfelkasten, Taubenkasserolle und kostbaren Seidentüchern hantierte, die er mit Elan auf ein eisernes Gestell warf. Eine solche Darbietung, da war sich der Kritiker sicher, »dürfte auch an einer größeren Varieté-Bühne nichts von ihrem Glanz einbüßen«.

Der junge Schreiber konnte seine Erfolge auskosten, wenn er die Zeitungsausschnitte in sein Album klebte und Atteste niederschrieb. »Auf Wunsch werden auch die Originalzeugnisse vorgelegt«, stand auf der ersten Seite. Die kleine, in Pappe und Leinen gebundene Kladde war ein Poesiealbum seiner Erfolge, manchmal kamen die Atteste sogar in Reimform aus dem Mund von Chefärzten, wie jener Trinkspruch auf den Lazarettzauberer im Juli 1919:

In die Traum- und Zaubersphäre
Sind wir heute eingegangen.
Unserem Führer alle Ehre!
Folgten wir doch voll Verlangen
Diesem jungen Musensohn
In die Vierte Dimension.
Vielen Dank dem Zeitvertreiber,

Tausendkünstler: »Helmut Schreiber«.
Fröhlich wünschen wir ihm jetzt,
Dass er, der uns heut' ergötzt
Auf der Bühne, auch im Leben
Stets sei vom Erfolg umgeben.
Dass er stets, wie heut' die Geister,
Elegant das Schicksal meister',
Flink, gewandt, erfolgreich bleib' er,
Stoßt mit an auf Helmut Schreiber.[4]

Das war keine große Dichtkunst, aber nutzbare Gebrauchslyrik für den beruflichen Aufstieg des so geadelten »Tausendkünstlers«. Der dichtende Chefarzt konnte 1919 noch nicht wissen, wie elegant der so Gelobte tatsächlich die Geister seines Schicksals meistern und aus jeder misslichen Lage noch einen Ausweg finden sollte. Doch er spürte wohl, dass dieser junge Künstler ein Ausnahmetalent war, dem einmal die Welt zu Füßen liegen würde.

Der Weg zum Ruhm begann am 15. August 1919 in einem Hotel in der kleinen Ortschaft Wildberg im Schwarzwald.

Helmut Schreiber kam zu spät. Um kurz vor acht Uhr abends betrat er die Schreibstube des in ein Lazarett umfunktionierten Sommerberg-Hotels. Der Sanitätsfeldwebel schien nicht besonders erfreut, den jungen Künstler zu sehen. Er baute sich vor ihm auf und schnauzte ihn an: »Was fällt Ihnen ein? Wir warten seit einer Stunde!« Schnell schob ihn der Unteroffizier in den völlig überfüllten Saal und befahl ihm, sich neben den Kanonenofen zu stellen, der seltsamerweise auch im August auf Hochtouren lief. Es stank nach Karbol und Tabak, die Hitze war unerträglich und trieb dem jungen Zauberkünstler den Schweiß auf die Stirn, bevor er auch nur mit seiner Aufführung begonnen hatte.

Er blickte sich um: Weil die Stühle nicht ausreichten, hockten die Patienten auf Leitern, Tischen, Fensterbänken und sogar oben auf den Schränken.

Über der Bühne hing ein riesiges handgemaltes Plakat: »Heute Abend: Kala Nag – Der Große Zauberer«. Also doch: eine Verwechslung. Wütend rannte er aus dem Saal und fragte den Feldwebel: »Wer ist dieser Kala Nag?«

»Das sind doch Sie.«

»Ich heiße Helmut Schreiber.«

»Unfug. Wie Sie heißen, bestimmen wir.«

Es half nichts, er musste zurück in den stickigen Saal und seine Zauberkünste unter dem fremd klingenden Namen darbieten, der ihm gar nicht zu passen schien. Auf der Nase trug er einen Zwicker mit Kettchen hinterm Ohr und wirkte in seinem Smoking mager wie ein Hering. Die Menge sah ihn an, sah das Plakat und den Namen »Kala Nag« über seinem Kopf, und brach in wieherndes Gelächter aus. Das sollte der »große Zauberer Kala Nag« sein? »Schwester, eine Flasche Milch für den Kleinen!«, rief ein Landser. »Schwester, bringen Sie frische Windeln«, rief ein anderer und sorgte für noch mehr Heiterkeit im Saal.

Was sollte er tun? Er durfte sich nicht anmerken lassen, wie wütend er war angesichts dieser unverdienten Blamage. Ihm blieb nichts anderes übrig, als anzufangen und darauf zu vertrauen, dass die Leute sich schon überzeugen lassen würden von ihm und seinen Künsten. Aber diesmal musste er nicht nur Tauben und Karten verwandeln, sondern auch sich selbst. Er musste Kala Nag werden. Nach zehn Minuten wurde es ruhiger, die Spötter verstummten langsam. Nach fünfzehn Minuten klatschten die Ersten. Als die erste Pause kam, hatte er den Saal für sich gewonnen.

Selbst der mürrische Feldwebel konnte sich den Anflug eines Lächelns nicht verkneifen, als er den Zauberer nach dieser Feuertaufe ins Büro des Direktors führte. Der Stabsarzt erhob sich freundlich hinter seinem Schreibtisch und lud seinen jungen Gast ein, zum Tee zu bleiben.

»Na, Meister Kala Nag, wie gefällt Ihnen Ihr neuer Name?«

»Ich bin überrascht, Herr Stabsarzt. Wie kommen Sie ausgerechnet auf Kala Nag?«

»Helmut Schreiber – das ist doch kein Name für einen Zauberkünstler. Die Leute wollen einen geheimnisvollen Namen haben, etwas Fantasievolles, Exotisches, Unverständliches. Als mir der Feldwebel meldete, dass ein Herr Schreiber aus Stuttgart bei uns zaubern wird, habe ich gesagt: Unfug – der Mann soll Kala Nag heißen.«

Der Stabsarzt deutete auf das Buch, das auf dem Teetisch lag. »Kennen Sie das *Dschungelbuch* von Rudyard Kipling? In einer der Geschichten reitet der junge Inder Toomai auf einem Elefanten mit dem Namen Kala Nag. Das bedeutet Schwarze Schlange.«

Er reichte seinem Gegenüber das Buch, auf dessen rotem Ledereinband eine goldene Swastika prangte. »Das indische Glückssymbol, möge es Ihnen Glück bringen.«

Andächtig blätterte der junge Zauberkünstler durch die Seiten und las, wie der sagenumwobene Elefant »so vollkommen lautlos durch den dichten Garowald glitt wie durch bloßen Rauch«.[5]

»Kala Nag«, wie geheimnisvoll das auf einmal klang, da er die Bedeutung kannte. Der Name hatte tatsächlich etwas Magisches. Der große Elefant und die schwarze Schlange in einem Wort vereint. Kein Zweifel, der Arzt hatte recht. Von diesem Tag an würde er Kala Nag heißen.

»Aber erzählen Sie«, forderte ihn der Stabsarzt auf, »wie sind Sie überhaupt zur Zauberei gekommen?«

»Das war im Jahr 1911«, antwortete Kala Nag, »und mein Vater war dagegen.«

Null und Neun

Die Menschheitsgeschichte ist eine Geschichte der Ungeduld, und voller Ungeduld war auch der Junge, der nicht nur zaubern, sondern einmal der größte Zauberkünstler der Welt sein wollte. Helmut Schreiber fing früh an, wollte hoch hinaus und hatte keine Zeit zu verlieren. Dass er eines Tages nicht nur einen Zauberer spielen, sondern Kalanag sein würde – das war, wie er Jahrzehnte später in seinen Memoiren schrieb, »unvermeidlich«.[1]

Dieser Junge war ein Mysterium. Er trug feine Anzüge, wie es sich für den Sohn eines wohlhabenden Tuchhändlers gehört, und dazu eine Fliege. Seine hohe Stirn, die elegante Drahtbrille und der selbstbewusste Blick ließen den Sechzehnjährigen älter wirken, als er tatsächlich war. Ein Mensch, dessen Bildung sowohl im Geist als auch im Herzen längst abgeschlossen schien, ein ungeduldiger Frühreifer, der längst bereit war für die Welt und es kaum abwarten konnte, sie endlich zu erobern.

Sein Selbstbewusstsein war schon damals grenzenlos. Die Zauberkunst brachte er sich selbst bei, übte Stunde um Stunde vor dem Spiegel und war dabei strenger zu sich als jeder andere es hätte sein können. Lehrer hielt er für unnötig. »Ich hatte keinen Lehrer«, schrieb er in seinen Memoiren. »Es geschah ganz selten, dass mir jemand etwas zeigte. Fast alles, was ich bringe, habe ich mir selbst angeeignet. Und meine Erfolge beweisen, dass ich mich mit durchschnittlichen Leistungen nicht zufriedengab. Dass dazu wirklich ein Talent gehört, ist unbestreitbar.«[2]

Der junge Zauberkünstler bildete sich einiges ein auf die kostbaren Zauberapparate, mit denen er bereits eine kleine Bühne füllen konnte, und posierte stolz auf Fotos mit seinen Requisiten. Talent hatte er, vor allem als Schauspieler. Sein wichtigstes Werkzeug war und blieb sein Mundwerk. Ein Illusionist benötige keine Fingerfertigkeit, erklärte er später, sondern vor allem gestalterisches Können und schauspielerische Gewandtheit, um zu verschleiern, was er hinter vorgehaltener Hand tatsächlich tat.[3]

Die Auftritte in Lazaretten hatten ihn in seiner Heimat bekannt gemacht. Kala Nag war nicht der einzige Zauberkünstler, der damals als Truppenunterhalter auftrat. Eine kleine Zeitschrift mit dem Namen *Magie,* die im Jahr 1919 zum ersten Mal erschien, berichtete über derartige Veranstaltungen. Sie bestand aus ein paar mit Schreibmaschine getippten Blättern, auf denen der Titel in dicker Frakturschrift und ein Satyrkopf prangten. Der Satyrkopf trug ein Pentagramm als Krone zwischen seinen Hörnern und blickte etwas melancholisch drein.

Für Helmut Schreiber waren diese unscheinbaren Blätter eine Verheißung. Sie waren nur einem kleinen Geheimbund von weniger als hundert Lesern im ganzen deutschen Reich zugänglich. Sie enthielten Informationen über Zauberkunststücke, Veranstaltungen und die Aktivitäten einer geheimen Vereinigung, die sieben Jahre zuvor gegründet worden war.

Diese Vereinigung mit dem mysteriösen Namen »Magischer Zirkel von Hamburg« war 1912 von dem Hamburger Bankier Karl Schröder ins Leben gerufen worden und hatte sich die Pflege und Förderung der Zauberkunst zur Aufgabe gemacht.[4] Der Name sollte zur Abgrenzung von den vielen sich damals in Hamburg und anderen Städten des Kaiserreichs wieder breitmachenden »Spiritistischen Zirkeln« dienen. Dass Schröder auf der Gründungssitzung »spiritistische Bänder« vorführte, war kein Widerspruch[5]: Er brachte es auch ohne Hilfe aus dem Geisterreich fertig, die Bänder zu teilen und zu heilen.

Die Entlarvung scheinbar übersinnlicher Phänomene als mehr oder weniger raffinierter Trick war für die Zauberkünstler eine Frage der Berufsehre. Wer wusste, wie es geht, wollte sich nichts vormachen lassen, und wer so tat, als könne er doch mehr, der war ein Schuft.

Auf den vierzehntägig stattfindenden Treffen im Hamburger Hotel zu den drei Ringen wurden Vereinsangelegenheiten besprochen, Vorträge gehalten und ein eigenes Brauchtum entwickelt. Wo andere Zünfte »Glück auf« oder »Petri Heil« sagten, wünschten deutsche Magier einander »Gut Trick«.

Vor allem aber zauberten sie miteinander. Sie betrieben Mikromagie, die mit kleinen Gegenständen an Tischen vorgeführt werden konnte und deshalb auch als »Eckenzauber« bezeichnet wurde. Man führte einander Kartenkunststücke und Münzengriffe vor. Man zeigte den Talerfang, bei dem eine scheinbar endlose Zahl an Münzen aus der Luft herbeigezaubert und in einen Hut oder Sektkühler geworfen wurden, und natürlich auch das Becherspiel, das traditionsreichste aller Zauberkunststücke, das bereits vor zwei Jahrtausenden von Seneca beschrieben wurde. Der römische Philosoph und Lehrer des Kaisers Nero hatte es selbst beobachtet. Listig wie er war, bemerkte Seneca, dass der erstaunlich simple Trick seine Wirkung allein der Unkenntnis des Zuschauers verdankte: »Effice, ut quomode fiat intellegam: perdidi usum«,[6] was so viel bedeutete wie »Hilf mir zu verstehen, wie der Trick erreicht wird, und schon hat er keinen Nutzen mehr für mich.«

Entsprechend rigoros ging der Zirkel gegen das »Erklärerunwesen« vor und forderte alle Mitglieder auf, die »Feinde der

Zauberkunst« zu denunzieren und zu bekämpfen. Damit waren diejenigen gemeint, »die durch schwindelhafte Voranzeigen und die Art ihrer Vorführungen unsere Kunst schädigen«, also Trickerklärer, Betrüger und sogenannte »Auchkünstler« – dilettantische Anfänger, »die Piecen so mangelhaft vorführen, dass die Sachen wie eine ungewollte Parodie wirken, also auch die Geheimnisse auf diese Art preisgegeben sind …«[7]

Die *Magie* nannte ihre Namen, forderte die Zirkelmitglieder auf, die Adressen der Betreffenden herauszufinden und deren Gastspiele mit Zeitungsanzeigen zu sabotieren, in denen der Dilettantismus der »Schädlinge« gebrandmarkt wurde.[8]

Der Magische Zirkel war als Amateurvereinigung gegründet worden, der auch Berufszauberer angehören konnten. Der Schutz der Berufskünstler war deshalb einer der wichtigsten Punkte in seiner Satzung. Das Verbot, außerhalb des Zirkels Tricks zu erklären, war kein Zeichen von Geheimniskrämerei, sondern diente vor allem der Wahrung des Berufsgeheimnisses und damit des geschäftlichen Erfolgs öffentlich auftretender Zauberkünstler.

Um dem Erklärerunwesen Einhalt zu gebieten, richtete der Magische Zirkel außerdem einen »Kampffonds zur Bekämpfung unlauterer Elemente unserer Kunst« ein. Zur Mobilisierung seiner Mitglieder druckte die Vereinszeitung regelmäßig Kampfparolen, deren zackiger Ton auch den Anführer eines Freikorps beeindruckt hätten: »Das Ansehen der Zauberkünstler verlangt gebieterisch, daß mit allen Schädlingen jetzt energisch aufgeräumt wird!!!«,[9] lautete die Parole zum Weihnachtsfest 1919. Helmut Schreiber hatte bereits im Sommer elf Mark für den Kampffonds gespendet.[10] Zwei Jahrzehnte später würde er sich des Kampfes gegen die »schädlichen Elemente« selbst annehmen – als Präsident des Magischen Zirkels im Dritten Reich.

Die Aktivitäten der Hamburger Magier gingen schon bald über die Hansestadt hinaus, und im Laufe der Zeit sollten sich in verschiedenen Städten Ortsgruppen bilden. Der Magische Zirkel hatte im Jahr 1919 rund hundert Mitglieder, und der Vorstand rief in der *Magie* regelmäßig dazu auf, neue zu werben. Bis in die Mitte der Dreißigerjahre sollte die Zahl der Mitglieder des Magischen Zirkels langsam, aber stetig steigen.

1919 kannte Helmut Schreiber nur ein Ziel: Er wollte selbst aufgenommen werden in dieser geheimnisvollen Runde. Es gab nur ein Problem: Die Zirkelmitglieder waren allesamt gestandene Persönlichkeiten, sie waren Bankiers, Direktoren, Professoren. Er dagegen war nicht einmal volljährig. Würden die Herren ihn überhaupt ernst nehmen?

Immerhin konnte er zwei Kladden mit Attesten vorweisen, welche Zeugnis über die fast fünfzig öffentlichen Auftritte ablegten, die der Sechzehnjährige bereits absolviert hatte.

Er hatte sich neben den Experimenten zur Gedankenübertragung ein beeindruckendes Repertoire an Zauberkunststücken angeeignet, darunter die Tuchfärbung, ein Glaszylindertuchkunststück, die Manipulation von Billardbällen, den de Bière'schen Eierbeutel, den Würfelkasten, die zerrissene Karte, den Vier-Ass-Trick, die Reißnagelkarte mit Verkleinerungskartenspiel, die Feuerschale, die wandernde Flasche und den Blumenwachspokal.

Ein kleiner Angeber, dieser Tausendkünstler Helmut Schreiber. Hatte er nie davon gehört, was David Devant einem jungen Zauberlehrling geantwortet hatte, der ihn mit hundert Kunststücken beeindrucken wollte? »Ich kann nur sieben!«, hatte Devant trocken gesagt – einer der genialsten Zauberkünstler seiner Zeit und erster Präsident des »Magic Circle« in London.

Allerdings war nicht zu leugnen, dass die Art von Schreibers

Vortrag einnehmend war. Er wusste, wie man die Zuschauer mit Witz und Humor ansprach. Das gefiel auch Ernest Thorn, der selbst mit humorvollen Auftritten erfolgreich war. Thorn hatte sich bereits von den Fähigkeiten des jungen Zauberers überzeugt, und als erstes Ehrenmitglied des Magischen Zirkels hatte sein Wort Gewicht.

Als die *Magie* im Frühjahr 1919 die Anmeldung von Helmut Schreiber aus Stuttgart vermeldete, hatte er einflussreiche Bürgen gewonnen: Sein großes Vorbild Ernest Thorn (Mitgliedsnummer 14), das Stuttgarter Zirkelmitglied Willy Widmann (Nummer 66) und Gründer Karl Schröder (Nummer 1) unterstützten seine Aufnahme.[11]

Die Abstimmung war geheim und hatte Tradition.[12] Jedes Mitglied gab entweder eine weiße oder schwarze Kugel ab. Die »Ballotage« war ein altehrwürdiges Verfahren, das schon die Benediktiner im Mittelalter bei der Wahl eines Abts nutzten. Drei schwarze Kugeln bedeuteten die Ablehnung. Kala Nag kam durch.

Am 2. April 1919 wurde der Sechzehnjährige Schreiber als jüngstes Mitglied mit der Nr. 82 in den Magischen Zirkel aufgenommen.[13]

Er war frühreif und alterte später umso schneller.

Die amtlichen Dokumente weisen den 23. Januar 1903 als sein Geburtsdatum aus.[14] Doch dreißig Jahre später war Helmut Schreiber bereits vierzig. Da gab er in der *Magie* sein Geburtsjahr mit 1893 an und konnte so schon am 23. Januar 1933 seinen vierzigsten Geburtstag feiern. In nur wenigen Jahren war Helmut Schreiber mit einer märchenhaften Geschwindigkeit gealtert, bei der es nicht mit rechten Dingen zugehen konnte. Einmal wurde er kurz jünger, im Jahr 1929 galt 1896 als sein Geburtsdatum, aber das ging vorbei und war wohl ein

Versehen. Dass die offizielle Zeitschrift des Magischen Zirkels zehn Jahre lang 1893 als sein Geburtsdatum vermerkte, konnte kein Zufall sein,[15] denn ein solch gravierender Fehler wäre dem aufmerksamen Schriftleiter der Zeitschrift nicht entgangen – der seit 1927 Helmut Schreiber hieß.[16]

Wer einem Zauberer auf die Spur kommen will, darf den Blick nicht von seinen Fingern lassen, darf sich nicht ablenken lassen. Bloß den Worten kein Gehör schenken, die aus seinem Mund kommen. Sie sind wie der Gesang der Sirenen, die den Steuermann verwirren und das Schiff geradewegs auf die Klippen der Wahrnehmung führen.

Hört genau hin, was er sagt; lest zweimal und dreimal, was er schreibt. Denn es ist weder gelogen noch die ganze Wahrheit, sondern irgendetwas dazwischen.

Nein, Helmut Schreiber log nicht. Dafür war er viel zu raffiniert. Er erweckte Anschein, machte vor, redete ein, suggerierte, manipulierte und verwirrte die Tatsachen, bis man von selbst auf ganz andere kam. Überhaupt, diese Liebe zur Wahrheit. Philosophen hatten einfach keine Fantasie. Für den Zauberkünstler Helmut Schreiber war die Welt alles, was der Fall sein könnte. Die Wirklichkeit hatte viele Facetten, am Ende war es eine Frage der Perspektive, nicht wahr? Lügen tut nur, wer sich festlegt.

Tricks zu verraten, das ist zu Recht verpönt in Zauberkreisen. Aber einmal soll hier eine Ausnahme gemacht werden. Kein Zauberbuch lehrt, wie man sich zehn Jahre älter macht. Helmut Schreiber hat sogar seine Freunde im Magischen Zirkel hinters Licht geführt, weil keiner von ihnen einen Trick erwartete.

Ein dunkelgrüner Pass mit goldenem Aufdruck »Syndicat International des Artistes Prestidigitateurs (Paris)«[17] zeigt, wie er es gemacht hat. Helmut Schreibers Mitgliedsausweis in der

Vereinigung französischer Zauberkünstler, die 1928 von dem Magier Agosta-Meynier gegründet wurde. Prestidigitateur! Für einen Schwaben wie Helmut Schreiber ein nahezu unaussprechliches Wort, und doch meinte es ihn und seinesgleichen: die Zauberkünstler. Was war das Französische doch für eine selbstherrliche und frivole Sprache. Pres-ti-di-gi-ta-teur! Wie ein Taschenspieler jonglierte die Zunge mit den kaskadierenden Konsonanten und meinte die flinken Finger des Zauberers.

Folgen wir ihnen also und prüfen die Angaben, die Helmut Schreibers Feder mit schwarzer Tinte gemacht haben. Taille: Mittel. Haare: Blond. Augen: Blau. Geboren in Deutschland. Das war die Wahrheit, und sie passte zu dem daneben geklebten Passfoto des ernst blickenden jungen Mannes mit Stehkragen und fein gescheiteltem Haar.

Auch das Geburtsdatum entspricht den Tatsachen: 23. Januar 1903. Aber nein, das Datum scheint nur auf den ersten Blick zu stimmen. Schaut man genauer hin, wird es unklar und zweideutig. Helmut Schreiber hat die ersten beiden Stellen des Geburtsjahres fortgelassen. Dann hat er die Null anders als üblich im Uhrzeigersinn geformt und die so entstandene Möglichkeit genutzt, rechts unten einen schwungvollen Abstrich zu setzen. Damit wurde aus der Null eine Neun, wenn man eine Neun zu lesen erwartete. Sollte aber jemand auf die Idee kommen, den Schreiber dieser zweideutigen Angabe als Fälscher dingfest machen zu wollen, konnte der sich immer damit herausreden, es handele sich doch eindeutig um eine Null. Kein Gericht hätte ihm das Gegenteil beweisen können, denn jeder konnte aus dieser Zahl lesen, was er wollte.

Die überschwängliche Unterschrift war wie ein Schlussapplaus, den Helmut Schreiber sich für sein kleines Kunststück selbst spendete.

Der talentierte Herr Schreiber

Sein Vater hatte sich gewünscht, dass Helmut Medizin studiert. Als er nach München kam, tat er so, als folge er Papas Wünschen. In Wirklichkeit schrieb er sich im Sommersemester 1921 als Student der Philologie ein und betrieb seine Hochschulausbildung als Wunschkonzert.[1] Er besuchte Vorlesungen in Philosophie, Psychologie, Theaterwissenschaft und Zeitungskunde. Eingeschrieben war er für Philologie und Kunstgeschichte.[2] Aber sein wahrer Ehrgeiz galt etwas anderem.

Im Juli 1921 druckten die *Münchner Neuesten Nachrichten* eine besondere Anzeige: »Liebhaber, Kenner und Könner der Zauberkunst gesucht zwecks Gründung einer Ortsgruppe des Magischen Zirkels.«[3] Dass der Magische Zirkel ausgerechnet in der bayerischen Hauptstadt keine Vertretung hatte, war ein Missstand, der einer Kunststadt wie München unwürdig war.

Interessierte hatte Schreiber auf acht Uhr abends in ein kleines Restaurant bestellt. Dort saß er nun und aß allein. Zum wiederholten Mal fand er sich in der Auffassung bestätigt, dass der typische Münchner, so lebensfroh er sein konnte, für Neues schwer zugänglich war. Schließlich tauchten doch noch vier Neugierige auf. Er zauberte ihnen zum Nachtisch etwas vor und hatte vier Jünger gewonnen. Der Anfang war gemacht.

Er schaltete weitere Annoncen, erfuhr weitere Namen. Er besuchte die Leute zu Hause und überprüfte ihr Können. Acht von ihnen waren ihm gut genug, und er gründete mit ihnen am 7. Oktober 1921 die Ortsgruppe des Magischen Zirkels in München. Sie wählten ihn als Vorsitzenden – was ihm nur recht war und den anderen billig.[4]

Nach seiner Aufnahme zwei Jahre zuvor hatte Schreiber die Seiten der Vereinszeitschrift *Magie* schnell als neue Bühne für sich entdeckt und bereits im Juni 1919 seinen ersten Beitrag veröffentlicht. Er hatte sich mit Haut und Haaren der Zauberkunst verschrieben und nun auch der Mission des Magischen Zirkels.

Kaum war er aufgenommen worden, hatte sich das Jungmitglied darangemacht, sein Netzwerk auszubauen. In der *Magie* hatte er mehrfach Anzeigen geschaltet, in denen er durch Stuttgart reisende Zauberkünstler einlud, sich bei ihm zu melden, rechtzeitige Anmeldung durch Karte oder Fernsprecher[5] vorausgesetzt. Wer noch nicht wusste, was für ein Tausendsassa der magische Neuzugang war, musste nur ein paar Seiten weiterblättern. Dort war der euphorische Trinkspruch abgedruckt, den der Chefarzt eines Lazaretts nach einem Auftritt des »Tausendkünstlers« Helmut Schreiber gedichtet hatte.[6]

Im November 1919 hatte die *Magie* Helmut Schreiber bereits als Vertrauensperson des Magischen Zirkels für Stuttgart verzeichnet.[7] Im April des folgenden Jahres hatte er seinen ersten Trick in der Zeitschrift veröffentlicht: »Die aus dem Spiele springenden Karten«.[8]

Neben der Zauberkunst interessierte er sich auch für Fotografie und das neue Medium Film. An der Technischen Universität München belegte er einen praktischen Lehrgang in Kinematografie.[9] Die Kunst der Filmvorführung interessierte ihn schon deshalb, weil einer ihrer Pioniere, der Franzose Georges Méliès, ein bedeutender Zauberkünstler war und durch wegweisende Erfindungen wie die Stop-Motion-Technik bewies, dass Magie und Film benachbarte Kunstsphären sind.

Schon im Jahr 1921 hatte er einen Aushang am Schwarzen

Brett seiner Universität bemerkt und sich gemeldet: Die Produktionsgesellschaft Emelka, Vorläuferin der späteren Bavaria Film, suchte Studenten für die Übersetzung von Filmmanuskripten aus dem Englischen ins Deutsche.[10] Wilhelm Schreiber, der vor Helmuts Geburt mehrere Jahre geschäftlich in England gelebt hatte, hatte großen Wert darauf gelegt, dass sein Sohn die wichtige Handelssprache lernte. Der solide Tuchhändler Wilhelm Schreiber mochte gehofft haben, dass Helmut die Laufbahn des Vaters einschlagen und seine Sprachkenntnisse beim internationalen Handel mit Stoffen einsetzen würde. Stattdessen übersetzte er nun zweitklassige Stoffe für den Film.

Dass die meisten ihm vorgelegten Drehbücher schlecht waren, sah auch der junge Helmut Schreiber sofort. Verfilmt wurden sie trotzdem, was ihn nur mäßig empörte, denn bezahlt wurde er so oder so. Es war eine seiner ersten Lektionen über die Unterhaltungsbranche: Der Köder musste dem Fisch schmecken, nicht dem Angler. Die Dramaturgen mochten die Nase rümpfen, für das Studio war entscheidend, ob er dem zahlenden Publikum gefallen würde.[11]

Er übersetzte einen billigen Stoff nach dem anderen, der dann für teures Geld verfilmt wurde. Dann kam ihm eine Idee: Er schrieb heimlich ein eigenes Drehbuch auf Englisch, schmuggelte es mithilfe von Londoner Freunden zwischen die original englischen Stoffe, übersetzte sich dann selbst ins Deutsche und empfahl den neuen Stoff mit Nachdruck zur Verfilmung.[12]

Die Direktion der Emelka nahm das Manuskript dankend an, und Helmut Schreiber bekam zum letzten Mal in seinem Leben ein schlechtes Gewissen. Er legte ein Geständnis ab. Die Geschäftsführer lachten nur und klopften ihm auf die Schulter. Ein Wunderknabe, der seine Skrupel bald verlieren würde, so einer war wie geschaffen für das raue Filmgeschäft. Sie ließen ihn in die Filmateliers, er durfte bei Dreharbeiten zuschauen und Stative schleppen.

Der Schauspieler und Regisseur Ernst Reichert nahm sich seiner an. Er hatte 1914 mit der Figur des Stuart Webbs eine Art deutschen Sherlock Holmes erfunden und spielte seitdem in einer Reihe von Webbs-Filmen die Hauptrolle.

1925 begegnete er auf dem Filmgelände in Geiselgasteig auch einem jungen englischen Regisseur, der sich später ebenfalls auf Krimis verlegen sollte. Der Engländer war damals in seinem Heimatland so unbekannt, dass er dort keine Finanzierung für seinen ersten Spielfilm bekam und die Emelka den Streifen koproduzierte. Das Debütwerk trug den Titel *Irrgarten der Leidenschaft* und der junge Regisseur hieß Alfred Hitchcock.[13]

Der sechsundzwanzigjährige Hitchcock mochte ein Unbekannter sein, aber er war Regisseur. Er war nur vier Jahre älter als Schreiber, doch er gab den Ton an. Hitchcock dirigierte die Schauspieler, Kameraleute, Assistenten und all die anderen Arbeiter am Filmset. Schreiber, der längst Aufnahmeleiter bei anderen Filmen war, durfte ihm den Kaffee bringen.

Der Weg nach oben war steinig. In den Ateliers der Emelka studierte Schreiber, ein guter Beobachter von Menschen, die verschiedenen Typen am Set: knurrige Generaldirektoren, abgeklärte Kameraleute, nervöse Chefregisseure, verkannte Drehbuchautoren und unberechenbare Diven, die von einem Moment auf den nächsten von furchtbaren Kopfschmerzen überkommen werden konnten.[14]

Er lernte, wie viel Fleiß und Mühe es kostete, Illusionen zu erzeugen, denen man nicht ansah, was für eine Schwerstarbeit dahintersteckte. »Ich rate niemandem den Besuch hinter den Kulissen, er raubt jede Illusion«, warnte er die Leser in einem launigen Zeitungsartikel über die Arbeit in den Filmstudios.[15] Er selbst konnte sich nicht sattsehen an den gewaltigen, kostbaren Filmkulissen, die mühevoll bemalt und dekoriert wurden, nur um nach einer kurzen Aufnahme wieder abgebrochen zu werden.

Er bewunderte die Geschwindigkeit, mit der die Gewerke beim Film Hand in Hand gingen: »Dieses Tempo, das der Film braucht, schafft über Nacht, ja in Stunden, riesige Prunkräume, prächtige Hotelhallen, ein Theaterinneres mit drei Rängen für 1000 Zuschauer, eine Begräbnisstätte in den Katakomben; auch diese wird wieder verschwinden und dem im Regen blinkenden Asphalt einer New Yorker Straße Platz machen müssen.«[16] Rasante Szenenwechsel, opulente Bühnenbilder, perfekte Organisation – was Schreiber Anfang der Zwanzigerjahre beim Film lernte, sollte ihm später zugutekommen, als er nach dem Krieg eine gigantische Zauberrevue auf die Beine stellte, wie sie die Welt noch nicht gesehen hatte. Vor allem aber hatte er eins beim Film gelernt: Als Zauberkünstler würde er nie jemanden hinter die Kulissen blicken lassen.

Schreiber hatte schon bald Freunde in den Filmateliers der Emelka gewonnen. Mitstreiter, die seinen Aufstieg begleiten würden. Besonders hatte es ihm Max Heilbronner angetan, der von der Münchner Kunsthochschule kam und als Filmarchitekt bei der Emelka volontierte.

Die beiden hatten einiges gemeinsam. Sie waren fast gleich alt, Max Heilbronner war am 14. Februar 1902 in München als Sohn von Betty und Fritz Heilbronner geboren. Beide stammten aus einem bürgerlichen Elternhaus. Heilbronners Vater hatte eine Eisengießerei in München gehört, doch war er bereits 1908 gestorben.[17] Sowohl Schreiber als auch Heilbronner hatten einen älteren Bruder verloren: Otto Schreiber war gleich zu

Beginn des Weltkriegs als neunzehnjähriger Offizier gefallen. Paul Heilbronner starb mit einundzwanzig Jahren an Lungenentzündung.

Nach dem Tod des Vaters hatte Heilbronners Mutter einen Anwalt geheiratet und war mit Max und seinem zwei Jahre älteren Bruder Paul nach Pforzheim gezogen. Dort wechselte er nach dem Besuch des Realgymnasiums 1918 auf die Kunstgewerbeschule, lernte Tischlerei und ließ sich bei einem Pforzheimer Juwelier in Fein-Bijouterie ausbilden. Im Jahr darauf kehrte Heilbronner in seine Geburtsstadt München zurück. Er studierte an der Kunstgewerbeschule und der Akademie der Freien Künste Innenarchitektur und »legte einige erfolgreiche Examen ab«, wie er in einem Lebenslauf von 1964 schrieb.[18] Im Jahr 1923 kam er als unbezahlter Volontär zur Emelka.

Heilbronner war 1,62 Meter groß und mittelkräftig gebaut, von lebhaftem Temperament und besaß die sympathische Nonchalance eines Menschen, der sich seiner Fähigkeiten bewusst war und nicht ständig damit hausieren gehen musste. Das unterschied ihn von seinem Freund Helmut, der keine Gelegenheit versäumte, sich an vorderster Front in Szene zu setzen. Während Helmut mit seiner Schiebermütze, der Nickelbrille und hohen Stirn stets ein wenig streberhaft wirkte, trug der lässige Heilbronner feine Anzüge und einen mondänen Schnurrbart nach der Art, wie ihn der amerikanische Schauspieler Adolphe Menjou populär gemacht hatte. Beide waren sich für keinen Spaß zu schade. Auf alten Fotos sieht man sie ausgelassen im Wald mit jungen Frauen herumalbern.

Der Stummfilm *Die malayische Dschonke* von 1923 war die erste Zusammenarbeit der beiden. Ernst Reicher spielte darin vor exotischen Kulissen den Detektiv Stuart Webbs, Heilbronner war für die Kulissen zuständig und Schreiber Aufnahmeleiter. Dabei machte er erste Erfahrungen mit exotischen Tieren am Set. Eine Riesenschlange sollte der blonden Hauptdarstellerin zu Leibe rücken. Das Reptil zierte sich, wie es sich für eine Filmdiva gehört, und rollte sich erst einmal gemütlich ein. Schreiber und ein Dompteur mühten sich verzweifelt, das Tier zu seinem Einsatzort zu locken, dem Ruhebett der erschrockenen Hauptdarstellerin. Die launische Schlange zischte erst die Kameraleute an, dann den Regisseur und ging schließlich auf Schreiber und Heilbronner los, um am Ende mit zwei Kaninchen abgespeist zu werden. Solche Abenteuer am Set schweißen zusammen. Schreiber und Heilbronner wurden Freunde und 1932 sogar Geschäftspartner in einer gemeinsamen Produktionsfirma.

Dass der kaufmännische Geschäftsführer der Münchner Lichtspielkunst ebenfalls Heilbronner hieß, sprach aus Sicht von Schreiber nicht gegen seinen Freund Max. Am Filmset glaubten manche sogar, dass dieser Milton D. Heilbronner dessen Vater war.[19]

Ob der einflussreiche Emelka-Finanzier tatsächlich ein entfernter Verwandter war oder nicht: In der Welt des Scheins, das konnte der Zauberkünstler Helmut seinem Freund versichern, genügte ja schon der Anschein.[20] Warum anderen die Illusionen rauben, wenn man selbst nichts Falsches behauptet hat?

Während Schreiber in den folgenden Jahren vor allem als Zauberkünstler die Aufmerksamkeit der Presse auf sich zog, machte sich Heilbronner beim Film einen Namen. Als jüngster der Münchner Filmarchitekten sei er »ein lyrischer Revolutionär, der Neues ohne Sturm-und-Drang-Attitüden anstrebt, der Häuser und Straßen nicht als tote Baukastensteine ins Bild setzt, sondern ihnen lebendige Gesichter gibt, in denen die Geschicke der Menschen und der Begebenheiten ihre Niederschläge finden«, schrieb der *Film-Kurier* 1926 über Heilbronner,[21] als der seinem Freund Helmut Schreiber nach Berlin folgte.

Ihre Freundschaft half ihnen, sich beim Film zu etablieren.[22] Insgesamt arbeiteten sie ein Jahrzehnt lang bei achtzehn Filmen zusammen.[23]

Wenn er nicht beim Film beschäftigt war, reiste Helmut Schreiber mit seiner Zaubervorführung durch die Lande. Allein im Sommer 1924 gastierte er in über zwei Dutzend Städten in Ober- und Niederbayern. Es war eine Ochsentour durch die Provinz, aber das machte ihm nichts aus. Dies war sein wahres Studium. Er beobachtete die Menschen, die vor ihm saßen, studierte ihre Reaktionen und entwickelte nach und nach einen Sinn dafür, wer leicht zu beeinflussen war und wer nicht. Fingerfertigkeit war bloß eine Frage der Übung. Um das Publikum zu gewinnen, brauchte es Lebenserfahrung und Menschenkenntnis, mit einem Wort: Psychologie.

Er genoss München, die Stadt der Künste und der Brauereien. Tagsüber war er im Filmatelier, stand abends auf der Zauberbühne und trieb sich nachts durch das bunte Schwabing. Im Glückshafen, einer traditionsreichen Lotterie, zog er jede Nacht ein Los, bis er den Hauptpreis gewann: ein gesatteltes Reitpferd. Der Saal tobte. Ein Student mit eigenem Pferd! Er taufte den Apfelschimmel Isabella, ritt nach Hause in die Ismaninger Straße 162 und stellte ihn in der Garage unter.

Die Wirtin wusste von nichts, als sie nachts durch das Wiehern und Stampfen in ihrem Haus geweckt wurde. Als sie das Pferd entdeckte, riss sie ihren exzentrischen Untermieter aus dem Schlaf und machte ihm Vorhaltungen. Aber konnte man dem liebenswürdigen Herrn Schreiber wirklich böse sein? Man konnte, aber nie lange. Helmut Schreiber überzeugte seine Wirtin, dass das Pferd in die Garage gehörte. »Im Besänftigen erzürnter Damen hatte ich schon als Student eine glückliche Hand«, schrieb er später, »heute bin ich darin ein Meister.«[24]

Das ist nur die halbe Wahrheit, denn Helmut Schreibers suggestivem Charme konnten nur wenige widerstehen. Zu ihnen gehörte der Verkehrspolizist, der dem reitenden Studenten einen Strafzettel verpasste, nachdem er Isabella zwischen zahllosen Fahrrädern am Brunnen vor der Universität geparkt hatte. Von da an ritt er nicht mehr zur Universität, sondern nur noch zu seinen Auftritten. Ein Zauberkünstler, der auf seinem Pferd zur Vorstellung galoppierte, war schließlich reitende Reklame.

Helmut Schreiber genoss das Aufsehen, dass er mit seinen Eskapaden erregte. Er war jung und lebenslustig, und der Münchner Fasching lockte. Er hatte Glück im Spiel und dann auch in der Liebe – jedenfalls schien es so. Wäre die Münchner Gesellschaft ein Glückshafen, dann war Ruth[25] der Hauptpreis, denn sie war jung, hübsch und kam aus guter Familie: Ihr Vater war der Flugzeugingenieur Hugo Junkers, der zwölf Kinder und eine große Firma hatte.

Sie verliebte sich in den jungen Mann, der sie mit seinen erstaunlichen Tricks verzauberte und überhaupt ein lustiger, liebenswürdiger Mensch war. Aber Helmut Schreiber arbeitete beim Film und war damit »nichts«, fanden ihre Eltern, jedenfalls nichts für die Tochter eines Hugo Junkers. Gewiss, er hatte gute Manieren und kam aus ordentlichem Hause. Sogar bei der Fox in Amerika hatte er angeblich schon gearbeitet – behauptete er jedenfalls. Dennoch, so einer könnte auf ihr Geld aus sein, der soll erstmal was werden, dann sehen wir weiter.

Doch dann wurde Ruth Junkers 1924 schwanger. Sie nannten die Tochter Brigitte, doch heiraten durften sie nicht. Ruths Eltern fanden einen angemessenen Heiratskandidaten, einen

Kaufmann namens Hajo Folkerts, der in die Firma eintrat und später Direktor des Junkers-Konzerns wurde.[26]

Es war das erste Mal, dass Helmut Schreiber eine Niederlage erlitt. Er besuchte Mutter und Kind noch einmal, dann machte er sich aus dem Staub.

Die unglückliche Vaterschaft war nicht der einzige Grund, dass Helmut Schreiber aus München verschwinden wollte. Bald hatte er es satt, kleine Filme bei der kleinen Emelka zu produzieren. Er wollte Regisseur sein, etwas darstellen. München war zu klein geworden für den jungen Mann mit den großen Ambitionen. Das Studium hatte er ohnehin bereits nach vier Semestern in den Wind geschossen.[27] Er hatte alles gelernt, was er hier lernen konnte.

Berlin lockte ihn, nicht nur wegen der nahe gelegenen Filmstadt Neubabelsberg. In den Zwanzigerjahren war Berlin für kurze Zeit einmal wirklich die Hauptstadt der Welt, ein verheißungsvoller Ort – erst recht für einen Zauberkünstler.

Sein Entschluss stand fest, von nun an würde er sein Glück in Berlin suchen. Im Juli 1925 druckt die *Magie* eine große Annonce: »Von München nach Berlin verzogen. Helmut Schreiber. Stadtwohnung: Berlin SW 19, Friedrichsgracht 37, II. links.« Darunter der Hinweis: »Pflege magische Korrespondenz. Tausche, kaufe Bücher und Apparate usw.«[28] Zum Abschied gaben ihm seine Zirkelfreunde aus München einen Miniatur-Zauberstab in Gestalt einer Krawattennadel aus Gold mit Platinenden mit auf den Weg und feierten ihn noch einmal im Magischen Zirkel.

Im gleichen Monat kehrte er für einen großen Auftritt nach München zurück. Er hatte für den Sommer 1925 die 13. Hauptversammlung des Magischen Zirkels in München organisiert. Natürlich hatte er von Anfang an groß gedacht, der Magische

Zirkel war schließlich nicht irgendein Kaninchenzüchterverein. Es wurde einer der ersten internationalen Zauberkongresse in Deutschland, das Programm ging über mehrere Tage, als Höhepunkt gab es eine öffentliche Zaubervorstellung »größten Stils«[29]. Schreiber hatte als Auftakt für den Abend sogar ein Festspiel mit dem Titel »Magische Visionen« in Auftrag gegeben, das die Geschichte der Zauberkunst in mehreren symbolischen Bildern zeigte und wie eine Vorahnung der opulenten Revue scheint, die er als Kalanag nach dem Zweiten Weltkrieg auf die große Bühne bringen würde. Er brachte Zirkelmitglieder und Bekannte vom Film für die Produktion zusammen und bewies schon 1925 in München sein Talent, andere für seinen großen Auftritt einzuspannen und zu Höchstleistungen zu motivieren. Den Regisseur Oskar Diehl, ein Mitglied des Münchner Ortszirkels, ließ er innerhalb eines Tages und einer Nacht den Text schreiben.[30] Für Requisiten und Kostüme war Robert Leistenschneider zuständig, dem er bei der Emelka begegnet war und der später als Aufnahmeleiter seine rechte Hand bei der Bavaria wurde.

Natürlich trat der talentierte Herr Schreiber auch selbst auf an diesem wichtigen Abend und »fesselte durch die liebenswürdige Jugendlichkeit seines Begleitvortrags und die breite Einbeziehung des Publikums in sein umfassendes Verblüffungswerk«,[31] wie die *Magie* in ihrer nächsten Ausgabe berichtete. Auf dem Titelblatt war das offizielle Kongressfoto abgebildet. Die Teilnehmer blickten mit dem Selbstbewusstsein maßgeblicher Autoritäten in die Kamera. Das Foto hätte auch eine Versammlung von Physik-Nobelpreisträgern um den jungen Einstein darstellen können, nur dass die Magie-Experten sich mit der Überwindung der Naturgesetze beschäftigten und nicht bloß mit ihrer Erforschung.

Drei Dutzend distinguierte Herren, ein paar Damen und, in

der Mitte, direkt neben dem Präsidenten Schröder, der bei Weitem Jüngste von allen, das liebenswürdige Wunderkind mit dem eisernen Ehrgeiz: Helmut Schreiber.

So liebenswürdig der junge Mann war, er konnte auch anders. Vor allem abseits der Bühne. Vor seinem Umzug nach Berlin hatte er als Vorsitzender des Münchner Ortszirkels durch die Festsetzung neuer Statuten eine »Reinigung« desselben erreicht, um Karteileichen und andere unnütze Mitglieder auszuschließen.[32] Es sollte nicht die letzte Reinigungsaktion dieser Art sein, die der aufstrebende Herr Schreiber organisieren würde.

Bei Papa Benz

Hunger trieb den Studenten an einem kalten Wintertag im Jahr 1922 nach Schwabing. Der Vater hatte ihn gewarnt: Philosophie ist eine brotlose Kunst. So kann auch nur ein Kaufmann reden, hatte sich der »Tausendkünstler« Helmut gedacht – und die Mahnung so lange ignoriert, bis die väterlichen Geldzuwendungen aus Stuttgart immer dürftiger wurden.

Die Inflation war aufgrund der Reparationsforderungen der Siegermächte seit Ende des Weltkriegs unvermindert gestiegen. Der Mord an Außenminister Walter Rathenau im Juni 1922 hatte im In- und Ausland das Vertrauen in die Stabilität der Weimarer Republik erschüttert und zu einem rapiden Wertverfall der Mark geführt. 1923 würde kein Jahr zum Feiern werden – oder erst recht! Schreiber war jung, der Münchner Fasching stand vor der Tür. Er zauberte 1922 auf zwei Dutzend Veranstaltungen. Im Frühjahr 1922 hatte er Gastspiele in Ober- und Niederbayern gegeben. Er war vor Fußballvereinen und akademischen Clubs, auf den Weihnachtsfeiern vaterländischer Vereine und vor dem Landesverband der Bayerischen Uhrmacher aufgetreten.

Das Zaubern in Gaststätten, Biergärten, Vereinslokalen war eine gute Schule in Magie und Menschenkenntnis. Er lernte, mit Witz und liebenswürdigen Schmeicheleien das Publikum für sich zu gewinnen, auch wenn es gar nicht seinetwegen gekommen war. Er lernte auch, dass der Schein mehr bedeutete als das Sein, nicht nur auf der Bühne.

Darin machte er schnelle Fortschritte. Anfang 1922 kündigten die Plakate ihn schon als den »bekannten Amateur-Zauberkünstler und Psychologen Herrn cand. phil. Helmut Schreiber« an. Im November war aus dem neunzehnjährigen Studenten auf einem Plakat bereits ein Herr »Dr. Schreiber« geworden. Ganz egal ob es sich um ein Versehen der Veranstalter oder einen Druckfehler handelte: Er erkannte sofort, dass ihm das Schicksal wieder einen Wink gegeben hatte. Warum sollte er die Menschen von ihrer Illusion befreien, wenn sie ihn für einen promovierten Akademiker hielten? Schließlich war Helmut Schreiber Illusionskünstler.

Allerhöchste Zeit also, dass der Magier Kala Nag die Bühne eroberte. Aber wo? Er hatte gehört, dass Papa Benz, der Inhaber eines legendären Kabaretts in Schwabing, angehende Künstler fördere. Was lag also näher, als den einen Papa, der nicht mehr zahlen wollte, durch einen anderen zu ersetzen? Seine Studentenbude[1] war nur eine halbe Stunde Fußweg durch den Englischen Garten vom Kabarett Benz entfernt.

Josef Benz, den alle nur »José«, »Beppo« oder einfach »Papa« nannten, war ein kleiner, rundlicher Mann Ende fünfzig. Mit Zwicker, stramm sitzender Weste und einem feisten Grinsen ausgestattet, strahlte er väterliche Gutmütigkeit aus. Gleichzeitig besaß Papa Benz das Selbstbewusstsein des gestandenen Varietédirektors, dem nichts Menschliches fremd war und keine Sünde zu schade, um sie nicht in einen bühnenreifen Witz zu wickeln.

Seine Karriere als lyrischer Tenor hatte Benz nach Hannover, Hamburg und Prag geführt, bis er im Frühjahr 1899 nach München gekommen war, um als Zigeunerbaron am Theater am Gärtnerplatz zu debütieren. Er verliebte sich erst in die Stadt an der Isar und dann in die Tochter des Bauunternehmers Friedrich Trump, der ihm unmissverständlich klar machte, dass

Benz nur eins haben könne: eine Theaterlaufbahn oder seine kleine Mathilde. Benz entschied sich für Letztere, denn die Tochter war hübsch und klug und brachte ein mehrstöckiges Haus samt Fuhrmannskneipe mit in die Ehe.

Wenn er schon nicht mehr an der Oper auftreten durfte, wollte er wenigstens sein eigener Theaterdirektor sein. Benz fackelte nicht lange. Er verdoppelte die Preise in der Kneipe, verscheuchte so das alte Publikum und gewann ein neues für sein der leichten Muse gewidmetes Amüsierlokal. Bald schon sollte es einen legendären Ruf in München genießen.[2]

Das Café Benz in der Leopoldstraße war Deutschlands erste Künstlerkneipe, und Papa Benz wurde zu einer bedeutenden Figur der Schwabinger Bohème.[3] Er ließ Tänzerinnen, Sänger und Varietékünstler auftreten, die Komiker Karl Valentin und Liesl Karlstadt gastierten hier regelmäßig, und an manchen Abenden stieg der dicke Direktor höchstpersönlich auf die Bühne und schmetterte zum Vergnügen seiner Stammgäste Operettenarien. Kurzum, das Café Benz war ein einzigartiger Ort, »really crazy«, wie der irische Schriftsteller Samuel Beckett in seinem Tagebuch festhielt. Die verrückte, freie Halbwelt dieses Kabaretts war genau der richtige Ort, um den Magier Kala Nag das Licht der Bühne erblicken zu lassen.

Mit raschen Schritten ging Schreiber durch den Englischen Garten, bog in die Leopoldstraße ein und betrat das Lokal an der Ecke. Papa Benz empfing ihn mit dem gespielten Desinteresse des Varietéinhabers, der nicht nur alle Wunder der Welt gesehen, sondern sie längst an seiner Bühne verpflichtet hatte. »Sie wollen hier auftreten?« Benz musterte sein Gegenüber mit geringschätzigem Blick, in den sich allmählich eine Spur von Mitleid mischte. »Na, dann zeigen Sie mal, was Sie können.«

Zweifellos war der junge Mann, der sich ihm als Zauberkünstler vorstellte, etwas schmächtig. Aber reden konnte er, Himmelherrgott, so etwas hatte er in seiner bald fünfundzwanzigjährigen Karriere als Kabarett-Direktor selten erlebt. Wenn der mit den Fingern nur halb so flink war wie mit der Zunge, würde er dem Publikum gefallen. Außerdem war er ein Schwabe in München, genau wie der Direktor, und wir Schwaben in Schwabing, haha, wir müssen zusammenhalten.

Benz klopfte erst sich vergnügt auf die dicken Schenkel und dann seinem Neuzugang auf dessen schmächtige Schulter, um das Engagement zu besiegeln. »Am Mittwoch ist Hausfrauennachmittag bei mir, da können Sie auftreten.«[4] Als sich der Zauberlehrling nach seiner Gage erkundigte, tauschte Papa Benz sein Lächeln augenblicklich gegen den geschäftsmäßigen Gesichtsausdruck des Varietédirektors ein: »Sie bekommen Kaffee und Kuchen, basta!«

Er würde das nie vergessen: Dass man immer zwei Gesichter parat haben und bereit sein sollte, sie von einem auf den anderen Moment zu vertauschen: ein freundliches und ein strenges. Das eine verzaubert, das andere enttäuscht, und es war gut, wenn die Menschen nicht wussten, mit welchem Gesicht sie rechnen konnten. Ja, es war überhaupt besser, wenn niemand wusste, was wirklich in ihm vorging.

Auf dem Weg zum Hausfrauennachmittag bei Benz hatte er eine Eingebung. Er packte zwei Koffer mit Zauberutensilien voll, schließlich ging er nicht zu irgendeinem Jahrmarkt, sondern für eine Dreiviertelstunde alleine auf Papa Benz' Bühne. Auf dem Weg musste er immer wieder die Koffer absetzen und verfluchte die schweren Requisiten, denn er hatte nicht nur Seidentücher, Münzen und Glasbälle gepackt, sondern auch andere mysteriöse Instrumente wie seine Spiritistentafel, eine Kerze mit Glaszylinder und die schwere Feuerschale.[5]

Was dann geschah, beschrieb er später in seinen Memoiren wie eine Art Erleuchtung: Als er an einer Straßenecke hielt, bemerkte er eine Gruppe von Kindern, die auf dem Gehsteig spielten und sangen. Gedankenverloren lauschte er dem Gesang.

Auf einem Baum ein Kuckuck
sim sa la dim bam ba sa la du sa la dim
auf einem Baum ein Kuckuck saß …

Die Geschichte war einfach und grausam; wie es sich für ein Kinderlied gehört, ging es um Leben und Tod: Ein Kuckuck sitzt auf einem Baum, da kommt ein junger Jäger vorbei und schießt ihn tot. Doch nach der dritten Strophe kam ein Wendepunkt: Als ein Jahr vergangen ist, sitzt der Kuckuck wieder da und die Leute freuen sich sehr.

Es war die fantasievolle Lautmalerei, die ihm nicht aus dem Kopf gehen wollte, das wohltönende Auf und Ab heller und dunkler Vokale, die einander wie Perlen auf einer Schnur folgten und bei aller Leichtigkeit eine beschwörende Wirkung hatten und sich in seiner Erinnerung zu verselbständigen schienen: Sim-salabim, saladu, saladim.[6]

Er war längst weitergegangen, aber das Wort verfolgte ihn. Es klang lustig, sinnlos und gerade deshalb geheimnisvoll.[7] Er pfiff es in der Straßenbahn vor sich hin, intonierte es in den verschiedensten Variationen, vertauschte die Silben und rief es verwunderten Passanten zu – bis es ihm wie Schuppen von den Augen fiel. Es war ein Zauberwort, *sein* Zauberwort: Simsalabim. Es hatte die Fähigkeit, Tote wieder zum Leben zu erwecken und die Menschen für einen Moment ihr Unglück vergessen zu machen. Der Kuckuck ist tot. Simsalabim. Der Kuckuck lebt. Der Kuckuck war ein Phönix aus der Asche, auferstanden von den Toten wie Lazarus. War das ein Wunder? Nein, es war eine Illusion, einer der ältesten Zaubertricks der Menschheit. Schon Dedi der Ägypter, Urahn aller Zauberkünstler, hatte vor viertausend Jahren am Hof des Pharao Cheops geköpfte Gänse zu neuem Leben erweckt.[8] Und der Pharao hatte gestaunt und sich amüsiert, denn natürlich war es eine List des Dedi, mit der er die Illusion erzeugte, dass er geköpften Vögeln den Hals einfach wieder aufsetzen konnte und sie weiterlebten, als sei nichts Schlimmes geschehen.

Nein, den Tod konnte auch ein Zauberer nicht besiegen. Aber er konnte die Menschen den Tod und all die Mühsal des Lebens vergessen lassen, indem er sie für einen kurzen Augenblick an Wunder glauben und staunen ließ. Denn seine Aufgabe, da war sich der junge Zauberkünstler sicher, war es nicht, die Leute mit okkultem Humbug zu betrügen und sie glauben zu machen, er hätte übersinnliche Kräfte. Das wäre Betrug, Missbrauch der Zauberkunst und Volksverdummung. Und es war leider schon im letzten Jahrhundert unter Spiritisten und sogenannten Medien in Mode gekommen, den Menschen mit allerlei Tricks vorzugaukeln, dass sie mit Geistern in Verbindung treten könnten. Geisterkabinette, mysteriöse Klopfzeichen und unscharfe Fotos, auf denen sich vorgeblich Gespenster in Form einer »Ektoplasma« genannten Substanz verkörperten, waren der Geschmack der Zeit, die durch den Fortschritt von Wissenschaft und Technologie jeden Zauber verloren zu haben schien.

Nach dem verheerenden Weltkrieg und inmitten der Wirtschaftskrise waren die Menschen erst recht bereit, noch dem fadenscheinigsten Gaukler hinterherzulaufen, der ihnen das Heil versprach. Ein ehrbarer Zauberkünstler, davon war Helmut Schreiber überzeugt, durfte keinen Hehl daraus machen, dass er die Menschen täuschte: Er konnte dem Publikum sogar vorher ankündigen, dass er es in der nächsten Stunde hinters Licht führen werde – am Erfolg der Illusion änderte das nichts.

Auch Kala Nag würde die Menschen täuschen, ihnen einen Schleier über die Augen ziehen und die Wirklichkeit außer Kraft setzen – aber selbstverständlich nur zum ehrbarsten aller Zwecke: um sie staunen zu machen und ihnen ein bisschen Hoffnung zu geben. Und »Simsalabim« würde seine Beschwörungsformel sein. Dass die ganze Simsalabim-Geschichte von 1923 zur einen Hälfte erfunden und zur anderen geklaut war, gehörte für einen Zauberkünstler wie ihn fast zum guten Ton. Ist im Leben eines Magiers nicht alles Illusion?[9]

Sein erster abendlicher Auftritt auf der Kleinkunstbühne Benz sollte am 30. November 1922 stattfinden. Um halb zehn Uhr abends trat Papa Benz auf die kleine Brettlbühne und kündigte seinen neuen Gast an.

Dann erschien Kala Nag auf der Bühne. Die Haare waren streng gescheitelt, er trug eine weiße Hose und eine blaue Jacke, die ein wenig zu weit auf seinen dünnen Leib geschneidert schien. Das Publikum war bereits angeheitert, man war ja nicht in der Staatsoper, und schien wenig gewillt, dem schmächtigen Zauberlehrling irgendeinen Humbug durchgehen zu lassen. Am Bühnenrand stand ein kleiner Tisch, auf dem Münzen, ein Spazierstock und eine Pistole lagen.

»Es gereicht mir zum größten Vergnügen«, hob er an, während der spärliche Willkommensapplaus verstummte, »Ihnen einige noch unbekannte Kunststücke der Salon-Magie vorführen zu dürfen.«

Aus dem Saal tönte spöttisches Gelächter. Was wollte dieser Milchbart dem anspruchsvollen Stammpublikum von Papa Benz schon Neues bieten können?

Doch er ließ sich nicht beeindrucken von den Zwischenrufen, die durch den Dunst von Bier und Tabak zu ihm drangen und vorzugsweise darauf abzielten, ihm seine Männlichkeit streitig zu machen. Die Stimmung aufgekratzter Ausgelassenheit, eine Mischung aus Zirkus und Vereinsfeier, war nichts Neues für ihn. Bei seinen Auftritten auf Festen und in Wirtshäusern hatte er gelernt, vor seinen Zuschauern eine Haltung unerschütterlicher Gelassenheit einzunehmen, die ihn wie ein Panzer umgab und vor den bei solchen Anlässen unvermeidlichen Boshaftigkeiten aus dem Publikum schützte – eine Haltung übrigens, die, wie er festgestellt hatte, auch im Leben abseits der Bühne hilfreich war, wenn ihm Gefahr drohte.

Er verschränkte die Arme vor der Brust und musterte sein Publikum herausfordernd.

»Ach wissen Sie, meine sehr verehrten Damen und Herren, eigentlich habe ich es überhaupt gar nicht nötig, hier oben zu stehen. Ich habe sehr reiche Verwandte …« – er legte eine Kunstpause ein und schaute zu Papa Benz, der ihn vom Rand des Auditoriums aufmerksam beobachtete – »… ich weiß bloß nicht, wo sie wohnen!«

Schon hatte er die ersten Lacher auf seiner Seite. Er ließ seine Augen zufrieden durch den Saal wandern. Wortlos zog er einen schmalen Glaszylinder aus seiner rechten Jackentasche, den er der Länge nach mit Zeitungspapier umwickelte und das untere Ende mit Siegelmarken verklebte. Dann zog er aus der anderen Jackentasche eine Kerze, zündete sie an und schob sie in den Glaszylinder. Auf seinen Wink hatte Papa Benz den Saal in fahles Licht gehüllt, und Kala Nag ging auf eine junge Frau in der ersten Reihe zu.

»Meine Gnädigste, ist Ihnen bekannt, was eine schöne Dame und eine Kerze gemeinsam haben?« Er hielt den Zylinder, aus dem nur noch die brennende Flamme schaute, so nah vor die Nase der jungen Frau, dass ihr Gesicht im Halbdunkel des Auditoriums zu leuchten begann. »Beide strahlen!«

»Und wissen Sie auch, gnädiges Fräulein, was der Unterschied zwischen beiden ist? Wenn man eine Kerze putzt, brennt sie heller; putzt man eine schöne Frau, geht sie aus.«

Das Gelächter war noch nicht verstummt, da verschloss er blitzartig mit beiden Händen den Zylinder und blickte verschwörerisch ins Publikum. »Aber wir wollen nicht so großen Wert auf die Unterschiede legen, nicht wahr, meine Damen und Herren? Gerade in diesen turbulenten Zeiten für Deutschland sind wir gefordert, das Gemeinsame zu betonen, alle Unterschiede zu beseitigen. Sehen Sie, jetzt sind sowohl die Dame als auch die Kerze aus, und endlich herrscht Gleichberechtigung. Alle Unterschiede sind verschwunden – ist es nicht ein Wunder?«

Triumphierend hielt er den Zylinder zwischen beiden Händen in die Höhe. Im Publikum herrschte peinliche Stille. Kein Applaus regte sich, stattdessen ging skeptisches Geraune durch den Saal. Das sollte Zauberei sein? Mit gespielter Überraschung blickte Kala Nag in die Gesichter seiner Zuschauer. Dann riss er langsam das Zeitungspapier ab und hielt … den Glaszylinder in die Höhe!

Er war leer. Die Kerze war verschwunden. Ein kurzer Moment stillen Staunens, dann donnerte der Applaus. Kala Nag kostete ihn aus und tat so, als ob er sogar sich selbst mit diesem verblüffenden Kunststück überrascht hätte. »Wunderbar, nicht wahr? Fast hätte ich es mir selbst nicht zugetraut!« Siegessicher stieg er zurück auf die Bühne und setzte seine Vorstellung fort.

Tücher wechselten spontan die Farbe; Münzen verdoppelten sich im Handumdrehen; eine Karte stieg von selbst aus einem Stapel – die Illusionen gingen ihm leicht von der Hand, sie gehörten zum Grundrepertoire jedes Zauberkünstlers, und ihre Beherrschung erforderte lediglich fleißige Übung. Ebenso wichtig, nein, ganz entscheidend war die Präsentation, und hier lief Kala Nag schon am ersten Abend auf Papa Benz' Bühne zur Hochform auf.

Er zauberte und verzauberte sein Publikum. So war in den Wochen darauf immer wieder in Münchner Zeitungen zu lesen, deren Kritiker die »bestechende Liebenswürdigkeit« dieses jungen Magiers hervorhoben und seine »fabelhafte Gewandtheit« lobten.[10] Damit war nicht nur technische Geschicklichkeit gemeint – die war reine Übungssache und für Laien beeindruckend. Kala Nag entwaffnete das Publikum mit seiner Gefälligkeit und seinem Witz, um es sodann in wehrloses Staunen zu versetzen.

Mit seiner Liebenswürdigkeit gewann er die Zuneigung des Publikums. Aber er konnte auch anders. Spielverderber und Besserwisser wusste er bloßzustellen. Auch das war Übungssache, es gab sogar geheime Bücher,[11] in denen allerlei Sprüche versammelt waren, mit denen der Zauberkünstler seine Vorstellung begleiten konnte. Er hatte sie gründlich studiert und sich zu eigen gemacht.

Störte ihn ein Sprücheklopfer aus dem Publikum, machte er ihn lächerlich: »Es ist unverantwortlich von Noah, dass er auch Ihre Vorfahren in die Arche gerettet hat.« Saß ein Zuschauer betont gelangweilt im Saal, forderte er ihn heraus: »Kommen Sie mal herauf und sehen Sie herunter – wie Sie dasitzen!« Die Lacher der anderen Zuschauer waren ihm sicher.

Wichtiger als alles aber war das Geheimnis. Es musste gewahrt werden. Rief ein Spielverderber laut in den Saal, wie ein Trick seiner Meinung nach wohl funktionierte, so musste er unschädlich gemacht werden – ob er recht hatte oder nicht. Neugierige wusste er abzufertigen. Wenn einer zum Beispiel verlangte, den schwebenden Spazierstock untersuchen zu dürfen, entgegnete er mit der höflichen Bestimmtheit eines Arztes: »Das ist durchaus nicht nötig, denn der Stock ist gesund!« Andere Requisiten konnte er gefahrlos vom Publikum untersuchen lassen und so die Verwunderung noch steigern. Wenn ein Zuschauer dabei zu gewissenhaft war und das Publikum sich zu langweilen drohte, spornte er ihn sarkastisch an. »Untersuchen Sie ganz genau, mein Herr, wir sind morgen früh auch noch hier«.

Es war ein heiterer Abend, der das Publikum die Sorgen des Alltags für einen Moment vergessen ließ: die rasant steigenden Preise für Milch und Brot und Mieten, die Kämpfe zwischen Kommunisten und Nationalsozialisten, die Besetzung des Ruhrgebiets durch Frankreich, der politische Tumult im In- und Ausland. Das Kaiserreich war tot, das »Dritte Reich« noch nicht geboren. Das einzige Reich, das heute zählte, war das Reich der Wunder, und sein Herrscher hieß Kala Nag. Es hätte ein Paradies sein können, dieses magische Reich, frei von Politik und Streit.

Aber das war es nicht. Es war eine Geisterbeschwörung.

Die Geister, die Kala Nag zwischen Taler- und Kartenkunststücken rief, waren äußerst lebendig. Er holte eine Kreidetafel hervor und zeigte beide Seiten. Sie waren leer. Das sei keine gewöhnliche Schultafel, erklärte er dem Publikum, sie sei mit besonderen Fähigkeiten begabt und außergewöhnlich gescheit. Wenn man nämlich eine Frage auf die Tafel schreibe, beantworte sie diese von selbst.

Er nahm ein Stück Kreide – »gewöhnliche Schulkreide« – und schrieb auf die Tafel: »Wie alt ist Hindenburg?« Der ehemalige Generalfeldmarschall und Chef der Obersten Heeresleitung im Ersten Weltkrieg lebte zwar seit Jahren im Ruhestand, galt aber unter Rechtskonservativen und Nationalisten nach wie vor als Lichtgestalt.

»Viel jünger, als er aussieht!«, rief ein Scherzbold. »Der hat seine beste Zeit noch vor sich«, warf ein anderer ein. Kala Nag antwortete nicht, sondern wartete mit einem verschwörerischen Lächeln, während die Spannung im Publikum stieg. Dann holte er einen kleinen Schwamm hervor – »ein ganz gewöhnlicher Schwamm« –, tunkte ihn in ein Wasserglas und wischte die Frage wieder aus.

Die Zuschauer schauten mit gebannten Blicken auf die leere Tafel, die Kala Nag jetzt hoch über seinem Kopf hielt, damit man sie auch in der letzten Reihe sehen konnte. Dort erschien langsam und wie von Geisterhand die Zahl 75.

In den begeisterten Applaus mischten sich vereinzelt Jubelrufe. »Hoch dem Sieger von Tannenberg!«, »Nieder mit Versailles!« Kala Nag lächelte zufrieden. München war eine liberale Stadt, freilich. Aber die überaus harten Bedingungen des Versailler Friedensvertrags von 1919 wurden von den meisten Deutschen als Schmach empfunden. Kein Friedensvertrag war das, es glich eher einem prekären Waffenstillstand, der jederzeit wieder in offenen Kampf ausbrechen konnte.

Gewiss, die neue Republik hatte auch ihre Unterstützer. Sogar der Schriftsteller Thomas Mann, einer der prominentesten Bürger Münchens, der wenige Jahre zuvor in den *Betrachtungen eines Unpolitischen* noch die Überlegenheit deutscher Kultur und Nation beschworen hatte, war inzwischen vom »Herzensmonarchisten« zum »Vernunftrepublikaner« und Fürsprecher der Weimarer Republik geworden. Für ihn war Hindenburg ein »grauer Recke der Vorzeit«. Doch Mann sollte, wie so oft, eine Ausnahme bleiben und schließlich ins Exil gehen.

Anfang 1923 spitzte sich die außenpolitische Lage rapide zu. Der Versailler Vertrag hatte Deutschland hohe Reparationen zur Wiedergutmachung der Kriegsschäden auferlegt. In der Folge musste die finanziell klamme Weimarer Republik Millionen Tonnen Kohle, Stahl und Holz an die ehemaligen Kriegsgegner liefern. Im Januar 1923 erklärte die alliierte Reparationskommission, Deutschland sei mit den Reparationsleistungen an die Siegermächte des Ersten Weltkriegs im Rückstand – und zwar absichtlich. Daraufhin besetzten französische und belgische Truppen zwischen dem 11. und 16. Januar das Ruhrgebiet. Die Okkupation durch Frankreich sorgte in Deutschland für nationale Empörung.

Der junge Zauberkünstler Kala Nag hingegen erkannte die Zeichen der Zeit nicht nur, er wusste sie auch flink für sich zu nutzen. Nach der Besetzung nahm er als Höhepunkt seiner Vorstellung ein »patriotisches Kunststück« ins Programm, eine Illusion mit Hurra-Charakter! Die Requisiten, die er dafür brauchte, waren einfach, sie gehörten zum Standardrepertoire eines jeden Zauberkünstlers. Nun kam es darauf an, wie man den simplen Trick präsentierte, um das Publikum nicht damit zu langweilen. Es war eine Frage der Interpretation, die aus einem gewöhnlichen Kunststück eine außergewöhnliche Darbietung machte. Man musste sich etwas einfallen lassen, um sein Publikum nicht nur zu amüsieren, sondern es von den Stühlen zu reißen. Und Kala Nag, der schon damals mit einem ebenso wachen wie opportunistischen Instinkt für politische Stimmungen begabt war, wusste, wie er sein Publikum begeistern konnte: vereint im Hass auf den »Erbfeind« Frankreich.

Im Café Benz war es kurz vor Mitternacht, als Schreiber zu einem kleinen Tisch am Bühnenrand ging, auf dem ein eleganter, aus Seidenplüsch gefertigter Beutel und eine Pistole lagen. Kala Nag nahm den Beutel und trat an den Bühnenrand.

»Ich habe hier für mein nächstes Experiment einen Klingelbeutel. Bitte lassen Sie nur stecken! Ich habe nicht die Absicht, bei Ihnen eine Kollekte zu machen. Ich wollte Ihnen nur zeigen, dass dieser Beutel innen und außen vollkommen frei und leer ist.«[12]

Er stülpte den Beutel um, schüttelte ihn, zeigte ihn von beiden Seiten vor. Es war offensichtlich: In diesem Klingelbeutel herrschte gähnende Leere. Er war leer wie die Hochöfen in Düsseldorf, wie die Kohlgruben in Dortmund, leer wie die Mägen der Arbeiter im Ruhrgebiet, fuhr Kala Nag mit patriotischem Tremolo fort.

»Aber was ist das?« Erstaunt blickte Kala Nag erneut in den Beutel und zog mit leicht angewiderter Miene und spitzen Fingern drei miteinander verknotete Seidentücher in den Farben Blau-Weiß-Rot hervor.

»Die Trikolore!«, dröhnte Kala Nag und rümpfte verächtlich die Nase. »Da hat sich ein Franzose versteckt in unserem schönen Samtbeutel!« Er wedelte die Seidentücher energisch hin und her, als wolle er den welschen Gestank der volksfremden Farben abschütteln. Dann ging er auf eine Dame im Publikum zu und streckte ihr theatralisch die Hand mit den Tüchern entgegen.

»Gnädige Frau, wenn es Ihre feine Nase nicht zu sehr beleidigt, wären Sie so freundlich und würden mir dabei helfen, diese Trikolore schleunigst wieder in Luft aufzulösen?« Er reichte ihr die Seidentücher, ging zurück auf die Bühne und holte die Pistole.

»Ja, meine Damen und Herren, das wusste schon der alte Tschechow: Wenn im ersten Akt eine Pistole auf der Bühne liegt, dann muss sie im letzten Akt auch abgefeuert werden.« Er wandte sich wieder der Dame zu und grinste doppeldeutig: »Und unser letzter Akt heute soll ein Frauenakt sein.« Während das Publikum vor Vergnügen wieherte, setzte Kala Nag eine strenge Miene auf, als sei er missverstanden worden. Dann befahl er mit einer herrischen Handbewegung Ruhe.

»Warum soll eine Dame nicht zur Waffe greifen? Haben die Frauen nicht für das Stimmrecht in Deutschland gekämpft? Dann dürfen sie wohl auch bei der Landesverteidigung helfen.« Der Raum johlte. Kala Nag hielt der Zuschauerin herausfordernd die Pistole entgegen und beschwichtigte sie zugleich in liebenswürdigstem Tonfall.

»Ängstigen Sie sich nicht, ich habe dieses Kunststück, sagen wir, ungefähr tausendmal vorgeführt und dabei ist nur ein einziges Mal ein Herr erschossen worden, und das war ein Franzose«.[13] Er instruierte die Frau, wie sie die Pistole zu bedienen hatte und schärfte ihr ein, erst dann zu schießen, wenn er bis drei gezählt habe. Dann befestigte er die Seidentrikolore an der Pistolenmündung und holte einen älteren Herrn zu sich auf die Bühne, dem er den leeren Beutel in die Hand drückte.

»Sind Sie in einer Lebensversicherung? Nein?! Dann nehmen Sie wenigstens den Kopf etwas zur Seite!«

Die Kapelle von Papa Benz rührte einen Trommelwirbel, während Kala Nag begann zu zählen. Eins, zwei, zweieinhalb … Drei! Die Dame schoss, ein Knall ging durch den Saal. Der Herr stand immer noch da und blickte noch verdattert, als ihn der Zauberer schon längst auf seinen Platz zurückgeschickt hatte.

Nach einem kurzen Moment richteten sich alle Blicke wieder auf die Dame mit der Pistole. Die Seidentrikolore hatte sich in Luft aufgelöst. Kala Nag bat sie zu sich auf die Bühne und forderte sie auf, ihre zarte Hand doch einmal in den Beutel zu stecken.

Durch die Schießübung ermutigt, griff sie herzhaft zu und zog drei miteinander verknotete Seidentücher in den Farben Schwarz-Weiß-Rot hervor. Es waren die Farben des Deutschen

Kaiserreichs, das 1918 untergegangen war. Danach hatten Sozialdemokraten und Linksliberale der Weimarer Republik Schwarz-Rot-Gold verordnet. In rechten und nationalen Kreisen aber war die Weimarer Flagge verhasst. Dort erinnerte sie an den Niedergang Deutschlands und den verlorenen Krieg, den man ohne die Heimtücke der Sozialdemokraten und Kommunisten sowieso nie verloren hätte. Schwarz-Weiß-Rot waren die Farben, hinter denen sich rechtsradikale und antidemokratische Kräfte versammelten oder, je nach Auslegung, das patriotische Deutschland.

In jedem Fall: Da waren sie nun und wurden geschwenkt auf der kleinen Bühne von Papa Benz in Schwabing am Ende einer harmlosen Zaubervorstellung.

Der Saal tobte, und Kala Nag hatte Mühe, sich Gehör zu verschaffen. Seine Schlussworte gingen unter in Gejohle, Hurra-Rufen und Bravos. Dankbar und zufrieden nahm er den Applaus entgegen. Er hatte sein Publikum nicht nur Staunen gemacht. Er hatte seine Zuschauer begeistert und berauscht mit dem Versprechen, das Unmögliche wahr zu machen. Mit einem Wort: Er hatte sie verzaubert.

Die Dramaturgie war einfach, und sie galt in der Zauberkunst ebenso wie in der Politik: Eine Waffe, die man auf die Bühne bringt, muss man auch abfeuern. Und der Magier Kala Nag war nicht der Einzige, der im München des Jahres 1923 an seinem unaufhaltsamen Aufstieg arbeitete. Am 8. November 1923 drang ein ehrgeiziger junger Politiker mit seinem Stoßtrupp in den Bürgerbräukeller ein und feuerte einen Pistolenschuss an die Decke, um sich Gehör zu verschaffen.

Das war der erste Akt. Zwölf Jahre später würden Kala Nag und Adolf Hitler sich das erste Mal persönlich begegnen.

Okkulte Erlebnisse

Die Ernüchterung folgte bald nach Schreibers Ankunft 1925 in Berlin. Niemand interessierte sich für ihn. In Neubabelsberg »lachte man mich aus, behandelte mich als kleinen Niemand und verwies mich in die letzten Reihen«.[1] Die Filmwelt zeigte ihm die kalte Schulter.

Die Wahrheit ist: Beim Film war er tatsächlich ein Niemand. »Regisseur«[2] nannte er sich trotzdem, obwohl er keiner war und keiner werden würde. Doch als Zauberkünstler hatte sich Schreiber bereits einen Namen gemacht, und er verschaffte sich in den nächsten Monaten Auftritte, wie er es schon in München regelmäßig getan hatte.

Seinen Münchner Zirkelfreunden erzählte er, wie gut es ihm in Berlin gefiel und dass er so schnell nicht wieder von der Spree an die Isar zurückkehren würde. Außerdem habe er einen Zauberonkel und eine Zaubertante gefunden, die ihm jeden Wunsch von den Augen ablesen würden.[3] Das war noch untertrieben, er hatte sogar einen »Zauberkönig« gefunden: Charlotte und Arthur Kroner hatten das Spezialgeschäft mit diesem Namen, in der Friedrichstraße 54, von Charlottes Vater übernommen.[4] Wie es sich für eine Königin gehörte, stammte Charlotte aus einer Zauberdynastie. Sie war eine von Josef Leichtmanns Töchter, die in Zauberkreisen die »vier magischen Schwestern« genannt wurden.[5] Alle vier etablierten eigene Zaubergeschäfte in Berlin, Hamburg, Köln und München. Die Leichtmanns waren die Rothschilds der Magie und Helmut Schreiber wurde

Stammkunde in der Berliner Friedrichstraße. Er blieb es auch, nachdem der Zauberkönig 1938 an eine »Arierin« verkauft werden musste und die Kroners 1943 ihrem Leben ein Ende setzten, um der Deportation zu entkommen.

Schreibers erstes Jahr in Berlin verlief turbulent. Die Stadt zählte rund eine Viertelmillion Arbeitslose. Auch die Filmbranche war schwer betroffen. Schreiber war nicht der Einzige, der von den Münchner Filmateliers nach Berlin gewechselt war.

Wenn er nicht gerade im Zauberkönig die neuesten Apparate und Bücher bestaunte, konnte sich Schreiber im Café Zwecklos am anderen Ende der Friedrichstraße einen Eindruck über die verzweifelte Lage der Filmschaffenden machen. Das Zwecklos war ein beliebter Treffpunkt der Branche, denn die Büros der Filmproduzenten lagen um die Ecke. Viele Architekten, Kunstmaler, Requisiteure und Produktionsleiter marschierten direkt vom Arbeitsamt dorthin und hofften als Tagelöhner der Kunst auf ihre Chance. Es hieß nicht umsonst Café Zwecklos, aber wenigstens gab es Kuchen und Cognac. Noch trister war die sogenannte Filmbörse, die offiziell zugelassene Arbeitsvermittlungsstelle für Kleindarsteller und Komparsen beiderlei Geschlechts.

»Es war mehr als bedrückend, was sich dort abspielte, wenn – meist spät abends – die Herren Aufnahmeleiter erschienen und Mühe hatten, sich der von allen Seiten andrängenden Menge zu erwehren, um geeignete Personen für den nächsten Tag zu verpflichten. Menschenhandel war nur eine schwache Bezeichnung für die Eindrücke, die sich dem Besucher aufdrängten. Es gab Existenzen, alte oder gescheiterte Darsteller, die glücklich waren, nach langem Warten für eine Tagesgage von 3 bis 9 Mark endlich wieder dabei sein zu können. Daneben Chargen und sog. Edelkomparsen, die mehr erhofften, weil sie sich eines

Fracks oder besserer Beziehungen erfreuten«,[6] erinnerte sich der Filmarchitekt Fritz Maurischat.

Schreiber wusste, wie miserabel die Lage war. Einen Frack hatte er nicht, dafür einen Smoking und seine Zauberkunst. Der Wohltätigkeitsabend des Vaterländischen Frauenvereins am 12. Oktober 1925 war zwar nicht das Wintergarten-Varieté. Aber er führte ihn in die gute Gesellschaft der deutschen Hauptstadt ein.

Das Können des jungen Zauberkünstlers sprach sich schnell herum, und zwei Monate später trat er bereits auf der Weihnachtsfeier der Deutschen Volkspartei in Kreuzberg auf. Das war keine Kleinigkeit mehr, denn es war die Partei Gustav Stresemanns, des ehemaligen Reichskanzlers und amtierenden Außenministers, der im selben Monat durch die Unterzeichnung der Locarno-Verträge den Weg zur Aufnahme Deutschlands in den Völkerbund bereitet hatte.

Die Honoratioren staunten nicht schlecht über den »indischen Fakir« Kala Nag. Mithilfe einiger Tücher, Münzen und Karten führte er Dinge vor, die unerklärlich schienen und »die größte Verwunderung erregten«, wie tags darauf die Presse berichtete.[7] Selbstverständlich hielt niemand den Zauberkünstler mit der milchweißen Gesichtsfarbe für einen echten Fakir, auch wenn er aus dem tiefsten Süden nach Berlin gekommen war. Kala Nag selbst machte keinen Hehl daraus, dass auch die Künste der Fakire in Indien lediglich auf Geschicklichkeit beruhten.

Und gerade das war der Reiz seines Auftrittes, dass er einem Publikum, das nicht an Übersinnliches glaubte, vor Augen führte, wie leicht es sich täuschen ließ. Dem einen oder anderen Mitglied der Deutschen Volkspartei mochte angesichts von Schreibers Vorführung sogar der Gedanke kommen, dass Zauberkunst und Staatskunst durchaus einiges gemein war, denn beide beruhten auf der Erzeugung von Stimmungen und Wahrnehmung im Volk.

Der Zweiundzwanzigjährige wusste, wie man sich Freunde und Einfluss verschafft. In den kommenden Monaten trat er immer wieder vor Bezirksverbänden der Deutschen Volkspartei auf und wurde schon bald zu Privatveranstaltungen einflussreicher Berliner Bürger eingeladen.

Die Stadt gierte nach Großem, Außergewöhnlichem, nach Wundern und Übermenschen. Das brodelnde, schillernde Berlin der Zwanzigerjahre war ein idealer Nährboden für grandiose Schausteller und Scharlatane. Hungerkünstler waren wieder in Mode gekommen und so beliebt wie vor dem Krieg. Keiner war so erfolgreich wie der Deutsche Jolly, der Anfang 1926 volle vierundvierzig Tage lang in einem Glaskasten unter öffentlicher Aufsicht hungerte. Der Auftritt war eine Sensation, an die 350 000 Besucher schauten ihm beim Fasten zu, das alles andere als eine brotlose Kunst war. Allein über Ticketverkäufe verdiente Jolly rund 130 000 Mark. Damit stellte er nicht nur einen neuen Rekord auf, sondern rief Dutzende Nachahmer auf den Plan. In jeder größeren Stadt im Reich gastierten fortan Hungerkünstler mit mehr oder weniger geglückten Künstlernamen wie Tantalus oder Fastello.[8]

Dass es dabei nicht immer mit rechten Dingen zugehen konnte, war schnell klar. Nachdem ein Hungerkünstlerschwindel in Leipzig aufgeflogen war, wurde auch das Berliner Publikum skeptisch. Ein predigender Asket bekam einen Tobsuchtsanfall und zerschlug seinen Glaskasten, als die Zuschauermenge laut über Betrugsgerüchte diskutierte und der Manager ihm die sofortige Abrechnung der Einkünfte verweigerte.[9] Auch Jolly wurde schließlich überführt: Er hatte nachts heimlich Schokolade gegessen. Es war ein plumper Trick, gewiss. Aber als Darsteller konnte man vor diesem »Künstler« nur den Hut ziehen, der ein Meister der sensationsheischenden Selbstvermarktung war und darin an den großen Houdini erinnert.

Auch Zauberkünstler machten mit spektakulären Kunststücken Furore, die den Nerv der Zeit trafen. Die Millionen Toten des Weltkriegs hatten zu einem Männermangel in Europa geführt und der Emanzipation Vorschub geleistet, indem Frauen Arbeiten übernahmen, die früher den Männern vorbehalten waren. Als sich das in Deutschland und Österreich 1918 eingeführte Frauenwahlrecht nach und nach im restlichen Europa durchsetzte, ersann ein englischer Zauberkünstler eine neue Illusion, die das traditionelle Machtverhältnis zwischen den Geschlechtern wenigstens in den Köpfen der männlichen Zuschauer für einen Moment wiederherzustellen geeignet war.

Percy Tibbles erfand 1921 den berühmtesten Zaubertrick des 20. Jahrhunderts: die zersägte Dame. Da ihm sein allzu niedlich klingender Name Tibbles ungeeignet für einen Zauberkünstler schien, buchstabierte er ihn kurzerhand rückwärts und nannte sich Selbit. Der hagere Engländer verband künstlerisches Genie mit dem Aussehen eines Schalterbeamten und den Manieren eines Gentlemans. Er bat seine junge Assistentin höflich, in die auf zwei Böcken aufgebahrte Holzkiste zu steigen, und zerteilte sie alsdann langsam und genüsslich mit einer riesigen Baumsäge. Die Sägespäne waren echt, nur Blut floss keines, und die Dame überlebte.

Die Wirkung des Effektes war sensationell. Zerteilte und wieder zusammengefügte Lebewesen kannte die Zauberkunst seit Dedi dem Ägypter, doch es waren meist Tiere gewesen, denen der Kopf scheinbar abgeschnitten und wieder angesetzt wurde. In *The Discoverie of Witchcraft,* einem der ersten Zauberbücher der Welt, beschrieb der englische Parlamentarier Reginald Scot zwar schon 1584 die scheinbare Enthauptung eines Menschen als Trick. Allerdings sollte der auf einem Tisch ausgebreitete Enthauptete, dessen Kopf daneben auf einem Teller lag, Johannes den Täufer darstellen. Die Zauberkunst der Renaissance war nicht nur bibelfest, sondern auch Männersache.[10] Scots Buch war eine Kampfschrift gegen die Hexenverfolgung, die er für unchristlich und irrational hielt. Er enthüllte darin eine ganze Reihe angeblich magischer Tricks, um den Spukglauben der Inquisition zu entzaubern. Dieser Konflikt zwischen Aufklärung und Geheimnistuerei zieht sich durch die Geschichte der Zauberkunst. Reginald Scot jedenfalls hätte es in einem späteren Jahrhundert nicht mit der katholischen Kirche, sondern mit Helmut Schreiber zu tun bekommen, der im Kampf gegen das Erklärerunwesen wie der Großinquisitor des Magischen Zirkels auftrat.

Selbit wollte mit seiner zerteilten Dame kein bewusstes Zeichen gegen die Emanzipationsbewegung setzen – er wollte Geld verdienen. Aber welch blutrünstige Assoziationen erweckte allein der Titel seines Kunststücks: eine zarte Dame zersägt in zwei Teile! Die spektakuläre Illusion wurde ein Schlager und sofort schamlos von der Konkurrenz kopiert. Wenn er andere Zauberer sah oder in der internationalen magischen Literatur eine neue Variante des gleichen Tricks fand, fühlte sich Helmut Schreiber in seinem Urteil bestätigt: Die Berufszauberkünstler dachten vor allem ans Geschäft.

Besonders dreist – aber leider auch sehr gut, wie Schreiber anerkennen musste – war der amerikanische Magier Horace Goldin, der aus der Presse von Selbits Kunststück erfahren hatte. Ohne Selbits Vorführung je gesehen zu haben, entwickelte Goldin eine eigene Methode und führte die zersägte Dame bereits wenige Monate später unter dem Titel *The Great Divide* in den Vereinigten Staaten vor. Der geschäftstüchtige Amerikaner ließ sich die Illusion außerdem patentrechtlich schützen, sodass Selbit sein eigenes Kunststück nicht in den USA aufführen durfte. Dass der englische Erfinder eine andere Methode für den Trick anwandte, spielte dabei keine Rolle, denn die Methode war dem Publikum schließlich verborgen und der Effekt der gleiche.

Dem weltweiten Siegeszug der zerteilten Jungfrau tat das keinen Abbruch. Bald wurden nicht nur in Varietés, sondern in jedem zweiten Kaffeehaus Damen zersägt. Für Kenner wie Schreiber war die Illusion in den späten Zwanzigerjahren damit schon ein alter Hut. Degen-, Lanzen- und Stockkabinette kamen in Mode, die vom Zauberkünstler aus jeder Himmelsrichtung mit allerlei scharfen und spitzen Instrumenten durchbohrt wurden, mitsamt der darin kauernden Dame. Der amerikanische Zauberkünstler Howard Thurston, ein ehemaliger Taschendieb und Jahrmarktschreier, trat mit einer ganzen Revue von Folter-Illusionen auf, bei denen hübsche Assistentinnen zersägt, zerstochen und zerstückelt wurden.

Zwar führten Zauberer wie Goldin die zersägte Dame stets mit einem Augenzwinkern vor – das Ganze war ein Witz, das wusste jeder. Aber auch der Witz hatte eine Beziehung zum Unbewussten, wie Sigmund Freud 1905 in seiner gleichnamigen Schrift gezeigt hatte. Im Witz kam für einen kurzen Moment das Verdrängte wieder zu seinem Recht, Lust und Aggression dienten als Blitzableiter für die empfundene Kränkung der Männer, die ihre erhabene Position gegenüber den Frauen verloren hatten. Der Mann, der eine Frau nach Belieben zerteilen und wieder zusammensetzen konnte, war immer noch der Herr im Haus.

Helmut Schreiber wusste, dass der Erfolg eines Zauberkünstlers weniger von Requisiten und Fingerfertigkeit abhing als von seiner Wirkung auf das Publikum. Man musste die Menschen durchschauen, um sie manipulieren und täuschen zu können.

Das war das größte Kunststück von allen, und leider beherrschten es nicht nur die Zauberkünstler.

Das Berlin der Zwanzigerjahre war ein Mekka für Medien, Spiritisten, Hellseher, Wahrsager, Astrologen, Chiromanten, Telepathen und allerlei andere pseudowissenschaftliche Unternehmungen, die Betrügern und Scharlatanen ein reiches Betätigungsfeld boten. Schon vor dem Krieg hatten geschäftstüchtige Verleger sich die aufsehenerregenden Methoden von Psychiatern wie Charcot, Freud oder Moll zunutze gemacht und Druckschriften mit reißerischen Titeln wie *Die Macht der Hypnose* unters Volk gebracht, in denen sie Einblicke in »die dunklen Seiten des menschlichen Seelenlebens«[11] und Anleitungen zum »magnetischen Willen« versprachen. Der Erfolg solcher Publikationen verdankte sich dem uralten Wunsch, Macht über andere Menschen ausüben zu können. Auch der existentielle Schock von Weltkrieg und Wirtschaftskrise steigerte die Empfänglichkeit für allerhand übersinnliche Versprechen.

Dahinter steckte oft Verzweiflung und Trauer. Spiritistische und okkulte Gesellschaften bekamen regen Zulauf von Menschen, die mit ihren im Krieg umgekommenen Angehörigen in geistigen Verkehr treten zu können hofften.

In besseren Kreisen war der Spiritismus dagegen zu einem beliebten Zeitvertreib für Amateurforscher geworden. Schriftsteller wie H. G. Wells und Arthur Conan Doyle veranstalteten okkulte Experimente und schrieben über mysteriöse Geisterbeschwörungen – nicht in Romanen, sondern in Traktaten voll wissenschaftlichem Ernst.

Kein geringerer als Thomas Mann gestand 1923: »Ich bin den Okkultisten in die Hände gefallen.«[12] In seinem Essay »Okkulte Erlebnisse« beschrieb Mann, was er bei mehreren Séancen des Neurologen, Hypnoseforschers und Parapsychologen Albert von Schrenck-Notzing in München erlebt hatte. Darin macht sich Mann zwar im ironischen Ton über die »Gesindestuben-Metaphysik« der Spiritisten lustig, die Tischplatten anredeten und auf Antwort von Geistern hofften.[13]

Andererseits verleugnet er seine Neugier nicht und die Tatsache, dass parapsychologische Phänomene durchaus ernsthaft in der zeitgenössischen Wissenschaft diskutiert wurden. Schrenck-Notzing führte seine Experimente zur Telekinese auch im Psychologischen Institut der Universität München durch. Thomas Mann nahm an mehreren Sitzungen im Stadtpalais des Forschers teil, wo die Gäste händchenhaltend einen Kreis bildeten und im Dunkeln Materialisationsphänomene beobachteten, die ein junges Medium namens Willi unter Anleitung des Barons hervorbrachte.

Diese Phänomene waren nichts weniger als erstaunlich. Obwohl die Gäste beide Hände des Mediums festhielten, tippte etwas plötzlich auf einer Schreibmaschine, die einige Meter entfernt auf dem Teppichboden stand. Ein Taschentuch schwebte wie von Geisterhand in die Höhe. Dann tauchte vor dem dunklen Vorhang ein Etwas auf, das wie ein Unterarmstumpf mit geschlossener Hand aussah: »Es steigt ein paarmal hastig demonstrativ vor unsren Augen auf und ab, beleuchtet sich, während es das tut, aus sich selber durch einen kurzen, weißen, die Form des Dinges völlig verwischenden Blitz, der von seiner rechten Flanke ausgeht – und ist weg.«[14]

Bei klarem Lichte betrachtet waren das Albernheiten – die bedeutungsvoll angekündigten Phänomene waren »unbedeutend, nichtssagend, spielerisch«, wie Mann später in einem Interview erklärte.[15] Die als wissenschaftliches Experiment verbrämte Séance glich eher einer Gruselstunde für Erwachsene.

Aber war es kein Wunder und erzeugte es nicht ebenfalls ein

gewisses Gruseln, dass man mithilfe der von Wilhelm Conrad Röntgen entdeckten X-Strahlen einen Menschen durchleuchten und sein Totengerippe sehen konnte?

Mit Begriffen wie »Tele-«, »Ekto-« und »Ideoplasma«, »Pseudopodien« und ähnlichen Fantasiewörtern hatte sich die neue Wissenschaft ein technisches Vokabular zur Beschreibung solcher Phänomene angelegt. Mithilfe solcher pseudowissenschaftlichen Bezeichnungen ließ sich, wie Thomas Mann süffisant bemerkte, »auf anständige Weise darüber reden«, wenn plötzlich Geister im Wohnzimmer erschienen.[16] Zugegeben, die für solche Vorführungen nun einmal nötigen Medien waren, wie Mann missbilligend feststellte, »meist moralisch nicht gerade feste Charaktere«. Auf der anderen Seite konnten die Materialisationsforscher sogar handfeste Beweise für die Existenz der von ihnen behaupteten Phänomene vorbringen. In seinem Essay beschreibt Mann, wie man die transzendentalen Hände dazu brachte, sich in geschmolzenes, auf warmem Wasser schwimmendes Paraffin zu tauchen. Dadurch bildete sich um die Geisterhand eine Gussform, die auch nach der Entmaterialisation desselben zurückblieb. Der so entstandene Paraffinhandschuh wurde später in Schrenck-Notzings Laboratorium mit Gips ausgefüllt und als Beweis für die Geistererscheinung vorgezeigt.

Die entscheidende Frage war, wo Wissenschaft aufhörte und Gaukelei anfing, und Thomas Mann wollte sich nicht festlegen.

Die Umwälzungen des Kriegs hatten zu einer existenziellen Verunsicherung der deutschen Gesellschaft geführt, der sich auch Mann nicht entziehen konnte: »Man hat so viel Ungeahntes hinnehmen, so krasse Dinge über sich ergehen lassen müssen, daß der Entrüstung, die auch jetzt noch aufzubringen man sich bemüht, der rechte Schwung gebricht, ja, daß ihr eine unverkennbare Neigung zum Paktieren beigemischt ist.«[17]

Das Publikum musste bereit sein, damit der Trick gelang – und das Publikum der Zwanzigerjahre war bereit, es gierte geradezu danach, sich täuschen zu lassen. Die simplen Tricks, derer sich betrügerische Medien bedienten, waren meist von geradezu beschämender Schlichtheit und verdienten nicht den Namen Kunststück.

In ausführlichen Artikeln berichtete die *Magie* aus Sicht der Taschenspielerkunst über die okkulten Phänomene. Die Fotos von Materialisationen, die Schrenck-Notzing und andere als Beweise in ihren Büchern druckten? Sie sahen nach Puppen, zerknitterten Zeichnungen auf Leinwand, nach phosphoreszierenden Schleiern oder Tuchlappen aus. Ein primitiver Mummenschanz, der eines Jahrmarktsgauklers würdig wäre, aber nicht der Wissenschaft.

Es war für jeden erfahrenen Zauberkünstler offensichtlich, dass die Materialisationen in Wirklichkeit Gegenstände waren, die von den Medien vorher versteckt und während der Séance im Schutz der Dunkelheit manipuliert wurden. Der Schweizer Zauberkünstler und Psychologe Fritz Hügli erklärte in der *Magie*, dass sich hinter den angeblichen Geisterhänden simple Requisiten wie ausgestopfte Handschuhe und Prothesen befänden. Aber wurden die Medien nicht zur Kontrolle von Gästen an Händen und Füßen festgehalten, mitunter sogar in einen abgeschlossenen Tuch- oder Gazekäfig gesteckt?[18]

Einem Zauberkünstler musste sofort klar sein, dass es sich dabei nur um Täuschung und geschickt angelegten Betrug handeln konnte. Die angeblich strenge Überwachung, von der die Veranstalter solcher Séancen immer so ein großes Aufheben machten, war eine simple Finte, mit der die Besucher vom eigentlichen Geschehen der Trickhandlung abgelenkt wurden.

In einem waren sich Hügli und Thomas Mann einig: Diese

sogenannten Materialisationsphänomene waren nicht nur banal, sondern zugleich »so abgeschmackt und abstoßend, daß sie das ästhetische Empfinden jedes normal denkenden Menschen verletzen.«[19] So interessant der Okkultismus war, aus bürgerlicher Sicht haftete diesem Geisterschleimtheater etwas zutiefst Unappetitliches an.

Mitunter machten sich einzelne Mitglieder des Magischen Zirkels den Spaß, die Okkultisten mit ihren eigenen Mitteln zu überlisten. Auch der Geisterhandschuh aus Paraffin, den Thomas Mann beschrieb, war nur ein plumper Trick. Der Zauberer Franz Hugos nahm 1925 zu einer Séance einen ausgestopften Handschuh mit. Als das Licht gelöscht und die Gäste aufgefordert wurden, sich an den Händen zu halten, legte Hugos den Handschuh auf den Tisch und hatte dadurch eine Hand frei, um den angeblichen Geistern in die Parade zu fahren. So erwischte er den Gastgeber des okkulten Abends dabei, wie der seine eigene Hand heimlich in die Paraffinlösung tauchte.[20] Ein anderes Zirkelmitglied besuchte die Séance einer adeligen Dame der Hamburger Gesellschaft. Als der Geist unheimlich leuchtend über seinem Haupt schwebte, griff der Spielverderber nach ihm. Er hatte einen Fisch in den Händen und damit auch die Erklärung für den stechenden Geruch, der solche Materialisationsphänomene oft begleitete.

Dennoch stellte der Humbug die Mitglieder des Magischen Zirkels vor ein Dilemma. Kein Zauberkünstler wäre auf die Idee gekommen zu behaupten, er sei tatsächlich im Besitz magischer Kräfte. Andernfalls wäre er sofort aus dem Zirkel entfernt worden. Für Zauberkünstler war es eine Frage der Berufsehre, niemals so zu tun, als ob sie wirklich übernatürliche Fähigkeiten hätten.

Aber ihr Eid verpflichtete sie zur Verschwiegenheit. Trickverrat galt als verwerflich, und die *Magie* druckte regelmäßig Aufrufe gegen das Erklärerunwesen. Auch Harry Houdini, schon damals einer der berühmtesten Zauberkünstler und zudem einflussreicher Präsident der »Society of American Magicians«, machte sich den Kampf gegen den Spiritismus zur Lebensaufgabe. Allerdings gefiel nicht jedem seiner Kollegen, dass er als Teil seiner Shows die Tricks betrügerischer Geisterbeschwörer erklärte.

Umso wichtiger war es Helmut Schreiber und seinen Zirkelgenossen, seriöse Wissenschaftler beim Kampf gegen die Scharlatane zu unterstützen. Schreibers Schiefertafel-Illusion war die Wiederholung eines von Spiritisten oft vorgeführten Phänomens mit einfachen Mitteln. Er entlarvte den okkultistischen Zauber und machte ihn lächerlich. Nur wie er das machte, darüber schwieg Schreiber eisern.

Wie wirkungsvoll die Geistertafel in Verbindung mit politischen Voraussagen eingesetzt werden konnte, hatte Schreiber schon im April 1919 in der *Magie* lesen können, kurz nach seiner Aufnahme in den Magischen Zirkel. Das Deutsche Kaiserreich hatte ein halbes Jahr zuvor den Krieg verloren, seit November 1918 herrschte Waffenstillstand und Deutschland war eine Republik geworden. Seit Januar liefen in Paris Friedensverhandlungen, deren Ausgang mit Spannung erwartet wurde.

Ein Augenzeuge berichtete 1919 in der *Magie* von einer Demonstration der Geistertafel: Der Künstler hielt erst einen Vortrag über Spiritismus und fragte dann das Publikum, was auf der Tafel erscheinen solle. Die Zuschauer wollten erfahren, wann endlich Frieden sei. Der Vorführende holte sechs von ihnen auf die Bühne und ließ sie zwei Tafeln und einen Griffel inspizieren, den er dazwischen eingeklemmt hatte. Dann forderte er seine Gäste auf, einen Kreis zu bilden. »Es war eine

Totenstille im Saal«, erzählte der Berichterstatter, »und es dauerte gar nicht lange, da fing der Griffel an zu schreiben. Wie das Schreiben zu Ende war, ließ der Künstler die eine Tafel abnehmen und es stand darauf: ›Frieden am 18. April, Nachmittags 3 Uhr.‹«[21]

Tatsächlich lag die Vorhersage um mehr als zwei Monate daneben, und der Friedensvertrag wurde erst am 28. Juni 1919 im Spiegelsaal von Schloss Versailles unterzeichnet. Allerdings war die Frage nach Frieden so vage formuliert, dass der Tafelgeist mit etwas gutem Willen doch recht behielt, als am 18. April 1919 der Oberste Rat der alliierten und assoziierten Mächte in Paris die deutsche Delegation offiziell zur Entgegennahme der Friedensbedingungen nach Versailles einlud. Wen interessierte schon die genaue Uhrzeit?

Wie der Trick funktionierte, hatte Schreiber aus dem Buch *Magischer Zeitvertreib* des Leipziger Zirkelmitglieds Willy Backhaus erfahren und schließlich seine eigene Variante dieses politisch vielseitigen Kunststücks entwickelt, mit der er Jahre später sogar Hermann Göring beeindrucken sollte.[22]

Der Zufall, wenn nicht gar Vorsehung, sorgte dafür, dass ein berühmter Experte für okkulte Phänomene im Publikum saß, als Helmut Schreiber 1925 auf dem Kongress des Magischen Zirkels in München seine Geistertafel vorführte. »Höchlich aber mag Dr. v. Schrenck-Notzing gestaunt haben«, lästerten tags darauf die Zeitungen, »der sich viel einfachere Vorgänge, die in halber Finsternis spielen, nicht anders denn durch das Eingreifen übernatürlicher Kräfte erklären kann«.[23]

In Berlin sollte Helmut Schreiber schon bald die Gelegenheit bekommen, seine okkultistischen Experimente einem der berühmtesten Psychologen seiner Zeit persönlich vorzuführen.

Geheimrat Moll

»Während des Weltkrieges und nach diesem ist die Sucht nach dem Geheimnisvollen in fast allen Ländern beträchtlich gewachsen.«

MAGIE 1926[1]

Geheimrat Moll war deutschnational und hielt mit unbeirrbarer Treue an seinen Prinzipien fest, egal mit wem er es zu tun hatte. Seine ganze Existenz umgab die Aura des Deutschen Kaiserreichs. Moll hatte die sexuellen Wirrnisse der wilhelminischen Gesellschaft furchtlos ergründet, war aber im Herzen Monarchist geblieben, lehnte die Weimarer Demokratie ab und hasste Pazifisten.

Als einer der Begründer der modernen Sexualforschung war Albert Moll allen Phänomenen des menschlichen Begehrens gegenüber aufgeschlossen. Es war die Neugier, die den Psychologen im Februar 1926 zum Kammerkunstabend des Berliner Magischen Zirkels trieb. Es gab *Aida*-Arien und allerlei Salonmagie, aber Molls ganze Aufmerksamkeit galt dem jungen Zauberer, der im gespenstischen Halbdunkel eine Kerze durch den Raum schweben ließ und eine Spiritistentafel zeigte, auf der wie von Geisterhand Worte erschienen.[2] Und doch hatte Helmut Schreibers Vorführung nichts Spukhaftes oder Okkultistisches an sich, da er sie mit kabarettistischen Einlagen auflockerte.

Diesen Mann musste er persönlich kennenlernen. Er bestellte Schreiber zum 13. März in sein Institut am Kurfürstendamm, wo er seine Experimente unter den kritischen Augen von Moll und Kollegen vorführen sollte.

Helmut Schreiber hatte sofort zugesagt. Seit der Jahrhundertwende war Moll einer der berühmtesten und anerkanntesten Sexualforscher Europas, ein Experte in Dingen der Libido, Homosexualität und vielfältiger Perversionen. Der Berliner Geheimrat war damals sogar berühmter und anerkannter als sein Wiener Kollege Sigmund Freud, den Moll leidenschaftlich hasste, denn er hatte ihn im Verdacht, von ihm abgeschrieben zu haben.[3]

In seiner Praxis am Kurfürstendamm ging der europäische Hochadel ein und aus. Moll empfing alle, die Rang und Namen und abweichende Neigungen hatten und versuchte zweitweise sogar, mithilfe der Hypnose Homosexuelle in Heterosexuelle zu verwandeln. Ebenso spektakulär wie solche seltsamen Experimente waren seine Auftritte als Gutachter in aufsehenerregenden Prozessen. Während der Eulenburg-Affäre, einer mehrjährigen Seifenoper um homosexuelle Kreise am Hof von Kaiser Wilhelm II, verteidigte Moll den Berliner Stadtkommandanten und Generalleutnant Kuno von Moltke gegen die abscheuliche Unterstellung des Journalisten Maximilian Harden, der Offizier sei homosexuell. Das Gericht verurteilte Harden daraufhin wegen Verleumdung. Den diskreten Moll machte der Kaiser zum Geheimen Sanitätsrat. Endlich ein Geheimrat, der seinen Titel zu Recht trug.

Er war gerade vollauf damit beschäftigt, den »1. Internationalen Kongress für Sexualforschung« in Berlin zu organisieren, der noch im selben Jahr im Berliner Reichstag eröffnet werden sollte. Aber da Moll Junggeselle war, hatte er auch Zeit für andere Leidenschaften.

Nur eins tat der streitlustige Psychiater lieber, als gegen seinen Konkurrenten Freud zu sticheln: Scharlatanen und Spiritisten das Handwerk zu legen. Moll widmete sich mit großer Leidenschaft dem Kampf gegen Okkultisten, Spiritisten, Hellseher und ihre sogenannten Medien – und fand in Helmut Schreiber einen Gleichgesinnten.

Mit Suggestion kannte Moll sich aus. Er hatte 1889 ein Standardwerk über den Hypnotismus geschrieben und als einer der Ersten die Hypnose auch als Mittel zur Therapie eingesetzt.[4] Dabei kam ihm der Umstand zu Hilfe, dass er seit seiner Kindheit mit einem nahezu erblindeten Auge schielte, und in der Lage war, Patienten, allein indem er sie mit dem anderen Auge fixierte, bereits in einen Stand milder Verunsicherung zu versetzen.

Nun aber fixierte das Auge des Geheimrats den jungen Zauberkünstler, der pünktlich zur Sitzung der »Arbeitsgemeinschaft für praktische Psychologie« in Molls Institut am Kurfürstendamm erschienen war. Moll hatte nicht nur Fachkollegen eingeladen, sondern auch einen Berichterstatter beauftragt, einen Artikel über die Wahrnehmungsexperimente zu schreiben, die an diesem Abend unter wissenschaftlicher Aufsicht stattfinden sollten.

Der Abend begann damit, dass Geheimrat Moll selbst einige verblüffende Demonstrationen vorführte und erklärte, wie er damit seinerzeit einen der berühmtesten Telepathen entlarvt hatte. Aber seine Ausführungen seien nur das Vorspiel gewesen. Die psychischen Mechanismen, in die ein Illusionist sich einschalten muss, um sein Publikum wirksam zu bluffen, seien noch überhaupt nicht erforscht. Zu diesem Zweck habe er einen besonderen Gast eingeladen. Der Herr sei zwar kein Kollege vom Fach, aber er verdiene dennoch, als Experte bezeichnet zu werden, denn er sei Taschenspieler und Sinnestäuschungen sein Metier. Der Geheimrat schärfte den Anwesenden ein, jede Bewegung des Zauberkünstlers aufmerksam zu registrieren und genaue Beobachtungsprotokolle anzufertigen.

Man hätte es dem jungen Helmut Schreiber nicht verdenken können, wenn er angesichts der geballten Autorität des Geheimrats und seiner Kollegen nervös gewesen wäre. Das war nicht das Publikum, vor dem er sonst auftrat. Vor ihm standen die führenden Vertreter der zeitgenössischen Wissenschaft: Nervenärzte, Physiologen, Psychiater, die das Bewusstsein und die menschliche Wahrnehmung nach modernsten naturwissenschaftlichen Verfahren erforschten.

Aber Helmut Schreiber war in seinem Element. Seinem Vortrag hatte er den hochtrabenden Titel »Taschenspielerkunst und Aussagepsychologie« gegeben.

Er konnte es sich leisten, den Professoren und Doktoren seine Taschenspielertricks mit dem Gestus souveräner Gelassenheit vorzuführen. Ja, er bestand darauf, sie nicht etwa im Halb- oder Ganzdunkel zu zeigen, dessen sich weniger geschickte Okkultisten für ihre Veranstaltungen bedienten. Er zeigte alles selbstbewusst bei heller Beleuchtung und forderte die anwesenden Koryphäen auf, nur ja auf jede kleinste Bewegung seiner Hände zu achten.

Wenige Minuten später bewiesen Kopfschütteln und verwunderte Zwischenrufe, dass selbst Europas führende Hirnforscher vor der erstaunlichen Fingerfertigkeit dieses Taschenspielers kapitulieren mussten.

Nach jedem Experiment forderte Moll die Anwesenden auf zu beschreiben, was sie beobachtet hatten. Dabei stellte sich unweigerlich heraus, dass sie zwar das Wesentliche übersehen hatten, sich dafür aber Handlungen einbildeten, die nicht stattgefunden hatten. In keinem einzigen Fall gelang es auch nur einem Zuschauer, eine genaue Schilderung des Beobachteten oder eine Erklärung des verblüffenden Effekts zu geben. Die Vorführung, berichtete einer der anwesenden Professoren am nächsten Tag in der Zeitung, habe mit einer »fast beschämend wirkenden Deutlichkeit die Minderwertigkeit unserer Beobachtungsgabe« gezeigt.[5]

Dabei gab er sich nicht einmal besonders Mühe. Erst zeigte er Kunststücke mit Karten, Bällen und Geldstücken – Standardrepertoire, nichts weiter. Die Geistertafel allerdings war ein gefundenes Fressen für die bei Molls anti-okkultistischem Experimentierabend versammelten Experten. Es verschaffte dem Studienabbrecher Schreiber schon vorab eine wohltuende Befriedigung, dass auch die klügsten unter ihnen nicht den blassesten Schimmer haben würden, wie er die Sache zustande brachte.

Dabei hatten es die Taschenspieler weit schwerer als die falschen Spiritisten. »Wir täuschen das Publikum bei hellem Licht und ohne es durch langes Warten vorzubereiten«, erklärte Schreiber nicht ohne einen gewissen Stolz. »Magie und Okkultismus haben allerdings das eine gemeinsame, daß wir ebenfalls Gehör, Gefühl, sämtliche Sinne des Menschen für die Täuschungsversuche benutzen«.[6]

Darauf reichte Schreiber zwei leere Schiefertafeln herum und forderte die Anwesenden auf, diese genau zu untersuchen und am Rande mit Buchstaben zu markieren. Dann band er die beiden Tafeln fest mit einem Tuch zusammen, legte sie für alle sichtbar auf den Tisch und tat, als ob sie ihn nicht weiter interessierten. Jetzt führte er unterhaltsame Kartenkunststücke vor, und die Zuschauer waren mit ihren Gedanken längst woanders, als er zu den Tafeln zurückkehrte, sie auseinanderwickelte und die Innenflächen vorzeigte.

Darauf stand wie von Geisterhand geschrieben »Pikass«, und tatsächlich war das die Karte, die soeben ein Gast gezogen hatte. Doch das war nicht alles. Der Geist konnte nicht nur schreiben, sondern auch rechnen und hatte auf unerklärliche Weise die Additionssumme mehrerer von den Hörern vorher genannter Zahlen notiert. Belesen war das Gespenst auch, denn es hatte zum Schluss noch schnell den Titel eines Buches auf die Tafel gehext, das einer der Anwesenden kürzlich herausgegeben hatte.

Niemand von ihnen glaubte an Geister. Aber niemand konnte sich erklären, wer das wann geschrieben haben sollte. Neugierig, irritiert, an ihrer Berufsehre gepackt, bedrängten sie ihn, sein Geheimnis preiszugeben. Aber Kala Nag hüllte sich in Schweigen und berief sich auf die unbedingte Geheimhaltung, die jedes Mitglied des Magischen Zirkels schwor. Trickverrat sei schlecht fürs Geschäft der Zauberkünstler. »Welcher Fabrikant veröffentlicht seine Fabrikationsgeheimnisse, um größere Geschäfte zu machen?«[7] Im Übrigen sei das Thema Schweigepflicht den Herren Psychotherapeuten aus ihrem eigenen Metier bekannt.

Auch das »Hellseherkästchen«, eine Holzbox mit Würfeln darin, verblüffte das Publikum. Aber kein Apparat und keine Trickfolge versetzten die Menschen in größeres Staunen als das Erscheinen und Verschwinden eines normalen Gegenstandes.

Also fuhr er mit einem Kunststück fort, dass einfacher nicht sein könnte, aber auch beim anspruchsvollsten Publikum seine Wirkung nie verfehlte. Er zeigte in seiner linken Hand eine kleine rote Holzkugel, die plötzlich verschwand und im nächsten Augenblick in seiner rechten wieder auftauchte. Das tat er zwei- oder dreimal, für ganz Schlaue auch langsam, bis die einen ihm zuriefen: In der linken Hand ist die Kugel! Die anderen waren fest davon überzeugt: Nein, in der rechten! Und dann öffnete er lachend seine Hände und zeigte ihnen, dass sie beide leer waren und die Kugel verschwunden.

Die ungewohnte Erfahrung, trotz höchster Konzentration vollkommen in die Irre geführt zu werden, elektrisierte seine Zuschauer und stachelte sie umso mehr an, dem Geheimnis dieses Zauberers auf die Schliche zu kommen. Es war eine fast kindliche Begeisterung, die der simple Effekt in ihnen auslöste, und mochte den einen oder anderen an Sigmund Freuds 1920 veröffentlichten Aufsatz *Jenseits des Lustprinzips* erinnern – auch wenn selbstverständlich niemand an diesem Abend die Taktlosigkeit besaß, den Namen des Wiener Kollegen in Gegenwart von Albert Moll zu erwähnen. Freud hatte darin unter dem Stichwort »fort/da«[8] den Reiz des Verschwindens und Wiedererscheinens am Beispiel seines achtzehn Monate alten Enkels beschrieben, der ein Baumwollknäuel aus seiner Krippe warf, seine Mutter mit einem lauten »O-o-o-o« alarmierte und dazu bewegte, ihm das Knäuel zurückzubringen, was er mit einem zufriedenen »Da« quittierte. Dieser Taschenspieler schien mit seiner erstaunlichen Fingerfertigkeit eine ebensolche Kontrolle über sie auszuüben wie Freuds Enkel über seine Mutter.

Als Wissenschaftler wäre Helmut Schreiber in diesem Kreis ein Hochstapler gewesen. Doch er war als Illusionskünstler hier und vertrat sein Gewerbe mit der Autorität praktischer Erfahrung, welche die Vertreter der Zauberkunst über Jahrhunderte auf Marktplätzen und an Königshöfen gesammelt hatten. Lange bevor Mediziner und Neurologen sich mit den Phänomenen menschlicher Wahrnehmung beschäftigen, hatten Gaukler und Taschenspieler allein mithilfe ihrer Intuition herausgefunden, wie man den Menschen eine Sache für eine andere vormachen und ihre Sinne verwirren konnte. Dieses Wissen stand nicht auf dem Boden naturwissenschaftlicher Erkenntnisse, aber es hatte im Laufe der Zeit eine eigene Systematik und Komplexität entwickelt, ähnlich den in zwei Jahrtausenden immer weiter verfeinerten Lehren der kirchlichen Theologie.

Mit dem Unterschied, dass die Zauberkunst auch bei denen wirkte, die nicht an sie glaubten.

Eine Stunde lang ließen die Mitglieder der Arbeitsgruppe für praktische Psychologie den Spuk mit einer Mischung aus Neugier und gespannter Unruhe und im Interesse der Wissenschaft über sich ergehen. Doch so scharf sie auch aufpassten, selbst die in nächster Nähe Sitzenden kamen dem Geheimnis nicht auf die Spur.

Wie war das möglich? Wie konnte sich eine solch illustre Versammlung von Wissenschaftlern so täuschen lassen – von einem Zauberkünstler?! Das sei nicht weniger als ein Bankrott der Aussagepsychologie, rief einer der Beteiligten. Was war ihr Wissen, was waren ihre Hypothesen, Theorien und Diagnosen noch wert, wenn ihre Beobachtungsgabe so leicht hinters Licht zu führen war?

Helmut Schreiber wusste, wie man mit einem Publikum umgeht. Man durfte die Menschen verblüffen, sie staunen und sogar für einen Moment an ihrem Verstand zweifeln lassen. Doch wenn ein Zauberkünstler den Bogen überspannte und sich mit der Attitüde des Allmächtigen über sein Publikum erhob, dann konnte sich das Publikum schnell gegen ihn wenden. Kein Mensch ließ sich gerne vor anderen düpieren und für dumm verkaufen, und jeder Zauberkünstler, dem an der Gunst seiner Zuschauer gelegen war, tat gut daran, sich an die Maxime des weisen spanischen Hofmannes Baltasar Gracián zu halten: »Die artige Manier ist ein Taschendieb der Herzen.«[9] Verzauberung, das war immer auch Versöhnung zwischen dem Künstler und seinem Publikum.

Ihm war klar, dass die Herren Professoren jetzt ein wenig Zuspruch brauchten. Und mit der liebevollen Geduld einer Mutter, die ihrem Kind zärtlich über den wunden Finger streicht, erklärte er den Anwesenden, dass gerade geistig hochwertige Persönlichkeiten sehr häufig versagten, wenn es gelte, einem Taschenspielertrick auf die Spur zu kommen.[10] »Wissen Sie, wer das schwierigste Publikum überhaupt ist?«, fragte Schreiber. »Kinder!«

In der Kindheit sei die Vorstellung von der Welt noch nicht festgefügt durch die Erfahrungen und Gewissheiten des Erwachsenen. Wunder scheinen noch möglich, Naturgesetze nur eine von vielen Optionen.

»Kinder sind sehr scharfe Beobachter«, erklärte Helmut Schreiber. Eine Horde Siebenjähriger sei mit Zaubertricks schwerer zu beeindrucken als Teilnehmer eines wissenschaftlichen Kongresses. Schon der alte Bellachini habe das gewusst, und der sei zwar der Sohn eines polnischen Bauern gewesen, aber einer der berühmtesten deutschen Zauberkünstler des 19. Jahrhunderts geworden und sei sogar vor Kaiser Wilhelm I. aufgetreten, der ihm darauf den Titel »Hofzauberkünstler« verlieh. Bellachini also, fuhr Schreiber fort, habe den Physiologen immer gesagt: »Nicht Sie sind sachverständig für die Magnetopathen, sondern ich. Ich mach' doch sowas jeden Abend!«[11]

Hier horchte Moll auf, der ebenfalls in Polen geboren worden war und es als Mediziner immerhin zum kaiserlichen Geheimrat gebracht hatte. Er wolle sich das harte Urteil des werten Herrn Bellachini nicht gleich zu eigen machen, aber eins könne er den Kollegen aus der Parapsychologie nur dringend raten: Bevor sie sich ernsthaft mit den angeblich übernatürlichen Kräften eines Mediums beschäftigten, sollten sie die Person erst einmal von einem wichtigen Experten prüfen lassen – einem Zauberkünstler. Nur so könne man sicher sein, sich bei der Untersuchung grenzwissenschaftlicher Phänomene nicht als Gelehrter öffentlich zu blamieren.

Der Zauberkünstler sei ein »praktischer Psychologe«, fuhr Moll mit einem wohlwollenden Seitenblick auf Helmut Schreiber fort, und deshalb der natürliche Verbündete des Wissenschaftlers. Schreiber habe durch seine »genial-geschickten praktischen Fertigkeiten« den klaren Beweis erbracht, wie leicht unsere Sinnesorgane selbst bei günstigsten Beobachtungsbedingungen zu täuschen seien.

»Vieles von dem, was wir zu sehen glauben, vermuten wir nur, ohne es wirklich wahrgenommen zu haben. Dabei ist es leicht möglich, dass unlautere Elemente die Unzuverlässigkeit der menschlichen Beobachtungsgabe für ihre Zwecke ausnützen, wie es beispielsweise von betrügerischen Medien wiederholt geschehen ist«.[12]

An jenem Abend im Institut für praktische Psychologie hatte sich etwas gezeigt, ein Schatten der kommenden Ereignisse, die Europa und seinen Geist verdunkeln sollten. Ein junger Mann hatte einigen der klügsten Köpfe der Zeit unumwunden erklärt, er werde sie täuschen. Und was hatten sie getan? Sie hatten sich täuschen lassen! All ihr Wissen und ihre Erfahrung hatten sie nicht gegen den Zauber der Illusion gefeit. Ein Taschenspieler hatte ihnen ein Ding für ein anderes vorgemacht, sie hatten gesehen, was man ihnen eingeredet und nicht gesehen, was tatsächlich stattgefunden hatte.

So vernebelten Täuschung und Trickserei, Wunschdenken und Wunderglauben die Köpfe und machten sie empfänglich für die ganz große Illusion: den faulen Propagandazauber, den Hitler und Genossen von Staats wegen inszenierten, wenn sie von der Herrenrasse und dem Tausendjährigen Reich schwafelten und Wunderwaffen aus dem Hut zu zaubern versprachen.

Als die Veranstaltung vorbei war, sagte einer der Beteiligten: »Das Argument: Es ist so, denn ich habe es ja mit eigenen Augen gesehen, will ich von nun ab aus meinem Wortschatz streichen.«[13]

Die Zusammenarbeit zwischen Zauberkünstlern und universitären Instituten und Behörden konnte für beide Seiten nützlich sein. An den Universitäten Leipzig, Wien und Berlin hatten sich bereits Ausschüsse zur weiteren Verfolgung dieser Probleme gebildet, die sich die Fertigkeiten der ansässigen Mitglieder des Magischen Zirkels zunutze machten. In Leipzig führten Mitglieder des Magischen Zirkels im Polizeipräsidium Experimente zum Thema Okkultismus und Taschenspiel vor.[14] Dem Magischen Zirkel brachten solche Kooperationen gesellschaftliches Renommee ein, und sie betonten den Anspruch der »Wissenschaftlichkeit«, den die Amateurzauberer ihren Methoden zu geben bemüht waren.[15] Wissenschaftlern wie Moll wiederum dienten die Kunststücke der Taschenspieler als Beweis, dass scheinbar okkultistische Phänomene eine natürliche Erklärung hatten, die auf der Mangelhaftigkeit der menschlichen Wahrnehmung beruhte.

Beide, Zauberkünstler und Psychologen, wussten sich eins im Feldzug gegen Hellseher und Dunkelmänner, die die Leichtgläubigkeit der Menschen für ihre Zwecke ausnutzen wollten. In die Geheimnisse und Methoden der Zauberkunst sollten nach Schreibers Willen aber nur jene ernsthaft Neugierigen eingeweiht werden, die auch Mitglieder des Magischen Zirkels wurden.

Das gefiel nicht jedem Teilnehmer des magischen Abends bei Moll. Die Wissenschaft sollte Rücksicht auf die Geschäftsinteressen von Taschenspielern nehmen? »Das wäre ja noch schöner«, schrieb ein empörter Kritiker zwei Tage später im *Berliner Tageblatt*. »Derartige Rücksichten können nicht maßgebend sein, wo es sich um wissenschaftliche Dinge, um Aufklärung handelt.« Wer selber die restlose Erklärung von Versuchen verweigere, der dürfe nicht Okkultisten schelten.

Damit zeichnete sich ein Konflikt ab, der den Magischen Zirkel und seinen späteren Präsidenten Helmut Schreiber im Dritten Reich noch beschäftigen würde. Neugierige Außenstehende, da blieb Schreiber hart, dürften niemals erfahren, auf welche Weise die Effekte zustande kamen. Das war nicht allein eine Frage der magischen Standesehre. Es war eine Frage der Macht, und auf die hatte Helmut Schreiber es von Anfang an abgesehen.

Die merkwürdigste aller Organisationen

Die Mission des Magischen Zirkels beschränkte sich nicht nur auf die Pflege der Illusionskunst. Das Zaubern war kein mittelalterlicher Mummenschanz mehr, keine Sache umherziehender Gaukler und Betrüger. Sie war ein unterhaltsamer, intelligenter Zeitvertreib für ehrbare Bürger. Der Magische Zirkel von Deutschland versammelte Professoren, Mediziner, Anwälte und Kaufleute in seinen Reihen – Bildungsbürger, die sich den Idealen der Weimarer Klassik und der Aufklärung verpflichtet fühlten.

Die Magie war im 19. Jahrhundert gesellschaftsfähig geworden, sie war von den Jahrmärkten in den gehobenen Salon aufgestiegen, und ihre Vertreter kleideten sich schon längst nicht mehr wie bunte Gaukler, sondern trugen einen eleganten Frack und Zylinder.

Um die Zauberei als standesgemäßen bürgerlichen Zeitvertreib zu etablieren, bemühten sich die Vertreter der modernen Magie, Anschluss an die schönen Künste Malerei, Literatur, Bildhauerei, Gesang und Theater zu finden, indem sie unermüdlich für die Anerkennung ihrer Beschäftigung als Zauber*kunst* eintraten. So veranstaltete der Magische Zirkel von Berlin in den Zwanzigerjahren regelmäßig Kammerkunstabende mit Gesangsdarbietungen.[1]

Diese bürgerliche Kunsttugend musste mit allen Mitteln gegen Konkurrenten, Scharlatane, Betrüger und Mystiker verteidigt werden, die sie zu verunreinigen und ihren Ruf zu schädigen drohten. Deshalb beriefen sich die Liebhaber der Zauberkunst zugleich auf den zweiten großen Fetisch ihrer Zeit: die Wissenschaft. Kein Vortrag, kein Artikel kam aus ohne Hinweis auf die »Wissenschaftlichkeit« der magischen Experimente – ein Begriff, der damals geradezu als bürgerliche Sekundärtugend galt und den es so nur in der deutschen Sprache gibt. »In der Vereinigung wird die moderne Magie, d.h. Zauberkunst, Antispiritismus, Mnemotechnik, Telepathie etc. theoretisch und praktisch gepflegt und durch die dem Verbande angeschlossenen Universitäts-Institute wissenschaftlich erforscht«, hieß es in der Einladung zu den »Magischen Kammerspielen« des Magischen Zirkels, Ortsgruppe Berlin, für den 6. Februar 1926, und es klang fast so, als wolle der Magische Zirkel den Kaiser-Wilhelm-Instituten und ihren Nobelpreisträgern Konkurrenz machen.

Das war Schreibers Idee gewesen, er hatte den Text der Einladung redigiert und dabei nicht versäumt, sich selbst gebührend in Szene zu setzen. Hinter den Hinweis auf die »Fachzeitung« des Magischen Zirkels fügte er handschriftlich die Ergänzung ein, diese werde »ebenfalls von Helmut Schreiber redigiert«. Außerdem trat er nicht nur selbst auf, sondern führte auch Regie. Obwohl er erst vor wenigen Monaten nach Berlin gekommen war und immer noch als Mitglied der Ortsgruppe München geführt wurde, war dieser junge Mann plötzlich allgegenwärtig in der Hauptstadt.

So wurde Helmut Schreiber schon Mitte der Zwanzigerjahre der eifrigste Botschafter der Zauberkunst in Deutschland. Mit dem Ansehen des Magischen Zirkels sollte auch sein Einfluss steigen. Während im Ausland schon Vorträge über Zauberkunst im Radio gesendet wurden, blitzten die deutschen Magier beim Berliner Rundfunk ab. Der Leiter des Senders tat die Zauberkunst als »Jahrmarktströdel« ab, für Hörer von keinerlei Interesse. Solche Ignoranz und Nichtbeachtung kränkten Schreiber: »Der verantwortliche Leiter wußte überhaupt nicht, daß es so etwas wie Zauberei gibt und sich ein gebildeter Mensch damit beschäftigt, und das sind die Leiter der neuzeitlichsten Erfindung«[2]. Aber Radiosendungen über die vierundzwanzig Arten des Graswuchses auf Sizilien oder die Möglichkeit des Vierfarbendrucks auf die Rückseite von Straßenbahnbilletts bringen, das ginge, spottete Helmut Schreiber.

Die Sitzungen des Magischen Zirkels waren gewöhnlich den Mitgliedern vorbehalten, die sich der strengen Einhaltung aller Geheimnisse ihrer Zunft verpflichten mussten. Aber Schreiber legte schon früh Wert auf Presse, Öffentlichkeitsarbeit, kurz: »Propaganda« – ein freundlicherer Begriff für Reklame, der nur noch wenige Jahre seine Unschuld bewahren sollte, bis er durch Schreibers späteren Vorgesetzten Joseph Goebbels mit seinem »Reichsministerium für Volksaufklärung und Propaganda« für immer unmöglich gemacht werden würde.

Kurz nach seiner Ankunft in Berlin übernahm er die Berichterstattung für den Ortszirkel in der *Magie*. Lange bevor er deren Schriftleiter wurde, nutzte Schreiber die Fachzeitschrift, um seine Vorstellung von der Zauberkunst und ihrer Organisation im Magischen Zirkel durchzusetzen: Die Magie war eine hohe Kunst und verdiente gesellschaftliche Anerkennung; ihre Anhänger waren untereinander zu Kameradschaft und Verschwiegenheit verpflichtet, Außenstehende durften niemals Einblick in die geheimen Methoden der Zauberkunst erhalten.

Der Zirkel stand sowohl Berufszauberern, die von ihren Auftritten lebten, als auch Amateuren offen, welche die Zauberkunst als Zeitvertreib pflegten. Aber die Amateure hatten das Sagen im Magischen Zirkel und duldeten in Schreibers Augen die Profis in ihren Reihen. »Wir haben nicht ihre Gesellschaft benötigt und sie vielleicht nicht unsere«, charakterisierte er 1925 in der *Magie* das Verhältnis von Amateuren und Profis im Magischen Zirkel, »aber wenn sie bei uns waren […] dann haben wir uns gegenseitig ergänzt und magische und menschliche Freundschaft geschlossen«.[3]

Auf Herablassung aber reagierte er mit der Empfindlichkeit machtbewusster Aufsteiger. Als ein Berufszauberer in einer anderen magischen Zeitschrift den Amateuren riet, besser bei kleinen Tischkunststücken zu bleiben, war Schreiber empört und antwortete mit einem scharfen Gegenartikel in der *Magie*.

Welche Herablassung, welche Ignoranz schwang in der Behauptung mit, dass Amateure auf der großen Bühne nicht mit den Profis konkurrieren, sondern diese bloß imitieren könnten. Dabei waren viele Berufszauberkünstler mehr dem Geschäft als den Idealen der magischen Kunst verpflichtet. Sie waren mit Verträgen und Werbung beschäftigt und damit, die Tricks ihrer Konkurrenten zu kopieren. Dagegen gab es Amateure, die nicht nur gesuchter waren als mancher Berufskünstler, sondern auch erfindungsreicher. Viele Profis hatten ihre größten Erfolge mit Originalen, die von Amateuren ersonnen worden waren.

Magische Freundschaften hin oder her: Auf professionelle »Künstler« wie den Verfasser jenes Artikels, die sich auf ihren Lorbeeren und routinierten Kunststücken ausruhten, verzichtete er gerne.

Damit hatte sich der sonst so liebenswürdige Herr Schreiber im Ton vergriffen. Noch gab es Zirkelfreunde, die ihn zurückpfiffen. Einige Monate später druckte die *Magie* eine kleinlaute »Erklärung«, in der Schreiber sein Bedauern darüber ausdrückt, mit seinen Äußerungen »eine kränkende Auffassung von der Person« eines anderen Zauberkünstlers erweckt zu haben.[4]

Ein Jahrzehnt später würde es niemanden mehr geben, der Schreiber offen Paroli bot, wenn er als allmächtiger Präsident des Magischen Zirkels Zauberkünstlern Auftrittserlaubnisse erteilte oder entzog, sie zur Truppenbetreuung an diese oder jene Front schickte und manchen sogar mit Ausschluss aus dem Magischen Zirkel drohte, was einem Berufsverbot im Deutschen Reich gleichkam.

Nach innen wie außen sorgte Schreiber dafür, dass seine rastlose Werbung nicht nur der Magie, sondern auch ihm selbst zugutekam. Sein Talent als Zauberkünstler wurde nur noch von dem als Selbstdarsteller übertroffen. Das aber war in diesem Metier kein Manko, sondern ein Vorzug und bei den ganz Großen wie Harry Houdini nicht anders.

Auch Schreiber scheute nicht vor vollmundigen Versprechen zurück und bewies einmal mehr, dass der Superlativ zum Showbusiness gehört. »Was ich versprach, werden wir halten, ich konnte nicht mehr versprechen, weil man wohl kaum mehr bieten kann«, verkündete er im Juli 1925 auf der Titelseite der *Magie,* als er die Mitglieder des Magischen Zirkels nach München zum Festkongress der Magier einlud. Die dreitägige Tagung ließ es mit einem eigens verfassten allegorisch-historischen Festspiel (»Magische Visionen«), einer Festschrift und einer großen öffentlichen Zaubershow an nichts fehlen. Bei der feierlichen Abschlussveranstaltung dankte der Gründer des Magischen Zirkels, Karl Schröder, dem gerade einmal volljährig gewordenen Wunderkind Schreiber, der »durch seine umfassende Werbetätigkeit Großes geleistet« hatte.[5]

Ein glänzendes Beispiel für seine rastlose Reklametätigkeit war ein Artikel, den das *Berliner Tageblatt* am 11. April 1926 veröffentlichte.[6] Dessen Autor hatte ihn bei einer Veranstaltung der Deutschen Volkspartei in Berlin-Schöneberg zaubern gesehen und sich köstlich amüsiert. Erst über den »indischen Fakir« aus München, der »illusionsstörend blond« und blauäugig war, eine mystisch grüne Brille trug und nicht einmal wie ein Bayer aussah. Dann über die verblüffende Leichtigkeit, mit der Kala Nag ein dünnes Kartenblatt durch eine dicke Holztür stieß und in den Gedanken der Zuschauer las wie in einem offenen Buch.

Die Vorstellung war gut angekommen, mehr aber auch nicht. Die meisten Zuschauer lächelten überlegen. Es waren Tricks, bloße Fingerfertigkeit, nichts Neues. Könnte jeder, wenn er wüsste, wie's gemacht wird. Dass er es mit einem Saal voll verhinderter Besserwisser zu tun hatte, war für Schreiber nichts Neues. Was ihn maßlos ärgerte, war die Ignoranz, mit der diese Leute die hohe Kunst des Zauberns als schlichte Spielerei abtaten. Aufklärung war nötig. Also zückte er zum Abschied seine Visitenkarte, die den Mann vom *Berliner Tageblatt* mehr zu beeindrucken schien als ein aus der Luft gezaubertes Herzass. Darauf war ein blaues Zeichen abgebildet, das in der Mitte ein weißes Pentagramm mitsamt den Zeichen M, Z, H sowie der Jahreszahl 1912 trug.

Dieses Pentagramm, berichtete der Reporter atemlos, sei das Zeichen einer geheimen Organisation, die in allen Städten der neuen und alten Welt vertreten sei und sogar in Sydney in Australien eine Ortsgruppe habe. Niemand wisse, ging es in verschwörerischem Tonfall weiter, dass diese »seltsame Weltorganisation« vor allem aus Amateuren bestehe. Die Angehörigen dieses weltumspannenden Geheimbundes rekrutierten sich aus den führenden Kreisen der Gesellschaft. Es waren fast ausschließlich Akademiker, Wissenschaftler und einflussreiche Geschäftsleute, die sich mit wissenschaftlichem Ernst der Zauberkunst widmeten. »So spinnt diese merkwürdigste aller Organisationen ihre Fäden um die ganze Erde. Unsichtbar liegen sie da als ein Teil jener Dinge neben dem realen Leben, die das Erdendasein für uns Menschen bunt und liebenswert machen.«

Die Zauberkunst, lautete die Botschaft des Artikels, war keine Spielerei, sondern viel interessanter und ernster, als Uneingeweihte ahnen konnten. Ihr Erfolg verdankte sich weniger der Fingerfertigkeit als, ja was? Täuschung, Suggestion, Irreführung. Vor allem aber beruhte sie auf dem guten Glauben des Publikums, dessen Gunst der Zauberer gewinnen musste, bevor er es hinters Licht führen konnte. Dazu gehörte vor allem Psychologie, und dieser Kala Nag schien trotz seines seltsamen Aussehens ein Meister darin zu sein. »Wenn Sie glauben, ich mache etwas«, verriet er dem Reporter, »dann mach ich nichts; aber wenn Sie glauben, ich mache nichts, dann – habe ich es schon gemacht.« Dieser harmlos wirkende junge Mann verstand es, seinem Publikum Dinge einzureden, die gar nicht existierten.

Das war die Suggestion, und sie war das wichtigste Mittel des Zauberkünstlers. Sie war auf der Höhe der Zeit, denn die Menschen wollten wenigstens für einen Moment der schnöden Realität entfliehen. Sie ließen sich bereitwillig täuschen. »Mundus vult decipi«, lachte Schreiber triumphierend. »Die Welt will betrogen werden.« Das Betrogenwerden habe einen ganz eigenen Reiz – »sofern es sich nicht um Herzensangelegenheiten handelt«[7].

So ein Kartenkunststück zum Beispiel, das sei eigentlich gar kein Trick, erklärte Kala Nag dem Reporter und nahm ein Kartenspiel zur Hand. »Ich lege oben den Herzbuben auf, lasse die Zuschauer eine Weile fest auf die Karte sehen und rede ihnen mehrmals ein, dass das ganze Spiel nur aus Herzbuben besteht.« Dann blätterte er die Karten unter dem scharfen Blick des Journalisten durch: Er sah tatsächlich nur Herzbuben.

Kala Nag lächelte nachsichtig, als wolle er den Mann über die Fehlbarkeit der menschlichen Wahrnehmung hinwegtrösten. Das Bild des Herzbuben habe sich infolge der intensiven Suggestion dem Auge des Betrachters so fest eingeprägt, dass er nun lauter Herzbuben zu sehen glaube. »In Wirklichkeit«, sagte Kala Nag und fächerte die Karten mit einem lässigen Griff erneut auf, »besteht das Spiel natürlich wie jedes andere aus zweiunddreißig verschiedenen Karten.«

Das war gelogen. Sein Gegenüber hatte keine Ahnung, dass der auskunftsfreudige Magier eine falsche Fährte ausgelegt und ihm ein Märchen erzählt hatte. Natürlich waren die Herzbuben keine Einbildung, sondern ein Trick gewesen. Kala Nag hatte mit präparierten Karten gearbeitet. Das Kunststück hatte darin bestanden, den Journalisten durch die Erzählung von der Suggestion an seiner eigenen Beobachtungsgabe zweifeln zu lassen.

Helmut Schreiber war zufrieden. Der brave Journalist würde in Zukunft seinen eigenen Reporteraugen nicht mehr trauen. Dem freundlichen Fakir aber würde er alles glauben, was der ihm erzählte. Der Artikel im *Berliner Tageblatt* hätte nicht positiver ausfallen können, wenn Schreiber ihn selbst verfasst hätte.

Wie hatte der große Robert-Houdin einst gesagt: »Die Kunst zu zaubern besteht nicht so sehr darin, wunderbare Dinge zu vollbringen, als darin, die Zuschauer zu überzeugen, dass wunderbare Dinge geschehen.«

Im April 1926 gab das Charlott-Casino am Kurfürstendamm bekannt, dass es den bekannten Zauberkünstler Kala Nag mit seinen unbegreiflichen Kunststücken exklusiv verpflichtet hatte. Die Propaganda, mit der die Direktion ihren neuen Künstler ankündigte, war selbst für Berliner Verhältnisse vollmundig. Aus Schreibers Auftritt im Institut von Geheimrat Moll wurde eine wissenschaftliche Sensation gesponnen: »Täglich zerbrechen sich hunderte Gelehrte aller Fakultäten und gebildete Laien aller Stände den Kopf über das Rätsel Kala Nag. Okkultismus oder physikalische Wissenschaft ist hier die Frage?!!« Wer diese sensationelle Nummer im Charlott-Casino erleben wollte, sollte besser heute als morgen kommen, denn der weiße Fakir werde nach kurzem Gastspiel einem Ruf nach New York Folge leisten.[8]

Das alles war die Wahrheit – und wieder nicht. Kalanags Gastspiel war tatsächlich kurz, es dauerte zehn bis fünfzehn Minuten und fand zweimal täglich statt. Wen kümmerte es schon, dass nicht der berühmte Zauberkünstler Kala Nag auf Tournee nach Amerika fuhr, sondern der Aufnahmeleiter Helmut Schreiber, der dort für die Fox-Produktion einen Film drehen sollte.

Für seine Auftritte als Zauberkünstler verdiente er 50 Mark pro Auftritt. Der Auftritt stachelte seinen Ehrgeiz an, in einer Annonce bezeichnete er sich als »Idealist, der von Illusionen lebt«.[9] Die Zauberei machte ihn bekannter als die Arbeit beim Film, aber die Rechnungen bezahlte sie noch nicht.

Das Kabarett »Wien-Berlin« schmückte seine Werbeannonce mit einer Zeichnung des mysteriösen Magiers Kala Nag, der die Hauptattraktion im Mai-Programm 1926 war.[10] Er ließ sich eine besondere Werbeaktion einfallen: Jeder Zuschauer, den er zur Vorführung der Geistertafel auf die Bühne holte, bekam einen Luftballon mit der Aufschrift »Kala Nag – Der weiße Fakir, z. Zt. Wien-Berlin«. Auch einen Agenten hatte er bereits: Der jüdische Impresario Sam Kalinhof aus Wien vertrat den jungen Kala Nag und verschaffte ihm bis in die dreißiger Jahre viele Auftritte.[11]

Im Juni trat er im Hotel Kaiserhof am Wilhelmsplatz auf. Das erste Grandhotel Berlins blickte auf eine illustre Geschichte zurück, aber seine neuen Eigner sahen schon in die Zukunft.

Statt der schwarz-rot-goldenen Flagge der Weimarer Republik hissten sie die schwarz-weiß-rote Reichsflagge. Wo früher Bismarck einkehrte, mietete sich nun Adolf Hitler ein, um die Vertreter der deutschen Großindustrie zu hofieren. Später diente das oberste Stockwerk des Grandhotels der NSDAP sogar vorübergehend als provisorische Parteizentrale. In jedem Fall war der Kaiserhof noch immer die große gesellschaftliche Bühne. Auch wenn man wie Kala Nag dort nur vor der »Vereinigung der deutschen Süßwarengroßhändler« auftrat.[12]

Die unermüdliche Eigenwerbung hatte Erfolg. Bald feierten die Zeitungen der Metropole den »neuen Stern am Varietéhimmel«.[13] Das Berliner Publikum hatte genügend kleine Bluffer und große Mystiker gesehen, die immer das Gleiche vorführten. Die Menschen gierten nach Neuem, nach einem Zauberer für ihre Zeit. Es gefiel den Leuten, dass dieser Magier selbst den ganzen Hokuspokus nicht ganz ernst nehmen wollte.

Helmut Schreiber hatte ein gutes Gespür für den Zeitgeist. Er trat im modernen Smoking auf die Bühne, machte als freundlich plaudernder Conférencier eine gute Figur und führte leichthändig seine Kunststücke mit einem Augenzwinkern vor. Niemand ahnte, wie viel Mühe, Disziplin und Übung hinter der Erzeugung der fantastischen Illusionen steckte, die man auf der Bühne bewundern konnte. So ließ er auch sein Publikum Abend für Abend die harte Wirklichkeit für einen Moment vergessen.

Was er zeigte, war in der Tat erstaunlich. »Er hat ein Tempo, das überhaupt nicht nachlässt, er zaubert zwei, drei, vier Stunden mit einem hinreißenden Schmiß«, urteilte die *Neue Berliner Zeitung* über den »modernen Magier« Kala Nag. Wenn er die Gedanken seiner Zuschauer zu manipulieren versuchte, schmunzelte er freundlich, und niemand konnte den Eindruck haben, dass ihm geistig Gewalt angetan wurde. Da konnte die

Polizei machen, was sie wollte. Sie konnte die öffentliche Hypnose verbieten und doch nicht verhindern, dass Kala Nag allabendlich Menschen dazu brachte, genau die Karte aus einem Spiel zu wählen, die er wollte.

Der Mann mit dem Namen Kala Nag war scheinbar aus dem Nichts gekommen: »Urplötzlich hat da jetzt einer in Berlin von sich reden gemacht, den man vorher noch nicht einmal dem Namen nach kannte, der sich diesen Namen jetzt in allerkürzester Zeit so stark gemacht hat, dass ihn selbst die immer skeptischen Kollegen mit Achtung nennen«.[14]

Wenn er mit Journalisten sprach, übertrieb er schamlos, aber stets so geschickt, dass er hinterher jede Verantwortung leugnen konnte. War es seine Schuld, dass eine Zeitung ihn im Mai 1926 zum »Präsidenten« des Magischen Zirkels machte, obwohl er in Wahrheit lediglich der ehemalige Vorsitzende eines Ortszirkels war?[15]

Das am meisten beeindruckende Kunststück des Helmut Schreiber war er selbst, war Kala Nag, und nur die Geschwindigkeit seines Aufstiegs konnte mit dem Tempo seiner Zauberkunst Schritt halten. Der Abend bei Geheimrat Moll war Teil einer gut durchdachten Strategie gewesen. Sie ging auf, denn die euphorischen Zeitungsberichte stammten von Gästen, die den Namen Kala Nag an jenem Abend zum ersten Mal gehört hatten und nun in alle Welt riefen: »Merkt euch diesen Namen!«[16]

Das entging auch den Filmproduzenten nicht, die nun bei seinen Auftritten im Publikum saßen. Er war kein Niemand mehr. Der populäre Stummfilmstar Carlo Aldini engagierte Schreiber als Aufnahmeleiter für den Stummfilm *Jagd auf Menschen*. Aldini produzierte den Film und spielte auch gleich die Hauptfigur: einen Mädchenschänder. In einer Nebenrolle der junge Hans Albers, dem Schreiber noch öfter begegnen würde. Als

Filmarchitekt war Max Heilbronner dabei, sein treuer Weggefährte, den er 1923 in München kennengelernt hatte.

Ab Herbst 1927 wohnten Schreiber und Heilbronner zusammen in der Holsteinischen Straße 33 in Berlin-Wilmersdorf; von 1930 bis 1933 in der Sachsenwaldstraße 15 in Berlin-Steglitz. Sie teilten sich dort auch das Telefon[17] und veranstalteten Hauspartys mit magischem Flair. Der Filmarchitekt Fritz Maurischat beschrieb in seinen unveröffentlichten Erinnerungen das exzentrische Leben der beiden Filmleute: »Beide machten in besonderer Weise von sich reden. Ob sie wirklich befreundet waren, blieb unklar. Aber sie wohnten gemeinsam in Steglitz, wo in ihren mit Polstern, Vorhängen und Ampeln überreich ausgestatteten Räumen ›Zauberabende‹ veranstaltet wurden. Harmlos scheinende Wandbilder, deren Rückseiten pornografische Szenen darboten, gehörten als Stimmungsfaktor dazu. Heilbronner holte die Besucher heran, servierte und war Mädchen für alles, bis der Kreis größer wurde und die Türen der Filmindustrie sich für Schreiber weit öffneten, [so] daß er als Aufnahmeleiter viele überrundete [...].«[18]

Ein Jahr vor Hitlers Machtergreifung gründeten die beiden Freunde zusammen eine eigene Filmproduktionsfirma und machten sich selbstständig. Der Tonfilm war im Kommen, und die am 12. April 1932 gegründete Firma »Heilbronner und Schreiber Films« sollte ganz vorne mitspielen bei der Herstellung und dem Vertrieb von Tonfilmen. Das Stammkapital betrug 20000 Reichsmark. Laut Handelsregisterakte hatten die Teilhaber Heilbronner und Schreiber je die Hälfte eingezahlt.[19] Darüber aber sollte es bald Streit geben.

Großen Erfolg hatten sie mir ihrer neuen Firma nicht. Bis zur Abwicklung von »Heilbronner und Schreiber Films« im Jahr 1936 entstanden nur zwei Produktionen. Die eine war ein zwanzig Minuten kurzer Tonfilm mit dem Titel *Ich will nicht*, den Max Heilbronner selbst inszeniert hatte.[20] Die zweite Produktion war ein Kulturfilm über den Bau eines Schiffs in der Werft von Blohm & Voss in Hamburg.

Sie konnten miteinander, der Helmut und der Max. Sie waren ein lustiges, erfolgreiches Gespann. Bis zum 1. April 1933, als Heilbronner Hals über Kopf nach Paris floh und alles zurücklassen musste in der Berliner Wohnung, die sie sich jahrelang geteilt hatten. Ein SA-Mann,[21] den er als Filmtransporteur kannte, hatte ihn auf der Straße angegriffen.

Mit Heilbronners Flucht endete sowohl die Geschäftsbeziehung als auch die Freundschaft der beiden Männer, aber nicht ihre gemeinsame Geschichte.

Sie hatte ein Nachspiel, das 1945 begann und bis zum Tod der beiden in den Sechzigerjahren dauern sollte.

Bruder Hanussen

Am 30. Januar 1933 war ein Mann auf dem Höhepunkt seiner Macht angekommen, der sich glänzend darauf verstand, die Unsicherheit und Not der Deutschen für seine Ziele zu nutzen. Er war ein Meister der Massensuggestion, ein glänzender Demagoge und Redner mit einer geradezu hypnotischen Ausstrahlung.

Unermüdlich hatte dieser Erik Jan Hanussen das kommende Dritte Reich beschworen. Jetzt war es endlich da, und sieben Wochen später war er tot.

Als Arbeiter seinen Leichnam am 8. April in einem Waldstück am Südrand Berlins fanden, war er so stark verstümmelt, dass die Identität des Toten nur dank des Monogramms bestimmt werden konnte, das ein Schneider in seinen teuren Maßanzug genäht hatte.

Aber am Abend des 30. Januar glaubte sich Hanussen noch am Ziel seiner Wünsche. Reichspräsident Paul von Hindenburg hatte Adolf Hitler zum Reichskanzler ernannt – den Mann, den Hanussen unermüdlich als kommenden Führer Deutschlands ausgerufen und dem er öffentlich bedingungslose Gefolgschaft versprochen hatte.

Hanussen und Hitler waren wie ein Zwiegestirn der Zeit. Beide wurden 1889 in Österreich geboren, der eine in Ottakring, der andere in Braunau. Beide scheiterten sie in ihrer Jugend als Künstler in Wien. Beide waren maßlos ehrgeizig und noch dazu skrupellos in der Wahl ihrer Methoden. Beide arbeiteten zielstrebig so lange an ihrem Auftreten, bis sie die Kunst der Massensuggestion perfekt beherrschten. Von beiden gibt es Fotos aus den Zwanzigerjahren, auf denen sie dramatische Posen üben: Hitler als Redner und Hanussen als Hellseher.

»Hanussen ist der Cagliostro der deutschen Bürgerrepublik, der Rasputin Hitlerdeutschlands«, schrieb der österreichische Journalist Bruno Frei 1934,[1] der den angeblichen Hellseher in einer eigenen Pressekampagne zu entlarven versucht hatte, ohne an dessen Erfolg irgendetwas zu ändern.

Angeblich soll der kleine H. dem großen H. bei Treffen im Hotel Kaiserhof sogar Ratschläge für massenwirksames Auftreten gegeben und später als Hitlers Berater Horoskope für den Führer angefertigt haben.[2] Angeblich hatte Hitler für die Zeit nach der Machtübernahme sogar die Gründung einer »Hochschule für Okkultismus« versprochen.[3]

Für beides gibt es keinerlei Belege, ja, nicht einmal ein Treffen der beiden lässt sich nachweisen. Aber wie jedem Schausteller genügte Hanussen bereits das unwidersprochene Gerücht, er sei ein persönlicher Berater des Führers, um noch mehr Aufmerksamkeit für seine Auftritte zu bekommen.[4]

Vor allem verstanden es beide, mit geschicktem Kalkül den Glauben ihrer Zeitgenossen an das Übernatürliche und deren Wunsch nach Erlösung für ihr Fortkommen auszunutzen. Sie nutzten einfache Tricks, um Illusionen zu erzeugen, ohne selbst an Magie zu glauben.

Der Erste Weltkrieg brachte sowohl Hanussen als auch den Gefreiten Hitler zum ersten Mal in Kontakt mit ihrer eigentlichen Bestimmung. Während Hitler es gern als Zeichen der Vorsehung darstellte, dass er mehrfach knapp dem Tod entkam, ging Hanussen auf Nummer sicher und nahm sich selbst der Vorsehung an. Ein Freund bei der Feldpost versorgte ihn heimlich mit den Briefen aus der Heimat, die erst ein paar Tage später an die Kameraden im Regiment weitergingen. So erfuhr er vor allen anderen die neuesten Nachrichten und konnte sich als Fronthellseher aufführen.[5]

Hitler hatte sich bereits in den Zwanzigerjahren für Magie interessiert und das Buch *Magie: Geschichte, Theorie, Praxis* des Parapsychologen Ernst Schertel studiert. Hitlers persönliches Exemplar mit seinem Exlibris enthält zahlreiche Anstreichungen, die Rückschlüsse auf sein Interesse an Schertels Ausführungen über Magie geben. Unter anderem unterstrich er Sätze wie »Satan ist der befruchtende, vernichtend-aufbauende Kampf« und »Wer keinen dämonischen Samen in sich trägt, wird auch nie eine magische Welt gebären«.[6]

Hanussen trat seit Jahren als Hellseher und Telepath auf. Das war in den Zwanziger- und Dreißigerjahren nichts Besonderes. Viele »Medien« gaben in Trance Auskunft über geheime Familien- und Vermögensverhältnisse von Zuschauern, ob im kleinen Kreis oder öffentlich auf großer Bühne. Solche Medien prophezeiten mit bestimmter Selbstsicherheit auch Ereignisse, die sich erst in der Zukunft ereignen sollten. Es handelte sich stets um mehr oder weniger geschickte Betrüger, die dem Publikum mithilfe einfacher Tricks vorgaukelten, wirklich hellsehen zu können.

Dass Hanussen mit den gleichen Tricks ungleich reicher und bekannter als alle seine Konkurrenten geworden war, unterschied ihn von herkömmlichen Scharlatanen und Okkultisten. Er hatte derbe Gesichtszüge und buschige Augenbrauen, aber der stechende und zugleich verletzlich wirkende Blick der dunklen Augen verlieh seinem Gesicht eine besondere Aura. Hanussen war schlagfertig und charmant. Er war sich seiner Ausstrahlung bewusst und setzte sie geschickt ein, etwa indem er mit Fotos warb, die nur seine Augen zeigten.[7]

Alles andere an ihm war erlogen. Weder stammte »Hanussen« aus einem dänischen Adelsgeschlecht, wie er behauptet hatte. Noch hieß er Erik mit Vornamen. Hanussen war der Künstlername, den sich Hermann Steinschneider, der jüdischer Abstammung war, irgendwann für seine Bühnenauftritte gegeben hatte.

Er hatte klein angefangen, beim Wanderzirkus, war dann zum Schmierentheater gewechselt, hatte sich als Löwenbändiger und Pferdehüter verdingt, war als Volksliedsänger aufgetreten und versuchte schließlich sein Glück als eine Art Journalist, obwohl diese Bezeichnung zu viel der Ehre wäre für das, was er tatsächlich tat: Für ein Wiener Gossenblatt enthüllte er Affären und Peinlichkeiten, und wenn sich die Gelegenheit bot, dann enthüllte er nicht, sondern nahm Geld im Gegenzug für sein Schweigen. Er war käuflich, gewissenlos und hatte keine Scham. Sein Wille zur Macht ging so weit, dass er, ungeachtet seiner jüdischen Abstammung, mit seinen beträchtlichen publizistischen Mitteln Hitler und die NSDAP unterstützte.

Diese Eigenschaften nahm er mit, als er den ehrenwerten Beruf des Zauberkünstlers für sich entdeckte. Im Frühjahr 1914 begegnete Steinschneider im Wiener Café Louvre dem Zauberkünstler Joe Labéro, der dort als »Experimental-Psychologe« auftrat.[8] Labéro überredete Steinschneider, seinen ebenfalls gerade in Wien gastierenden Konkurrenten Rubini in einem unter Pseudonym verfassten »offenen Brief« als Schwindler zu denunzieren.[9]

Als Zauberkünstler hatte Hermann Steinschneider nicht nur eine neue Geldquelle entdeckt, sondern auch seine Mission gefunden: Er bekämpfte betrügerische Gedankenleser und schrieb sogar ein Buch, in dem er die Methoden der Scharlatane entlarvte. Das entsprach dem Programm des Magischen Zirkels, dem sehr daran gelegen war, die Zauberkunst von den weit verbreiteten Spiritismus- und Okkultismuspraktiken abzugrenzen und seine Mitglieder vor Rufschädigung durch Betrüger und Scharlatane zu schützen.

Bis Mitte der Zwanzigerjahre hatte er mit seinen telepathischen und graphologischen Experimenten Erfolg als Zauberkünstler. Dass er anerkannt war, zeigen die Veranstaltungshinweise in der *Magie*, die Hanussens Auftritte neben denen anderer Zauberkünstler annoncierte.[10] Hanussen war ein Varieté- und Zauberkünstler, nicht mehr.

Aber sein Ehrgeiz war größer. Hanussen bemerkte, dass die Leute einem Mann, der wirklich übersinnliche Kräfte zu haben behauptete, ein Vielfaches zu zahlen bereit waren. Die Menschen wollten nicht nur unterhalten werden, sie wollten an etwas Höheres glauben: die Illusion eines tausendjährigen Reiches, die Gaukelei einer germanischen Herrenrasse und schließlich das Phantasma von Wunderwaffen und Endsieg.

Von nun an trat Hanussen nicht mehr als Unterhalter auf, sondern mit der ernsten Miene des Wahrsagers und erregte schon bald den Zorn anderer Zauberkünstler.[11]

Der Mann war ein Scharlatan, ein Betrüger, ein unliebsamer Konkurrent, der jedem ehrlichen Zauberkünstler die Show stahl, indem er allen Ernstes das Unmögliche versprach.[12]

Anfang der Dreißigerjahre hatte er es so weit gebracht, dass er sich eine prunkvolle Villa, teure Automobile und eine eigene Luxusyacht mitsamt Kapitän leisten konnte. Er taufte den 30000 Reichsmark teuren Kabinenkreuzer »Ursel IV«. Im Berliner Volksmund hieß das Boot »Yacht der sieben Sünden«, weil Hanussen und sein Zirkel bei »Weekendfahrten« auf Berliner Gewässern erotisch-hypnotische Orgien an Bord veranstalteten.[13]

Hanussen trat im Berliner Großen Schauspielhaus, dem späteren Friedrichstadt-Palast, im Wintergarten oder in der Scala vor mehreren Tausend Zuschauern täglich auf.[14] Die Sprechstunden, die er als Hellseher in seiner Wohnung und auf Tourneen durch große Städte Europas abhielt, waren regelmäßig überlaufen.

Hanussens Erfolgsformel sei die »Kommerzialisierung des Wunders« gewesen,[15] schrieb sein Kritiker Bruno Frei. Über eine eigene Vertriebs-GmbH verkaufte er esoterische Produkte wie das »Gomboloy«, eine angeblich indische Gebetskette, die er bei seinen Séancen wirkungsvoll auf der Bühne einsetzte. Er machte Werbung für Schönheitscremes und war kurz davor, in Bad Godesberg ein eigenes Hanussen-Sanatorium für okkultes Heilen zu eröffnen,[16] was nur am Protest eines Potsdamer Landgerichtsdirektors und der »Deutschen Gesellschaft zur Bekämpfung des Kurpfuschertums« scheiterte.[17]

Hanussen verstand es wie kaum ein anderer, den okkultistischen Zeitgeist nicht nur für Quacksalberei und unterhaltsame Bühnenexperimente zu nutzen. Er entdeckte in der Folge der Wirtschaftskrise als Hellseher neue Geschäftsfelder, indem er Prognosen über die wirtschaftliche und politische Entwicklung Deutschlands machte.

Um 1930 verdiente Hanussen eine Menge Geld mit der Voraussage von Aktienkursen und lag damit auch nicht seltener daneben als sogenannte Anlagenberater. Zu seinen Klienten gehörten Börsenmakler und Bankiers. Die »hellseherischen Börsengeschäfte«[18] waren selbsterfüllende Prophezeiungen: Wenn seine Klienten den Aktientipps folgten und massenhaft die empfohlenen Wertpapiere kauften, stiegen die Kurse und die Zeitungen schrieben über die erstaunliche »Hanussen-Hausse« an der Börse.[19]

Hanussen war ein Meister der Eigenwerbung und verstand es, alte und neue Medien zu nutzen. Er verkaufte »hellsehende

Schallplatten« mit Prophezeiungen und gab mehrere Zeitungen heraus, die seinen Namen im Titel führten und einen beträchtlichen Einfluss auf die öffentliche Meinung ausüben konnten.

Den Mitgliedern des Magischen Zirkels war Hanussen ein Dorn im Auge. Carl Graf von Klinckowstroem warf dem »Hellseh-Artisten«[20] in einem Münchener Vortrag im Oktober 1932 vor, mit seinen Publikationen »einen Kolportage-Okkultismus von niederstem Niveau« zu propagieren. Allerdings musste der Graf zugeben: Der Magische Zirkel hatte in Hanussen einen formidablen Gegner, der mit großer Routine, Raffinesse und einer Menge Helfershelfer arbeitete. Als das Zirkelmitglied Wilhelm Gubisch im Frühsommer 1932 in Berlin bei einem Vortrag Hanussens Tricks nachmachte und hinterher erklärte, störte ein von Hanussens Sekretär angeführtes Rollkommando mit Anhängern des Hellsehers die Vorführung lautstark.[21] Nach dem Vorfall zog Hanussen in seiner Zeitung über Gubisch her, der sich auf Experimentalvorträge zum Thema Antispiritismus und die Entlarvung von Gedankenlesern und anderen Scharlatanen spezialisiert hatte. Das »Hellseherblättchen«, wie Klinckowstroem es verächtlich nannte, wurde immerhin in mehreren Tausenden Exemplaren gedruckt. Gegen die Zeitungen des Hellsehers mit Artikeln in der *Magie* anzukommen, hätte in der Tat Gedankenübertragung erfordert: Das Vereinsblatt der deutschen Zauberkünstler hatte schließlich nicht nur eine wesentlich geringere Auflage, sondern war geheim und nur für Zirkelmitglieder bestimmt.

In seiner *Hanussen-Zeitung* vom März 1932 schilderte der Hellseher »in Trance« Hitlers Zukunft ein Jahr vor der Machtübernahme. Die Vorhersage enthält die für Horoskope üblichen ebenso vagen wie widersprüchlichen Andeutungen und Ratschläge: Hitler solle sein Herz schonen und auf seine Ernährung achtgeben, aber auch auf die drohende innere Spaltung seiner Partei. Eine Zersplitterung der NSDAP werde aber nicht stattfinden und Hitler ihr Führer bleiben, obwohl ihm Verrat von einem Menschen droht, den er für seinen Freund hält.[22] Er sagte Wahlergebnisse voraus und lag manchmal sogar richtig.

Bald glichen seine Prophezeiungen politischen Leitartikeln, denn Hanussen forderte und förderte seit 1932 ausdrücklich die Abschaffung der Weimarer Verfassung, Auflösung des Parlaments[23] und eine Diktatur Hitlers. Am 8. Januar 1933 prophezeit er in der *Hanussen-Zeitung,* was auch für okkultistisch weniger Begabte bereits absehbar war: »Der endgültige Sieg der NSDAP kann unter keinen Umständen aufgehalten werden. Um Hitler wird Deutschland nicht herumkommen!« Es war keine Vorhersage, es war eine Forderung.

Im Jahr 1930 veröffentlichte Hanussen unter dem Titel *Meine Lebenslinie* seine Memoiren. Darin gab er sich keine Mühe mehr, seine Tricksereien zu verbergen, und gestand, dass sich sein Leben »immer zwischen Gaukelei und tieferer Bedeutung« bewegt habe.[24] Er kokettierte mit der Hellseherei und dem Okkultismus, weil er sich seiner Wirkung sicher war.

Nur eins verheimlichte er bis zuletzt: dass er jüdischer Abstammung war. Hanussen ließ sich im Februar 1933 protestantisch-evangelisch taufen und trat wenig später in die NSDAP ein.[25] Aber er brauchte eine Versicherung.

Weil er den Aufstieg Hitlers und der NSDAP nach Kräften förderte, hatte Hanussen neue Freunde gewonnen. Der einflussreichste unter ihnen war Wolf Heinrich Graf von Helldorff, SA-Führer und Polizeichef von Berlin-Brandenburg.

Helldorff war mit Himmler und anderen führenden Nazis per Du und hatte als strammer Antisemit 1931 mit dem Kurfürstendamm-Krawall eines der ersten Judenpogrome in Berlin organisiert. Als Polizeipräsident schikanierte er die meisten Berliner Juden, während er einigen wenigen heimlich half. Später hatte er Kontakte zum Widerstand um Claus Schenk Graf von Stauffenberg und wurde als Mitverschwörer hingerichtet.

Innerhalb der SA wirkte der lebenslustige Graf wie ein Fremdkörper. Sein geerbtes Rittergut hatte er schon 1931 aufgrund von Spielschulden verloren, ließ sich aber von seinen SA-Leuten als »Graf« ansprechen und reagierte empfindlich, wenn ihm höherrangige Kampfgenossen seine Eitelkeit und Spielsucht vorhielten.[26]

Helldorff war verschwenderisch, korrupt, gierig und leichtlebig – und er interessierte sich für Magie. Hanussen erkannte sofort, dass ihm der adelige Spieler mit dem sanften Blick aufgrund seiner Kontakte nützlich sein konnte. Er lieh Helldorff Geld für dessen Spielschulden und verwöhnte den Grafen mit Einladungen und teuren Geschenken wie einem roten Luxussportwagen.[27]

Helldorff war nicht der einzige SA-Führer, dem Hanussen Geld lieh. Er finanzierte auch Helldorffs Konkurrenten bei der SA Karl Ernst und Helldorffs Adjutanten Wilhelm Ohst und soll sogar Göring Geld gegeben und ihm die Zukunft vorhergesagt haben. Er rüstete die SA mehrmals mit Stiefeln aus[28] und beschäftigte SA-Angehörige und NSDAP-Mitglieder als Angestellte.

Als das nationalsozialistische Kampfblatt *Angriff* am 12. Dezember 1932 meldete, dass Hanussen eigentlich Steinschneider hieß und Jude war, gelang es ihm mithilfe von Helldorff, am folgenden Tag eine Gegendarstellung zu erwirken: Der *Angriff* machte einen Rückzug und schrieb, dass »Hanussen übrigens kein Jude ist«.[29] Doch sein schärfster Kritiker Bruno Frei, selbst Jude, ließ die Sache nicht ruhen und machte Steinschneiders jüdische Abstammung in einer Reihe von Artikeln publik. Hanussen klagte, aber das »Gerücht« bekam er nicht mehr aus der Welt.

Hanussen glaubte, sich durch seine Gefälligkeiten gegenüber SA-Führern nach allen Seiten abgesichert zu haben. Je größer das Netzwerk von Informanten wurde, das er sich im Dunstkreis von Hitlers NSDAP aufbaute, desto zutreffender wurden seine Prophezeiungen. Es war wie damals an der Front, als er die Feldpostbriefe früher als andere lesen konnte.

Hanussen stand auf der Höhe seiner Macht. Der »Hellseher« ahnte nicht, dass er bald infolge der internen Rivalitäten der SA zwischen die Fronten geraten und sein Leben verlieren würde.

Er wurde übermütig.

Wenige Wochen nach Hitlers Machtübernahme eröffnete er mit großem Pomp seinen neuen »Palast des Okkultismus«, eine großbürgerliche Wohnung in der Lietzenburger Straße 16 in Berlin-Schöneberg.

Zur Séance am 26. Februar 1933[30] erschienen unter anderem der völkische Dichter und Horrorschriftsteller Hanns Heinz Ewers, die falsche Zarentochter Anastasia Romanoff, der echte Preußenprinz Louis Ferdinand und Helldorff.

Die herrschaftliche Wohnung, die sie betraten, wirkte wie eine astrologische Tempelanlage oder esoterische Wunderkammer: Die Vorzimmerdecke war mit Sternen und Planeten bemalt, unter den Füßen der Gäste leuchteten Tierkreiszeichen. Im Herrenzimmer stand auf einem Podest ein riesiger Schreibtisch, der fast die Hälfte des Raums einnahm. Dahinter befand sich eine Art Thron, dessen kreisförmiges Kopfende das Haupt des »Propheten des Dritten Reichs« wie ein Heiligenschein umgab.[31] In der Wohnung waren, für die Besucher unbemerkt, Abhörvorrichtungen versteckt, mit deren Hilfe der Hellseher heimlich Gespräche in anderen Zimmern mithören und seine Prognosen entsprechend ausschmücken konnte.[32]

Der Palast des Okkultismus wirkte auf die Besucher wie das Set für einen Ufa-Großfilm. Hanussen hatte mit der 37 000 Reichsmark teuren Ausstattung wieder einmal sein Geschick für wirkungsvolle Inszenierung bewiesen.

Gegen Mitternacht nahmen die Gäste Platz an der kreisrunden, von innen beleuchteten astrologischen Bar, in deren Mitte Hanussen wie ein okkulter Barkeeper saß, um seine Prophezeiungen zu servieren. Helldorff, der in SA-Uniform erschienen war, reichte Hanussen einen Zettel, auf dem das Datum 5. März stand. Als der Hellseher sah, worum es sich handelte, wurde er ernst. Dann streckte er seinen rechten Arm zum Hitlergruß aus und weissagte, dass Hitler und der völkische Gedanke einen beispiellosen Triumph bei der bevorstehenden Reichstagswahl erleben würden. »Ich sehe Hitlers Sieg und den Wiederaufstieg Deutschlands zur Sonne«, prophezeite Hanussen feierlich unter den begeisterten Heil-Hitler-Rufen seiner Gäste, die mit Sekt auf den kommenden Sieg der NSDAP anstießen.

Die Gäste amüsierten sich, der Abend verlief gut für Hanussen. Zu gut, denn dann überspannte er in seinem Übermut den Bogen. Was als Nächstes geschah, wurde in den Zeitungsberichten des folgenden Tages nicht erwähnt.

Er holte die Schauspielerin Maria Paudler auf das Podium, um sie in Trance zu versetzen, richtete einen bohrenden Blick in ihre Augen und begann, mit seinen Händen vor ihrem Gesicht zu fuchteln.[33] Hanussen streichelte ihre Wangen. Jemand reichte ihr ein Glas Sekt, das sie in einem Zug leerte. Plötzlich verdunkelte sich der Raum. Vermutlich wäre der Schauspielerin auch ohne das theatralische Getue des Hellsehers bald schwarz vor den Augen geworden.

»Sehen Sie rote Kreise?«, fragte Hanussen. Widerwillig schloss sie die Augen. Der Alkohol, das Spiel der Lichter und Hanussens suggestive Handgreiflichkeiten verfehlten ihre Wirkung nicht: Ihr Kopf flirrte, ihre Wahrnehmung geriet durcheinander. Sie sah alles Mögliche, vielleicht auch rote Kreise. Aber Hanussen blieb hartnäckig. Er wusste, worauf er hinauswollte. Das amüsante Gesellschaftsspiel sollte als Höhepunkt in einer verstörenden Vision gipfeln, die ihre Wirkung auf die Anwesenden nicht verfehlen und seinen Ruhm als Prophet des Dritten Reichs ein für alle Mal sichern würde.

Was dann folgte, beschrieb ein anderer Zeitzeuge später wie folgt: »Dann brach sie ab, und ihr Gesicht verzerrte sich: ›Sind das Schüsse …? Nein … aber da ist Feuer … Flammen … Verbrecher am Werk …«[34] Daraufhin habe Hanussen die Hypnose sofort mit ernster Miene abgebrochen und alle Anwesenden beschworen, nichts über den Vorfall zu berichten.

Am nächsten Tag brannte der Reichstag in Berlin, und die Nationalsozialisten nutzten die Gelegenheit als Vorwand, um ihre Macht mit Gewalt zu etablieren. Der niederländische Arbeiter Marinus van der Lubbe wurde wegen Brandstiftung zum Tode verurteilt. Tatsächlich hatten SA-Leute das Feuer gelegt, möglicherweise einem Plan von Goebbels folgend. Einigen Berichten zufolge habe Hanussen den leicht beeinflussbaren Brandstifter sogar im Auftrag der SA hypnotisiert.[35]

Maria Paudler selbst berichtete erst Jahrzehnte später ihre eigenen Erinnerungen an die merkwürdigen Vorgänge jenes Abends bei Hanussen. Sie fühlte sich missbraucht. Aber ist nicht jedes Medium nur ein Mittel zum Zweck für einen Zauberkünstler? Hanussen habe sie an jenem Abend bewusst in eine bestimmte Richtung gesteuert: »Als er jedoch immer suggestiver weiter fragte, ob es auch Flammen sein könnten … Flammen aus einem großen Haus … fühlte ich mit untrüglichem Instinkt, daß diese Szene den üblichen Rahmen eines Gesellschaftsspieles zu sprengen begann, und ich zum Schauobjekt für diesen Herrn wurde. Dazu wollte ich mich keinesfalls hergeben! Und was tut eine Frau in einem solchen Moment?«[36]

Maria Paudler fiel in Ohnmacht.

Ihr Bericht entlarvt die angebliche Prophezeiung des Reichstagsbrandes durch Hanussen als okkulten Bühnenzauber und schalen Salontrick. Das macht die Veranstaltung nicht weniger unheimlich, denn Hanussen ging ein beträchtliches Risiko ein, indem er die ihm von Helldorff zugesteckten Informationen nutzte, um sich als »Prophet des Dritten Reiches« zu inszenieren. Unter all den getürkten Prognosen in der Geschichte der Zauberkunst dürfte die Vorhersage des Reichstagsbrands auf alle Zeiten unübertroffen bleiben und Hanussens Ruf als genialer Bühnenkünstler gesichert sein. Aber er zahlte einen hohen Preis.

Am Nachmittag des 24. März hatte Erik Jan Hanussen seinen letzten Auftritt in der Scala. Zur Abendvorstellung erschien er nicht mehr. Ein Ansager erklärte dem enttäuschten Publikum, Hanussen habe aufgrund der Anstrengungen der letzten Wochen einen Nervenzusammenbruch erlitten und müsse sich schonen.

Tatsächlich hatte ihn Stunden zuvor ein SA-Kommando unter der Führung seines »Freundes« Wilhelm Ohst in seiner Wohnung abgeholt. Sie fuhren ihn nachts vor die Tore Berlins und erschossen ihn auf einer Chaussee im Süden der Stadt.

Nachdem seine Nazi-Freunde nicht mehr so tun konnten, als ob sie nichts von seiner jüdischen Abstammung wüssten, war Hanussen in seiner Rolle als Hitlers Prophet für die neuen Machthaber untragbar geworden. Die SA-Führer wollten sich nach der Machtergreifung nicht mehr von ihrem spendablen Gläubiger erpressen lassen. Nach seinem Tod verschwanden ihre Schuldscheine wie von Zauberhand.

Helldorff wurde am 20. März 1933 abgesetzt. Aber er kam glimpflich davon und wurde nur fünf Tage später zum Polizeipräsidenten von Potsdam ernannt. Damit war er für die Leiche zuständig, die bald gefunden wurde. Helldorff brauchte kein Jahr, um erneut haushoch in Schulden zu versinken. Von nun an halfen ihm Hitler und Goebbels persönlich aus.

Seinen Spielschulden trauerte Helldorff nicht lange nach, aber er vermisste die Magie. Bald fand er in Berlin einen neuen Freund, der ihn die Kunst des Zauberns lehrte: Helmut Schreiber. Im Juni 1937 nahm der Präsident des Magischen Zirkels den Präsidenten der Berliner Polizei als 500. Mitglied in den Magischen Zirkel auf.

Bald gehörten die führenden Nationalsozialisten zu Schreibers Publikum. Er feierte mit Hitlers persönlichem Adjutanten, SS-Gruppenführer Julius Schaub, Silvester,[37] zauberte vor der Familie Goebbels und auf Hermann Görings Landsitz Carinhall. Hitlers Sekretär Martin Bormann bezeichnete ihn als »den besten sogenannten Zauberer, den wir in Deutschland besitzen«.[38] Auch vor Hitler zauberte er öfter. Wenn Schreiber vor dem Diktator auftrat, dann begegneten sich zwei Menschen, die ihre Wirkung auf das Publikum nur zu genau kannten.

Der Journalist Konrad Heiden, der bereits 1936 eine kritische Biografie über Adolf Hitler schrieb, verglich Hitlers Wirkung auf Millionen Deutsche mit einer Hypnose. Heiden hatte Hitler schon in den Zwanzigerjahren bei Dutzenden Gelegenheiten aus nächster Nähe beobachtet und bei seinen Reden eine beängstigende Faszination gespürt.

Es war das Publikum, nicht der Redner, das Heiden faszinierte. Was Hitler bei solchen Veranstaltungen sagte und schrie, war oft so dumm und gelogen und offensichtlich wahrheitswidrig, dass keiner seiner Zuhörer es für bare Münzen nehmen konnte. »Aber weit davon entfernt, irgendetwas derartiges einzusehen, saßen die Zuhörer wie gebannt, und manchem stand eine Seligkeit auf dem Gesicht geschrieben, die mit dem Inhalt der Rede schon gar nichts mehr zu tun hatte, sondern das tiefe Wohlgefühl einer kräftigen geistigen Durchschüttelung und Durchknetung widerspiegelte.«[39]

Zum Hypnotisiertwerden gehört bekanntlich eine gewisse innere Bereitschaft, auch wenn sie im tiefsten Inneren verborgen ist. Hanussen kannte sein Publikum und hatte keine hohe Meinung von ihm: »Schwachköpfige, Wundersüchtige, Hysteriker«.[40] Vor allem erkannte er die aufdunkelnde Sehnsucht der Leute nach einer starken Hand, einem Führer. Sie glichen Kindern, sagte Hanussen, »deren großer Kummer es ist, daß ihnen kein Lehrer, Vater, Vorgesetzter, Freund genug imponiert, um sich ihm restlos anvertrauen zu können. Warum nun werden mir Menschen immer vertrauen, bedingungslos? Weil ich stärker bin als sie, mutiger, energischer, willenskräftiger. Weil sie Kinder sind und ich ein Mann.«[41]

Hitler und die Seinen gaben sich »mit einem sehr einfältigen Zauber zufrieden«, schrieb Konrad Heiden nach dem Krieg.[42] Sie trieben ihren spukhaften Kult um Blutfahnen und Ahnenerbe, um Runen, Rasse und das Reich, das tausend Jahre dauern sollte.

Deutschland war in den frühen Dreißigerjahren bereit, erst für Hanussen, dann für Hitler. »Selten wohl sind in einem Lande soviel Wunder getan, Geister beschworen, Krankheiten magnetisch geheilt, Sterne befragt, ist überhaupt soviel gezaubert worden wie in Deutschland zwischen den zwei Weltkriegen«, schrieb Konrad Heiden. »Eine Wut des Aberglaubens hatte das Land ergriffen, und alle Spekulanten auf menschliche Dummheit hatten goldene Zeiten«.[43]

Als Beispiel führt Heiden die zahlreichen Wunderheiler an, die in Massenveranstaltungen den toten Bismarck erscheinen ließen, Krankheiten durch das Auflegen von weißem Käse heilen oder die Hyperinflation ungeschehen machen wollten. Die »Wut des Aberglaubens« war nicht nur beim einfachen Volk, sondern auch in die Eliten des Reichs weit verbreitet. Heiden berichtet vom Generaldirektor eines Schifffahrtskonzerns, der aufgrund eines graphologischen Gutachtens entlassen wurde, und von Generälen, die hofften, mithilfe von »Todesstrahlen« feindliche Flugzeuge und Panzer unschädlich machen zu können. Die »Wunderwaffen« der letzten Monate des Zweiten Weltkriegs warfen ihre Schatten voraus.

Helmut Schreiber hatte selbst einige Vorstellungen von Hanussen besucht und ihn genau beobachtet. Die Tricks durchschaute er sofort. Aber er wusste auch, dass Hanussen seinen Erfolg vor allem der erschütternden Leichtgläubigkeit selbst des gehobenen Publikums verdankte.

1927 hatte Schreiber die Schriftleitung der *Magie* übernommen. Die einflussreiche Position sollte er bis zum Ende des Dritten Reichs behalten. In den folgenden Jahren modernisierte er die Zeitschrift und verschaffte ihr internationale Anerkennung. Aber er nutzte sie auch als Bühne für seine Selbstdarstellung und als Machtmittel, um missliebige Kollegen oder »Schädlinge der Zauberkunst« zu diffamieren.

Helmut Schreiber hatte Hanussens kometenhaften Aufstieg seit Anfang der Dreißigerjahre eingehend verfolgt. In der *Magie* veröffentlichte er regelmäßig Sticheleien gegen den berühmten Hellseher, der den ehrlichen Zauberkünstlern des Magischen

Zirkels die Geschäfte und den Ruf zu ruinieren drohte. Es war ein Kampf um Deutungshoheit, Macht und Einfluss.

Zwei Jahrzehnte später, als aus dem Produktionsleiter Helmut Schreiber der erfolgreiche Zauberer Kalanag geworden war, blickte er zurück und erinnerte sich an den missratenen Kollegen: »Hanussen verstand es in der Maske des Geheimnisvollen die Schwäche seiner Mitmenschen auszunützen und angeblich Wundertaten zu vollbringen, die ihm eine Riesenschar von Gläubigen verschafften. Für uns Zauberkünstler war er ein Schwindler. Wir wollten nichts mit ihm zu tun haben. Seine Arbeit war nicht ›ehrlich‹. Sein ganzes Auftreten, seine skrupellosen Beziehungen zur Presse, Politik, zur Finanz und zu den Frauen machten ihn unsympathisch. Er verstand es aus seinen zweifellos vorhandenen Fähigkeiten einen recht lukrativen Gewinn zu ziehen.«[44]

Kalanags Urteil über Hanussen stand fest: Er war ein Abtrünniger. Er hatte seine Karriere als »ehrlicher« Zauberkünstler begonnen, hatte die Betrügereien angeblicher Hellseher und ihrer Medien entlarvt – nur, um dann selbst auf die Gegenseite zu wechseln. Das war in den Augen von Helmut Schreiber ein Verrat, der nicht verziehen werden konnte.

Als Beweisstück hatte Schreiber einen alten Artikel von 1922 aufgehoben, in dem Hanussen offen seine Methode erklärt hatte. Er zitierte ausführlich aus dem Bekennerschreiben, in dem Hanussen erklärt, wie leicht er passive Gemüter durch überzeugtes Auftreten, ein bisschen Menschenkenntnis und schauspielerisches Talent dazu bringen könne, ihm willenlos zu folgen:

> »Die Menschen, die ich mir nur nach scheinbar sorgloser Auswahl hernehme, habe ich mir in Wirklichkeit sehr gut

angesehen und an ihnen erkannt, daß sie die wichtigsten Vorbedingungen für ein derartiges Experiment mit sich bringen: Fantasie, lebhaften Willen, es möge gelingen, und Sympathie für die Sache … Ich habe nichts anderes zu tun, als das, was der Schauspieler macht, wenn sich auf der Bühne etwas Sensationelles, die Nerven Kitzelndes ereignet und sich das Publikum für Momente der instinktmäßigen Erregung hingibt, unter augenblicklicher Ausschaltung der Kritik. Ich überschütte mein Medium mit einem Schwall von Behauptungen und lasse dem ohnehin verwirrten Gehirn nicht für eine Sekunde Zeit zur Kritik. Die von mir mit ungeheurer Festigkeit vorgebrachten Argumente einer Person gegenüber, deren ganzes Denken und Fühlen auf die Sache eingestimmt ist, haben die Wirkung, daß das Gehirn bei der angeborenen Denkfaulheit in jedem Individuum, endlich träge geworden, sich nicht weiter bemüht, meine Worte einer kritischen Unterscheidung zu unterziehen, und eingedenk meiner Vorbedingung auch keinen Widerstand zu leisten. Dazu kommt nun bei den meisten Menschen die psychologisch begründete Lust zu imponieren, das Erstaunen der anderen hervorzurufen, das eigene grenzenlose Erstaunen, welches meist schon dann einsetzt, wenn ich etwas behaupte, was wissenschaftlich noch gar nicht gelungen ist und zum Schlusse – wenn nur das erste Experiment geglückt ist – der unbedingte Glaube an meine Gewalt, der sich zu widersetzen einfach zwecklos wäre.«[45]

Staunen, Glaube und Gewalt – Hanussens gespenstischer Offenbarungseid liest sich wie eine Anleitung zur Überwältigung der Massen, die Hitler und Konsorten wenige Jahre später in die Tat umsetzen sollten.

Aber warum hatte Hanussen solch ein Geständnis überhaupt abgelegt? War er der Meinung, dass er mit seinen Vorführungen ohnehin keinen Erfolg mehr haben würde? Schreiber erfuhr später von Hanussens Sekretär, dass der Hellseher seine Offenheit bereut hatte: »Der Artikel ist ein Geständnis, wie es wohl von keinem anderen Hellseher jemals wieder abgelegt werden wird.«[46]

Und doch gab es Gemeinsamkeiten zwischen dem verhunzten Zauberkünstler Hanussen und Kalanag, auch wenn das eine peinliche Verwandtschaft war, von der zu reden riskant sein konnte. Kalanag konnte nicht umhin, Hanussens Qualitäten als Entertainer zu bewundern. Im Jahr 1949, als er selbst seine eigene große Show auf die Bühne gebracht hatte, urteilte er in dem Buch *Simsalabim wirbelt um die Welt* über den Hellseher Hanussen: »Zweifellos hatte dieser Mann das Zeug in sich, ein grandioser Artist – ohne üblen Beigeschmack – zu werden. Ein großer ›showman‹ war er auf jeden Fall. Er verstand es, sich und seine ›Arbeit‹ zu verkaufen, wie kein anderer vor und nach ihm.«[47]

Mit großmäuliger Eigenwerbung und absurden Übertreibungen kannte sich Kalanag aus, er war selbst ein Meister darin und erkannte einen Ebenbürtigen in Hanussen. Kalanag nutzte die gleichen Reklametricks, um auf seine Veranstaltungen aufmerksam zu machen. Wie Hanussen veranstaltete er in den Städten, in denen er gastierte, für Presse und Publikum Blindfahrten, bei denen er mit verbundenen Augen ein Automobil durch den Stadtverkehr lenkte. Wie Hanussen machte Kalanag werbewirksame Vorhersagen über das Ergebnis von Fußballspielen.

Die letzte und wichtigste Gemeinsamkeit aber war die Nähe zur Macht, die beide suchten, und das bedeutete bis 1945 die

Nähe zu Hitler. In seinem Essay über das abergläubische Zeitalter erwähnt Konrad Heiden noch einen Mann, dessen Berufsbezeichnung aufhorchen lässt. Dieser Mann habe eine Zeit lang zum bevorzugten Umgang von Hitler gehört. Einen Namen verrät Heiden nicht, nur dass dieser Vertraute auf seiner Visitenkarte als Beruf »Zauberer« angab – »und das ganz ernst meinte«.[48]

In der Albtraumfabrik

Der Aufstieg des Helmut Schreiber vom kleinen Drehbuchübersetzer zum »Entertainer der NS-Gesellschaft«[1] war steinig, aber unaufhaltsam. Schließlich brachte er die richtigen Voraussetzungen für eine steile Karriere mit: Er war fleißig, liebenswürdig, rast- und rücksichtslos. Schon in der Stummfilm-Ära reiste er mit Filmteams um die Welt. Er produzierte Filme in Südafrika, Venezuela, Mexiko, Cuba, Marokko, Monte Carlo und in Persien; er drehte am Meer, in der Wüste und sogar im Himmel – in 3600 Metern Höhe in einem Zeppelin.[2]

Lange vor Hitchcock war er bereits in Hollywood und arbeitete 1927 sogar ein paar Monate lang für die Fox in Los Angeles.[3] Im Jahr darauf wirkte er in den Elstree Studios bei London als Produktionsmanager an zwei Filmen mit Olga Tschechowa mit. Jahrelang hangelte er sich als Aufnahmeleiter von Auftrag zu Auftrag, jobbte bei der Fox in Berlin, bei Nero, Oswald, Ama und Atlantis-Film und wie sie alle hießen, bis er 1934 endlich eine feste Stelle als Produktionsleiter bei der Tobis bekam.[4] Im Sommer 1936 wurde Schreiber Leiter einer eigenen Herstellungsgruppe und hatte damit die Aufsicht über Finanzierung, Besetzung, Drehbuch und Mitarbeiter von zehn bis fünfzehn Filmen pro Jahr. Nebenbei fuhr er leidenschaftlich Motorradrennen und gewann dabei sogar den einen oder anderen Preis.[5] Nachdem ein schwerer Motorradunfall ihn 1936 beinahe das Leben gekostet hätte, gab er die Rennen auf.[6]

Die Zauberkunst, berichtete die *Filmwelt* 1937, betreibe der erfolgreiche Produktionsleiter nur zur »geistigen Ausspannung«.[7] Das war untertrieben, denn Helmut Schreiber hatte Magie und Film von Anfang an verbunden: Er machte sich am Rande des Sets mit kleinen Zaubertricks beliebt und half den Regisseuren mit seinem Fachwissen als Illusionist.[8]

1927 übernahm Schreiber zusammen mit seinem Freund und Kollegen Robert Leistenschneider die Aufnahmeleitung des Stummfilms *Alraune*. Unter den Figuren des Films ist ein Zauberkünstler, dessen erste Szene bereits zeigt, dass Illusionskunst immer auch Verführungskunst ist. In einem Zugabteil zaubert er aus dem Dekolleté der jungen Titelheldin ein Stück Schokolade hervor und schiebt es ihr vieldeutig in den Mund.[9] Die Zauberhände, die gleich danach in Großaufnahme Kartenkunststücke zeigen, dürften die wieselflinken Hände von Helmut Schreiber sein.[10] Bislang war er zwar erst einmal als Schauspieler in einem Film aufgetreten,[11] aber als Zauberkünstler bereits ein alter Routinier.

Auch der Film *Truxa* von 1937 spielte im Artistenmilieu. Die Regie führte Hans H. Zerlett, mit dem Schreiber noch eine ganze Reihe weiterer Filme machen sollte. Der Film wirkt wie eine Blaupause für die Kalanag-Revue, mit der Schreiber zwanzig Jahre später sein unerhörtes Comeback feiern sollte, nachdem das Dritte Reich und damit auch seine Filmkarriere in Schutt und Asche versunken waren.

In *Truxa* liebt Garvin, der Zauberkünstler mit den dämonischen Augen, seine ehemalige Assistentin Yester, die jetzt als erfolgreiche Tänzerin im gleichen Programm auftritt. Aber Yester liebt den Drahtseilartisten Truxa. Garvin sorgt mithilfe einer Art optischer Strahlenkanone dafür, dass Truxa das Seil doppelt sieht und stürzt, woraufhin der Artist sich in New York dem Suff ergibt und die Rechte an seinem Namen an einen jungen deutschen Straßenkünstler verschenkt.

Zwischen dem Filmzauberer Garvin und dem späteren Bühnenillusionisten Kalanag gibt es durchaus Gemeinsamkeiten, so Garvins Motto: »Ich bin Illusionist und Hellseher und deswegen tue ich auch manchmal im Privatleben ein bisschen geheimnisvoll«. Garvins Bühnenemblem ist eine Krone mit sieben Zacken – genau wie Kalanags Krone. Auch Kalanag führt den indischen Seiltrick auf, wenn auch ohne die futuristische Strahlenkanone. Garvin beschäftigt einen persönlichen Leibwächter, der sogar auf dem Schnürboden des Theaters übernachtet, um Garvins Trickgeheimnisse zu beschützen. Als Kalanag legte Schreiber größten Wert darauf, dass seine Geheimnisse gehütet wurden. Alle Mitarbeiter der Revue mussten in ihren Verträgen Klauseln unterzeichnen, die Trickverrat streng bestraften.

Die Zauberkunst spielt über Garvin hinaus eine wichtige Rolle in *Truxa:* So zaubert der fröhliche und völlig undämonische Inspizient Peters (Rudi Godden) nebenbei harmlose Späße wie Blumenblüten aus dem Nichts, und wird dafür vom Theaterdirektor zurechtgewiesen: »Entweder sind Sie Inspizient oder Zauberkünstler – beides zusammen geht nicht!«

Einmal taucht auf der Anzeigetafel hinter der Bühne auch der Name Gloria auf – und könnte eine der Tänzerinnen in *Truxa* nicht Schreibers spätere Ehefrau Anneliese Voss gewesen sein, die nach dem Krieg als »Gloria de Vos« seine Bühnenpartnerin wurde?[12]

So wenig, wie es eine Stunde Null gab, welche die Deutschen in Nazis (davor) und Demokraten (danach) teilte, so wenig kann man Helmut Schreiber und Kalanag trennen. Sie gehen ineinander über, einer verwandelt sich in den anderen, erscheint und verschwindet und taucht plötzlich an einem anderen Ort wieder auf.

Als Herstellungsleiter bei der Tobis bekam Schreiber 1938 endlich einen richtigen Filmauftritt als Zauberkünstler. In dem Revuefilm *Es leuchten die Sterne* traten einige der größten Filmstars des Deutschen Reiches wie Theo Lingen, Paul Hörbiger, Luis Trenker, Heinrich George, Hans Moser und sogar Max Schmeling in Gastrollen auf und spielten sich selbst. Das tat auch Helmut Schreiber. Man sieht ihn dort bei einem Fest mit Frack, Halbglatze und runder Nickelbrille neben der prominenten Schauspielerin Ida Wüst sitzen, der er einen Streich spielt. Schreiber nimmt ein volles Champagnerglas in die Hand, legt ein Stück Papier darauf und dreht es um. »Das kann ich auch«, erklärt Wüst selbstbewusst und macht es ihm nach.[13] Schreiber verkneift sich ein mildes Lächeln, ruft »Aber jetzt!« und zieht das Papier weg. Nichts passiert, der Tisch bleibt trocken. Als Wüst es ihm nachtun will, ergießt sich der Champagner über ihr Ballkleid. Die Moral von der Geschichte: Das kommt davon, wenn man einem Zauberkünstler traut. Beide lachen herzlich.

Ein anderes Bild sieht man auf einem Standfoto derselben Szene: Da sitzt der Produktionsleiter im Frack am selben Tisch, das volle Champagnerglas vor sich, und wirft einen missbilligenden Blick direkt in die Kamera. »Was schaust Du mich schon wieder so mißtrauisch an?«, schrieb der Regisseur des Films, Hans Helmut Zerlett, auf die Rückseite des Fotos.[14]

Das waren die zwei Seiten des Helmut Schreiber: Als Zauberkünstler zeigte er sich dem Publikum von seiner lustigen Seite. Als Produktionsleiter – und später als Direktor seiner magischen Revue – ließ er Mitarbeiter und Kollegen eine andere, härtere Seite spüren. Der Regisseur Georg Wilhelm Pabst hielt Schreiber für eine »Hausmeisterseele«.[15]

Der Regieassistent Jan Fethke erinnerte sich, Schreiber sei ein frecher Hund gewesen, habe oft getobt und im Übrigen eine Vorliebe für »flache Musikfilme« gehabt.[16] Der Filmarchitekt Fritz Maurischat berichtete von ständigen Querelen am Set, von Schreibers Eitelkeit und überheblichem Ton. Nachdem er 1938 die Kulissen für *Fahrendes Volk* gestaltet hatte, reichte es Maurischat: »Ich verspürte wenig Neigung, diesem Angeber noch einmal zu begegnen.«[17] Der Produktionsleiter sei so eingebildet gewesen, dass er 1938 bei Dreharbeiten eine große Tafel am Eingang der Bavaria-Studios in München anbrachte, auf der stand: »*Fahrendes Volk*. Eine Helmut Schreiber-Produktion der Tobis-Filmkunst Berlin. Regie: Jacques Feyder«. Das wirkte, als ob der Produktionsleiter die wichtigste Person war.

Aber hing nicht tatsächlich alles an ihm? War es nicht Schreiber, der den Laden zusammenhielt und dafür sorgte, dass die Kasse stimmte? Würde im leichtlebigen Illusionsgeschäft nicht alles in sich zusammenstürzen wie eine morsche Filmkulisse? Es war Schreiber, der dem Regisseur Feyder erklären musste, dass der Film 1 498 000 Reichsmark kosten dürfe und keine Mark mehr. Gleichzeitig machte ihm der Hauptdarsteller Hans Albers die Hölle heiß: »Er wollte nicht sterben und kam täglich mit neuen Vorschlägen, wie er dem Filmtod entgehen könnte.«[18] Regisseur Feyder aber wollte ihn tot sehen. Weil weder Regisseur noch Star klein beigeben wollten, ließ Schreiber den Schluss in zwei Fassungen drehen. Als der Film in die Kinos kam, musste Albers zu seinem Ärger feststellen, dass er am Ende doch den Filmtod starb.

Dank seiner herausgehobenen Funktion war Schreiber mit einigen der größten Filmstars des Dritten Reichs persönlich bekannt. In seinem privaten Gästebuch haben sich neben vielen Zauberkünstlern auch Hans Albers, Henny Porten, Hans

Moser, Brigitte Horney, Ferdinand Marian und Emil Jannings eingetragen.[19]

Als Leiter einer Tobis-Herstellungsgruppe stand er außerdem in engem Kontakt mit Albert Gleixner, dem Leiter der Fachschaft Artistik in der Reichskulturkammer, und mit dem SS-Führer und Blutsordensträger Hans Hinkel, einem der führenden Kulturfunktionäre in Goebbels' Propagandaministerium. Hinkel war damals »Sonderbeauftragter für die Überwachung der geistig und kulturell tätigen Juden und Nichtarier im deutschen Reichsgebiet«. Mit anderen Worten: Er war für die rücksichtslose Arisierung des Kulturbetriebs im Deutschen Reich zuständig. Seine direkten Kontakte zu Gleixner und Hinkel nutzte Schreiber nicht nur für seine Karriere in der NS-Filmwirtschaft, sondern auch als Präsident des Magischen Zirkels, den er 1936 in die Fachschaft Artistik überführte und dabei im gleichen Zug »arisierte«.

Dass er vor Goebbels, Göring und Hitler zauberte, schadete wiederum seiner Filmkarriere nicht, im Gegenteil. Seine Kollegen und Konkurrenten bemerkten bald, dass Helmut Schreiber das Zaubern und Tricksen nicht nur als Hobby auf der Bühne betrieb, sondern es auch für seine Karriere als Filmproduzent nutzbar zu machen verstand.

Der Regieassistent Jan Fethke bezeichnete Schreiber später als einen »großen Nazi«, weil er Hitler Zauberkunststücke vorführte und ein großes Foto von sich und Hitler in seinem Büro gehängt hatte. Alle Mitarbeiter hätten vor ihm gedienert, »weil er so ein hoher Parteigenosse war«. [20] Aber Schreiber war kein hoher Parteigenosse. Er trat am 1. Mai 1939 in die NSDAP ein und war viel zu geschickt, um es auf eine Parteikarriere anzulegen. Wer konnte schon wissen, wann sich die Zeiten wieder ändern würden? Ein Zauberkünstler legt sich nicht fest. Für sein Fortkommen genügte es völlig, den Anschein zu erwecken, dass er beste Beziehungen hatte – und diese Beziehungen zu nutzen. Dabei half ihm, wie immer, die Zauberkunst.

Als der von Schreiber produzierte Bavaria-Film *Paracelsus* 1943 im Propagandaministerium durchfiel, wandte er sich hilfesuchend an Martin Bormann. Er hatte Hitlers Vertrauten bei Zauberauftritten auf dem Obersalzberg kennengelernt und dank Bormanns Hilfe ein großes Haus in der Münchner Benediktenwandstraße zugeteilt bekommen.[21] Seit vier Jahren lag Deutschland im Krieg, vor zwei Monaten war Stalingrad gefallen. Und jetzt sollte sich der Privatsekretär des Führers auch noch um Schreibers Filmwerbung kümmern? Bormann sagte »mit herzlichen Grüssen« ab.[22]

Dass der Paracelsus-Film 1943 keine Auszeichnung erhielt, schmerzte Schreiber umso mehr, da er bereits mehrere Kriegs- und Durchhaltefilme produziert hatte, die der NS-Führung als »staatspolitisch besonders wertvoll« galten, darunter Pabsts *Komödianten* von 1941 und Hans Schweikarts *Der unendliche Weg* von 1943.[23] Mit seiner ständigen Wichtigtuerei ging Schreiber den Menschen in seiner Umgebung auf die Nerven. Aber Kritik wurde nur hinter vorgehaltener Hand geflüstert, man konnte ja nie wissen. Der Schreiber »zaubere« und »palmiere«, klagte der Regisseur Hans Steinhoff gegenüber seinem Kollegen G. W. Pabst. Er lüge und halte nie sein Wort.[24] Das war keine weltanschauliche Kritik, sondern das fast ein wenig neidische Eingeständnis, dass der zaubernde Konkurrent bei seinen Intrigen ziemlich geschickt vorging.

Als Charakterzeugnis taugt Steinhoffs Urteil wenig. Schließlich gehörte er mit Streifen wie *Hitlerjunge Quex* und *Ohm Krüger* selbst zu den eifrigeren Propagandafilmern des Dritten Reichs und genoss unter Kollegen nicht den besten Ruf. Der

Schauspieler O. W. Fischer soll über Steinhoff gesagt haben, er sei »brauner als Goebbels und schwärzer als Heinrich Himmler«. Für Hans Albers war er schlicht »das größte Arschloch des Jahrhunderts«.[25]

Auch die Kritik des Filmarchitekten Maurischat an Schreibers Liebedienerei gegenüber dem Regime klingt hohl, wenn er sich an anderer Stelle über die »mit jüdischen Elementen seit jeher durchsetzte« Filmindustrie auslässt.[26] Hier versuchten wohl eher zwei Krähen, einer anderen ein Auge auszuhacken. Mitgemacht hatten sie am Ende alle – der eine weniger, der andere mehr. Später wollten sie alle nichts mehr davon wissen.[27] Ob das aus Überzeugung geschah oder um bei Besuchen hoher Funktionäre am Set eine gute Figur zu machen, lässt sich heute nicht mehr klären. Im Laufe seiner Karriere führte Schreiber sowohl Göring, der im Februar 1939 die Dreharbeiten von *Robert und Bertram* bei der Tobis besuchte, als auch Goebbels durch die Filmstudios, der ihm am 27. Juli 1940 mit NSDAP-Gauleiter Adolf Wagner einen Besuch auf dem Ateliergelände der Bavaria abstattete.[28] Solange die Sonne des Dritten Reichs schien, bräunte sich Schreiber im Glanz der NS-Kulturbürokratie. Ab 1945 war er weiß wie die Unschuld. Eine typische deutsche Biografie, nur raffinierter als der Durchschnitt.

1938 konnte er sich noch kein NSDAP-Parteiabzeichen ans Revers heften, da die Nationalsozialisten mal wieder einen Aufnahmestopp verhängt hatten. Vorerst musste das Abzeichen der Reichskulturkammer genügen, aber dann sollte es schon ein silbernes sein »statt des einfachen«, wie Schreiber 1938 in einem Bittbrief an seinen Förderer Hinkel schrieb.[29] Im Gegenzug produzierte er für das Regime, was das Regime wünschte, ob das seichte Musikfilme waren oder stramme Propagandastreifen wie Veit Harlans *Der Herrscher* von 1937, in dem Emil Jannings als Stahlwerksbesitzer das Führerprinzip verkörpert und in donnernden Reden die Volksgemeinschaft beschwört.

1938 zog Schreiber von Berlin nach München, angeblich weil er »Krach mit Goebbels« hatte. »Die ›tausendjährige Zeit‹ habe ich dort als Produktionschef der Bavaria Filmkunst überdauert«, schrieb Kalanag später in seinen Memoiren.[30] Tatsächlich waren es Intrigen bei der Tobis, die Schreiber dazu bewegten, eine Stelle bei der hoch verschuldeten Bavaria anzunehmen.

Er bevorzugte die leichte Unterhaltung, mit der schlicht mehr Geld zu machen war. Als Goebbels 1940 Unterhaltungsfilme zugunsten politischer Propagandastreifen zurückstellen wollte, legte sich Schreiber quer und erklärte, dass heitere Stoffe nicht mehr gewünscht wären, sei ihm neu. Außerdem habe man schon viele »nationale und politische Stoffe« in Vorbereitung. Was er auch tat, Schreiber war vor allem pragmatisch: Wenn dereinst einmal wieder Frieden ausbräche, sei der Bedarf an heiteren Unterhaltungsfilmen gewiss groß. Wie recht er hatte.[31]

Schreiber war kein Ideologe, kein überzeugter Fanatiker – aber er war ehrgeizig. 1938 verkündete er stolz in der *Magie,* er wolle »möglichst noch einen Staatspreisfilm machen«.[32] Als Produktionsdirektor entschied er, welche Filmstoffe weiterentwickelt und welche zurückgestellt werden sollten. In den Dramaturgie-Besprechungen bei der Bavaria setzte Schreiber auf Pragmatismus und vorauseilenden Gehorsam. Eine Idee mit dem Titel *Frauen lügen nie* sei zwar amüsant, erklärte er, aber der Film »dürfte genehmigungsmässige Schwierigkeiten machen (Ehebrüche)«. Er ahnte, was der Ehebrecher Goebbels von solchen Themen halten würde. Als alter Schwabe hasste Direktor Schreiber aber auch die Verschwendung: Gute Stoffe, die aktuell verboten waren, wurden in einem gesonderten Archiv abgelegt.[33] Durchhaltefilme wie der geplante *Soldat von*

Heisterbusch sollten laut Schreiber »eine eindeutig nationalsozialistische Tendenz erhalten«[34]. Dagegen sollte ein Stoff wie *Die Dame mit dem Samtvisier* nach Schreibers Willen als reine Unterhaltungskomödie inszeniert werden, »aus der die schwerwiegenden politischen Elemente entfernt werden müssen«.[35]

Bis das Dritte Reich und damit auch seine Filmkarriere 1945 in Schutt und Asche versanken, hatte Schreiber laut eigener Aussage rund 180 Filme gemacht. Er hatte Nachwuchstalente gefördert und Filme mit Stars wie Hans Albers oder Emil Jannings auf der Höhe ihrer Karriere produziert. Der perfideste aller Schreiber-Filme aber war – ein Musical. Auch heitere Stoffe konnten politisch vergiftet sein.

Während am 9. November 1938 in Deutschland die Pogrome gegen Juden tobten, arbeitete Schreiber für die Tobis an einem neuen Film. *Robert und Bertram* war nicht irgendeine Musikkomödie, sondern ein rasantes reichsdeutsches Lustspiel mit einer Moral, die sich an alle deutschen Volksgenossen richtete. »Jeder wird es spüren«, schwärmte Schreiber vor Journalisten. Der Film war das erste und einzige antisemitische Musical aus der Albtraumfabrik des Dritten Reichs. Hans Zerlett führte Regie und schrieb das Drehbuch, das auf einer Posse von Gustav Raeder aus dem 19. Jahrhundert basierte. Für die Musik war Leo Leux verantwortlich, der – eine Hand wäscht die andere – im Jahr darauf für Helmut Schreiber auch den Marsch des Magischen Zirkels komponierte. Der Film spielt im Jahr 1839 und erzählt die Geschichte der liebenswerten Gauner Robert und Bertram. Nachdem die beiden aus dem Gefängnis geflohen sind, begegnen sie in einem Wirtshaus dem schönen Lenchen. Sie liebt den tumben, aber braven Soldaten Michel, doch ihr Vater will sie an den schmierigen Biedermeier verheiraten, um das Gasthaus vor der Pleite zu retten. Als Robert und

Bertram davon erfahren, machen sie sich nach Berlin auf, um dort den reichen jüdischen Bankier Ipelmeyer zu beklauen, um mit dem Geld Lenchen zu helfen.

Es ist eine klassische Robin-Hood-Geschichte, aber sie hat mehr antisemitische Klischees als der Nottingham Forest Bäume. Den jüdischen Bankier erkennen die beiden schon »dem Profil nach«. Er spricht mit einem grotesken »jüdischen« Akzent und erklärt Bertram: »Ich muss Ihnen ein großes Geheimnis anvertrauen: Ich bin Israelit.« Als ob das nicht offensichtlich wäre, antwortet ihm der dicke Bertram: »Und ich habe einen Bauch.« Der neureiche, aber unbedarfte Bankier fällt auf Robert und Bertram rein, die sich als Graf von Monte Christo und Gesangslehrer Professor Müller ausgeben. In der Hoffnung, seine Tochter mit dem »Grafen« verheiraten zu können, lädt er die beiden zu einem rauschenden Fest im Stil des 18. Jahrhunderts ein.

Der Maskenball in Ipelmeyers Stadtpalais ist die Schlüsselszene des Films. Hier wird zwischen Tanz, Gesang und derben Witzen so ziemlich jedes antisemitische Klischee abgehakt, das sich die weiß glühende Propagandafantasie der Nationalsozialisten ausdenken konnte. Ipelmeyer hat einen Kammerdiener namens »Jacques«, der statt Ouvertüre »Ofentüre« sagt. Er ist überzeugt, dass er seine Tochter Isidora »per Saldo« zur Gräfin von Monte Christo machen kann. Als sein Buchhalter Samuel Interesse an Isidora zeigt, weist Ipelmeyer ihn brüsk zurück: »Sind Sie meschugge? Was heißt lieben mit 600 Taler Jahresgehalt? Meine Tochter wird nicht lieben unter 1 Million.«

Als der jüdische Bankier zu seiner Frau sagt, sie sehe von vorne »nebbich« aus, aber von hinten wie Napoleon, wehrt sie sich – aber nicht aufgrund des wenig schmeichelhaften Kompliments: »Red mir nix von Napoleon, der war Antisemit.« Doch Ipelmeyer ist nicht um eine schlagfertige Antwort verlegen: »Deswegen ist er auch pleite gegangen vor Moskau!« Der Bankier kostümiert sich als König Ludwig XV., seine Frau als Madame de Pompadour. Er will mit der Solotänzerin schlafen, sie hat eine Affäre mit dem Prokuristen. Die Tochter verkleidet sich als »Königin Cleptomania«. Während die Gäste tanzen, bestehlen Robert und Bertram Ipelmeyers Frau und Tochter und schließlich den schlafenden Bankier selbst.

Als Samuel, der eine klapprige Ritterrüstung trägt, schließlich von Isidora aufgefordert wird, ihr »das letzte zu nehmen«, lässt er kraftlos die Arme sinken: »Es geht nicht« – richtig kämpfen können in diesem Film nur echte Preußen. »Wann Sie jemandem was antun wollen«, erklärt der Bankier seinem Buchhalter, »nehmen Sie kein Schwert. Nehmen Sie Tinte und Feder«. Am Ende übergeben Robert und Bertram Lenchen den Schmuck, den sie den Juden gestohlen haben, damit es seinen deutschen Michel heiraten kann. Weil die beiden aber gegen irdische Gesetze verstoßen haben, fliehen sie am Ende in den Himmel. Happy End dank jüdischem Raubgold: Das Lenchen mit dem blonden Eva-Braun-Haarkranz und der brave Michel sind das Traumpaar des antisemitischen Musicals. Aus dem lahmarschigen Rekruten ist mittlerweile ein strammer Korporal geworden: »Was die Preußen so alles aus einem Menschen machen können!« Dann kann der nächste Krieg ja kommen.

Die Filmhandlung mochte in der Biedermeierzeit spielen, aber die zeitgenössischen Bezüge waren überdeutlich. Als Robert die Zeitung liest, ist er ratlos ob der Flut an den schlimmen Nachrichten: »Eine schreckliche Welt! Diese Überschriften! Ach, der Aufstand im Fernen Osten, die Kämpfe in Indien, neue Attentate in Russland, Unruhen in Spanien, die Rassenkämpfe zwischen Weißen und Negern in Amerika – gibt's denn nun gar keine Ruhe? Wir leben doch schließlich im Jahre 1839!«

Bertram beruhigt ihn sogleich – mit einem Ausblick auf bessere Zeiten: »Lass man, mein Junge. In hundert Jahren sieht das alles anders aus.« Damit waren Robert und Bertram mitten in der Gegenwart der Zuschauer angelangt, und Regisseur Hans Zerlett wusste genau, was er mit seinem Film im Jahr 1939 zeigen wollte.

Hitler hatte im Reichstag bereits öffentlich die »Vernichtung der jüdischen Rasse«[36] gefordert, als Zerlett einen wütenden Brief an die Schriftleitung des Oberschlesischen Kuriers schickte, um Werbung für *Robert und Bertram* zu machen: »Angesichts der Tatsache, dass dieser Film erstmalig einen ausgesprochen anti-jüdischen Charakter trägt, halte ich es doch für empfehlenswert, dass Ihr Herr Berichterstatter oder ein anderer sich diesen Film ansieht.«[37]

Mit seiner diffamierenden Darstellung der jüdischen Figuren traf Zerlett genau den Geschmack von Hetzblättern wie dem *Völkischen Beobachter,* dessen Rezensent über die Familie Ipelmeyer schrieb: »Aufgeblasen wie Pfaue und watschelnd wie fette Enten ›schreiten‹ sie, Vater, Mutter und Tochter, zur Tür«.[38] Das wirklich Perfide an dem antisemitischen Musical *Robert und Bertram* ist, dass die judenfeindlichen Karikaturen in der Form eines leichten, schwungvollen Unterhaltungsfilms daherkommen und nicht als lehrbuchhaftes Propagandastück wie Veit Harlans *Jud Süß* oder Fritz Hipplers *Der ewige Jude,* die ein Jahr später in die Kinos kamen. Die oberflächliche Harmlosigkeit und die unter der Oberfläche verborgenen Widersprüche machten den gefährlichen Charme dieses raffinierten Machwerks aus.

Robert und Bertram tanzen und singen sich durch die Komödie und kommen am Ende in den Himmel. Die lustigen Auftritte der beiden – gespielt von Rudi Godden und Kurt

Seifert – erinnern an Stan Laurel und Oliver Hardy.[39] Die beiden Vagabunden sind alles andere als idealtypische Arier und wären im Dritten Reich nicht im Himmel gelandet, sondern als »Asoziale« im Konzentrationslager. Der doofe Michel schließlich ist die Karikatur eines tumben Deutschen. Das war zu viel für Hitler. Bei einem Mittagessen mit Goebbels putzte er seinen Propagandaminister zwanzig Minuten lang runter, weil in *Robert und Bertram* »der Deutsche schlecht gemacht« werde.[40] Schreiber bekam seinen erhofften Staatspreis nicht. 180 Filme habe er gemacht, prahlte Kalanag 1959, »und alle schlugen ein. Kein einziger war eine Pleite.«[41]

Der Österreicher

»Der Österreicher ist ein großartiger Zuschauer.«[1]
HELMUT SCHREIBER

Da saß er, den linken Arm mit der Hakenkreuzbinde lässig auf die Stuhllehre gestützt, den Oberkörper leicht gedreht. Die weiße Uniformjacke war verrutscht, sodass zwischen Nacken und Kragen ein Spalt war. Seinen Blick hatte er fest auf die Hände des Mannes im Frack gerichtet, die ein Kartenspiel hielten. Diese Hände waren flink, er musste scharf aufpassen, um ihnen überhaupt folgen zu können.

Helmut Schreiber lächelte. Jede seiner Gesten war souverän und flink. Es war, als hätte ihn sein ganzes Leben nur darauf vorbereitet, für den Führer und Reichskanzler persönlich zu zaubern.

Und hier war sie schon: die Karte, an die Hitler gedacht hatte. Der Führer lächelte. Er wirkte vergnügt. Vor Aufregung war ihm eine Strähne in die Stirn gefallen. Wie machte dieser Schreiber das nur?

Neben Hitler saß sein Fotograf Heinrich Hoffmann, um sie herum hatte sich in der Vorhalle des Führerbaus in München eine Traube von Schauspielerinnen, Künstlern, Regisseuren gebildet. Alle Augen waren ausnahmsweise einmal nicht auf Hitler gerichtet, sondern auf den Mann im schwarzen Frack, der rechts neben ihm stand und zauberte. Es war Freitagabend, der 27. Juli 1939, und die Kunstwelt des Dritten Reichs feierte die Eröffnung der Deutschen Kunstausstellung.

Helmut Schreiber war in seinem Element. Die umstehenden dankten es dem »Entertainer der NS-Gesellschaft«[2] mit rauschendem Applaus.

Es war nicht sein erster Auftritt vor Hitler. Zwei Jahre zuvor hatte er dem Führer und anderen Nazigrößen die »Konfusion um eine Kiste« und weitere »Kostproben seiner vielseitigen magischen Kunst« gezeigt.[3] Die *Magie* veröffentlichte wenig später einen Jubelartikel und begrüßte, dass die Zauberkunst jetzt als »kulturelles Volksgut« nicht nur vor Tausenden von Volksgenossen, sondern auch vor der Reichsregierung zur Geltung komme.

Er zauberte auch auf dem Obersalzberg. Da stand er direkt vor Hitler und fragte ihn, wie viel Geld er in seiner Jackentasche habe.

»Wissen Sie nicht, dass ich nie Geld bei mir trage?«, antwortete Hitler überrascht.

»Natürlich, mein Führer. Aber würden Sie dennoch die Freundlichkeit haben, in Ihrer linken Jackentasche nachzusehen?«

Irritiert griff Hitler in seine Jacke und zog eine Brieftasche mit 150 Reichsmark hervor.[4] Dieser Zauberkünstler hatte es tatsächlich geschafft, die Brieftasche dort hineinzuschmuggeln, ohne dass er es bemerkt hatte. Er mochte es nicht, getäuscht zu werden – nicht von fern und erst recht nicht aus nächster Nähe.

Nie war jemand dem Führer näher gekommen als Helmut Schreiber in diesem Augenblick – außer vielleicht Eva Braun, aber auch das ist keineswegs sicher.

Jahrelang hatte Helmut Schreiber daran gearbeitet, Zugang zu Hitlers engstem Kreis zu bekommen. Er brauchte Geduld und Hartnäckigkeit, um Schritt für Schritt in die richtigen Zirkel vorzudringen. Er begann mit seinem Dienstherren Joseph Goebbels.

Der Reichspropagandaminister, der sich selbst gerne als »Zauberkünstler der politischen Psychologie«[5] feiern ließ, schätzte Schreiber nicht nur als Produktionsleiter beim Film, sondern auch als Illusionskünstler. Am 11. November 1935 wurde Schreiber zu einer Geburtstagsfeier im Hause Goebbels eingeladen, um seine Kunststücke vor illustrer Gesellschaft vorzuführen. Unter den Gästen waren Adolf Hitler, dessen Adjutant SS-Obergruppenführer Julius Schaub, Reichskriegsminister von Blomberg und Graf Helldorff, der nach der Ermordung seines Freundes Hanussen zum Polizeipräsidenten Berlins aufgestiegen war. Nur Göring war nicht anwesend, aber immerhin war die Straße nach ihm benannt, in der Goebbels' Haus lag.

Schreiber zeigte sein übliches Programm, doch für die Gastgeberin hatte er sich etwas Besonderes einfallen lassen: Es war Magda Goebbels' vierunddreißigster Geburtstag, und er zauberte für die Frau des Propagandaministers eine »Geburtstags-Kartenkombination«: Aus einem Kartenspiel ließ er wie von Geisterhand eine Karte mit der Aufschrift »Magda« und dem Geburtsdatum 11. November 1901 aufsteigen.

Es war sein erster Auftritt vor dem Führer und sollte nicht der letzte sein. Die Vorführung dauerte eine knappe halbe Stunde. Die anschließende Unterhaltung nutzte Schreiber, um Hitler von den Aktivitäten des Magischen Zirkels und den »künstlerischen und wissenschaftlichen Werten unserer Kunst« zu berichten, wie die *Magie* einen Monat später stolz verkündete.[6]

Helmut Schreiber hatte seine Karten an diesem Abend geschickt gespielt. Vor allem einer der Gäste sollte sich in Zukunft als äußerst nützlich erweisen und sogar eine Art Freund werden: Hitlers Adjutant Julius Schaub.

Es dauerte nicht lange, bis der Zauberkünstler und Hitlers alter Kampfgenosse Schaub per Du waren. Als Chefadjutant hatte Schaub direkten Zugang zu Hitler, und Schreiber wollte diese Nähe für sich nutzen. Im Februar bat er den »lieben Julius« per Brief um Hilfe: »Da mir die Sache eilt, und ich gern erwarte, dass Du mir den Freundschaftsdienst leisten kannst, habe ich Dir nunmehr geschrieben. Falls es möglich wäre, würde ich auch gern auf ein oder zwei Tage zu Dir kommen, und vielleicht auch noch einmal selbst mit Dir sprechen. Wäre eine Zusammenkunft vielleicht damit zu verbinden, dass ich, wie schon einmal mit Heinrich Hoffmann und Dir besprochen, etwas zur Abendunterhaltung in Obersalzberg beitrage? Das wäre natürlich sehr schön. Vielleicht kannst Du es anregen. Ich komme dann mit meinem Zauberkoffer angeflogen.«[7]

Der Brief klingt anders als die gewundene Rechtfertigung, die Kalanag später in seinen Memoiren über seinen Auftritt im Dritten Reich gab:

> »›Haben Sie auch vor Nazigrößen gezaubert?‹ fragt man mich manchmal aus unterschiedlichen Gründen. Natürlich habe ich das getan. Anläßlich der Festlichkeiten in München zum ›Tag der deutschen Kunst‹ habe ich vor Hitler gezaubert. Und gerade die unpolitische Art meines Auftretens gefiel ihm ausnehmend gut. So ließ er mich gelegentlich zu einer kleinen Vorstellung rufen, manchmal in sein Münchner Haus, manchmal in das Haus des Gauleiters. Auch anläßlich eines großen Empfangs des diplomatischen Korps, bei dem übrigens der spätere Papst Pius XII. als päpstlicher Nuntius und Doyen anwesend war, zauberte ich in der Reichskanzlei in Berlin. Als ich später einmal von amerikanischer Seite darauf hin angesprochen wurde, gab der Fragesteller an meiner Stelle selbst die Antwort: ›Wenn in Amerika ein Zauberer die Aufforderung erhielte, vor

Roosevelt zu zaubern, könnte er es auch nicht verweigern. Staatsoberhaupt ist eben Staatsoberhaupt.‹ Ich muß gestehen, daß ich diesem Amerikaner, der meine Lage objektiver beurteilte als mancher Deutsche, dankbar war.«[8]

Schreibers Brief an »den lieben Julius« beweist dagegen, dass keine Rede davon sein kann, er habe das Tausendjährige Reich lediglich als zwangsverpflichteter Künstler »überdauert«[9], wie er es nach dem Krieg darstellte.

Niemand nötigte Schreiber, vor Hitler, Göring, Goebbels, Himmler und anderen aufzutreten. Im Gegenteil: Er bot sich nicht nur an, sondern ließ sich in der *Magie* für seine engen Kontakte zur Nazi-Führung feiern.

In seinen Memoiren philosophierte Schreiber darüber, wie unterschiedlich die Zuschauer in verschiedenen Ländern auf Zaubervorstellungen reagieren. Deutsche und Schweizer seien eher skeptisch, »während der Österreicher ein großartiger Zuschauer ist«.[10] Am wichtigsten war ihm ein ganz bestimmter Österreicher: Adolf Hitler, und dessen Adjutant war gern bereit, Schreiber zu helfen.

Schon wenig später meldete die *Magie* atemlos Vollzug: »Während des Druckes erfahren wir, dass unser Präsident auf Einladung des Führers kürzlich zum Wochenende auf dem Obersalzberg weilte. An einem der Tage hatte Herr Schreiber dann die Ehre, eine Vorstellung vor dem Führer und anderen hohen Gästen zu geben. Reicher Beifall und höchste Anerkennung wurden unserem Präsidenten zuteil.«[11]

Helmut Schreiber bildete sich so viel auf seine Nähe zu Hitler ein, dass er eifersüchtig wurde, wenn andere auch vor dem Führer zaubern durften. In der *Magie* echauffierte er sich 1939 über einen Artikel der *Berliner Morgenpost,* der seinen Zauberkollegen Erich Tauer-Turmi als »Neuköllner Hexenmeister« würdigte und meldete, dass Tauer-Turmi im Theater des Volkes mit der »Konfusion um eine Kiste« vor dem Führer aufgetreten sei. Der Präsident war beleidigt. Tauer-Turmi war sein engster Mitarbeiter in der Redaktion der *Magie*. Schreiber sorgte dafür, dass klar war, wer beim Zaubern für den Führer Koch und Kellner waren. Die *Magie* druckte eine Gegendarstellung, in der Tauer-Turmis Rolle als »assistierender Zuschauer« präzisiert wurde.[12]

Als er dann auf dem Obersalzberg weilte, konnte Schreiber nicht umhin, Tauer-Turmi eine Karte zu schicken, auf der das Arbeitszimmer des Führers abgebildet war. Auf die Rückseite schrieb er in grüner Tinte: »Von einem Wochenendaufenthalt als Gast des Führers sendet Ihnen herzlichste Grüsse Heil Hitler Ihr Helmut Schreiber«.[13]

Die Inszenierung seiner Nähe ging bis ins Privatleben. Anfang 1940 berichtete die *Magie* ausführlich über die Hauseinweihungs- und Silvesterfeier von Helmut Schreiber zum Jahreswechsel 1939/40:

> »Unser Präsident fuhr im Wagen von Obergruppenführer und Adjutant des Führers Schaub und Gattin, und sie betraten als erste das neue Zauberhaus. Alle Gäste waren rechtzeitig zur Stelle, und nachdem der Magen zu seinem Recht gekommen war, konnte man das neue Jahr begrüßen. Und dann: ›Nachts, da ging das Telefon‹. Fast ohne Unterbrechung kamen bis zu früher Morgenstunde Anrufe aus dem ganzen Reich. Keiner wollte versäumen, seinem Präsidenten ein glückliches ›1940‹ auf schnellstem Wege zu wünschen. Herr Schaub hatte von unserem liebenswürdigen Gastgeber aus den Führer angerufen, um ihm seine Glückwünsche

> per Draht zu sagen. Der Führer erkundigte sich eingehend, bei wem Herr Schaub Sylvester feiert. Erfreut ließ er Herrn Schreiber herzlichste Glückwünsche übermitteln. Ja, sogar sämtliche anwesenden Gäste ließ der Führer grüßen. Aber als besondere Ehrung des Führers wurde unser Herr Schreiber zu einem Essen beim Führer eingeladen. (Wie wir später hörten, war es nur ein ganz kleiner Kreis von sieben Personen.) Durch den Gruß des Führers hatten wir alle an dieser Ehrung etwas zu teil.«[14]

In München pflegte der Bavaria-Produktionsleiter Schreiber seinen Kontakt zu Gauleiter Adolf Wagner, der ihm immer wieder Auftrittsmöglichkeiten bei politischen Anlässen verschaffte. So zauberte er 1940 auf Einladung des Gauleiters im Künstlerhaus München vor verwundeten Soldaten und bekam eine überaus freundliche Kritik im *Völkischen Beobachter:* »Den Hauptteil des Zweistundenprogramms bestritt indessen Helmut Schreiber, diesmal nicht stellvertretender Produktionschef der ›Bavaria‹, sondern als Meister der Magie. Seinem feinpointierten Humor war ebensowenig zu widerstehen wie seiner ganz großen, einmaligen Illusionskunst.«[15]

Kurz darauf zauberte er auf der Eröffnungsfeier der Deutschen Kunstausstellung im Münchner Künstlerhaus vor Goebbels, Erziehungsminister Bernhard Rust sowie hohen Militärs und erhielt »stürmischen Beifall«, wie die *Magie* berichtete.[16]

Es folgten Auftritte vor Speer, Mussolini, Himmler, Bormann und Generalfeldmarschall Keitel. Mit Rüstungsminister Speer flog er im Dezember 1943 sogar zum Polarkreis, um den Soldaten »Weihnachtsfreude« zu bringen, »doch 50 Meter vor der Hauptkampflinie versagte jede Hexerei« wegen der gegnerischen Scharfschützen.[17]

Nach dem Krieg berichteten Hitlers Kammerdiener Heinz Linge und sein Adjutant Otto Günsche dem sowjetischen Geheimdienst NKWD bei Verhören in Moskau, wie populär Schreiber auf dem Obersalzberg gewesen war.[18] Laut einem Geheimdossier von Stalins Sicherheitsdienst NKWD sagten die beiden aus, dass der Zauberkünstler im April 1944 auf Drängen Eva Brauns eingeladen wurde und zusammen mit seiner Frau Anneliese fast zwei Wochen auf dem Obersalzberg verbrachte. Das Ehepaar Schreiber wohnte in Bormanns Villa und leistete Hitler zum Mittag- und Abendessen im Berghof Gesellschaft.[19]

Fast jeden Abend zauberte Helmut Schreiber in der Großen Halle des Berghofs vor Hitler, nachdem der dort die Lagebesprechung mit seinen Generälen beendet hatte. Sein Publikum bestand aus Hitler und seinem engsten Kreis: Martin Bormann, Leibarzt Theodor Morell, Reichspressechef Otto Dietrich, Eva Braun mit Verwandten und Freundinnen sowie Hitlers Sekretärinnen und Adjutanten sahen Schreiber zu, wie er allabendlich seine Zauberkunststücke aufführte. Eva Braun und Bormann legten Tanzmusik auf und Schreiber begann mit seiner Vorstellung. Die Tricks, die er zeigte, waren schlicht, aber die liebenswürdige und elegante Art, wie er sie darbot, verfehlte ihre Wirkung auch diesmal nicht. Er ließ nicht nur Bormanns goldene Taschenuhr verschwinden, sondern zerstörte in einem Mörser sogar die mit Brillanten besetzte Armbanduhr aus Platin, die Hitler 1939 seiner Geliebten Eva Braun zum siebenundzwanzigsten Geburtstag geschenkt hatte. Niemand erwartete, dass der Zauberer es tatsächlich wagen würde, ein solches Unikat zu zerstören, und tatsächlich zauberte Schreiber unter dem lauten Gejohle der Anwesenden die intakte Uhr wieder herbei.

Wie einfach schien es für einen kurzen Moment, zerstörte Dinge wiederherzustellen und Verlorenes zurückzubringen.

Während draußen der Krieg tobte und die Aussicht auf einen Endsieg von Tag zu Tag illusorischer schien, belebte Helmut Schreiber den Führer mit seinen Tricks: Hitler lachte, er klatschte regen Beifall und ließ sich laut NKWD-Geheimprotokoll sogar zu einem Scherz hinreißen, indem er zu Schreiber sagte, wie schön es wäre, wenn der Zauberer auch die russischen Armeen so einfach verschwinden lassen könnte.[20]

Ein paar Monate später sieht man Schreiber und seine Frau Anneliese im Sommer 1944 auf Fotos vom Obersalzberg, wie sie die Hochzeit von Hitlers Schwippschwager Hermann Fegelein mit der Schwester von Eva Braun feiern.[21] Die Feierlichkeiten dauerten mehrere Tage, Hitler war einer der Trauzeugen. Der Präsident des Magischen Zirkels zauberte wieder – und der Österreicher war ein großartiger Zuschauer.

Stets zeitgemäß

Die Fachzeitschrift *Magie* druckte in ihrer Juniausgabe 1938 eine kuriose Anordnung, die der Präsident des Magischen Zirkels soeben für alle Mitglieder erlassen hatte: »Die Verwendung von geschmacklosen, insbesondere auch zweideutigen Redensarten bei magischen Vorführungen ist verboten. Ferner untersage ich hiermit mit allem Nachdruck die Verwendung von Wäschestücken und anderen unpassenden Kleidungsstücken, insbesondere Damenwäsche bei den Vorführungen. Es ist unverständlich, daß es immer noch Mitglieder gibt, die glauben, wenn ein bestimmter Zuschauerkreis über derartiges lacht, daß das dann der Erfolg sei.«[1]

Helmut Schreiber hatte die Zeichen der Zeit erkannt: Frivolität war keine nationalsozialistische Tugend. Überhaupt war alles Doppeldeutige in einer Diktatur unerwünscht. Der deutsche Zauberkünstler hatte Volksgenosse zu sein, ab 1939 auch Kamerad.

Der Zauberhändler Conradi-Horster in Berlin hängte sein Mäntelchen nach der Machtergreifung der Nazis als einer der Ersten in den Wind. Mitteilungen von Zaubergerätehändlern wie Conradi-Horster oder Regina und Georg Schmidt, die mittlerweile den Zauberkönig in Berlin betrieben, endeten mit einem schmissigen »Heil Hitler!«[2] Conradi datierte seine Kataloge für Zaubergeräte zwar nie, damit sie nicht so schnell an Aktualität verloren. Aber die Conradi-Broschüre mit einem roten Luzifer im Frack auf dem Titel lässt sich dank einer kleinen Änderung im Inneren mit ziemlicher Sicherheit auf die Zeit ab 1933 datieren.

Apparat 641b war eigentlich ein altbekannter Zaubertrick: der magische Bilderrahmen. Der Künstler hielt den verglasten Rahmen vor seinen Kopf, damit die Zuschauer sehen konnten, dass er vollkommen durchsichtig ist. Dann verschloss er den Rahmen mit einer unpräparierten, vorher von einem Zuschauer untersuchten Holztafel, auf der »Mirax, das Bild von Geisterhand« zu lesen war, und stellte den Rahmen auf eine kleine Staffelei. Danach verteilte der Künstler Zettel im Publikum und bat die Zuschauer, immer je einen Namen berühmter Persönlichkeiten aller Zeiten und Nationen aufzuschreiben. Die Zettel wurden zusammengerollt, geschlossen und in einer vorher untersuchten vernickelten Metallurne eingesammelt. Ein Uneingeweihter nahm aus der Urne einen beliebigen Zettel heraus, und verlas den darauf geschriebenen Namen, während im selben Moment das Bild der betreffenden Persönlichkeit unter Blitzfeuer im Rahmen erschien und gleichzeitig mit ihm rechts und links an der Staffelei zwei große Dekorationsfahnen.

Der Mann, der jetzt in Conradi-Horsters Katalog repräsentativ unter Blitzfeuer erschien, war: Adolf Hitler, flankiert von der schwarz-weiß-roten deutschen Reichsflagge und einer Hakenkreuzfahne. Der Zauberapparat sei, schrieb Conradi-Horster damit »stets zeitgemäß«. Einige der am häufigsten aufgerufenen Namen: Friedrich der Große, Bismarck, Wagner, Strauß, Napoleon, Hindenburg, Hitler, Roosevelt und Mussolini. Zeitgemäß war Conradi-Horsters Hinweis darunter: »Neben schwarz-weiß-roten und Hakenkreuzfahnen liefere ich fast alle Fahnen der Welt.« Ein erfolgreicher Geschäftsmann legt sich eben nicht fest, jedenfalls nicht sofort.

Zur Ironie der Geschichte gehört auch, dass die Nationalsozialisten den Juden das Zeigen von Hakenkreuzfahnen verboten, aber der größte Hersteller von Hakenkreuzfahnen die Bonner Fahnenfabrik von Otto Meyer war. Der belieferte ungeachtet seiner jüdischen Abstammung NS-Ministerien und Dienststellen mit den Hoheitszeichen der Nationalsozialisten – bis ein Konkurrent ihn im Sommer 1935 beim Geschäftsführer der Reichskulturkammer Hans Hinkel denunzierte und der *Stürmer* wenige Monate später einen Hetzartikel gegen den »getauften Juden« Meyer veröffentlichte.[3]

Dass auch die Varietés politisch gefärbte Kunst boten, war keine Neuigkeit. Seit 1918 die Zensur abgeschafft worden war, hatten Conférenciers die Freiheit, ihre antidemokratische Gesinnung auf offener Bühne zu zeigen – unter Beifall des Publikums, das oft ebenso reaktionär eingestellt war, wie der Theaterwissenschaftler Wolfgang Jansen schreibt: »Schon frühzeitig erkannten konservative Kreise die Wirkungsmöglichkeiten der Varieté- und Kabarettbühnen auf die Zuschauer und ließen nichts unversucht, Einfluss auf den Inhalt der Vorträge zu nehmen«.[4]

Dass Kabarett immer links sein musste, ist eine Täuschung, weil Künstler wie Brecht, Mehring und Tucholsky die Zeit überdauert haben, ihre rechtskonservativen Kabarettkollegen dagegen nicht. Antidemokratisches Denken war in der Weimarer Republik weit verbreitet, auch unter Künstlern. »Nicht nur Artisten, sondern auch Varietédirektoren billigten oder unterstützten antidemokratische und antisemitische Tendenzen auf ihren Bühnen«, schreibt der Zauberhistoriker Jürgen August Alt.[5]

Vermutlich war es am einfachsten, damals unpolitisch als Künstler zu sein, einfach nur unterhalten zu wollen. Wer sich dagegen für die neue Republik engagierte, konnte spätestens mit den ersten Wahlerfolgen der NSDAP ab 1930 mit Ärger rechnen. Kabarettisten, die sich zur immer noch jungen deutschen Demokratie bekannten, aber auch jüdische Entertainer sahen sich oft mit Beschimpfungen und Buhrufen von NS-Sympathisanten im Publikum konfrontiert.[6]

Nach der Machtergreifung 1933 bemühten sich die Nationalsozialisten auch um Gleichschaltung des Kulturlebens. Neben Propaganda und Zensur war die im September 1933 gegründete Reichskulturkammer dabei eines der wichtigsten Instrumente. Sie war »das mächtigste Kontrollorgan über das deutsche Geistesleben«[7] und für praktisch alle Bereiche des kulturellen Schaffens zuständig. Schon 1935 waren mehr als 100 000 Künstler ordentliche Mitglieder der Reichskulturkammer.[8]

Nachdem der Magische Zirkel 1936 in die Reichsfachschaft Artistik der Reichskulturkammer überführt worden war, unterstanden auch die deutschen Zauberkünstler offiziell deren oberstem Dienstherren Joseph Goebbels, Reichsminister für Volksaufklärung und Propaganda.

Wer nicht Mitglied der Reichsfachschaft Artistik war, musste beim Kulturwart der örtlichen Parteigliederung Auftrittsgenehmigungen beantragen. Die sogenannten Kulturwarte hatten allerdings oft von Kultur wenig Ahnung. Es handelte sich meist um Lehrer oder Ärzte, die eine Erteilung der Genehmigungen oft aus Unkenntnis ablehnten.[9]

Selbst wer den Nationalsozialisten propagandistische Zugeständnisse machte, konnte unter Verdacht geraten. Der Zauberkünstler Rolf Dinardi[10] etwa ließ zum Schluss seiner Aufführungen immer eine Hakenkreuzfahne erscheinen. Aber er zeigte auch eine Verschwinde-Illusion mit dem Titel »Das Pferd und der Stallknecht«, während der zwei Sterne am Bühnenhintergrund auftauchten. Diese Sterne hatten die Form des

Davidssterns. Eines Tages verhaftete die Gestapo Dinardi und beschlagnahmte seine Requisiten unter dem Verdacht, »mit dem Judentum im Bunde« zu sein. »Ein an der Zauberkunst interessierter Polizeichef half Dinardi zwar dabei, dass er zwei, drei Wochen später freikam und die Requisiten und den gelben Wanderergewerbeschein zurückbekam, aber er musste erst wieder die sogenannte arische Herkunft nachweisen.«[11]

Wer nicht in die Reichskulturkammer aufgenommen oder wieder aus ihr ausgeschlossen wurde, erhielt praktisch ein Berufsverbot. Das betraf spätestens ab 1936 auch politisch und rassisch Verfolgte. Juden durften zu dem Zeitpunkt aufgrund der NS-Rassengesetze nicht mehr Mitglied der Reichskulturkammer sein.[12]

Helmut Schreiber setzte 1936 alles daran, um die Eingliederung des Magischen Zirkels in die Fachschaft Artistik zu erreichen. Er wollte die deutschen Zauberer mit wehenden Fahnen in die Reichskulturkammer überführen, um so den Status der Zauberei als Kunst und damit auch seinen eigenen Einfluss als oberster Vertreter derselben zu zementieren. Denn auch hundert Jahre, nachdem der französische Magier Robert-Houdin den bürgerlichen Salon mit seiner Kunst erobert hatte, mussten seine Nachfolger noch immer um künstlerische und gesellschaftliche Anerkennung kämpfen. Hier sah Helmut Schreiber seine Aufgabe, für die er als Künstler auf der Bühne ebenso energisch wie als Funktionär hinter den Kulissen des NS-Staates kämpfte.

Wie prekär der Status der Zauberkünstler in der Reichskulturkammer war, zeigt sich noch 1939 in einem Grußschreiben von Konrad Geiger, dem Leiter der Fachschaft Artistik, das Schreiber prominent in der *Magie* abdruckte. Darin bekundete Geiger, er sei nach dem Besuch eines Gala-Abends des Magischen Zirkels endlich »restlos davon überzeugt, wie sehr die magische Kunst im besten gesellschaftlichen Rahmen zu wirken vermag.«[13] Allerdings verhehlt Geiger nicht, dass er anfangs skeptisch gewesen sei, als er die Leitung der Fachschaft übernahm.

Als Leiter und später Präsident wollte Schreiber die Bedeutung und Bekanntheit seiner Organisation – und damit auch seinen eigenen Einfluss – durch intensive Reklame und Propaganda steigern. Anders, als sich manch einer das Treiben von Zauberkünstlern vorstellen mochte, war der Magische Zirkel kein verschworener Geheimbund, der hinter verschlossenen Türen tagte. Schreiber hielt seine Mitglieder dazu an, offensiv nach außen aufzutreten: »Nicht nur an Ihrem Auto oder Motorrad, nein: auch an Ihrem Koffer, Ihrer Tür zum Zauberkabinett, am Vereinsschrank, am Eingang zum M. Z.-Lokal muss befestigt sein: die neue M. Z.-Plakette!«[14] Zwar handelte es sich dabei nicht um eine offizielle Verordnung. Aber die Reklame im Befehlston passte in eine Zeit, in der Menschen hinter Uniformen verschwanden, in der öffentlich zur Schau getragene Zeichen für jeden sichtbar machen sollten, wer dazugehörte und wer nicht.

Schreibers rastlose Propagandatätigkeit für die Zauberei als Kunst gipfelte in einer Art Olympiade der Zauberkunst, die der Magische Zirkel im Jahr 1936 auf seiner Jahrestagung veranstaltete. »Noch nie dürfte ein Magischer Kongress in Deutschland eine derartige Teilnehmerzahl gehabt haben wie dieser«, jubelte Schreiber schon vorab in der Zeitschrift *Magie*. Dennoch, sicher ist sicher, drängte er die Ortsgruppenleiter der lokalen Zirkel, »intensive Propaganda« für die Veranstaltung zu machen und möglichst viele Mitglieder zur Teilnahme zu bewegen.

Außerdem vermeldete er nicht nur die Eingliederung des

Magischen Zirkels in die Reichsfachschaft Artistik – praktisch eine Verstaatlichung –, sondern auch die Gleichschaltung durch Einführung des Führerprinzips. Ab dem 1. Januar 1938 durfte der er sich sogar »Präsident« nennen.[15]

Die Hauptgeschäftsstelle in Hamburg wurde mit Wirkung vom 10. Juni 1936 aufgelöst und nach Berlin verlegt. Am 12. Juni wurde Schreiber Leiter des Magischen Zirkels und damit oberster Führer der deutschen Zauberer. Die neue Verwaltung des Magischen Zirkels von Deutschland übernahm rund 360 Mitglieder. Als Grund für die folgende »Säuberung« der Mitgliederliste gab Willy Adamczewsky, der Verwalter des Zirkels, den Umstand an, dass zahlreiche von ihnen Karteileichen seien oder ihre Mitgliedsbeiträge nicht im vollen Umfang bezahlten.[16]

Juden sollten nicht mehr dazugehören. Unter dem Deckmantel bürokratischer Änderungen vollzog Helmut Schreiber still und effizient die Arisierung des Magischen Zirkels. Der neue Aufnahmeantrag für den Magischen Zirkel unterschied sich in einem kleinen, verräterischen Detail von dem alten: Unter den Personenangaben wurde nun nicht mehr gefragt, ob der Antragsteller deutscher Reichsbürger, sondern ob er arischer Abstammung war. Bereits 1933 hatten die NS-Machthaber mit dem notorischen »Arierparagraphen« jüdische Beamte aus dem öffentlichen Dienst entfernt. Innerhalb kürzester Zeit folgten zahlreiche Verbände und Berufsvereinigungen dem Beispiel und »arisierten« rücksichtslos ihre eigenen Reihen. 1935 verschärften die »Nürnberger Rassengesetze« das brutale Vorgehen des NS-Regimes gegen jüdische Mitbürger. Dass der Magische Zirkel bis 1936 sogar noch einige jüdische Zauberkünstler aufnahm, war keine Selbstverständlichkeit.

Dass Helmut Schreiber als Schriftleiter der *Magie* die Aufnahmen nicht nur vermeldete, sondern mitunter sogar mit positiven Worten garniert abdruckte, legt nahe, dass er kein überzeugter Antisemit war.[17] Geschickt wie er war, bemühte sich Schreiber allerdings, nach außen hin den Eindruck der Staatstreue zu vermitteln. Die Redaktion der *Magie* erforderte ein wendiges Lavieren zwischen totalitären Lippenbekenntnissen und magischer Ablenkung – dafür war Helmut Schreiber der perfekte Mann.[18] Als der Magische Zirkel Teil der Reichskulturkammer wurde und an der Umsetzung der staatlichen Vorgaben kein Weg mehr vorbeiführte, setzte er diese ebenso energisch um, wie er sie vorher ignoriert hatte. Dennoch setzte sich Schreiber 1940 persönlich bei SS-Brigadeführer und »Reichskulturwalter« Hans Hinkel für den von der Gestapo verhafteten Zauberkünstler Jac Olten ein.[19]

Als der Magische Zirkel am 8. Mai 1937 seine 25. Hauptversammlung veranstaltete, war die Zahl der Mitglieder schon wieder auf fünfhundert angestiegen. Darunter waren nicht nur Amateure. Mittlerweile gehörten auch neunzig Prozent aller deutschen Berufskünstler dem Zirkel »freiwillig« an. Dass Adamczewsky dies auf der Hauptversammlung eigens betonte, legt nahe, dass es mit der Freiwilligkeit nicht weit her war. Als Fachgruppe der Fachschaft Artistik in der Reichskulturkammer war der Magische Zirkel von einem Privatverein zu einer gleichgeschalteten Organisation des NS-Staates geworden. Angesichts dieser Umstände war es wenig verwunderlich, dass sich die Zahl der Berufskünstler unter den Mitgliedern innerhalb eines knappen Jahres fast verdoppelt hatte.[20]

Die Maßnahmen sollten die alte Konkurrenz von Amateuren und Berufskünstlern in der Zauberkunst befrieden und den Interessen beider Gruppen dienen: Als Leiter des Magischen Zirkels war Helmut Schreiber für die Ausstellung von Tagesausweisen zuständig, die Amateure von nun an benötigten, um öffentlich auftreten zu dürfen. Dadurch hoffte man, magischen Schwarzarbeitern das Handwerk zu legen und das Geschäft der Berufskünstler zu schützen. Außerdem beteiligten sich die Amateurzauberer finanziell am Ausbau des neu geschaffenen Altersheims Deutscher Artisten.

All die freundlichen Gesten und Worte in Richtung der hart arbeitenden Berufskünstler konnten nicht darüber hinwegtäuschen, dass sich Amateure wie Schreiber nach wie vor als die eigentlichen Gralshüter der Zauberkunst sahen und schnell beleidigt waren, wenn sich der eine oder andere Berufskünstler geringschätzig äußerte.

Schließlich war klar, wer in der Zauberkunst das Sagen hatte: Alle Fachvereine wurden von Amateuren geleitet, 95 Prozent der Fachzeitschriften von Amateuren redigiert und 90 Prozent aller Fachbücher von Amateuren verfasst. »Was liegt also näher, als dass sich Berufskünstler und Amateure in schönster Harmonie vereinen, zum besten unserer Kunst!«[21]

Die Aufgabe, welche die braunen Machthaber dieser Kunst im NS-Staat zugedacht haben, war vergleichsweise bodenständig. NS-Reichskulturwalter und SS-Oberführer Hans Hinkel formulierte in einer Ansprache[22] an die Mitglieder des Magischen Zirkels in einfachen Worten den Auftrag an die deutschen Zauberkünstler: Sie sollten »dem werkenden Manne nach des Tages Last Entspannung schaffen«[23]. Der einfache, gläubige, arbeitswillige und friedliebende Deutsche brauchte Zerstreuung, um am nächsten Tag arbeits- und kampffähig zu sein.

Hinkel musste nicht einmal das Wort »Juden« erwähnen. Jeder wusste sofort, wer gemeint war, wenn der Reichskulturwalter von »Menschen, die nicht unseres Wesens und unserer Art waren«, sprach, deren zersetzendem Wirken die neuen

Machthaber ein Ende bereitet hätten: »Wir dürfen sagen«, prahlte Hinkel vor den versammelten Magiern, »dass wir durch diese Arbeit von der deutschen artistischen Bühne die Zote und den uns wesensfremden, geschäftsgierigen Bluff beseitigt haben und an ihre Stelle einen Humor, der aus dem Herzen kommt, und eine artistische Leistung gestellt haben.«[24]

Hinkels Appell wurde immer wieder durch stürmischen Beifall und Dankesrufe unterbrochen. Als Zeichen der Anerkennung heftete Helmut Schreiber danach das Goldene Ehrenzeichen des Magischen Zirkels an die Brust des SS-Oberführers.

Nach dem Endsieg über die »Schädlinge des Berufskünstlertums«[25], die auch Rivalen wie Fredo Marvelli in der *Magie* bejubelten, konnte sich Schreiber nun seinem nächsten Vorhaben zuwenden: dem Kampf gegen den »schädlichen Dilettantismus, der vom Streben nach wahrer, bezaubernder Kunst keine Ahnung« habe. Die Magie sollte rein und vollkommen werden.[26] Bezeichnungen wie »Schwindel« oder »fauler Zauber« waren, selbst in ironischer Form, verboten, da sie geeignet waren, die Zauberkunst in ein schiefes Licht zu rücken.[27]

Der regelmäßig auf den Seiten der *Magie* veröffentlichte »Magische Knigge« oder »Magische Umgang«, vermerkte dazu unter Punkt neun:

> »Unterlasse ferner jede Zweideutigkeit, jede Zote in Geste oder Sprache – auch wenn darüber gelacht wird. Sprich nicht von Schwindel oder ›ehrlichem Betrug‹! Wenn nämlich jemand in Unterhosen auf der Bühne stehen würde, dann würden auch darüber einige lachen. (Seht Euch zur Abwechslung einmal diejenigen an, die über derartige Geschmacklosigkeiten oder über sogenannte ›Toilettenwitze‹ *nicht* lachen. Gerade diese Leute sollten uns *nicht*

> verlorengehen.) Bekanntlich ist auch die Verwendung von Damenwäschestücken usw. prinzipiell verboten.«[28]

So musste auch der Zauberkünstler C. H. Ryl, obwohl kein Mitglied des Magischen Zirkels, Schreibers Missfallen finden. Ryl hatte trotz der Warnung des Fachschaftsleiters Konrad Geiger mit Zöpfen und einem Büstenhalter auf der Bühne hantiert. Das Publikum, vermerkte die *Magie,* reagierte mit »Schreien des Vergnügens«. Allein der oberste Sittenwächter der *Magie* war nicht belustigt und stellte Ryl in der Zeitschrift bloß. Der so Ertappte versuchte sich damit zu rechtfertigen, der Büstenhalter sei kein Büstenhalter, sondern ein »Mieder«.[29]

Immer wieder erinnerte die *Magie* ihre Leser an das Verbot okkultistischer, suggestiver und hellseherischer Darbietungen, verbunden mit der Warnung, »daß die Geheime Staatspolizei derartige Darbietungen verfolgt«.[30] 1942 erwischte es den Berufszauberer Georg Ackermann. Er war 1919 Mitglied des Magischen Zirkels geworden und später wieder ausgetreten. Ackermann zeigte das Chinesische Ringspiel, ließ Vogelkäfige verschwinden und gefüllte Gläser unter Tüchern erscheinen. Außerdem trat er mit einer humoristischen Nummer auf, die das Missfallen Helmut Schreibers traf. 1942 stellte er Ackermann als warnendes Beispiel in der *Magie* bloß:

> »In der ›Norddeutschen Rundschau‹ kündet sich der Berufszauberkünstler Georg Ackermann (nicht Mitglied des M. Z.!)[31] als ›König der Zauberer‹ an. Der König legt dann scheinbar auch Eier und wechselt zur Suggestion hinüber. Es heißt wörtlich in dem Bericht der Zeitung: ›Mit steifen Beinen und steifen Armen stelzen zwei Zuschauer über die Bühne und stürzen schließlich, als sie erlöst sind, von

> Grauen gepackt von der Bühne. Das Publikum schreit vor Vergnügen. Georg Ackermann lächelt.‹ Es tut uns leid, daß ein König zu seinem Erfolg sich derartiger Mittel bedienen muß.«[32]

Die Schriftleitung der *Magie* war sich nicht zu schade, die Mitglieder des Magischen Zirkels wie Schulkinder zu Reinlichkeit zu erziehen: »Wenn der Künstler Apparate und Hilfsmittel benutzt, beweisen die Reinheit seiner Seidentücher und die Sauberkeit seiner Apparate, die nicht den Eindruck der Ausgrabung aus einem Raritätenkabinett machen dürfen, auch die Reinheit seiner Vorführung«.[33]

Auch die Bühnenetikette spielte eine wichtige Rolle: »Trage auf der Bühne wenig Orden, noch weniger Abzeichen – auf jeden Fall aber das M. Z.-Abzeichen. Der Deutsche Gruß soll vom Künstler auf der Bühne nicht gebraucht werden. Dafür korrekte Verbeugung, keinen Tänzerknicks.«[34] Dass bei Vorstellungen der Hitlergruß nicht gezeigt werden sollte, war kein Hinweis auf die regimekritische Gesinnung des Schriftleiters, sondern entsprach dem Willen des Propagandaministers Goebbels, der fürchtete, der »Deutsche Gruß« könne ins Lächerliche gezogen werden. »Das gesamte Milieu einer heiteren Unterhaltungsstätte ist daher nicht geeignet, den Deutschen Gruß von der Bühne herab zu benützen«, hatte die Zeitschrift *Deutsche Artistik* bereits 1936 proklamiert und alle Berufskünstler aufgefordert, derartige »Takt- und Geschmacklosigkeiten« gefälligst zu vermeiden. Auch an Apparaten oder Tieren durften keine Hakenkreuzfähnchen angebracht werden.[35]

Ein wichtiges Machtinstrument des Präsidenten Schreiber war die Genehmigung der Auftrittserlaubnis: »In Zusammenarbeit mit dem Leiter der Fachschaft Artistik, Direktor Konrad Geiger, konnten wieder künstlerische Mißstände behoben, Arbeitskameraden schädigende oder eine allzu superlative Reklame auf ein gesundes Maß gebracht werden. Völlig Unbelehrbaren wurde die Auftrittserlaubnis entzogen, wie andererseits durch unsere Mithilfe einigen besonders wertvollen Künstlern diese Erlaubnis endgültig beschafft wurde.«[36]

Zu den für Schreiber »wertvollen« Künstlern zählten deutsche und ausländische Berufszauberer wie Egon von Lautenstein, Paul Scheldon, Peggy Lauder, John Olms, Musty und Jac Olten. Dahinter stand ein klares Kalkül: Sobald die »Berufler« Mitglieder des Magischen Zirkels waren, unterstanden sie Schreibers unmittelbarem Einfluss.

Von großen Namen abgesehen, legte Schreiber Wert darauf, den Zirkel klein und elitär zu halten. Gerade im Krieg nahm die Zahl der Interessenten rapide zu, die sich – mit ein paar gekauften Trickapparaten und einem Zauberstab bewaffnet – die lukrative Möglichkeit erhofften, auf Kraft-durch-Freude-Vorstellungen vor Soldaten auftreten zu können.[37]

Diese Leute mussten auf Anordnung Schreibers durch persönliche Beratungen, in Briefen und in Veröffentlichungen auf die Schwere und Unsicherheit des Berufs eines Zauberkünstlers hingewiesen werden. Er wollte nur »wirklichen Talenten« wie Paul Potassy, Heinz Harkabus oder Rolf Hübner weiterhelfen auf dem Weg zum gefeierten Berufskünstler oder vollendeten Amateur.[38]

Ein weiteres Mittel war die »Prüfung«, die jeder Interessierte absolvieren musste, um Mitglied der Reichstheaterkammer zu werden. Diese Mitgliedschaft war Voraussetzung, um sich haupt- oder nebenberuflich als Zauberkünstler betätigen zu dürfen. Schreiber hatte sich 1942 bei Goebbels persönlich für das Erlassen der Anweisung eingesetzt, die sowohl für Berufskünstler als auch alle Amateure eine Aufnahmeprüfung verpflichtend machen sollte.[39] Als der Magische Zirkel am 10. Mai 1942 in Hamburg seinen dreißigsten Geburtstag feierte, hielt Schreiber triumphierend ein Telegramm in der Hand, das Goebbels am selben Tag an ihn geschickt hatte:

> »Ich danke den Mitgliedern des Magischen Zirkels herzlichst für die freundlichen Grüße, die Sie mir anläßlich Ihrer Hamburger Tagung übersandt haben STOP Ihren berechtigten Wünschen nach Schutz der von Ihnen betrauten Berufskünstler gegen eine besorgniserregende Überfüllung Ihrer Berufssparte will ich gern entsprechen STOP Ich habe bereits Anweisung erteilt, daß die Aufnahme von Vertretern der magischen Kunst in die RKK von entsprechenden Prüfungen durch den Magischen Zirkel abhängig gemacht wird STOP Erst nach Ablegung solcher Prüfungen wird in Zukunft ein öffentliches Auftreten gestattet sein STOP Für den weiteren Verlauf der Tagung wünsche ich Ihnen alles Gute. Heil Hitler! Reichsminister Dr. Goebbels«

Am 15. Juli trat die vom Präsidenten der Reichstheaterkammer erlassene Anordnung Nr. 74 in Kraft.[40]

Wenn sie nicht Helmut Schreiber hießen, taten deutsche Zauberkünstler gut daran, in ihrer Werbung auf Superlative zu verzichten. Als der Frankfurter Berufszauberer »Lamari« (Heinrich Lehmann) sich in seiner Reklame »Deutschlands bedeutendsten Zauberer« nannte, verbot der Leiter der Fachschaft Artistik (Geiger) die Anzeigen.[41] Ergänzend warnte Helmut Schreiber in der *Magie* alle Zirkelmitglieder davor, sich mit prahlerischen Titeln wie »Professor«, »Weltmeister« und »größter Illusionist Deutschlands« zu schmücken. Er selbst wusste, wie man es richtig machte: Wenn andere ihn mit »Herr Dr.« ansprachen, korrigierte er sie einfach nicht.

Lamari sei, wie Schreiber ausdrücklich betont, »*nicht* Mitglied« des Magischen Zirkels (er war 1925 ausgetreten). Doch bereits in der nächsten Ausgabe der *Magie* wurde er als Spender aufgeführt. Ein Bußgeld für die Unbescheidenheit? Es ist durchaus denkbar, dass der einfallsreiche Schreiber bereit war, Lamari gegen eine Spende Ablass zu gewähren und ihn wieder in die Reihen des Zirkels aufzunehmen. In der gleichen Ausgabe fand sich sein Name sogar auf der Liste der »Treuen Hundert«, die mindestens hundert Reichsmark gespendet hatten. Im Juli 1943 war Lamari wieder Mitglied des Magischen Zirkels.

Warum die vornehme Zurückhaltung? Ein altes lateinisches Sprichwort über das Verhältnis zwischen Jupiter und ordinären Rindviechern kommt einem in den Sinn.

Wollte Präsident Schreiber, der nicht müde wurde, sich in der *Magie* als »unser allverehrter Präsident«[42] selbst zu feiern und feiern zu lassen, keine Großen neben sich dulden? Hielt er sich selbst insgeheim schon für den größten Illusionisten nicht nur Deutschlands, sondern sogar der ganzen Welt? Oder demonstrierte er einfach gerne seine Macht als Präsident aller Zauberer im Reich?

Ergebenheitsadressen nahm er huldvoll entgegen und druckte sie regelmäßig in der *Magie* ab. Seine Unterschrift war bei Autogrammjägern beliebt, handgezeichnete Dankesbriefe des Präsidenten an jeden Spender ein zusätzlicher Anreiz. Ein Hinweis Schreibers in der *Magie* deutet darauf hin, dass es Protest gab, wenn solche Briefe nur mit gestempelter Unterschrift gezeichnet waren. Der vielbeschäftigte Präsident bat die Empfänger per Annonce, es ihm nicht übel zu nehmen, »dass ich wegen der Unterschrift dieses Briefes nicht noch einen weiteren Tag in Berlin verbringe«.[43] Lange bevor er als Kalanag weltberühmt wurde, pflegte Helmut Schreiber schon seinen eigenen Starkult.

Vor allem ließ er sich gerne feiern. Im Februar 1944 kamen die deutschen Zauberkünstler in Bad Aussee zu einem Arbeitstreffen zusammen. Tagungsleiter Emil Thoma pries »unseren hochverdienten Präsidenten Helmut Schreiber«, der den Aufstieg des Magischen Zirkels zu einer amtlich anerkannten Organisation des Dritten Reichs bewirkt habe: »Der Magische Zirkel, der vor seiner Präsidentschaft doch wohl nur eine örtliche Bedeutung hatte – er war, kurz gesagt, ein Verein, wie es so viele Tausende in Deutschland gegeben hat –, wurde durch Helmut Schreiber das, was er heute ist. Wenn auch die frühere Regie des Magischen Zirkels ihr Bestes gewollt hat, so kam sie doch über ein gewisses Niveau nicht hinaus, und wir alle müssen es hier bekennen, daß vom Jahre 1936 ab ein frischer, ein neuer Wind wehte. [...] Das Geheimnis war auch hier wieder unser Präsident, der sich überall Eingang zu verschaffen wußte«.[44] Thoma feierte einen umtriebigen Präsidenten, dessen »unerhörter Idealismus und Charme« auch altgediente NS-Funktionäre wie Geiger beeindruckt hatte,[45] der schon 1922[46] in die NSDAP eingetreten war.

So liebenswürdig Helmut Schreiber gegenüber einflussreichen Nazi-Funktionären sein konnte, so rigoros setzte er intern Verbote durch und verfolgte jene, die sich nicht daran hielten. Das Ausleihen der Zeitschrift *Magie* an Nichtmitglieder des Magischen Zirkels war verboten. Für eine Zeitschrift, die Trick- und damit Berufsgeheimnisse enthielt, war ein solches Verbot noch nachvollziehbar.

Der Eifer allerdings, mit dem der Präsident und Schriftleiter in der *Magie* zur Denunziation aufforderte, hatte einen besonderen Ton. Die Zeitschrift, die Schreiber seit 1927 leitete, war dabei sein wichtigstes Mittel. Seine Kolumne »Schnell noch lesen, was ich notierte« versammelte nicht nur Anekdoten und Erfolgsmeldungen. Sie diente auch als Pranger.

Im Kampf gegen die »Feinde«, gegen die »Schädlinge der Zauberkunst« bediente sich Schreiber zeitgenössischer Begriffe und Mittel. Er forderte alle Mitglieder des Zirkels auf, sich solche Leute »gleich an Ort und Stelle vorzunehmen« und nicht nur die Namen, sondern auch die Adressen der Übeltäter umgehend an die Fachschaft Artistik zu melden.[47]

1940 rief er die Zirkelmitglieder auf, Übertretungen des Verbots so schnell wie möglich zu melden unter genauer Angabe von »Tag, Ort und Zeit der betreffenden Darbietung, insbesondere auch Angabe des entsprechenden Unternehmens, in dem die Darbietung zur Vorführung kam«.[48] Der Feind konnte schließlich überall lauern: »Also, Mitglieder, Augen auf!«[49]

Schreiber konnte sich zugutehalten, dass diese Art von Denunziationskampagnen bereits (und mit ähnlichem Vokabular gegen »Schädlinge« und »Feinde«) seit den frühen Zwanzigerjahren gängige Praxis des Magischen Zirkels und seiner Zeitschrift war. Allerdings steigerte er sich dabei in ein kompromissloses Sendungsbewusstsein hinein, das in den Augen mancher diktatorische Züge annahm. Treue Mitstreiter wie Emil Thoma wiederum applaudierten ihrem Führer und seinen Verlautbarungen in der *Magie,* die auf eine »Erziehung« der deutschen Zauberkünstler abzielten, die nicht nur künstlerisch, sondern auch sittlich zu verstehen war.

Emil Thoma, Leiter des Münchner Ortszirkels, jubelte auf der Arbeitstagung des Magischen Zirkels in Bad Aussee im Februar 1944: »Sollte sich wirklich einmal ein Außenseiter dazu bereitfinden, öffentlich etwas zu erklären, so haben wir genügend Mittel dafür an der Hand, dass diese Art Magier schon in wenigen Tagen gebrandmarkt sind und ihr Erklären einstellen müssen.«[50]

Erklärverbot, Prüfung und Professionalisierung sollten nach Schreibers Willen zu einer »Reformation der Zauberkunst« führen.[51] Und zu einem echten Glaubenskrieg gehörten wohl nun einmal Scheiterhaufen und Bannflüche.

Das Treffen in Bad Aussee war militärisch stramm organisiert. Die Tagesordnung wurde abgehakt, Wortmeldungen blieben aus, sodass die Hauptversammlung pünktlich um 12 Uhr »mit einem Sieg-Heil auf den Führer« geschlossen werden konnte.[52]

Erklären verboten

Im August 1937 machte die *Magie* auf ihrer Titelseite mit einer Schlagzeile auf, wie es sie wohl nur in totalitären Diktaturen geben kann: »Ein befreiendes Verbot«. Unter der Überschrift bejubelte die Vereinszeitung, die inzwischen zum amtlichen Mitteilungsblatt der Fachschaft Artistik geworden war, »dass Deutschland, als erster Staat der Welt, zum Schutze der Zauberkunst als eines Kunstzweiges der Artistik, ein Verbot der Erklärungen von Zauberkunststücken in Wort, Bild und Schrift« erlassen habe.[1]

Nazi-Deutschland war damit nicht nur das erste, sondern auch das einzige Land, in dem das Erklären von Zaubertricks von staatlicher Seite verboten worden war, weil es ein Zauberkünstler so gewünscht hatte.

Der Reichskulturwalter und SS-Oberführer Hans Hinkel hatte im April auf der kulturpolitischen Pressekonferenz der Reichsregierung das Erklären von Zauberkunststücken in Wort, Bild und Schrift grundsätzlich untersagt. Ein solches Verbot bestand für die Mitglieder der Fachschaft Artistik in der Reichskulturkammer zwar bereits seit 1935. Aber jetzt wusste endlich alle Welt, dass die Geheimnisse von Zauberkünstlern im Dritten Reich geheim zu bleiben hatten. Als Hinkel auf der 25. Jahresversammlung des Magischen Zirkels im Sommer 1937 auftrat, feierten ihn die Magier mit frenetischem Applaus als »Freund der Artisten und Zauberkünstler« und zeichneten ihn mit dem goldenen Ehrenzeichen des Magischen Zirkels aus.

In den Jubel mischte sich schon bald eine kollektive Wut auf die frechen Erklärer, der Helmut Schreiber als Schriftleiter in der *Magie* freien Lauf ließ. Seitenlang druckte er in der Oktoberausgabe die Ergebnisse einer Umfrage unter Zauberkünstlern im In- und Ausland und garnierte sie wirkungsvoll mit fett gedruckten Parolen: »Nur Nichtskönner erklären« – »Vernichtend für die Herren Erklärer und Erklärer-Parodisten«[2] – »Sünde und Schande«[3]. Sogar seine Titelschlagzeile vom August konnte Schreiber noch übertrumpfen mit einem Zitat, das die übelsten Instinkte in einer Diktatur wachzurufen geeignet war: »Hängt den Kerl, der erklärt!«[4] Der Satz stammte nicht von ihm, sondern von dem Berufszauberkünstler Marvelli.

Der Streit um das Erklären von Zaubertricks war fast genauso alt wie der Magische Zirkel selbst.[5] Die Zeitschrift *Magie* hatte seit ihrer Gründung immer wieder Feldzüge gegen Erklärer und andere »Schädlinge der Zauberkunst« geführt, die in Zeitungen, Filmen oder auf der Bühne zeigten, wie bestimmte Tricks aufgeführt werden.

Mitunter geschah das in parodistischer Absicht, doch wenn es um die Enthüllung ihrer Geheimnisse ging, verstanden die Magier des Dritten Reichs keinen Spaß. Jedermann wisse heute, hieß es 1937 in der *Magie,* »daß alles, was ein Zauberkünstler zeigt, ganz natürlich vor sich geht, daß alles nur Geschicklichkeit und Geschwindigkeit ist, dennoch möchte sich niemand der reizvollen Illusion berauben«.[6]

Das umfassende Erklärverbot galt nicht nur für die Presse, Theater, Zirkusse, Varietés und Kabaretts, Film und Funk, sondern auch für alle Berufs- und Amateurzauberer. Zu den Erklärern gehörten nicht nur Trittbrettfahrer, denen das Talent und die Fingerfertigkeit zum erfolgreichen Zauberkünstler fehlten und die deshalb ein Geschäft daraus machten, die Neugier des Publikums durch die Vorführung von Trickgeheimnissen zu befriedigen. Auch echte Zauberkünstler erlagen mitunter der Versuchung, ihre Fertigkeiten durch Erklären von Tricks wie der Drehkarte unter Beweis stellen zu müssen.

Helmut Schreiber war der Meinung, dass die Zauberkunst kein Beruf für Menschen ist, deren Selbstbewusstsein so gering war, dass sie mit ihrer Fingerfertigkeit protzen mussten, anstatt den Erfolg ihrer Manipulationen im Stillen zu genießen. Die schwierigsten und besten Kunstgriffe eines Kartenzauberers waren schließlich solche, die das Publikum nie bemerken würde. Eine Volte oder Drehkarte war nur dann erfolgreich, wenn sie den Zuschauern verborgen blieb. Nur der Künstler weiß, wann ihm etwas besonders gut gelungen ist. Den Applaus gibt es für die Effekte, die jeder sieht.

Das Prahlen mit der eigenen Geschicklichkeit war etwas für Jongleure und verbot sich für Zauberkünstler von selbst, da es die Aufmerksamkeit des Publikums auf das eigentliche Geheimnis gelenkt hätte. Die Genugtuung muss der Künstler für sich behalten. Alles andere war in den Augen Helmut Schreibers ein Zeichen mangelnder Charakterstärke und galt als Verrat.

Ein Verstoß gegen das Verbot hatte den sofortigen Ausschluss aus der Reichskulturkammer zur Folge, der einem Auftritts- und damit, bei professionellen Zauberkünstlern, einem Berufsverbot gleichkam.[7]

Allerdings genügte Helmut Schreiber das mündlich von Hinkel verkündete Erklärverbot nicht. Er wollte den Kampf der Zauberkünstler »zum siegreichen Ende« führen.[8] Mit einem schriftlichen Verbot von staatlicher Seite würde die Zauberzunft ein für alle Mal von »hinterlistigen Parasiten gereinigt« werden. Doch für den Endsieg über die Erklärer brauchte er mächtige Fürsprecher und nutzte seine Beziehungen im nationalsozialistischen Machtapparat.

Bei einem Treffen mit Hitler und Goebbels versprach er, dem Propagandaminister einen Bericht über die Erklärerfrage zu schicken. Im November 1937 schickte Schreiber den Bericht an seinen Dienstherrn Goebbels mit einem dringlichen Appell, der Minister möge eine Verordnung gegen das Erklären von Zauberkunststücken erlassen, »das die artistische Kunst und den Beruf des Zauberkünstlers aufs Schwerste schädigt. Heil Hitler! Ihr sehr ergebener Helmut Schreiber.«[9]

Tatsächlich hatten Goebbels Beamte schon im Februar 1938 einen Anordnungsentwurf verfasst, aber die Hoffnung kam zu früh. Im April lehnte Goebbels überraschend ab. Eine schriftliche und veröffentlichte Anordnung komme nicht infrage. Gegen einen mündlichen Hinweis auf einer Fachtagung hätte der Minister aber keine Einwände.[10]

Mit anderen Worten: Die Zauberer sollten in der ganzen Affäre gefälligst unter sich bleiben. Goebbels war in der Erklärerfrage anderer Ansicht als Hans Hinkel, der als Geschäftsführer der Reichskulturkammer sein Untergebener war. Schreiber hatte Hinkel und Albert Gleixner, den Leiter der Fachschaft Artistik, erfolgreich umworben. An Goebbels scheiterte er jetzt.

Ein Grund dafür war die widersprüchliche Haltung der NS-Spitze gegenüber den sogenannten Grenzwissenschaften. Im Gewirr der NS-Bürokratie befehdeten sich Günstlinge, Kulturfunktionäre, Antispiritisten und Künstler mit allen Mitteln. Mittendrin Helmut Schreiber als Präsident des Magischen Zirkels und mächtiger Strippenzieher.

Es waren nicht die Nationalsozialisten, die am schärfsten gegen Okkultisten vorgingen, sondern der Magische Zirkel und sein Präsident.

Ein neues Unglück nahm seinen Ausgang, ausgerechnet mit der Geistertafel. Sie war eines der bevorzugten Zauberkunststücke von Helmut Schreiber, der schon früh seine eigene Version des Tricks entwickelt hatte und damit seit zwei Jahrzehnten seine Zuschauer unterhielt. Vor Psychologen und Medizinern hatte er die Tafel auch zur Entlarvung okkulter Phänomene wie des Gedankenlesens vorgeführt. Nur eins hatte er nie getan: verraten, wie der Trick funktionierte.

Das aber tat Carl Pelz, und er tat es mit der Leidenschaft des Kriminalkommissars, der Betrug und Schwindel nicht auf sich beruhen lassen konnte. Der 1890 geborene Pelz hatte es sich zur Lebensaufgabe gemacht, die Tricks der Okkultisten zu enthüllen und so die Volksseele vor Verdummung zu bewahren.

Er meinte dabei die nationalsozialistische Regierung auf seiner Seite zu wissen, die den ebenso populären wie geschäftstüchtigen Okkultisten im Laufe der Dreißigerjahre durch Verbote das Handwerk zu legen versucht hatte. Allerdings ließ sich der Aberglauben kaum ausrotten, wie Pelz schrieb: »Das geistige Gift, das fast zwei Jahrzehnte lang bis zur Machtübernahme und teils noch darüber hinaus von gewissenlosen Betrügern in die deutsche Volksseele geträufelt wurde, ist leider noch längst nicht daraus geschwunden.«[11]

Pelz war eine von drei Personen in Deutschland, die in parteiamtlichem Auftrag mit Aufklärungsvorträgen gegen okkultistische Betrügereien und Wunderglauben zu Felde zogen. Die anderen beiden waren Albert Stadthagen und Wilhelm Gubisch.

Dass Hitlers Stellvertreter Rudolf Heß an Horoskope glaubte und SS-Führer Heinrich Himmler unter dem Deckmantel der »Grenzwissenschaft« die abstrusesten Forschungsprojekte finanzierte, konnte Pelz nicht wissen, als er 1935 sein Buch gegen die *Vampyre des Aberglaubens* veröffentlichte. Auf dem Cover ein alter Bekannter: Hanussen.

Weil Carl Pelz aber nicht nur Scharlatanen das Handwerk legen, sondern auch der nationalsozialistischen Volksgemeinschaft dienen wollte, hielt er im Auftrag des Deutschen Volksbildungswerks Vorträge und trug seine Aufklärungsarbeit auch in die Ministerien und Ämter des nationalsozialistischen Staates.

In einem Brief an den NS-Chefideologen Alfred Rosenberg rühmte sich Pelz, es sei ihm bereits 1923 als Kriminalkommissar im Memelland gelungen, »einen der größten jüdischen Okkultbetrüger (Herschmann Steinschneider alias Erik Jan Hanussen) zu entlarven«.[12]

Seitdem befasste er sich nebenberuflich als Schriftsteller und Redner mit der Aufklärung über Okkultbetrug. Dass seine Artikel bisweilen mit unschönen Titeln wie »Unfug der Magie« überschrieben waren, hatte bereits mehrfach den Argwohn von Helmut Schreiber geweckt. Der Schriftleiter kritisierte Pelz auf den Seiten der *Magie*.[13] Aber Pelz ließ sich nicht einschüchtern und setzte seine Arbeit fort.

Damit begann ein Kleinkrieg, in den sich schließlich sogar Hitler einschalten musste. Doch bevor der Streit endgültig eskalierte, gelang es Konrad Geiger, dem Leiter der Fachschaft Artistik, zwischen den Streithähnen Schreiber und Pelz zu vermitteln. In einer gemeinsamen Erklärung verpflichtete sich Pelz, »jegliche detaillierte und technische Erklärung von Zauberkunststücken zu unterlassen«. Im Gegenzug sollte der Magische Zirkel seine Mitglieder dazu anhalten, bei ihren Auftritten auch nicht den kleinsten Anschein okkulter Fähigkeiten zu erwecken.[14] In Grenz- und Zweifelsfällen vereinbarte man, die Angelegenheit in kameradschaftlicher Aussprache zu klären.

Der Burgfrieden hielt nicht lange. Als Pelz behauptete, dass viele Tricks von Schwindlern erfunden und erst später von Taschenspielern übernommen worden waren und dann auch noch die Geistertafel als Beispiel anführte, war für Schreiber das Maß voll. Er denunzierte Pelz bei Hitlers Adjutant Julius Schaub. Schreibers Duzfreund übergab die Angelegenheit direkt der Gestapo, deren Beamte Pelz höflich, aber mit dem ihnen eigenen Nachdruck mitteilten, dass er von nun an Vortragsverbot habe.

Gegen Helmut Schreibers direkte Kontakte in die Nazi-Führung konnte Pelz nicht ankommen, allerdings hatte er in der Sache recht. Tatsächlich war die Popularität der Geistertafel einem Mann von äußerst zweifelhaftem Charakter zu verdanken: dem amerikanischen Spiritisten und Medium »Dr.« Henry Slade, der Ende des 19. Jahrhunderts auf scheinbar ordinären Schultafeln Nachrichten aus dem Jenseits erscheinen ließ. Das war natürlich Humbug, aber Slade perfektionierte die Täuschung durch die Erfindung neuer Tricktechniken und verdiente ein Vermögen damit.

In seinem Brief an den NS-Chefideologen Rosenberg klagte Pelz: »Ich frage mich nun: Mit welchem Recht verlangt der Präsident des M. Z., dass über die Technik dieses spiritistischen Tricks öffentlich nicht gesprochen werden darf?« Die Volksaufklärung, fuhr Pelz fort, müsse »ausnahmslos alle Tricks, Kniffe und Geheimsysteme restlos« enthüllen, »die nachweisbar nicht nur angewandt worden sind, um übernatürlich Kräfte vorzutäuschen, sondern auch solche, die zu den gleichen Zwecken noch benutzt werden könnten«.

Pelz behauptete, er habe mit den von Schreiber inkriminierten Artikeln nicht das Geringste zu tun gehabt. Doch seine Versuche, wieder Vorträge beim Volksbildungswerk halten zu dürfen, scheiterten. Die Gestapo informierte dessen Leitung, der Führer selbst habe die Maßnahmen gegen Pelz angeordnet, weshalb eine Aufhebung derselben nur mit Zustimmung des Führers erfolgen könne.[15]

Nicht besser erging es Pelz' Kollege Albert Stadthagen, der bei Kraft-durch-Freude-Veranstaltungen der Deutschen Arbeitsfront auftrat. Der 1870 geborene Stadthagen war Chemiker und Physiker und einer der eifrigsten Verfolger von Okkultisten. In den Fünfzigerjahren gründete er die »Deutsche Gesellschaft Schutz vor Aberglauben«, als nach dem Zweiten Weltkrieg eine Welle von »Hexenprozessen« über die Bundesrepublik rollte[16]. Im Dritten Reich musste sich der »Soldat der Aufklärung«[17] allerdings dem Präsidenten des Magischen Zirkels geschlagen geben.

Helmut Schreiber drohte in zahlreichen Briefen an NS-Stellen unverblümt mit seinem direkten Kontakt zu Hitler, sobald ein Beamter es wagte, den deutschen Zauberkünstlern ihr Erklärverbot wieder streitig zu machen. In einem Schreiben an den für Stadthagen und Pelz zuständigen Abteilungsleiter des Deutschen Volksbildungswerks prahlt Schreiber: »Ich darf Sie heute davon unterrichten, dass ich letzten Sonnabend im engsten Kreise Gelegenheit hatte, den Führer beim Abendbrot von Ihren Ansichten und insbes. von den Ausführungen des Herrn Stadthagen zu unterrichten. Die Ansicht des Führers und seine Äusserungen waren ganz eindeutig zu Gunsten der Wahrung unserer Geheimnisse.«[18] Schreiber betonte, dass er für die antiokkultistischen Arbeiten des Volksbildungswerks zwar Verständnis habe. Allerdings sei es dazu absolut nicht erforderlich, Prinzipien und Geheimnisse der Zauberkunst zu erklären.

Als Pelz und Stadthagen sich mit einem gemeinsamen Schriftsatz gegen Schreibers Intrigen wehrten und ihn, den Präsidenten des Magischen Zirkels, als Dilettanten bezeichneten, bestand

Schreiber auf Satisfaktion. Die Herren sollten sich bei ihm entschuldigen und schriftlich verpflichten, in Zukunft von der Erklärung seines geliebten Tafeltricks abzulassen. »Sowie ich diese Unterlagen in Händen habe, bin ich gern bereit, bei meinem Freunde, dem persönlichen Adjutanten des Führers, Herrn SS-Gruppenführer Schaub, zu intervenieren.«[19]

Es war nichts anderes als Erpressung. Ob er mit der Gestapo drohte oder mit seinen guten Kontakten zum Führer, Helmut Schreiber spielte seine Machtfülle kaltblütig, kalkuliert und rücksichtslos aus. Im Propagandaministerium teilte man Pelz achselzuckend mit, dass der Präsident des Magischen Zirkels nun einmal die maßgebendste und einflussreichste Persönlichkeit sei, die allein das Verbot aufheben könne.[20] Goebbels habe angeordnet, das Verbot aufrechtzuerhalten, falls es keine Einigung mit Schreiber gebe.

Wilhelm Gubisch war als einziger der drei Aufklärer vor Schreibers Intrigen sicher. Kein Wunder: Er war Mitglied des Magischen Zirkels und damit bereits in Schreibers unmittelbarem Machtbereich.

Pelz machte schließlich seinem Herzen Luft und schrieb an Kurd Kisshauer. Der Astronom arbeitete als Referent im Amt für Schrifttumspflege der NSDAP, das dem NS-Chefideologen Alfred Rosenberg unterstellt war. Der Autodidakt Kisshauer verehrte die Astronomie als erhabene Wissenschaft, hielt Einsteins Relativitätstheorie für eine jüdische Erfindung und verachtete Sternendeutung als orientalischen Unfug. Zu seinem Leidwesen beauftragten ihn seine Vorgesetzten im Krieg dennoch, Astrologen wie Karl Ernst Krafft zur Erstellung von Horoskopen für die psychologische Kriegsführung zu zwingen. Stadthagen sprach ihm aus der Seele, wenn er »für die Unterdrückung von Kriegsprophezeiungen im Allgemeinen und solchen des Nostradamus im besonderen« eintrat.[21] Parteigenosse Kisshauer verfluchte den okkultistischen Humbug ebenso wie Pelz und Stadthagen und litt unter der Unentschiedenheit seiner Dienstherren in esoterischen Dingen.

In seinem Brief an Kisshauer klagte Pelz über die Macht des Magiers Helmut Schreiber im Dritten Reich:

> »Den Aufklärungsfeldzug über den begangenen okkulten Massenschwindel, durch den Hunderttausende geistig und seelisch geschädigt worden sind, lenkt und leitet – ein Zauberkünstler!! Ein Zauberkünstler ist es, der im Augenblick keinerlei gesetzliche Bestimmungen, trotzdem aber die Macht in Händen hat, um unter Umständen selbst mit Redeverboten vorzugehen. Diese Macht hat ein Zauberkünstler, der eine ganz kleine Interessengruppe vertritt, die die Taschenspielkunst lediglich zu ihrem Privatvergnügen betreibt und zu der nur verhältnismäßig wenige berufsmäßige Zauberkünstler gehören. Aber noch mehr: Ein Zauberkünstler ist es, der maßgebend zu entscheiden hat, was wir als Aufklärungsredner tun dürfen und was wir nicht machen dürfen, der aber selbst dagegen nicht das geringste unternommen hat, dass sich in seinen eigenen Reihen ›Zauberkünstler‹ befanden, die durch eine Reihe von okkulten Mätzchen ebenfalls zur okkulten Einnebelung der Menschheit beigetragen haben […] Diesen geradezu unglaublichen Zustand zu beseitigen, ist aus den vorstehend erwähnten Gründen im Augenblick nicht möglich. Leider. Schreiber hat heute einen guten Zug gemacht. Wir machen einen Gegenzug dann, wenn erst einmal Parteigenosse Rosenberg unserem Führer Vortrag halten kann.«[22]

Carl Pelz schloss seinen Brief hoffnungsvoll »mit einem kräftigen Heil Hitler!«. Ein Zauberkünstler mit direktem Kontakt ins Zentrum der Macht – wenn das der Führer wüsste.

Hitler wusste es und lud Schreiber gerne zu Vorführungen ein. Carl Pelz dagegen musste bis zum Ende des Dritten Reichs warten, bis er seine Arbeit in der Bundesrepublik fortsetzen konnte.[23]

Der Kampf gegen die Entzauberung war eine Sisyphosaufgabe und ging während des Dritten Reiches in die entscheidende Phase. Schreiber verlegte sich von nun an auf Drohungen, Denunziationen und Intrigenspiele per Brief.

Wenn ein Künstler per Anzeige in der *Artisten-Welt* Apparate für Zauberparodie sucht, wurde der Präsident und Schriftleiter hellhörig und warnte in der *Magie:* »Die bisherigen Parodisten haben wir bis zur Genüge kennengelernt. Es waren alles Erklärer. Wir wollen nicht hoffen, daß der Käufer ausgetretene und verbotene Wege gehen will.«[24]

Zuwiderhandlungen wurden verfolgt – nicht nur durch den Magischen Zirkel, sondern auch durch die Gestapo: »Einzelne Übertretungen des Erklärverbotes wurden teils durch unsere Aufmerksamkeit, teils durch Nachrichten unserer Mitglieder geahndet. Ein ganz Unverbesserlicher erhielt durch die Geheime Staatspolizei beinahe ein ganzes Jahr lang Sprech- und Schreibverbot.«[25]

Als die Artisten Bird und Bird im Allotria in Hamburg Zaubertricks erklärten, wurden sie umgehend beim Präsidenten des Magischen Zirkels denunziert, der beim Betriebsführer des Allotria protestierte.[26]

Unter der Überschrift »Letzte Mahnung an die Erklärer unter den magischen Geschicklichkeitskünstlern« meldete Schreiber 1942 in der *Magie*: »Der Leiter der Fachschaft Artistik, Direktor Konrad Geiger, macht wiederholt darauf aufmerksam, daß das Erklären von Zauberkunststücken verboten ist. Zuwiderhandlungen können dazu führen, daß der Betreffende wegen Unzuverlässigkeit nach § 10 aus der Reichskulturkammer ausgeschlossen wird. In gleicher Weise sind die Betriebsführer, die ein solches Erklären in ihrem Betrieb dulden, verantwortlich.«[27]

Die Durchsetzung des Erklärverbots lag im wirtschaftlichen Interesse der Zauberkünstler, die sich von den Erklärern nicht die Butter vom Brot nehmen lassen wollten. Es gehörte seit Gründung zum Programm des Magischen Zirkels. Dass Schreiber das Verbot jetzt durch Hinweise auf seine Kontakte zum »Führer« und Drohungen mit der Gestapo untermauerte, gab der Angelegenheit eine neue, totalitäre Wendung.

Es gab Artisten, die sich dem Verbot widersetzten. Manche hofften dabei sogar auf die Unterstützung der obersten Nazi-Führung. Das Künstlerpaar Hermez und Cortez appellierte im Streit mit dem Magischen Zirkel direkt an Hermann Göring und bat den Reichsmarschall, »den vollsatten Zauberamateuren vor Augen zu führen, dass im heutigen 3ten Reich das Recht des Schwächeren schwerer wiegt, denn der vollgefüllte Geldsack der Reichen und wir aus dieser Überzeugung dann bei unserer Fahrt in unsere Heimat allen Brüdern und Schwestern zujubeln können«.[28]

Die Antwort aus Görings Ministerium fiel unbefriedigend aus: Da könne man leider auch nichts machen. Kurze Zeit später zauberte Helmut Schreiber persönlich vor dem Reichsmarschall.

Weihnachten in Carinhall

Am frühen Abend des 25. Dezember 1938 verließ ein bis unter die Decke mit Koffern voller Zauberapparaturen bepackter Mercedes Berlin in Richtung Norden.[1] An Bord der Limousine befanden sich zwei Herren im Smoking: der Präsident des Magischen Zirkels und Reinhard Kühne, ein Kaufmann aus Charlottenburg, der erst im Vorjahr Mitglied des Zirkels geworden war und den sich der Präsident als Assistenten für die besondere Mission ausgesucht hatte. Die beiden Männer hatten sich bereits am Mittag in Schreibers Wohnung getroffen, um das Programm zu besprechen und die Zauberapparate aus dessen geheimer Kammer zu holen. Es würde eine große Vorführung werden: zwei Stunden Programm, im Privatanwesen eines wichtigen Mannes. Des zweitwichtigsten Mannes im Deutschen Reich.

Obwohl die Straßen verschneit waren, raste der Fahrer durch die nächtliche Schorfheide und den riesigen Forst und verlangsamte sein Tempo erst, als im Lichtkegel der Scheinwerfer ein Wachhaus aus dem Schnee auftauchte. Sie passierten ohne Zwischenfall die Sperrzone um den Landsitz Carinhall, deren Betreten nur mit Sonderausweis gestattet war, denn sie wurden erwartet.

Kurze Zeit später hielt der Wagen vor dem großen Anwesen, wo Soldaten des »Wachregiments General Göring« aus Berlin-Reinickendorf die Zauberapparate entluden und in das Souterrain des Hauptgebäudes trugen, in dem sich ein Kino mit Bühne befand. Darunter waren: ein Handschuh, ein Spazierstock, mehrfarbige Billardbälle, Seile, Kartenspiele und Münzen, ein Vogelkäfig, eine geheimnisvolle Schiefertafel und sogar zwei lebende Tauben.

Natürlich hatte Schreiber auch Zylinder und Kaninchen nicht vergessen, Kaninchen und Zylinder mussten sein, sie gehörten seit dem 19. Jahrhundert zu den Berufssymbolen der Zauberer. Seit Carl Hertz auf Wunsch von Alfred de Rothschild ein Kaninchen aus dem Jackett des Prinzen von Wales gezaubert hatte, konnte man sich als Zauberkünstler in höheren Kreisen nicht mehr ohne blicken lassen, und ein Generalfeldmarschall Göring durfte doch wohl erwarten, nicht weniger gut unterhalten zu werden als ein englischer Prinz.

Schreiber wusste, dass Hermann Göring eine schillernde Figur war: hochdekorierter Jagdflieger im Ersten Weltkrieg, Fallschirmverkäufer in Schweden, SA-Kommandeur und Teilnehmer des Hitler-Putsches 1923, danach auf der Flucht. Nach seiner Rückkehr sein unaufhaltbarer Aufstieg in der NSDAP. Er verschaffte Hitler Zugang zur Berliner Gesellschaft und wurde 1932 Reichstagspräsident, ein Jahr darauf Innenminister und auch noch Ministerpräsident von Preußen. Fortan war ein Amtstitel dem nächsten gefolgt: Reichsforstmeister, Reichsjägermeister, Reichsbeauftragter für Rohstoff- und Devisenfragen, Mitglied des Geheimen Kabinettsrats, Vorsitzender des Ministerrats für Reichsverteidigung, Reichsminister für Luftfahrt und Oberbefehlshaber der Luftwaffe und schließlich: designierter Nachfolger des Führers. Nicht zu vergessen: Gründer der Gestapo und Erfinder der Konzentrationslager.

Der jovial auftretende Göring war im Volk beliebt. Nur wenige kannten die andere Seite von Göring: Er war seit einer Verletzung morphiumsüchtig und in Schweden zeitweilig Insasse einer Nervenheilanstalt für gefährlich Kranke gewesen, wo er die Uniform mit einer Zwangsjacke tauschen musste. Die dortigen Ärzte hatten die Persönlichkeit ihres Patienten kurz und knapp in der Krankenakte skizziert: »[Patient] störte, war depressiv, stöhnte, weinte, war ängstlich, äußerte ständig Wünsche, reizbar und schnell gerührt […] neigt zur Hysterie, ist egozentrisch; haßt Juden, hat sein Leben dem Kampf gegen die Juden gewidmet.«[2] Mit anderen Worten: Der Mann neben Hitler war ein brutaler Hysteriker, depressiv, suizidgefährdet, egozentrisch und verstand es gleichzeitig, das alles hinter einer lebensfrohen Fassade zu verstecken.

Ämterhäufung und ausschweifender Lebensstil hatten Göring bald den Ruf eingebracht, der »letzte Renaissancemensch« zu sein, und Carinhall bestätigte diesen Eindruck. Görings protziges Anwesen glich eher einem Schloss als einem Landhaus. Schreiber und Kühne schritten zwischen zwei lebensgroßen Bronzehirschen durch ein wuchtiges Hauptportal, über dem im Schein der Fackeln ein gewaltiges Geweih prangte. Den Hirsch hatte Göring selbst geschossen, denn die Eins-a-Hirsche, deren Geweih mindestens zwanzig Kilogramm wog, waren dem Reichsjägermeister vorbehalten. Seinen Gästen ließ Göring, der sonst so Großzügige, nur Wild zweiter Wahl vor die Flinte führen.

Das ganze Anwesen wirkte wie eine Kulisse aus Fritz Langs *Nibelungen,* die darauf angelegt war, Göring groß und Görings Gäste klein erscheinen zu lassen. Und doch war das nur ein kleiner Teil der gigantischen Inszenierung, mit der die Nationalsozialisten Deutschland und die Deutschen vom Tag der Machtergreifung an systematisch überzogen hatten: eine totale Illusion von Größe und Gemeinschaft, der sich das von Wirtschaftskrisen und der Niederlage im letzten Krieg verunsicherte Volk nur zu gern hingab.

Mit Carinhall hatte sich Göring einen eigenen Mythos

geschaffen, so pompös und verspielt wie seine Operettenuniformen. Der Name vereinte den seiner früh verstorbenen ersten Frau Carin mit dem mythischen Walhall des Götterkönigs Odin. Dort versammelten sich in der nordischen Mythologie die gefallenen Helden und warteten auf die Entscheidungsschlacht am Tag der Götterdämmerung. Bis dahin tafelten sie jeden Abend mit Odin, der nur Met trank und alle ihm vorgesetzten Speisen an seine beiden Wölfe Geri und Freki verfütterte.

Auch Göring tafelte gern und träumte vom Endsieg, aber er hatte keine Wölfe in Carinhall. Stattdessen hielt er sich Junglöwen, denen er entweder putzige oder größenwahnsinnige Namen gab: Mucki, Cäsar und andere Wildkatzen durften frei über das Anwesen streifen. Dass Löwen nicht gerade typische germanische Tiere waren, kümmerte Göring nicht. Hauptsache, sie waren Symbole von Kraft und Macht. Der Boden der Schorfheide bot ihm genug Möglichkeiten, sein fadenscheiniges Germanentum zu zelebrieren. Vier Jahre zuvor war dort tatsächlich eine der ältesten germanischen Siedlungen entdeckt worden. Offenbar hatten hier schon tausend Jahre vor Christi Geburt urdeutsche Waldbewohner gelebt.[3] Die heutigen Dorfbewohner hingegen störten Göring, der seine Schorfheide am liebsten von »forstfreien Elementen« säubern und die Leute in den Osten umsiedeln wollte.

Blut und Boden – schön und recht, aber Göring wollte das Landleben vor allem mit germanischem Urwild teilen, das er ausgesuchten Besuchern vor die Flinte führen konnte. Er ließ Wisente ansiedeln, die ihm an Stattlichkeit nicht nachstanden, aber keine Fragen stellten. Denn auch das europäische Urvieh war Teil des großen nationalsozialistischen Rassenweltkriegs. Das Wisent sollte auf dem Weg der Verdrängungszucht über den amerikanischen Bison triumphieren, dessen Blut seine

Adern verunreinigt hatte – »ein Weg, zu dem gerade uns Deutsche unsere eigene Kenntnis der Vererbungsgesetze befähigt«, wie Görings Oberlandforstmeister 1934 schrieb. Weibliche »Stücke«, die mit zu viel Yankeeblut verunreinigt waren, mussten »ausscheiden« und durften von politischen Gästen des Staates erlegt werden.[4]

Helmut Schreiber hatte kein Interesse an Wisenten. Sie waren in ihrer zotteligen Bräsigkeit zu unattraktiv für die Zauberkunst. Er interessierte sich nur für Tiere, die ihm aufgrund ihrer Größe, Schönheit oder exotischen Ausstrahlung als Teilnehmer einer Zaubershow geeignet schienen. Ein Jahrzehnt nach dem Ende des Tausendjährigen Reiches würde er als Kalanag aus dem Vollen schöpfen und seinem Publikum lebende Pythonschlangen und Wildkatzen vorführen. Für den Abend bei Göring aber genügten ihm zwei kleine Tauben und ein Gummikaninchen.

Zu Schreibers Überraschung wurden die beiden Zauberkünstler schließlich hinab in den Keller geführt. Dort befand sich ein großer Kinosaal mit fünfzig Sitzplätzen; am hinteren Ende standen mehrere schwere Sessel auf einer Empore, sie waren Göring, seiner Familie und Ehrengästen vorbehalten.[5]

Befriedigt stellte der Präsident des Magischen Zirkels fest, dass Görings Kellerkino mit allen technischen Raffinessen ausgestattet war. Der Filmproduktionsleiter warf einen fachmännischen Blick auf die drei Vorführ- und Apparateräume, auch wenn er die ganze Technik an diesem Abend nicht benötigen würde. Als Zauberkünstler reichten ihm eine kleine Bühne und ein Scheinwerfer.

Die beiden Magier packten ihre Gerätschaften aus, stellten einen kleinen Tisch mit schwarzem Samtbezug auf die Bühne und gingen noch einmal den Ablauf des zweistündigen Programms durch, als Schreiber zur Begrüßung zum Generalfeldmarschall gebeten wurde.

Einen Monat zuvor hatte er zum ersten Mal seine magischen Künste vor Göring im engsten Familienkreis vorführen dürfen und dafür »größten Beifall« erhalten.[6] Er zauberte mit Eiern und Tüchern, sogar mit Emmy Görings Schal, und erriet heimlich von den Zuschauern aufgeschriebene Worte. Das war elf Tage, nachdem die Naziführer in der Reichspogromnacht jüdische Synagogen und Geschäfte verwüsten ließen und Schreibers Gastgeber Göring als Reaktion auf die Ausschreitungen seiner Leute von den jüdischen Opfern eine Entschädigung von einer Milliarde Reichsmark verlangt hatte.

Geld konnte Göring immer gut gebrauchen, ob es von Juden kam oder von Gönnern in der deutschen Industrie, denn er ließ seinen Wohnsitz Carinhall ständig weiter ausbauen: Eine Trinkstube musste her, eine Kegelbahn, ein Gymnastikraum mit Schwitzbad, natürlich ein Schießstand und auch eine Modelleisenbahn im Dachgeschoss des Wirtschaftsflügels, die Göring seinen Gästen vorführte. Der Krieg würde ihm später einen nie dagewesenen Raubzug durch Europas Kunstmuseen und jüdische Sammlungen ermöglichen. Er träumte von einem Hermann-Göring-Museum in Carinhall und flog nach der Eroberung von Paris schon am nächsten Morgen in die besiegte französische Hauptstadt, um sich die bedeutendsten Kunstwerke der Pariser Museen vorführen zu lassen. Göring nannte es »einkaufen«, da er als Alibi einen Preis zahlte, der allerdings weit unter Marktwert lag. Leonardos Mona Lisa mochte ein etwas fragwürdiges Lächeln haben, aber sie war um Klassen hübscher als die blonde Europa mit den massigen Oberschenkeln, die er sich von Werner Peiner, Kunstprofessor an der Hermann-Göring-Meisterschule, hatte malen lassen. Göring hatte das

Aktbild trotzdem im Schlafzimmer über sein Bett gehängt, da der Stier gut getroffen war und die Eroberung Europas durch einen stattlichen Bullen die Fantasie des Generalfeldmarschalls anregte.

Wenig später kam Schreiber zurück in den Kinosaal und zeigte seinem Assistenten die Geschenke, die er von Göring erhalten hatte: eine silberne Zigarettenkassette, auf der ein goldenes Hakenkreuz prangte, sowie ein großes Göring-Bild im Silberrahmen mit persönlicher Widmung. Zur Stärkung hatte ihnen die Hausherrin Emmy Göring noch einen kleinen Imbiss geschickt.

An jenem Weihnachtsabend 1938 füllten sich langsam die Plätze von Görings Heimkino mit Gästen. Als Letzter betrat der Generalfeldmarschall mit seiner Frau den Kinosaal, um auf der Empore Platz zu nehmen. Diese Auftritte hatten etwas Höfisches: Es war ein feierliches, aber auch ein wenig lächerliches Ritual, wenn der stattliche Göring in seinem aus Brokat gewirkten Hausmantel die Sitzreihen entlangschritt und das Kinopublikum huldvoll mit seinem Marschallstab grüßte, als ob der Weihnachtsmann höchstpersönlich Regie geführt hätte.[7]

Dann bekamen die Zuschauer einen Farbfilm von Görings Tochter Edda zu sehen. Auch der nächste Film drehte sich um Edda und zeigte in allen Einzelheiten die Taufe in Anwesenheit ihres Paten Adolf Hitler und der nationalsozialistischen Prominenz.

Dann, endlich, begann der Hauptteil der Vorführung, und Göring setzte sich mit Emmy in die erste Reihe, um dem Zauberkünstler Helmut Schreiber genau auf die Finger zu schauen.

Und Kalanag zauberte. Er nahm den Zweiten Mann des Dritten Reichs auf eine Reise ins Wunderreich der Magie mit. In diesem Reich schien die Überwindung der Naturgesetze zu gelingen, hier wurde das Unmögliche möglich, Dinge verschwanden und erschienen nach Belieben und man kam aus dem Staunen nicht mehr heraus.

Es begann mit amüsanten Kleinigkeiten: Schreiber spazierte mit einem eleganten Spazierstock auf die Bühne, der sich plötzlich in ein Seidentuch verwandelte. Er warf einen weißen Handschuh in die Höhe, aus dem ein Blumenstrauß wurde, und ließ zwischen seinen Finger Billardbälle erscheinen und wieder verschwinden. Es waren nur Fingerübungen, das Einmaleins der Zauberkunst, und sie gingen leicht von der Hand. Aber das Tempo, in dem er sie vorführte, riss das Publikum mit und lenkte es ab von dem, was seine flinken Zauberhände heimlich taten, wenn sie Seilknoten entwirrten, Karten vertauschten oder Dinge verschwinden ließen.

Es dauerte nicht lange dann waren seine Zuschauer bereit, ihm alles zu glauben. Nun war es Zeit für die Kür, und Schreiber verriet dem Publikum augenzwinkernd, dass er natürlich auch hellsehen konnte. Er zeigte das Kunststück mit den drei Schiefertafeln. Der Zauberer schrieb etwas auf die erste Tafel und legte sie in einen Stoffbeutel, den das Publikum vorher untersucht hatte. Als Nächstes bat er einen Zuschauer, eine willkürlich gewählte Zahl auf einen Zettel zu schreiben und forderte einen anderen auf, eine beliebige Karte zu ziehen. Währenddessen notierte er auf der zweiten und dritten Tafel etwas und verstaute sie ebenfalls in dem schwarzen Beutel.

Dann zog er einen Roman aus seiner Jackentasche und überreichte ihn einer Zuschauerin. Habe die gnädige Frau Muße, ein paar Zeilen zu lesen? Er habe jedenfalls große Lust, ein wenig zu lesen – und zwar ihre Gedanken! Die ersten beiden Zuschauer forderte er auf, Kartenblatt und Zahl zu verraten, die sie willkürlich und ohne sein Wissen gewählt hatten. Es waren das

Herzass und die 52. Mit einem siegessicheren Lächeln blickte der Zauberer in die erwartungsvollen Augen des Publikums und wandte sich an die Dame mit dem Roman. »Zweiundfünfzig«, wiederholte Schreiber, »dann schlagen Sie also bitte das fünfte Kapitel auf und zählen das zweite Wort für uns ab.« Es lautete »Fremdling«, und als der Zauberer seine drei Schiefertafeln aus dem Beutel zog und vorzeigte, sah das erstaunte Publikum, das auf der ersten Tafel die 52, auf der zweiten »Herz Ass« und auf der dritten »Fremdling« stand.

Offen gestanden, war es ein etwas umständliches Kunststück, was auch daran lag, dass der Präsident des Magischen Zirkels einem altbekannten Trick unbedingt seine eigene Note hinzufügen und sich in der von ihm selbst herausgegebenen Fachzeitschrift *Magie* für den »Original Schreiberschen Schiefertafeltrick« loben lassen wollte. Kalanag mochte ein großer Entertainer sein, ein großer Erfinder war er nicht und bediente sich ungeniert bei den Ideen anderer. Natürlich verbat es sich, in solchen Fällen von Diebstahl zu sprechen. »In der Zauberkunst gibt's kein Patentamt.«[8]

Dem Publikum war es ohnehin egal. Göring war von dem Schiefertafeltrick besonders angetan. Konzentriert beobachtete er das ebenso amüsante wie atemberaubende Spiel Schreibers mit Karten, Bällen und Zahlen. Wenn der sich die Daumen fesseln ließ, kontrollierte Göring die Hände des Zauberers höchstpersönlich.

Dieser Mann dort strahlte eine Leichtigkeit und Freude aus, die erfrischend war. Das war kein gefährlicher Mensch wie dieser jüdische Hellseher Hanussen, der so getan hatte, als habe er wirklich übersinnliche Fähigkeiten. Tatsächlich hatte Hanussen zu viel gewusst, allerdings nur über das Privatleben und die Machenschaften der neuen Machthaber, weshalb man ihn schon bald aus dem Weg geschafft hatte. Was der Präsident des Magischen Zirkels dagegen vorführte, war harmlose Unterhaltung. Auf der Bühne von Carinhall war Schreiber nichts anderes als ein Hofnarr im Smoking, der wusste, wem er zu gefallen hatte.

Immer wieder schlug sich Göring vor Freude auf die Schenkel und verlieh seiner Verwunderung mit lebhaften Zwischenrufen Ausdruck. Der Herrscher von Carinhall amüsierte sich prächtig, als Schreiber in der zweiten Hälfte des Programms aus seinem Zylinder erst ein künstliches Kaninchen und dann ein Geschenk für die kleine Edda hervorzauberte. Der Höhepunkt aber war zweifellos die Sache mit dem Kanarienvogel. Kalanag stand auf der Bühne und hielt zwischen beiden Händen einen kleinen Vogelkäfig, dessen Bewohner sanft auf seiner Stange hin- und herschaukelte. Und während der Zauberer sein Publikum mit Erzählungen von Werden und Vergehen, von Sein und Nichtsein unterhielt, geschah plötzlich etwas Unerwartetes. Käfig und Vogel verschwanden von einem Moment auf den anderen, im Bruchteil einer Sekunde, ohne dass jemand darauf gefasst war, ohne dass der schärfste Beobachter etwas bemerkt hätte. Sie lösten sich in Luft auf. Simsalabim, eben ist der Kuckuck noch da, schon ist er fort.

Auch das war ein Kunststück, das Schreiber nicht erfunden hatte. Der berühmte Buatier de Kolta hatte schon 1875 als Erster den verschwindenden Vogelkäfig in der Egyptian Hall in London gezeigt und damit so großes Aufsehen erregt, dass er den Trick bereits im Folgejahr für eine groteske Geldsumme an einen amerikanischen Kollegen verkaufen konnte. Schon bald kopierten andere das Kunststück und gingen dabei, sei es aus Bequemlichkeit oder Mangel an Einfallsreichtum, nicht immer behutsam mit den Vögeln um. Der Zauberkünstler Carl Hertz musste sich sogar vor einem Ausschuss gegen Tierquälerei im britischen Unterhaus verantworten, nachdem in London das Gerücht umgegangen war, er habe beim Verschwindenlassen des Käfigs die Vögel einfach zerquetscht.[9]

Kalanags Kanarienvogel war aus Gummi, was dem Effekt nichts von seiner Wirkung nahm. Der Hausherr staunte, das musste er noch mal sehen. Göring schickte seine kleine Nichte auf die Bühne, die den Käfig halten durfte. Aber auch das half nichts, es war einfach nicht zu fassen: Selbst unter den Händen des Mädchens lösten sich der Vogel und sein Gefängnis in Luft auf.

Das war große Zauberkunst. Sie schien Fesseln zu sprengen, Gitterstäbe in Luft aufzulösen und jeden Wunsch in Erfüllung gehen zu lassen. Sie vermittelte ein Gefühl grenzenloser Freiheit, das der ins Tagesgeschäft der Diktatur eingespannte Feldmarschall sonst nur vom Fliegen kannte.

Göring war ein dankbarer Zuschauer an diesem Abend. Das war nicht bei allen Nazigrößen der Fall. Der ewig misstrauische Goebbels schätzte es nicht, wenn man ihn hinters Licht führte – auch nicht zum Schein und schon gar nicht vor Publikum. Schreiber wusste, dass er sich in solchen Fällen besser an die Damen hielt und etwas für Magda Goebbels oder Eva Braun zauberte.

Sie alle konnten Helmut Schreiber nützlich sein – aus Gefälligkeit für nicht mehr als ein paar unterhaltsame Stunden im Reich der Illusion.

Es sollte nicht lange dauern, bis auch Nazi-Deutschland mehr und mehr ein Reich der Illusionen und des Wunschdenkens wurde, in dem die Realität ausgeblendet und eine bessere herbeifantasiert wurde. Bis das Dritte Reich gegen Ende des Krieges selbst zu einem Wunderreich wurde und die Nazipropaganda dem Volk etwas vorgaukelte vom »Endsieg« und von »Wunderwaffen«, die man in letzter Minute aus dem Hut zog.

Aber woher hätte Helmut Schreiber das im Jahr 1938 ahnen können? Er war schließlich Zauberkünstler und kein Hellseher, auch wenn er gerne so tat. Zauberkünstler sind Schauspieler, die Zauberkünstler spielen. Und war nicht auch Göring ein Schauspieler? Diese Inszenierung als mittelalterlicher Fürst, all die Kulissen und Requisiten, Fantasieuniformen und Mythenhuberei – das war großes Kino.

Als die Vorstellung vorbei war, stellte Schreiber dem Generalfeldmarschall seinen Assistenten vor. Ein Fotograf trat heran und lieferte den Beweis. Auf dem Foto, das der Präsident in seiner Zeitschrift abdrucken ließ, füllt der massige Göring fast die Hälfte des Bildes aus. Dahinter Helmut Schreiber, ein breites Grinsen im Gesicht.[10]

Nachdem sich der Hausherr per Handschlag von ihnen verabschiedet und die letzten Gäste das Anwesen verlassen hatten, verstauten Schreiber und Kühne ihre Zaubersachen wieder im Wagen. Es war inzwischen Mitternacht geworden, Göring und Gemahlin hatten sich längst zur Ruhe begeben, aber die beiden Zauberkünstler sagten nicht Nein, als Kammerdiener Robert Kropp ihnen eine Führung durch die prunkvollen Räume anbot.

Und so streiften zwei deutsche Zauberer am Weihnachtstag 1938 zur Geisterstunde durch Carinhall. Andächtig schritten sie durch die dreißig Meter lange Empfangsgalerie und staunten über die Kunstschätze vergangener Jahrhunderte, die jeden Raum füllten. Schließlich gelangten sie durch eine Vorhalle in die Große Jagdhalle, den Thronsaal des Reichsjägermeisters. Ihre Giebeldecke war von wuchtigen Holzbalken durchzogen, der Boden aus kostbarem Marmor, die Möbel nach Maß gefertigt, die Wände strotzten vor erlesenen Wandteppichen, Gemälden und Jagdtrophäen. An einem Ende befand sich ein gewaltiger Kamin, am anderen konnte man durch ein Panoramafenster in den Garten blicken. Dieses Fenster konnte Göring per Knopfdruck herabfahren, und es war kaum kleiner als das Monumentalfenster in Hitlers Alpenfestung auf dem Obersalzberg.[11]

In der Bibliothek stellten sie fest, dass auch Göring zaubern konnte. Nicht so elegant und unterhaltsam, gewiss, aber umso wirkungsvoller. Der Kammerdiener zeigte ihnen die große Europakarte, die dort an der holzgetäfelten Wand hing. Im Herbst 1937 war der österreichische Außenminister Guido Schmidt zu Gast in Carinhall gewesen war und hatte bemerkt, dass auf dieser Karte Österreich bereits Teil des Deutschen Reichs war. Der empörte Diplomat protestierte vergebens. Nachdem Göring den zögernden Hitler zur Annexion des Nachbarlandes gedrängt hatte, marschierten im März 1938 deutsche Wehrmachtssoldaten in Österreich ein. Göring hatte dafür gesorgt, dass die Wirklichkeit seiner Fantasiekarte angepasst wurde und nicht umgekehrt.

Den Weihnachtsabend 1938 ließen die beiden Zauberkünstler in den Privaträumen des Kammerdieners Robert bei Zigarren und Bier ausklingen, bevor sie sich auf die Rückfahrt nach Berlin machten.

Als sich das Blatt sieben Jahre später wendete und das Dritte Reich in Schutt und Asche gelegt wurde, ließ sich Göring von den Amerikanern verhaften und erklärte, der Krieg sei für ihn wie ein Fußballspiel gewesen. Er hatte zwei Koffer mit Paracodintabletten bei sich und prahlte beim Verhör: »Wenigstens zwölf Jahre gut gelebt!«

Auch Helmut Schreiber lebte gut in diesen zwölf Jahren, und es gab Menschen, die dafür sorgen würden, dass der »Göring unter den Magiern«[12] seine Quittung bekam.

Schon bald nach Kriegsende erhielten die für Entnazifizierung zuständigen Dienststellen der Alliierten Post in Sachen Schreiber. Darin befand sich ein bebilderter Artikel der Zeitschrift *Magie* aus dem Frühjahr 1939: »Weihnachts-Zauber in Karin-Hall«. Seine Gegner hatten nicht vergessen, wie stolz der Präsident seine Nähe zu den führenden Nazis dokumentiert hatte.

Keiner dieser Gegner war für Schreiber gefährlicher als ein Mann namens Marvelli, der scheinbar aus dem Nichts gekommen und zu einem der erfolgreichsten Zauberkünstler des Dritten Reichs aufgestiegen war.

Marvelli

»Manchmal möchte ich diesem Herrn Präsidenten ins Gesicht sagen, daß er mich für immer am Arsch lecken kann ...«

FREDO MARVELLI 1940[1]

An einem kühlen Morgen im April 1923 betrat ein junger, vornehm gekleideter Herr den Viehmarkt in Brandenburg und traute seinen Augen nicht. Friedrich Jäckel trug einen eleganten Gehmantel, auf dem Kopf einen Zylinder, die Hände steckten in feinen Glacéhandschuhen und hielten Koffer und Spazierstock. Er blickte sich um und suchte den leer gefegten Platz ab. Das war doch unmöglich, das konnte nicht sein. Wo war das Zirkusunternehmen mit dem verheißungsvollen Namen »Welt-Arena«?[2]

Er hatte die beschwerliche Reise aus Polen nicht auf sich genommen, um unverrichteter Dinge wieder abzuziehen. Der Zwanzigjährige war engagiert worden, um hier sein Können als Artist zu zeigen. Der Name klang verlockend, vor allem wenn man aus einer schlesischen Provinzstadt kam.

Das Gymnasium in Oels bei Breslau hatte er abgebrochen und war auf Drängen seines Vaters, der Forstbeamter war und einen anständigen Beruf für seinen Sohn wünschte, bei einem Zahnarzt in die Lehre gegangen. Dort hatte der junge Fritz es nicht lange ausgehalten und sich im März 1923 auf die Anzeige des Direktors Leopold Richter von der Welt-Arena gemeldet.

Aber wo waren nun der Direktor und seine großartige Arena? Auf dem leeren Viehmarkt fand er nur einen alten Mann, der neben einem Wohnwagen Holz sägte. Als er ihn nach dem Weg fragen wollte, begrüßte der Alte ihn freudestrahlend: »Ach, du bist sicher der aus Oels. Dann bist du richtig, du kannst gleich hier anfangen!«

Direktor Leopold Richter stammte aus einer alten deutschen Zirkusfamilie, deren Ruhm längst verblasst war. Sie waren brave und bodenständige Handwerker ihres Fachs: Artisten, Jongleure, Schausteller. Zusammen mit seiner Frau, einer Tochter und seinem Bruder traten die Richters im Freien auf den Dörfern oder in einem kleinen Vorführzelt auf, das leider noch nicht eingetroffen war.

Fritz Jäckel hätte auf der Stelle umkehren können, er hatte das Leben, wie man so schön sagt, noch vor sich. Aber er tat es nicht. Ein sturer Ehrgeiz ergriff von ihm Besitz, und er wollte nicht nur Direktor Richter und seiner Artistenfamilie, sondern auch sich selbst beweisen, dass er klein anfangen und schließlich doch groß rauskommen würde.

Die harte Schule des Schaustellerlebens begann schon in der ersten Nacht. Der elegant gekleidete Fritz musste unter dem Wohnwagen schlafen, auf einem Haufen Stroh, da über ihm kein Platz mehr war.

Von da an zogen sie über die märkischen Dörfer und traten mit einem bunten Programm auf. Fritz sollte den Bauern zwei Stücke auf seiner Geige vorfiedeln und ein paar Zauberkunststücke zeigen. Wenn die Richters ihre dressierten Affen und Hähne vorführten, war er als Einmann-Orchester mit Leierkasten, Pauke und Becken für die Begleitmusik zuständig.

Am Ende der Vorstellung musste er mit einem Teller durch das Publikum gehen, um Geld einzusammeln. Selbst wenn es dabei nicht, wie im Inflationsjahr 1923, um Millionensummen ging, musste er sich vorher im Wohnwagen bei der Frau Direktor melden. Die Matrone verstand in Geldsachen keinen Spaß und pflegte ein altes, aber bewährtes Ritual, um zu verhindern, dass er beim Kassieren Münzen abzweigte. Sie verschloss fünf lebende Fliegen in seiner linken Hand, die er zusammen mit dem vollen Teller unversehrt wieder bei ihr abliefern musste.

So zogen sie eine Saison lang durch die Mark Brandenburg, und im September erhielt der junge Fritz seine Gage: Die 180 Millionen Mark reichten gerade noch für eine Eisenbahnfahrt bis nach Halle. Das Geld für die Weiterfahrt verdiente er sich mit der Vorführung von Zaubertricks mit Münzen und Karten in dem überfüllten Abteil. Doch bevor er aufbrach, nahm ihn der alte Richter noch einmal beiseite und riet ihm zu: »Junge, du musst endlich einen richtigen Namen haben, wenn du etwas werden willst. Wie wäre es mit Marvelli?«

Marvelli, der Name klang weltläufig und geheimnisvoll. Fritz Jäckel wusste, warum er sich Richter und seiner Welt-Arena angeschlossen hatte: Der Mann mochte nur einen kleinen Provinzzirkus haben, aber in der Werbung war er ein Genie.

Zurück in Breslau mietete er sich ein kleines Zimmer und feilte an einer eigenen Zaubervorführung. Die Salonmagie des 19. Jahrhunderts war aus der Mode gekommen, mit Karten- und Münztricks allein würde Marvelli nie zu dem Weltruhm gelangen, der ihm seiner Meinung nach vorbestimmt war.

Er war volljährig und wollte Jungfrauen zersägen. Er suchte und fand per Zeitungsinserat eine Assistentin, ließ sich einen mit den nötigen Raffinessen ausgestatteten Holzsarg zimmern und klapperte die Varietébüros ab. Schließlich bekam er ein Engagement, seine Nummer wurde groß angekündigt. Am Premierenabend lief er zur Hochform auf, gebannt folgten die

Zuschauer jeder seiner Gesten, bis er die Säge ansetzte und das Unglück geschah. Die Vorderseite der Holzkiste fiel herunter und gab den Blick auf die krampfhaft angezogenen Beine von Marvellis Assistentin und ein paar künstliche Füße am anderen Ende frei. Das Publikum johlte, der Vorhang sauste herunter, und Marvelli wurde mit Schimpf und Schande aus dem Theater geworfen.

An diesem Punkt hätte Marvelli seinen Traum aufgeben und sich als Fritz Jäckel wieder einer soliden bürgerlichen Existenz zuwenden können. Doch das Gegenteil geschah. Die Niederlage machte ihn nur umso entschlossener, seinen eigenen Weg als Zauberkünstler zu finden. Er beschloss, ab sofort mit einem Minimum an Requisiten auszukommen und sich nie wieder von komplizierten Apparaturen abhängig zu machen.

Von nun an würde er sich ganz auf die Geschicklichkeit seiner Hände konzentrieren. Er würde mit Karten und ordinären Zigaretten zaubern und jeden Tag stundenlang üben. Doch er wusste auch, dass Fingerfertigkeit allein nicht reichte, um einen Saal in atemloses Erstaunen zu versetzen. Um aus bloßer Zauberei Magie zu machen, kam es nicht auf das Was, sondern das Wie an.

Im Herbst 1925 lernte er in Breslau den Zauberkünstler Carmellini[3] kennen und durfte ihm einige seiner Kunststücke vorführen. Carmellini erkannte sofort das Talent des wesentlich Jüngeren. Er würde seinen Weg gehen, da war er sicher. Nun musste er nur noch den Mut aufbringen, sich von einem Niemand in den großen Zauberer zu verwandeln, der Marvelli werden sollte. Nicht Tricks seien entscheidend oder Virtuosität, erklärte Carmellini, sondern die Persönlichkeit, mit der ein Zauberkünstler auftrat.

Der alte Magier machte ihm klar, dass er keine Zeit zu verlieren hatte. »Sie sind zum Zaubern geboren! Sie brauchen keine Lehrzeit mehr. Sie müssen anfangen, sofort! Sie müssen dort hingehen, wo Sie keiner kennt, und den Leuten sagen: Ich bin Marvelli – ein großer Zauberer! Was ich kann und wie ich es mache, haben Sie noch nie erlebt. Und dann, junger Mann – machen Sie den Leuten auch etwas vor, was die noch nie erlebt haben!«[4]

Der junge Mann ließ es sich nicht zweimal sagen, packte seine Koffer und reiste nach Garmisch-Partenkirchen. In dem mondänen Kurort gab es viele Hotels mit zahlungskräftigen Gästen. Künstler und Schriftsteller ließen sich von der besonderen Atmosphäre des Ortes inspirieren. Edward Elgar und Richard Strauss hatten hier bedeutende Werke komponiert. Strauss kaufte sich vom Erlös seiner Oper *Salome* hier ein Haus, in dem er bis zu seinem Tod lebte. Schriftsteller wie Lion Feuchtwanger, Karl Kraus und Erich Kästner logierten in den Künstlerpensionen, um zu arbeiten und zu feiern.

Seinen ersten Auftritt gab Marvelli im Hotel Zur Post in Garmisch. Er zauberte eine volle Stunde vor den gutbetuchten Gästen aus aller Welt – und bekam begeisterten Applaus. Der Erfolg sprach sich in Windeseile unter den Direktoren der anderen Hotels in der Umgebung herum, und Marvelli konnte sich bald vor Angeboten kaum mehr retten. Gleichzeitig arbeitete er an der Entwicklung und Perfektionierung neuer Kunststücke. Bald ließ er bei seinen Auftritten eine Kugel scheinbar völlig frei in der Luft schweben. Dann wieder tänzelte er im Frack über die Bühne und fing aus dem Nichts brennende Zigaretten auf, blies ein bisschen Qualm in die Luft und ließ sie dann auf ebenso unerklärliche Weise wieder spurlos verschwinden.

Das alles zeigte er mit einer solchen souveränen Lässigkeit, dass er es sich leisten konnte, sein Publikum zu provozieren:

»Meine Damen und Herren, natürlich kann man gar nicht zaubern! Man kann nur täuschen. So vieles im Leben ist Täuschung – was ich Ihnen zeigen möchte, das ist Täuschungskunst. Wenn Sie genau aufpassen, müssen Sie mich erwischen, denn das alles ist natürlich ganz einfach!«

Acht Monate dauerte seine Tournee durch süddeutsche Badeorte. Dann hatte er genug Geld verdient, um sich für die Arbeit an einem neuen Programm zurückzuziehen. Er wollte nicht mehr nur einzelne Nummern nacheinander vorführen, sondern ein Programm haben, das wie eine Symphonie durchkomponiert war und sich immer mehr steigerte bis zum großen Finale. Er brauchte Rhythmus, Takt – Musik! Marvelli kaufte sich ein Grammophon und probte seine Kunststücke nun mit Musikbegleitung vor dem Spiegel. Von nun an spielte Musik von Tschaikowski, Rossini, Borodin bei seinen Auftritten.

Als er nach Garmisch-Partenkirchen zurückkehrte, schien man ihn bereits erwartet zu haben. Bei seinem ersten Auftritt im Hotel Zur Post nach beinah einem Jahr war der Saal restlos überfüllt. Dann zauberte er im Schneefernerhaus unterhalb des Zugspitzgipfels und war bald Stadtgespräch unter den Filmstars, Industriellen und Millionenerben, die dank des einzigartigen Zauberers auf einmal vergessen hatten, was Langeweile ist.

Der Ruf Marvellis drang bis zu dem amerikanischen Zeitungsmagnaten William Randolph Hearst durch, der mit seiner Geliebten Marion Davies zur Kur in Bad Nauheim war und ihn für eine Privatvorstellung engagierte. Hearst war einer der reichsten Männer der Welt und hatte entsprechende Erwartungen. Am Ende der Vorstellung fragte Marvelli seine Gastgeber nach der Uhrzeit. Hearst blickte auf sein Handgelenk und stellte verblüfft fest, dass nicht nur seine Uhr verschwunden war, sondern auch die seiner Geliebten und der anderen Gäste in der ersten Reihe.

Marvelli lächelte und genoss den Augenblick. Dann zog er die Uhren aus den Taschen seines Fracks. Die Armbanduhr von Hearst befand sich an Marvellis Handgelenk. Der Amerikaner war so begeistert, dass er dem Zauberer nach der Vorstellung ein verschlossenes Kuvert überreichen ließ. Als Marvelli es öffnete, fand er tausend Dollar darin.

Dann machte er es wie Richard Strauss und kaufte sich von seiner Gage ein Haus in Garmisch. Dort richtet er sich ein Labor ein und experimentiert mit neuen Zaubertricks. Er kauft sich die modernsten Errungenschaften der Technik: Tonbandgeräte, Kameras und sogar einen Fotokopierer. An der Wand hing die Reproduktion eines Gemäldes von Hieronymus Bosch, das einen Gaukler des 16. Jahrhunderts bei der Arbeit zeigte.

Bald fand er auch unter seinesgleichen Anerkennung. 1936 wurde er Mitglied des Magischen Zirkels von Deutschland. Im gleichen Jahr machte sich Marvelli von Rio de Janeiro aus auf eine Südamerika-Tournee. Auf den Weltkongressen der Magier gewann er 1937 in Frankfurt und 1938 in Berlin gleich zweimal hintereinander mit seinem Zigarettenfang den Ring des Magischen Zirkels. Bei dieser erstaunlichen Nummer griff Marvelli eine Zigarette nach der anderen aus der Luft, tat einen Zug daran, und warf sie achtlos auf den Bühnenboden. Das alles geschah in einem atemlosen Tempo, während er zu den Takten eines Paso Doble über die Bühne tänzelte.

Als ihn Helmut Schreiber und Robert Farchmin im März 1938 in Garmisch besuchten, staunten sie über die Schätze in Marvellis Laboratorium: »Ein Paradies für jeden Fachmann. Da ist alles zur Hand. Marvelli zeigt uns einige Bastelfeinheiten. Wundervoll ausgeklügelt seine Zigaretten-Apparate. – Das neueste ist seine 16 mm-Kamera. Abends war Kino in der Halle. Ausgezeichnete Aufnahmen.«[5]

Zauberkunst war für Marvelli »die Vollendung geistig-künstlerischen Schaffens und nicht nur eine höhere Stufe artistischer Geschicklichkeit«.[6] Er verzichtete auf komplizierte Apparaturen und prunkvolle Dekorationen und konzentrierte sich auf das Wesentliche: sich selbst.

1938 war es schließlich so weit: Marvelli eroberte Berlin mit einer abendfüllenden Zaubershow, wie sie selbst die verwöhnte Stadt noch nicht gesehen hatte. Er mietete den Beethoven-Saal. Die Veranstalter hielten ihn für verrückt. Ein Zauberkünstler, der ganz allein den größten Konzertsaal der Stadt füllen wollte? Wo sonst Furtwängler und die Berliner Philharmoniker spielten? Die Direktion verlangte die Saalmiete in Vorkasse.

Das Wagnis lohnte sich: Allein in der Wintersaison 1938 gab Marvelli sechsundzwanzig Vorstellungen. Er bezog eine Wohnung in der Kufsteiner Straße in Berlin-Schöneberg und machte sich auf, die Metropolen der Welt zu erobern.

Der alte Carmellini hatte recht gehabt. Jetzt war Marvelli, was er anfangs nur vorgetäuscht hatte: ein großer Zauberkünstler. Der Erfolg stachelte seinen Ehrgeiz nur weiter an. Fingerfertigkeit allein genügte nicht, die hatte auch ein Jongleur. Marvelli wollte der größte Zauberkünstler seiner Zeit werden, ein Magier der höheren Kreise im Dritten Reich, der vor Hitler, Göring und Konsorten auftrat.

Es gab nur ein Problem: Da war schon Helmut Schreiber.

Duell der Magier

Helmut Schreiber hasste Fredo Marvelli. Er hasste die herablassende Art, mit der dieser Berufszauberer über Amateure wie ihn redete. Er hatte Marvellis ständige Sticheleien gegen den Zirkel und seinen Präsidenten satt. Aber er beneidete auch Marvellis überlegenes Können und seine Erfolge und versuchte, sie in vertraulichen Gesprächen und Briefen an andere Zauberkünstler kleinzureden.

Doch Marvelli hatte bereits einen Plan, der ihn seinem Ziel näherbringen sollte, der größte Illusionskünstler seiner Zeit zu werden: Er wollte den legendären Salonzauberer des 19. Jahrhunderts beerben, jenen Dr. Johann Nepomuk Hofzinser, der die gehobene Wiener Gesellschaft mit seinen unglaublichen Kunststücken in Erstaunen versetzt hatte.

Allerdings war Hofzinser seit über einem halben Jahrhundert tot und fast vergessen. Es gab nur einen Mann auf der Welt, der ihm noch die Geheimnisse Hofzinsers eröffnen könnte: Ottokar Fischer in Wien. Der alte Mann hatte das Erbe des großen Vorgängers jahrzehntelang gehütet und erforscht. Er besaß sogar die wenigen erhaltenen Originalapparate Hofzinsers.

Fischer war ein ungemein versierter Kenner der Geschichte der Magie. Er hatte um die Jahrhundertwende ein Zaubertheater im Wiener Prater geleitet und später ein Geschäft für Zauberartikel betrieben. In den Dreißigerjahren war Fischer als Präsident des Magischen Klubs der unangefochtene Nestor der

Wiener Zauberkunst und Ehrenmitglied zahlreicher Magischer Vereinigungen in der Welt.

Für Marvelli zählte aber vor allem eins: Sie hatten einen gemeinsamen Feind. In ihrer Korrespondenz lästerten Marvelli und Ottokar Fischer über den »Zentral-Präsidenten« in Berlin, über Schreibers »Geltungsbedürfnis« und seine »Primadonnafilmstarlaunen«:[1] »So etwas an krankhaftem, schon füglich pathologischem Ehrgeiz hatte die magische Weltgeschichte vorher wohl noch nie erlebt!«[2] Als Schreiber eigens für den Magischen Zirkel einen »Simsalabim-Marsch« komponieren ließ, ätzte Marvelli, der Titel passe eher für einen Jahrmarkt oder ein Kasperltheater.[3]

Nach dem Anschluss Österreichs an das Deutsche Reich 1938 hatte Helmut Schreiber seinen Einfluss als Präsident genutzt, den Wiener Magischen Klub in einen Ortszirkel des Magischen Zirkels von Deutschland zu überführen und Fischer durch einen linientreuen Vasallen zu ersetzen.

Fischer war tief getroffen und außer sich vor Wut über den »magischen Machthaber«[4] und »größenwahnsinnigen Hanswurst«.[5] Er vermutete, dass Schreiber sich an ihm rächen wollte, weil er ihn nie zum Ehrenmitglied des Wiener Klubs gemacht hatte.

Schreiber tat, als ob alles nicht so schlimm wäre.

In einem Brief an den »lieben Ottokar« berief er sich auf das »Führerprinzip«, dem sich eben auch Fischer unterzuordnen habe. Ein von ihm eingesetzter Leiter handele, ebenso wie die Minister des Führers, auch in seinem Namen: »Wo würde das hier in Deutschland hinführen, wenn einzelne sagen würden, ich ordne mich nur dem Führer unter und nicht z. B. einem Dr. Goebbels oder Dr. Ley etc.« Helmut Schreiber legte stets Wert auf gute Formen, und wenn er sich auf eines verstand, dann war es die Form der liebenswürdigen Drohung. Den Brief unterzeichnete er mit »Herzliche Grüße. Heil Hitler!«[6]

Marvelli erkannte, dass ihn und Fischer nun schon zwei Dinge verbanden: Die Bewunderung für den Zauberkünstler Hofzinser und die Feindschaft gegenüber Helmut Schreiber. Von nun an umwarb der junge Marvelli den alten Ottokar Fischer geschickt mit tröstend-schmeichelhaften Briefen, in denen er seiner Bewunderung für Hofzinsers Erbe und seiner Abneigung gegen den Präsidenten des Magischen Zirkels Ausdruck verlieh. »Mein innigster Wunsch ist der, die Magie wieder dorthin zu bringen, wo sie zu Hofzinsers Zeiten war«, schrieb er am 25. Januar 1939 an Fischer. Marvelli sah sich als Künstler und klagte über das Niveau der zeitgenössischen Zauberer: »Geschäftemacher, Trixer, Nummern-Artisten, aber keine Magier mit künstlerischer Intuition – kunstvoller Gestaltung«.[7]

Deshalb weigerte er sich, in Varietés aufzutreten. »Ich würde dann vielleicht auch nur trixeln können, während ich im Konzertsaal wirklich zaubern kann, da – glaube ich selbst an Zauberei, an übernatürliches Geschehen, so sehr –, daß es alle Menschen auch glauben müssen, die Menschen dürfen keine Sekunde an meiner Kunst zweifeln dürfen, nicht glauben, daß es nur Täuschung sei, nein – das ist eben Zauberei.«[8]

Marvellis Hartnäckigkeit zahlte sich aus: Ottokar Fischer weihte ihn schließlich in die Geheimnisse von Hofzinsers Kunststücken ein und verkaufte ihm dessen Nachlass samt Geräten. Marvelli entwickelte Hofzinsers schwebenden Stab weiter und führte ihn seit 1939 mit großem Erfolg auf der Bühne vor.

Unermüdlich versuchten Marvelli und Schreiber, sich gegenseitig zu überbieten. Marvelli nutzte jede Chance, um Schreiber spüren zu lassen, dass er sich ihm als Zauberkünstler weit überlegen fühlte. Bei einem Abend in der Kameradschaft der deutschen Künstler beschied er Schreiber kühl, dass er sich zu schade für Einlagenzauberei sei und nur noch seine eigenen »Marvelli-Abende« veranstalte.[9]

Als Marvelli das nächste Mal in Berlin gastierte, rächte sich Schreiber, indem er ihn bei einer Agentur für einen Hausfrauennachmittag empfahl. Marvelli lehnte empört ab und teilte dem Agenten mit, dass der sich seine Gage gar nicht leisten könne.[10] Als Schreiber ihn darauf ansprach, setzte Marvelli nach: Wenn er ihn schon empfehlen wolle, dann bitte bei Göring oder Hitler, da zaubere der Herr Präsident doch immer wieder. Immerhin war Marvelli im Vorjahr schon einmal vor Hitlers Stellvertreter Rudolf Heß aufgetreten. Ein Foto in der *Magie* zeigt sie nebeneinander, in Frack und Braunhemd, grinsend über beide Ohren.[11]

Doch Schreiber hatte nicht vor, seine Zugänge in die höchsten Nazi-Etagen mit anderen Zauberkünstlern zu teilen, schon gar nicht mit seinem Konkurrenten Marvelli: »Das geht nicht, denn bei den Herren zaubere nur ich«.[12] Fischer tröstete Marvelli im Juli 1939, er habe auch von anderer Seite schon Klagen gehört, dass Schreiber »steuerzahlende Artisten-Zauberkünstler vom Führer und seiner Umgebung fernhält«.[13] Natürlich wären sie alle gerne vor Hitler aufgetreten.

Zwei Monate später überfiel die Wehrmacht Polen, und das Großdeutsche Reich breitete sich scheinbar unaufhaltsam über die Landkarte Europas aus. Große Zeiten standen Deutschland und auch dem Magischen Zirkel bevor – gute Zeiten für Leute wie Marvelli und Schreiber, die immer groß und größer dachten. In einem Brief an Schreiber spekulierte Marvelli schon über »die künftigen Vereinigten Staaten von Europa« und einen »Eurasischen Magischen Zirkel«, der einst den Magischen Zirkel von Deutschland schlucken könnte.[14] Beide wollten sich in Stellung bringen für die kommenden Zeiten.

Der Präsident versäumte keine Gelegenheit, in Briefen und Postkarten deutlich zu machen, wie nah er Hitler war: Mal wurde er »gestern im Extraflugzeug zum Führer geholt«, mal grüßte er »von einem Wochenendaufenthalt als Gast des Führers« auf dem Obersalzberg.[15]

Als Präsident war es Schreibers oberstes Ziel, den Einfluss des Magischen Zirkels im Dritten Reich auszubauen und damit auch seinen eigenen Machtbereich zu vergrößern. Es ärgerte ihn, dass Marvelli stets tat, als ob er dem Magischen Zirkel überhaupt nichts schulde, dass er es nicht für nötig hielt, bei seinen Auftritten Werbung für den Magischen Zirkel zu machen: »Warum bezeichnet er sich aber in seinem Programmheft nicht als Mitglied des M. Z.? Warum weist er nicht mit einer einzigen Zeile auf diese Institution hin?«.[16]. Marvelli aber dachte gar nicht daran, Schreibers Wunsch nachzukommen. Für solche »Margarine- oder Schuhkrempropaganda« war er sich zu fein.[17]

Schreiber grollte: Wie undankbar war dieser Kerl, der es nur ihm zu verdanken hatte, dass er 1938 in Frankfurt auftreten und ein zweites Mal den Ring des Magischen Zirkels gewinnen konnte. Dann hatte Marvelli auch noch die Frechheit besessen, sich entgegen aller Abmachungen als »Sieger über 400 Zauberer« und »Weltmeister« zu bezeichnen.[18] Das klang geradewegs so, als sei Marvelli der wichtigste Zauberer im Deutschen Reich – und nicht er: Helmut Schreiber.

Als Marvelli auch noch in einer Buchreklame als Träger der »höchsten magischen Auszeichnung« bezeichnet wurde, beschwerte sich Schreiber schriftlich beim Verlag: Nicht der Ring des Magischen Zirkels, sondern der Hofzinser-Ring sei die höchste Auszeichnung und den trage nur einer: Helmut Schreiber.

Allerdings waren die Umstände, unter denen Schreiber den Ring 1936 verliehen bekommen hatte, mehr als merkwürdig. Man hatte den ersten Träger Ottokar Fischer zur Hauptversammlung nach München eingeladen, wo der Ring satzungsgemäß an einen neuen Preisträger gehen sollte. Dass es Helmut Schreiber sein würde, erfuhr Fischer erst, als er auf die Bühne geholt wurde, um dem Präsidenten den Ring an den Finger zu stecken.[19] Die Verleihung war in Fischers Augen eine Farce, die nur der Selbstbeweihräucherung des Präsidenten dienen sollte: »Das einzige und richtige Mittel, um den Kerl zur Raison zu bringen wäre, ihn die Bekanntschaft mit einer Hundspeitsche machen zu lassen, denn mit einem grössenwahnsinnigen Schwein zu kämpfen, das sich überdies im Schutze gewisser Machthaber weiss, ist eine aussichtslose Sache.«[20] Marvelli bedankte sich artig für die Information. »Mein Kampf mit Schreiber geht aber weiter«, versichert er Fischer. »Er möchte mich gern ganz klein bekommen, aber ich huste ihm was.«[21]

In Briefen an Zirkelmitglieder versicherte Schreiber großherzig, er werde alles tun, um das Verhältnis zu Marvelli wieder ins Lot zu bringen. Aber der Mann sei nun mal »von einem seltenen Misstrauen und einer grossen Eitelkeit befallen.«[22]

Gleichzeitig ließ er Marvelli über die Fachschaft Artistik verbieten, sich auf Plakaten und Briefköpfen als »Sieger vom Internationalen Kongress der Zauberer« zu bezeichnen.[23]

Marvelli fühlte sich düpiert, weil die *Magie* unter der Schriftleitung von Helmut Schreiber seine Leistungen als Zauberkünstler nicht genügend würdigte. Wäre es nicht längst an der Zeit gewesen, ihm als einem der führenden Magier Europas eine Sondernummer zu widmen? Marvelli war nicht der Einzige, der so dachte.[24]

Bei jeder Gelegenheit ließ Marvelli durchblicken, dass er dem Präsidenten auf keinen Fall nachlaufen oder ihm »Zucker in den Hintern«[25] blasen werde. Sollte der Magische Zirkel doch froh sein, einen Berufszauberkünstler wie ihn als Mitglied zu haben. Schreiber empörte sich seinerseits in Briefen an Zirkelmitglieder, man könne von ihm doch nicht erwarten, »dass ich Marvelli hinten hineinkrieche, nur, damit er weiterhin auf den MZ und auf meiner Person herumschimpft.«[26] Er wolle ja eigentlich mit allen Magiern in gutem Einvernehmen verkehren, beteuerte Marvelli, »aber manchmal möchte ich diesem Herrn Präsidenten ins Gesicht sagen, daß er mich für immer am Arsch lecken kann …«[27]

Ungeachtet des Streits und der Schwierigkeiten, die Schreiber ihm machte, eilte Marvelli mit seinen Auftritten von Erfolg zu Erfolg. Er gab mehr als 120 Gastspiele »in allen Konzertsälen Grossdeutschlands«.[28] In Stockholm ließ er sich den schwebenden Stab, den er in der Hofzinser-Tradition vorführte, mit einer Folie aus echtem Dukatengold verzieren.[29]

Als er von einem anderen Zirkelmitglied erfuhr, dass Schreiber ihn in einem Brief zwar als fingerfertig, aber unoriginell abgetan hatte, war Marvelli empört. Fischer tröstete ihn mit einer vernichtenden Charakterskizze des Präsidenten: »Das ist seine perfide Art: von vorne honigtriefende Worte von Freundschaft, Lob und Anerkennung – von hinten kaltlächelnd der Dolch übler Nachrede, des Neides, ja selbst der Verleumdung in den Rücken stossen!«[30] Als Schreiber Marvelli im Januar 1940 in Geburtstagslaune einen Friedensschluss anbot, schlug er ein, da ihm der Dauerstreit inzwischen als Zeitverschwendung erschien und außerdem die Nerven aufrieb.[31]

Der Kampf der beiden Zauberer hielt den Magischen Zirkel in Atem. Vermittler boten sich an, um den »kuriosen Streit« zu schlichten. »Am liebsten setzte ich mich manchmal schnurstracks in den Zug und führe nach Berlin«, schrieb ein Zirkelkollege 1941 an Schreiber, »nur um Sie beiden auf ›Tod und Verderben‹, Aug in Aug gegenüberzustellen und Sie zu zwingen, sich einander die Hand zu geben«.[32]

Tod und Verderben rückten bald näher, als die scherzhafte Formulierung vermuten ließ. Das Zerwürfnis war von bleibender Dauer, wurde mal notdürftig »geleimt«, wie Schreiber behauptete, aber es blieb brüchig – bis zum großen Knall.[33]

Der größte Lump im ganzen Land

Im November 1942 erschien im amtlichen Teil der *Magie* in großen schwarzen Lettern eine Mitteilung, die in trockenem Bürokratendeutsch den Rauswurf eines der bedeutendsten Zauberkünstler seiner Zeit aus dem Magischen Zirkel bekannt gab: »Ausschluss Marvellis aus dem Magischen Zirkel. Marvelli ist durch den Präsidenten des Magischen Zirkels durch Verfügung vom 19. September 1942 wegen Verstoßes gegen § 7c der Vereinssatzung aus dem Magischen Zirkel ausgeschlossen worden. Der Ausschluß ist auf die von Marvelli erhobene Beschwerde durch den Präsidenten der Reichstheaterkammer bestätigt worden. Damit ist er rechtskräftig.«[1] Gezeichnet Schreiber, Präsident des Magischen Zirkels.

Der vorgeschobene Grund für die Maßnahme: Marvelli hatte das Zirkelmitglied Alois Kassner beleidigt, einen Kollegen und verdienten Berufszauberer. Außerdem hatte er in Kassners Gegenwart unschöne Bemerkungen über den Führer gemacht und Vergleiche zwischen dessen Amtsführung und der von Helmut Schreiber gezogen.

Diesmal war er zu weit gegangen. Marvelli hatte versucht, eine Rebellion gegen Helmut Schreiber anzuzetteln. Der fühlte sich zwar wie ein Alleinherrscher, seit der Magische Zirkel 1936 nach dem Führerprinzip gleichgeschaltet und er als Präsident eingesetzt worden war. Aber Schreiber hatte sich bei seinem Aufstieg zum mächtigsten Magier des Dritten Reichs nicht nur Freunde gemacht durch das rabiate Vorgehen, mit dem er Konkurrenten und Regimegegner ausgeschaltet hatte. Der Ortszirkel in Köln hatte sich aus Protest gegen den Rauswurf jüdischer Mitglieder aufgelöst. Die Art und Weise, wie sich der Magische Zirkel von Deutschland unter Schreibers Führung den Magischen Klub von Wien einverleibt und wie er dessen Vorsitzenden Ottokar Fischer degradiert hatte, stand in den Augen vieler an Brutalität und Schamlosigkeit dem Anschluss des Alpenstaates an das Dritte Reich nicht nach.

Der Präsident des Magischen Zirkels war kein Feind von Ämterhäufung und deshalb auch nach seiner Krönung Schriftleiter der *Magie* geblieben. Dort schrieb er eine regelmäßige Kolumne unter dem Titel »Schnell noch lesen, was ich notierte«. Die Rubrik war mit einer Karikatur des schreibenden Präsidenten neben einem Stapel von Blättern geschmückt und wirkte auf den ersten Blick wie eine Seite mit Vereinsnachrichten.

Schreiber nutzte die Kolumne, um seine Macht auszuüben und zu festigen. Dass er regelmäßig zur Meldung von »Schädlingen der Zauberkunst« aufforderte, hatte Tradition. Nun sollten die Leser ihm aber auch Zauberkünstler melden, die keine Auftrittsgenehmigung hatten, denn die Ausstellung der Genehmigungen war dem Präsidenten vorbehalten. So pflegte und förderte Helmut Schreiber eine Kultur der Denunziation von Abweichlern und Unbotmäßigen.

Das System funktionierte reibungslos, wie in einer gleichgeschalteten Diktatur nicht anders zu erwarten. Nachdem Marvelli sich kritisch über Schreibers Amtsführung geäußert hatte, machte Kassner seinem Präsidenten Meldung, der sich den frechen Kritiker vornahm, nein: vornehmen ließ. Auf Schreibers Veranlassung verwarnte der Präsident der Reichstheaterkammer Marvelli. Der Obermagier hatte den Aufrührer vorgeführt und ein Exempel an ihm statuiert. Die Sache schien vorerst erledigt.

Doch damit begann das Unheil für Marvelli erst. Empört von Kassners Denunziation, revanchierte Marvelli sich bei seinem Kollegen mit einer Autogrammkarte desselben, auf die er den Satz schrieb: »Der größte Lump im ganzen Land, ist und bleibt der Denunziant«.[2] Kassner war empört, blieb sich aber treu und leitete auch dieses Dokument direkt an Schreiber weiter.

Der ergriff sofort die Gelegenheit, um seine Intrige gegen den verhassten Konkurrenten zu vollenden, der ihm so oft die Show gestohlen hatte. Zweimal hatte Marvelli den höchsten Preis der deutschen Zauberkünstler gewonnen: den Ring des Magischen Zirkels, auf dem ein Löwenkopf mit Brillanten-Augen einen winzigen Zauberstab im Maul hielt, den man herausnehmen konnte.[3] 1937 und 1938 war das gewesen, und Helmut Schreiber hatte die internationalen Magier-Kongresse in Berlin und Frankfurt organisiert, auf denen nicht er, sondern Marvelli zum größten deutschen Zauberer gekrönt worden war.[4] Im gleichen Jahr hatte Marvelli sich mit Ottokar Fischer in Wien gegen ihn verbündet.

Gemeinsam hatten der junge Marvelli und der alte Fischer versucht, den von Schreiber gewünschten Anschluss der österreichischen Zauberer an den großdeutschen Magischen Zirkel zu sabotieren. Nur eins nahm er Marvelli noch mehr übel: dass er von dem alten Meister aus Wien als würdiger Nachfolger auserkoren worden und in die Kunst des Magiers Hofzinser eingeführt worden war. Sein Leben lang hatte Ottokar Fischer die Geräte und Geheimnisse des genialen Salonzauberers Johann Nepomuk Hofzinser gehütet, der einst die Wiener Gesellschaft betört hatte und neben Robert-Houdin als einer der größten Magier des 19. Jahrhunderts galt. Fischer hatte in Marvelli den würdigen Nachfolger Hofzinsers erkannt und ihn zum Erben von dessen Geheimnissen gemacht.

Es war ein Kampf zweier Gegner, die wie füreinander gemacht schienen. Sie waren beide gleich alt, ehrgeizig und machtbewusst, und beide hatten sie sich früh der Zauberkunst verschrieben – der eine als Berufszauberer, der andere als begeisterter Amateur und Vereinsfunktionär. Und doch hätten sie nicht unterschiedlicher sein können. Auf der einen Seite der lebensfrohe, füllige Helmut Schreiber, der seinen brennenden Ehrgeiz und Machtinstinkt hinter liebenswürdiger Bonhomie versteckte. Auf der anderen der hagere Marvelli, der mit seinem spitzen Kinn und dem stechenden Blick etwas Krähenhaftes hatte. Während Schreiber seine Macht als Schriftleiter des Vereinsorgans *Magie* ausbaute und 1937 Präsident des Magischen Zirkels wurde, eroberte Marvelli als Berufszauberer die Bühnen und wurde zu einem der berühmtesten Magier seiner Zeit.

Endlich hatte Schreiber eine Gelegenheit gefunden, Marvelli kalt zu stellen. Das Foto mit der Beleidigung war der Beweis, den er dazu brauchte. Zwar hatte Marvelli sich inzwischen unter Druck bei Kassner entschuldigt, um einem Rauswurf aus dem Magischen Zirkel und dem Verlust der Auftrittserlaubnis zuvorzukommen. Als Wiedergutmachung hatte Marvelli sogar eine Spende über fünfhundert Reichsmark an das Kriegswinterhilfswerk gezahlt. Aber das genügte Schreiber nicht, der die Spende in der *Magie* im Stil eines Kirchenbanns als »freiwillige Buße« bezeichnete und bedauerte, dass Marvellis Ausschluss die einzige Möglichkeit sei, um die Vereinsinteressen zu wahren.

Da »Vereinsinteressen« und die des Präsidenten Helmut Schreiber sich auffällig ähnelten, folgte direkt unter der Bekanntmachung eine weitere Erklärung. Darin sprachen die zwölf Fachbeiräte des Magischen Zirkels ihrem Präsidenten das volle Vertrauen aus und erklärten sich mit dem Ausschluss Marvellis einverstanden. Die Repräsentanten der Ortszirkel, der

Verwaltung, der Mitglieder an der Front, der Auslandsrepräsentanten, der Berufskünstler und der Schriftleitung stellten sich hinter ihren Präsidenten. Schreibers Soldaten beendeten ihren Treueschwur mit einem merkwürdig doppeldeutigen Appell: »Sie betrachten es als selbstverständlich, daß sich jedes Mitglied seiner solidarischen Pflicht gegenüber einem Ausgeschlossenen bewusst ist. Die Mitglieder bewahren sich damit auch vor ähnlichen Vorkommnissen.«[5]

Man musste diesen Absatz dreimal lesen, um ihn in seiner ganzen Perfidie zu erkennen: Die nach Kameradschaft und christlicher Caritas klingende »solidarische Pflicht« bezieht sich nämlich bei näherem Hinsehen nicht auf den Ausgeschlossenen, sondern auf die verbleibenden Mitglieder, die ihm »gegenüber« stehen sollen. Es war ein Satz, wie ihn vielleicht nur Zauberkünstler in einer Diktatur verfassen konnten, die auch die Sprache in den Bewusstseinsstrudel der Täuschung sog. Ein rhetorischer Taschenspielertrick: Man liest und versteht das Erwartete, während im Hintergrund etwas ganz anderes stattfindet. Der Fachbegriff dafür lautet Misdirection, Ablenkung.

Neid, Eifersucht und ein gekränktes Selbstbewusstsein waren ein Grund für Schreibers Attacke. Noch wichtiger war der Verdacht, dass Marvelli eine Rebellion gegen ihn anzetteln würde. Schreiber war stets auf der Hut und allen gegenüber misstrauisch. Er überprüfte jedes Gerücht daraufhin, ob es ihm nützen oder schaden könnte. Als Zauberkünstler wusste er, dass man den Schein nie unterschätzen durfte, er konnte so viel wirkungsvoller sein als die Wahrheit.

Er musste die Gerüchte im Keim ersticken, die der infame Marvelli über ihn verbreitete. Der Verstoßene verdanke seine Karriere nahezu restlos dem Magischen Zirkel, klagte der Präsident. Marvelli habe, undankbar wie er war, nicht das Recht, sich irgendwie zu äußern. Aber Marvelli hatte sich geäußert. Angeblich hatte er sogar behauptet, im Besitz von Briefen zu sein, in denen Beschwerden gegen Schreiber und seine Amtsführung vorgebracht wurden. Braute sich da eine Rebellion gegen ihn zusammen unter der listigen Führung und Steuerung seines Konkurrenten Marvelli?

Schreiber entschloss sich zum Frontalangriff und wandte sich in der gleichen Ausgabe der *Magie* direkt an Marvelli: »Ich fordere Sie bzw. die Briefschreiber auf, mir diese Briefe in Abschrift zu übersenden, damit ich auf Grund der ›sogenannten Anklagen‹ ein Feststellungsverfahren gegen mich selbst einleiten kann«.[6] Es war ein riskanter Schachzug, denn er gab damit zu, dass Gerüchte gegen ihn im Umlauf sein könnten. Aber wenn es jemand wagen würde, damit an die Öffentlichkeit zu gehen, hätte er die Verräter immerhin aus ihrer Höhle ausgeräuchert und konnte sie ins Visier nehmen.

Schreiber machte unverkennbar klar, was das für die übrigen Mitglieder des Magischen Zirkels bedeutete: Er verpflichtete sie dazu, »mich in Zukunft von irgendwelchen den Zirkel und seine Einrichtungen, seine Ziele oder den Präsidenten selbst abträglich machenden schriftlichen oder mündlichen Äußerungen des Herrn Marvelli in Kenntnis zu setzen.«[7]

Dann folgte eine unmissverständliche Drohung: »Mitglieder, die sich mit Herrn Marvelli schriftlich oder mündlich in Verbindung setzen oder mit ihm zusammentreffen, ihn einladen oder seine Einladung annehmen, setzen sich der Gefahr aus, in Gespräche verwickelt zu werden, die zu unangenehmen weiteren Folgen führen können.« Der Präsident musste nicht aussprechen, was damit gemeint war. Er hatte hinter den Kulissen oft genug mit der Gestapo gedroht.

Damit war klar: Nach dem Willen des Präsidenten sollte

Marvelli ein Ausgesetzter unter den Zauberkünstlern sein, ein Verfemter, mit dem man sich besser nicht blicken ließ.

Aber Schreiber begnügte sich nicht mit Marvellis Ausschluss aus dem Magischen Zirkel. Er wollte auch die Bühnenkarriere seines missliebigen Konkurrenten beenden. Um Marvelli mundtot zu machen, durfte er nicht mehr in der Öffentlichkeit auftauchen. Als das Propagandaministerium in einem streng vertraulichen Memorandum vom 16. Oktober 1942 dekretierte, dass die Schauspielerin Lale Andersen und der Regisseur Hans Bertram zukünftig nicht mehr in der Presse erwähnt werden durften, hatte Schreiber dafür gesorgt, dass neben den beiden Filmleuten der Zauberer Marvelli als Dritter auf der Liste der Zensierten stand.[8]

Doch auch im Dritten Reich wollte sich nicht jeder an die Verbote von Minister Goebbels halten. Der Werbefachmann Karl-Ernst Rimbach dachte gar nicht daran, Marvelli zu zensieren, als er im Herbst 1942 mit der Gestaltung eines Internationalen Artistenkalenders für 1943 beschäftigt war. Rimbach wusste, dass Marvelli einer der bedeutendsten Zauberkünstler Europas war, und bestand drauf, ihm eine Kalenderseite mit Bildern und Text zu widmen.[9] Die Leitung der Reichskulturkammer unter SS-Gruppenführer Hans Hinkel erklärte ihm, dass er das ruhig tun könne – aber auf eigenes Risiko.

Als Schreiber von Rimbachs Plan erfuhr, bekam dessen Sekretärin einen Anruf. Sie protokollierte die Telefonate, denn wer behauptete, beim Führer ein- und auszugehen, konnte gefährlich werden. »Mit Herrn Marvelli befaßt sich bereits die Gestapo, da er sich schwerster Beleidigungen der Person des Führers schuldig gemacht hat.« Schreiber erklärte, er sei in eine der höchsten Stellen der Reichstheaterkammer berufen worden, den Ehrenrat. Es gebe so viele anständige Kerle dort, die nicht im Kalender auftauchen würden. »Aber so ein Schwein wie Marvelli?«

Die Sekretärin blieb unbeeindruckt und teilte Schreiber mit, dass sich ihr Chef wohl kaum davon abbringen lasse, wenn er sich etwas in den Kopf gesetzt habe. Schreiber drohte, dann eben seine Mitarbeit an dem Kalender einzustellen. Sie nehme den Hinweis zur Kenntnis, gab die Sekretärin zurück, zumal Schreiber nie um Mitarbeit gebeten worden war.

Schreibers Bluff war wirkungslos geblieben, Rimbach veröffentlichte den Kalender entgegen dem Verbot durch Goebbels mit einer Seite über Marvelli. Als der braune Spuk zwei Jahre später endlich vorbei war, schrieb Rimbach an Marvelli: »Herr Schreiber ist zweifellos einer von denen, auf die ein demokratisches Deutschland in Zukunft verzichten muss, wenn es seine demokratischen Grundsätze und Ziele nicht leichtfertig gefährden will.«[10]

Helmut Schreiber ertrug es nicht, wenn er sich nicht durchsetzen konnte. Der Gedanke an Marvelli ließ ihn nicht los. Er drohte, seinen persönlichen Jahresrückblick an Silvester 1942 einzutrüben. Marvelli war trotz Schreibers Drohungen mit der Gestapo nach Berlin zurückgekehrt. Er war zwar aus dem Magischen Zirkel, aber nicht aus der Reichskulturkammer ausgeschlossen worden. Vor allem konnte er trotz Bußgeld und zwei Verwarnungen immer noch nicht sein Maul halten und schimpfte, wann und wo er konnte, unverdrossen weiter über den Magischen Zirkel und seinen Präsidenten.

Am 29. Dezember schrieb der Präsident einen Brief an SS-Gruppenführer Hinkel, den Generalsekretär der Reichskulturkammer. Das Jahresendschreiben war eine gut kalkulierte Mischung aus Dank, Schmeichelei, Selbstdarstellung und Bitte um Schützenhilfe.

Er dankte Hinkel für dessen Wohlwollen und die freundschaftliche Unterstützung in filmischen wie in magischen Dingen. Wie ein General meldete Schreiber, er habe weitere Amateure und Berufszauberkünstler zur Wehrmachtbetreuung abstellen können. Er selbst sei, leider, durch seine Arbeit bei der Bavaria daran gehindert, an vorderster Front zu zaubern. Aber das habe er dem Führer schon gesagt, als der ihn vor Kurzem zwei Tage lang zu Gast auf dem Berghof hatte. Immerhin freute sich der Führer über ein paar neue Darbietungen Schreibers und war »begeistert« von zwei neuen Bavaria-Wehrmachtsfilmen.

Dann kam Schreiber zu seinem eigentlichen Anliegen: Marvelli trieb immer noch sein Unwesen. Ob der SS-Gruppenführer diesem Herrn nicht einmal »mit dem für ihn notwendigen Ernst und ›Donnerstimme‹ die Meinung sagen könne?« Ach ja, und er wäre gerne dabei, wenn das passiert. Am 4. Januar hätte er Zeit. Mit besten Empfehlungen an die Gattin Heil Hitler Helmut Schreiber.[11]

Aber diesmal hatte Schreiber den Bogen überspannt. Hinkel ließ sich mehr als zwei Monate Zeit mit seiner Antwort. Der Präsident des Magischen Zirkels begann, ihm auf die Nerven zu gehen. Er hatte es satt, Schreiber bei seinen bürokratischen Kleinkriegen Feuerhilfe zu leisten, egal ob er sie unter Magiern oder Filmleuten führte. Im Verlauf der letzten Jahre hatten sich zahlreiche Dienststellen, ihre Leiter und Mitarbeiter, die Adjutantur des Führers, die Kanzlei des Führers und so weiter damit beschäftigen müssen. Wo sollte das aufhören? Der Präsident des Magischen Zirkels schien zu glauben, dass seine Zauberfehden bedeutsamer seien als die Schlacht von Stalingrad. Gerade war Hinkel von einer erneuten, einstündigen Sitzung in der Parteikanzlei berichtet worden.

Hinkel erklärte, dass die Angelegenheit für ihn erledigt sei.

Schließlich habe er sich mit kriegswichtigsten Aufgaben zu befassen. Dann kam er auf das Jahrbuch des Magischen Zirkels zu sprechen, das Helmut Schreiber in Form eines Abreißkalenders für 1943 hatte produzieren lassen. Zu den Jahrestagen, die Präsident Schreiber für erwähnenswert hielt, gehörte auch der 19. Oktober 1898, der gleich zwei Einträge im Kalender bekam: den Geburtstag des 1898 geborenen österreichischen Zauberkünstlers Valentino Graziadei – und den Rauswurf Marvellis »wegen ehrenrührigen, unkameradschaftlichen, den Vereinsinteressen zuwiderlaufenden Verhaltens«.

Doch es war nicht Schreibers gemeines Nachtreten, das Hinkel erzürnte – sondern die Verschwendung kriegswichtiger Materialien, die der Präsident des Magischen Zirkels für solche Eigenwerbung betrieb.

Es hatte Unmut gegeben über die Mengen an hochwertigem Papier, die Schreiber zugeteilt worden waren. Für einen Kalender mit Personalien und »Gedenktagen« aus dem »für das Volksganze verschwindend kleinen Kreis Ihres Magischen Zirkels«! Sollten jetzt etwa einfache Volksgenossen die Geburtstage von Hofzinser, Houdini und Helmut Schreiber feiern?[12]

Zum Schluss schärfte Hinkel dem Präsidenten der deutschen Zauberkünstler ein, »dass wir alle heute noch wichtigere Aufgaben zu erledigen haben als es die Bedeutung des magischen Zirkels für die Gesamtheit beanspruchen kann.«

Doch Schreiber ließ sich von dem Machtwort des Reichskulturwalters kaum beeindrucken. Selbstverständlich, schrieb er Hinkel, sei er sich der untergeordneten Bedeutung des Magischen Zirkels im Vergleich zum heutigen Geschehen bewusst. »Ich kann aber nicht umhin, auch an dieser Stelle zu betonen, wie sehr mich wiederum letzten Freitag Herr Reichsleiter Bormann anlässlich eines Zusammenseins bei ihm in Pullach in

Anwesenheit von wichtigen hohen Gästen großzügig auszeichnete und auf die Bedeutung des MZ und meiner Fähigkeiten hinwies.«[13]

Auch an der Heimatfront erhielt Schreiber Unterstützung: Auf den Seiten der *Magie*, die 1943 in einer »Sondernummer für die Kameraden an der Front« zahlreiche Treueschwüre und Solidaritätsadressen an ihren Präsidenten druckte, »um ihm neue Kraft zu geben und die Ärgernisse zu vergessen«.[14] Marvelli hingegen wurden nicht nur Charakter und künstlerische Fähigkeit abgesprochen, man unterstellte ihm sogar, er habe mit den »Methoden des englischen Geheimdienstes« Zwietracht im Zirkel sähen wollen.[15]

Das gute Verhältnis zwischen SS-Brigadeführer Hinkel und dem Präsidenten des Magischen Zirkels überstand die Marvelli-Affäre unbeschadet. Der Reichskulturwalter gratulierte Schreiber und seiner Frau im November 1943 zur Geburt der Tochter Brigitte und schloss mit dem spukhaften Gruß: »... mögen die Räume zwischen den Zeilen durch die grandiosen Ergebnisse unserer gemeinsamen ›Telepathie‹ ausgefüllt werden«.[16]

Zauberei an allen Fronten

Wir brauchen keine Zauberer, wir brauchen Soldaten!«, schimpfte Generalfeldmarschall Erwin Rommel, als Fredo Marvelli in seinem Wüstenlager in Nordafrika eintraf. Fortan musste der Magier sich darauf konzentrieren, die Verwundeten im Lazarett zu bezaubern.[1]

Dennoch war der Wüstenfuchs beeindruckt gewesen von Marvellis Zauberkünsten. In Paris überreichte Rommel ihm als Dank für seine magischen Dienste einen Silberteller von beeindruckender Größe. Es war ein standesgemäßes Geschenk, und der Generalfeldmarschall hatte eine Widmung darauf gravieren lassen: »In dankbarer Erinnerung an Fredo Marvelli's zauberhafte Kriegsweihnacht, Hotel George V. Paris. Vor Staunen den Krieg vergessen. 24. Dez. 1943 in Kameradschaft«.[2]

Selbst im Krieg verlor Marvelli seinen schwarzen Humor nicht. Nachdem er in Paris wegen einer schweren Entzündung am Mittelfinger operiert worden war, zeigte er dem Leiter der dortigen Kraft-durch-Freude-Reichsstelle eine Schachtel, in der sein abgerissener Finger auf blutroter Watte lag. Es war ein kinderleichter Trick, aber er verfehlte seine Wirkung nicht: Dem KdF-Mann wurde schlecht.[3]

Die *Magie* wies regelmäßig auf den Einsatz ihrer Mitglieder bei der Truppenbetreuung hin. Im Krieg wurden die Zauberer des Magischen Zirkels hauptsächlich für die Wehrmachts- und Lazarettbetreuung eingesetzt und »haben mit ihrer Kunst viele Tausende von Soldaten an allen Fronten und in der Heimat erfreut.«[4] Geschäfte wie der Zauberkönig in Berlin behandelten Lieferungen für die Wehrmacht und Truppenbetreuung bevorzugt.[5]

In seiner Rubrik »Schnell noch lesen, was ich notierte« hob Schreiber das Frontengagement einzelner Mitglieder hervor, die er wie ein General in aller Herren Länder geschickt hatte: »Unser Mitglied Wilba ist mit einer Wehrmachtstournee im eiskalten Polen unterwegs. Unser Mitglied Dorini bei einer Frontbühne in Belgien und Frankreich, Marvelli bis Anfang März noch in Frankreich. Bary ebenfalls in Frankreich. Karl Edler in Norwegen«.[6]

Beim Zaubern vor Uniformierten galt es, besondere Regeln zu beachten. Auf öffentlichen Veranstaltungen, bei denen auch Zivilisten im Publikum saßen, durften die Zauberkünstler keine uniformierten Zuschauer mehr auf die Bühne holen.[7] Auf Lazarett- und Wehrmachtsveranstaltungen war dies zwar noch gestattet, aber nur unter der Voraussetzung, dass »immer die Hoheit und das Ansehen der Uniform gewahrt bleiben«.[8]

Helmut Schreiber forderte die Mitglieder des Zirkels auf, »alles zu unterlassen, was Militärpersonen auf der Bühne lächerlich machen könnte«. Die Ermahnung schien Schreiber notwendig, da es häufig vorkam, dass Zauberkünstler Soldaten für Wachsuggestions- und Hypnoseexperimente auf die Bühne holten.[9] Die Autorität des Staats, die der Soldat dank seiner Uniform verkörpert, der Lächerlichkeit preiszugeben, musste in einer Diktatur Tabu bleiben. Hinter dem Verbot steckte aber noch ein anderer, tieferer Grund: die Angst vor dem Kontrollverlust, der zu Hypnosetricks gehört wie das Kaninchen zum Zylinder. Es war gefährlich, auch nur die Vorstellung zu erwecken, als könne ein deutscher Soldat durch fremde Zauberkraft gesteuert und manipuliert werden. Schließlich beschäftigte auch der Gegner Zauberkünstler in der Truppe.

Tatsächlich wurden Zauberkünstler schon in früheren Zeiten nicht nur zur Truppenunterhaltung eingesetzt, sondern vom Militär auch als Experten für Täuschung und Ablenkung konsultiert. 1892 ging der englische Zauberkünstler Douglas Beaufort im Auftrag des Außenministeriums nach Marokko, um seine magischen Künste in den britischen Kolonien vorzuführen. Sein Publikum waren nicht die Kolonialherren, sondern die Eingeborenen. Sein Auftrag: Er sollte die ansässigen Schamanen und Priester durch seine überlegene Kunst bloßstellen, um den Sultan von Fez zu beeindrucken und die Aufwiegler politisch unschädlich zu machen.

Den Erfolg von Beauforts Magie im Dienst der Politik fasste der deutsche Zauberkünstler Hellmuth Teumer in der *Magie* vom Mai 1939 unter dem atemlosen Titel »Wollen Sie sich lieber im Dienste der Politik ... oder als Spukgeist betätigen???« zusammen: »Die alten Zauberer wurden zum großen Teil entlassen und Beaufort zum Ratgeber der Häuptlinge ernannt. So hatte er unbeschränkte Möglichkeiten, im Sinne der englischen Politik zu wirken.«[10]

Vier Monate nach dem Erscheinen von Teumers Artikel über die Memoiren Douglas Beauforts[11] überfiel Hitlers Wehrmacht am 1. September 1939 Polen und begann den Zweiten Weltkrieg. Zauberkunst, die Politik und Armee diente, gewann von einem Tag auf den anderen wieder an Bedeutung.

Der Einsatz von Zauberkunst als Kriegslist hatte Tradition. Bereits im Jahr 1856 war der Franzose Jean Eugène Robert-Houdin nach Algier gereist, um dort im Auftrag der französischen Kolonialmacht bei der Unterdrückung des Aufstandes der Araber zu helfen.

Robert-Houdin war der berühmteste und einflussreichste Zauberkünstler des 19. Jahrhunderts. Er verzauberte den französischen König Louis-Philippe und Queen Victoria und brachte mit seinen »Phantastischen Soireen« Europa zum Staunen. In den Zeitungen wurde er als König der Eskamoteure, Kaiser der Taschenspieler und Oberhaupt aller Hexenmeister gefeiert,[12] weil er die Zauberkunst nicht nur technisch revolutionierte. Mit der Gründung eines eigenen Theaters in Paris im Jahre 1845 holte er die volkstümliche Gaukelei von der Straße ins Theater. Damit erhob er das Taschenspiel nicht nur zu einer besonderen Kunstform, er machte das Zaubern erst gesellschaftsfähig.[13]

Robert-Houdin gilt aber vor allem deshalb als Vater der modernen Magie, weil er die Rolle des Zauberkünstlers revolutionierte. Der gelernte Uhrmacher erfand nicht nur raffinierte Automaten und Trickapparate, sondern auch zahlreiche Begebenheiten in seinen Erinnerungen. Die Memoiren des Robert-Houdin sind voller verspielter Täuschungen, die der Autor »nicht mit dem Zauberstab wie auf der Bühne, sondern mit der Feder produziert« hatte.[14] Mit seiner Autobiografie, in der geschickt Fakten und Fiktion gemischt waren, wurde Robert-Houdin zum Vorbild für künftige Generationen von Zauberkünstlern.

Die Geschichte vom Zauberkünstler, der im Auftrag des Vaterlandes mit seiner überlegenen Kunst die Magier »primitiver« Völker besiegt, gehörte also bereits zum Allgemeingut europäischer Zauberfolklore, als Beaufort 1938 seine Memoiren schrieb. Sie fügte sich bestens in das rassistisch-koloniale Weltbild westlicher Überlegenheit ein: weißer Magier gegen schwarzen Magier, Kunst gegen Aberglauben, Zivilisation gegen Primitivismus. Auch im Zweiten Weltkrieg sollten Zauberkünstler bereitwillig ihre Rolle spielen. Doch diesmal war ihre Aufgabe ungleich größer: Sie sollten mit ihren Trickkünsten keine einheimischen Schamanen, sondern einen ebenbürtigen Kriegsgegner überlisten.

Im Krieg ging es, nicht anders als im Zaubersalon, um Informationsvorsprung. Rommel hatte ihn im Zweiten Weltkrieg lange Zeit durch seine Horchkompanie, deren abgefangene Informationen ihn scheinbar zum Hellseher werden ließen. Im Ersten Weltkrieg fing Erik Jan Hanussen für seine Vorhersagen die Feldpostbriefe seiner Kameraden ab.

Für Helmut Schreiber war der Einsatz bei der Truppenbetreuung Teil einer PR-Strategie, mit der er der Arbeit des Magischen Zirkels mehr Aufmerksamkeit verschaffen wollte. Die Rechnung ging auf. Bereits 1941 waren Hunderte von Zeitungsartikeln in der ganzen deutschen Presse über die Auftritte deutscher Zauberkünstler im Ausland oder an der Heimatfront erschienen. Die Schlagzeilen lauteten »Zauberei an allen Fronten«, »Was ist magische Kunst?«, »Vielbegehrte Zauberer« oder »Freude bei allen Truppenteilen«.[15]

So weit möglich versuchte Schreiber selbst die Aktivitäten zu koordinieren. Anfragen bekam er genug. Viele Amateurzauberer, die bei der Wehrmacht kämpften, wollten sich zur Truppenbetreuung versetzen lassen.

Es verstand sich von selbst, dass auch der Präsident persönlich Soldaten an der Front unterhielt. Aber natürlich nicht irgendwelche. Im Dezember 1943 reiste er mit Albert Speer an die Murmanskfront in der arktischen Tundra. Dort besichtigten sie eine Schieferöl-Förderstätte[16] und reisten die fünfhundert Kilometer lange Eismeerstraße zwischen Rovaniemi und Kirkenes entlang bis zum Polarkreis. Mit in Speers Tross waren neben Schreiber der Geiger Siegfried Borries und einige Journalisten.

Wenig später berichteten deutsche Zeitungen über den »besten Amateurzauberer Europas«, der nach getaner Arbeit zur Entspannung vor Rüstungsminister Speer und seinen Mitarbeitern gezaubert hatte.[17] Die Rüstungsprofis und der Zauberamateur hatten offensichtlich Spaß an ihrem Kameradschaftsabend. Unter zweihundert Zaubergästen waren der Verantwortliche für Waffenproduktion Arthur Tix sowie Speers engste Mitarbeiter Karl-Otto Saur und Walther Schieber, »die jeden Engpaß und jedes Sofort-Programm auch ohne Zauberei meistern«.[18]

Während die beiden Ritterkreuzträger Saur und Schieber Schreiber auf der Bühne bei seinen Manipulationen assistieren,[19] applaudierten Speer, Generalfeldmarschall Erhard Milch und »Panzerdiktator« Walter Roland »doppelt herzlich, weil sie den Unterschied von Zauber und Realität in ihrer täglichen Arbeit kennenlernen«.[20] Das Happy End der Reise führte Schreiber ins Führerhauptquartier, wo ihm Hitler für seine Verdienste das Kriegsverdienstkreuz zweiter Klasse mit Schwertern verlieh.[21]

Es war nicht das einzige Mal, dass Helmut Schreiber vor Speer zauberte. Im gleichen Jahr zeigte er auf einer Rüstungstagung der Marine Kartentricks.[22]

Damit niemand auf die Idee kam, dass Bavaria-Direktor Schreiber seine Arbeit in München vernachlässige, ließ er im Sommer 1944 eine Sonderausgabe der *Bavaria-Feldpost* drucken, die er sich selbst zu seinem zweijährigen Jubiläum als Produktionschef am Geiselgasteig widmete. Darin erscheint Helmut Schreiber wie ein Cagliostro der psychologischen Kriegsführung: »Mit Reichsminister Speer machte er eine Nordlandreise und in letzter Zeit weilte er bei den Soldaten an der finnischen Front, dann in Lettland und Estland. Auf einer Veranstaltung der Deutschen Botschaft in Ankara war er ebenso zur Stelle wie im Platterhof auf dem Obersalzberg, und in vielen Lazaretten des Gaues München-Oberbayern brachte er den Verwundeten Freude, Heiterkeit und Entspannung.«[23]

Im Februar 1944 veranstaltete der Magische Zirkel eine Arbeitstagung in Bad Aussee mit dem Thema: »Wie betreue ich als Magier die Soldaten an der Front, in der Heimat, im Lazarett«?[24] Je länger der Zweite Weltkrieg andauerte, desto strammer wurden auch die Parolen in der *Magie,* die im gleichen Jahr schrieb: »Heute ist überall Front, ob draußen oder in der Heimat.«

Kurz vor dem Ende, als der Krieg schon so gut wie verloren war und man dringend ein Wunder brauchte, wurde der Zauberkünstler Helmut Schreiber auf eine letzte magische Mission geschickt. Diesmal waren keine Generäle anwesend, und seine Zuschauer krochen aus einem Stollen am Rande des Harzgebirges, in dem Arbeiter und Häftlinge des KZ Mittelbau-Dora Hitlers Wunderwaffe V2 bauten.[25]

Der Untergang

Am Neujahrstag 1945 wurde ein Huhn namens Elmer Gwynne zum Sergeanten der United States Army befördert. Die Rekrutierung des unschuldigen Vogels für den Kriegseinsatz war keine Folge von Personalnot oder sinkender Kampfmoral in den Rängen der amerikanischen Armee, die mittlerweile im fünften Jahr des Krieges gegen Deutschland und Japan stand. Sie war das Resultat einer raffinierten List des amerikanischen Zauberkünstlers Jack Gwynne, der damals im Rahmen der Truppenbetreuung die kampfmüden US-Soldaten in Kalkutta auf andere Gedanken bringen sollte.[1]

Denn in Kalkutta gab es ein Problem: Einige der gelangweilten G.I.s hatten eine Vorliebe für putzige Kapuzineräffchen entwickelt, die sie als Maskottchen hielten. Die amerikanische Armeeführung, zum Teufel mit ihr, hatte jedoch bald ein Verbot gegen das Halten jeglicher Art von Haustieren in den Baracken erlassen, weil sie in der möglichen Anwesenheit tollwütiger Straßenaffen eine Gefahr für die Truppengesundheit sah. Dieser Bann sollte auch Elmer betreffen.

Das Huhn aber war nun einmal, wie Gwynne dem Kommandanten klarmachte, neben seiner Frau und Bühnenassistentin Anne ein unerlässlicher Bestandteil seiner Vorführung und damit Voraussetzung einer erfolgreichen Mission zur Truppenertüchtigung. Dieser unabweisbaren Logik konnte sich auch der Offizier nicht verschließen, der kein sturer Kommisskopf sein wollte und Gwynnes Vorschlag folgte, einen bürokratischen

Trick anzuwenden: Mit einem Federstreich ernannte er den ahnungslosen Vogel »in Anerkennung seiner Verdienste um die Unterhaltung unserer Truppen« pro forma zum Sergeanten und ermöglichte Elmer die Fortsetzung seines Dienstes bei den alliierten Truppen.

Am gleichen Tag, als die Amerikaner ein Huhn zum Unteroffizier beförderten, sendete der Reichsfunk die Neujahrsansprache des Führers. Weil Hitler in seiner Rede mit keinem Wort auf die aktuelle Kriegslage einging und lediglich die üblichen Parolen über den Kampf bis zum Endsieg wiederholte, spekulierte die internationale Presse, ob die Aufnahme überhaupt von Hitler sei. Tatsächlich hatte die deutsche Propaganda es gar nicht nötig, zu solchen Taschenspielertricks zu greifen. Wunsch und Wille des Führers waren allgegenwärtig, und die Kulturbürokratie der Nazis funktionierte immer noch reibungslos.

Das Deutsche Reich taumelte im Januar 1945 bereits der totalen Niederlage entgegen, da sorgte sich ein Abteilungsleiter im Propagandaministerium um Leib und Leben der Zirkusartisten im Reich. Zwei Luftakrobaten hatten es einen Monat zuvor in Dresden gewagt, ihren Trapezakt im Zirkus Sarrasani ohne Sicherheitsnetz durchzuführen – ein schwerer Verstoß gegen das Verbot von Sensationsnummern, welches das Propagandaministerium schon vor Kriegsbeginn erlassen hatte. Wann genau, das wussten Goebbels Beamte auch nicht, denn die Akten der zuständigen Reichstheaterkammer waren bei einem Bombenangriff verbrannt. Stalingrad war längst gefallen, von allen Seiten rückten die Gegner auf das Reich vor. Aber noch immer schrillten im Propagandaministerium die Alarmglocken, wenn die Wochenschau mal einen Trapezakt ohne Sicherungsnetz zeigte. Ein Abteilungsleiter wies die Zuständigen drohend darauf hin, dass der Führer äußerst ungehalten sein werde, wenn er solche Bilder sehe: »Sein grundsätzlicher Befehl lautet: alle Drahtseil- und Trapezakte nur mit einem Sicherungsnetz durchzuführen«.[2]

Wahn und Wirren des Untergangs: Hitler selbst führte das Reich ohne Netz und doppelten Boden dem Verderben entgegen, immer mehr deutsche Städte versanken in Schutt und Asche, und an den Fronten starben Hunderttausende – aber irgendein Nazi-Bürokrat beharrte im Auftrag seines Führers noch immer auf den Sicherheitsvorschriften bei Zirkusnummern.

In den letzten Monaten des Zweiten Weltkriegs war jedes Mittel recht, um endlich den hart umkämpfen Sieg herbeizuführen. Auch die Wehrmacht setzte Zauberkünstler zur Truppenunterhaltung ein. Das Propagandaministerium von Goebbels hatte keine Schwierigkeiten, unter den Mitglieder des Magischen Zirkels Freiwillige für Zaubereinsätze an der Front zu finden. Im Gegenzug wurden die Magier nicht nur vom Wehrdienst freigestellt, sondern auch üppig entlohnt – und das zu einer Zeit, als die Auftrittsmöglichkeiten für Unterhaltungskünstler in Varietés, Theatern und Zirkussen durch die zunehmenden alliierten Bombenangriffe immer seltener wurden.

Sie alle bekamen ihre Auftrittsgenehmigungen durch den Magischen Zirkel, ein Umstand, der bald nach der nationalsozialistischen Machtergreifung dafür gesorgt hatte, dass jüdischen Zauberkünstlern ihre berufliche Existenz unmöglich gemacht werden konnte.

Und dann waren da die Flüchtlinge, die Untergetauchten und Verwandlungskünstler in eigener Sache. Der Krieg selbst war ein großer Verwandlungskünstler, der vielen Menschen neue Namen und Identitäten aufzwang. Die jüdischen Zauberkünstler, die emigrieren konnten, legten sich im Exil neue Namen zu – keine Künstlernamen, wohlgemerkt, sondern neue Existenzen: Aus dem Münchner Arzt und Amateurzauberer Hans Katzenstein, der zwischenzeitig im KZ Dachau inhaftiert war, wurde in Amerika Howard B. Kayton. Der Salonmagier Herbert Siegbert Jaks flüchtete über die Schweiz und starb 1960 unter dem Namen Stanley Jaks in seinem New Yorker Apartment, umgeben von fünfundfünfzig Kristallkugeln und zahlreichen Büchern über Mentalmagie.

In München drehte die Bavaria Filme, solange es Strom gab. Am 7. Mai 1945, einen Tag vor der bedingungslosen Kapitulation der Wehrmacht, wurde auf dem Bavaria-Gelände noch am Film *Regimentsmusik* gearbeitet. Drei Tage später beschlagnahmten die amerikanischen Besatzer die Filmstudios.[3] Die Musik hatte ausgespielt. Helmut Schreiber aber hatte sich, sicher ist sicher, längst aus dem Staub gemacht.

»Am 8. Mai hörten wir die Regimentsmusik«, erinnerte er sich später, »die kam nicht aus dem Atelier, die kam von den Amerikanern, die in München einmarschierten. Da war's aus. Kein Studio, kein Atelier mehr. Der Film war beendet. Der Film war zu Ende.«[4]

Er sei vierzehn Tage vor dem Einmarsch der Amerikaner in Salzburg gewesen, krank und bettlägerig mit einer üblen Furunkulose, berichtete Schreiber später in einem Verhör.[5] Drei Tage vor der Besetzung Münchens fuhr Schreiber mit seiner Frau nach Bruckmühl und harrte in seiner Jagdhütte vor den Toren der bayerischen Hauptstadt aus, bis er zwei Wochen nach dem Einmarsch der Amerikaner endlich nach München zurückkehrte, um nach der Firma zu sehen. Dort traf er ausgerechnet auf Erich Walter Herbell. Schreiber verband seit seinem sechs Jahre zurückliegenden Eintritt bei der Bavaria eine innige Feindschaft mit deren Geschäftsführer.

Herbell hatte die Abwesenheit seines Rivalen zu nutzen

gewusst und sich in der Zwischenzeit nicht nur häuslich auf dem Studiogelände eingerichtet, sondern auch mit amerikanischen Kontrolloffizieren befreundet, denen er erzählte, Schreiber sei mit mindestens 150000 Reichsmark und Brillanten im Gepäck ins Ausland geflohen. Ja, er hatte schon vor dem Einmarsch der Amerikaner Sicherheitsvorkehrungen getroffen. Um sich zu schützen und Schreiber zu belasten, hatte Herbell sämtliche Hitler-Bilder in den Büros der Bavaria abnehmen lassen – nur das in Schreibers Zimmer nicht.[6]

Das Wiedersehen der beiden Intimfeinde geriet unerfreulich. Herbell riet Schreiber kühl, so schnell wie möglich zu verschwinden. Schreiber seinerseits erklärte, seine Mitarbeiter hätten ihn aufgefordert zu bleiben, und schlug Herbell vor, er solle sich doch selbst aus dem Staub zu machen. Schließlich sei ja allgemein bekannt, dass er ein alter Nazi sei.

Herbell habe nicht lange gezögert, erzählte Schreiber später den Amerikanern im Verhör, sondern habe das Hitler-Porträt aus Schreibers Büro genommen und sei damit zum »Münchner Polizeipräsidenten Frenkel« gegangen, um seinen Rivalen anzuzeigen. Frenkel habe Schreiber umgehend verhaften und zu sich aufs Präsidium bringen lassen, wo er ihn mit den Worten empfangen habe: »Sie sind ein Nazischwein, sie waren ein Freund von Göring.« Er habe protestiert, erzählte Schreiber dem amerikanischen Vernehmungsoffizier. Diese Porträts hätten ja in allen Büros der Bavaria hängen müssen. Aber die beiden Herren hätten ihn nur höhnisch ausgelacht, worauf Frenkel zum Telefonhörer gegriffen und Schreiber von Agenten des amerikanischen Spionageabwehrcorps Counter Intelligence Corps (CIC) habe abholen lassen.[7]

Die wilde Intrigengeschichte, die Schreiber dem US-Offizier Captain de Pokorny 1946 im Verhör erzählte, klang in ihren

Grundzügen nicht mal unplausibel. Schließlich hatten die Amerikaner ein Jahr nach Kriegsende bereits genügend Erfahrung mit ehemaligen NS-Parteigenossen gesammelt, die sich reihenweise gegenseitig denunzierten.[8]

Schreiber beschloss, zum Gegenangriff überzugehen. Um weiteren Intrigen vorzubeugen, zeigte er 1945 seinerseits Herbell beim Counter Intellicence Corps an und malte die unhaltbaren Zustände bei der Bavaria in finsteren Farben aus: Herbell sei ein alter Parteigenosse und Nazifreund, Veranstalter von Sondervorführungen für Generäle und Parteiführer, Intimus von NSDAP-Reichsschatzmeister Schwarz. Und dennoch – wie geht das an! – spinne er seine Intrigen in engster Zusammenarbeit mit den amerikanischen Kontrolloffizieren. Das alles sei, mutmaßte Schreiber 1946 mit perfidem Unterton, wohl nur deshalb möglich, weil sowohl die betreffenden amerikanischen Offiziere als auch Frenkel und Herbell homosexuell seien.

Die Verteidigungsstrategie: Alle beschuldigten sich gegenseitig, willfährige Gehilfen des Nazi-Regimes gewesen zu sein. Kann man es den US-Militärs verdenken, dass sie bald nicht mehr wussten, was von irgendeinem der betroffenen Herren wirklich zu halten war? Also machten sie kurzen Prozess und setzten sowohl Herbell als auch Schreiber von ihren Direktorenposten bei der Bavaria ab.

Im Gegensatz zu Herbell hatte Schreiber aber noch ein Ass im Ärmel: Er konnte zaubern. Ein Kartentrick reichte, und die Aufmerksamkeit der misstrauischen Militärs richtete sich, wenigstens für einen Moment, auf die wendigen Finger des Zauberers und nicht auf seine Vergangenheit. Jetzt halfen ihm seine langjährigen Verbindungen zur IBM, der International Brotherhood of Magicians. Diese war, wie Schreiber in seinen Memoiren erklärt, »die größte Organisation der Magier und zählt Tausende von Mitgliedern, die sich in jedem Land und in jeder Lebenslage gegenseitig helfen«. Es dauerte nicht lange und der deutsche Zauberer hatte sich mit einigen amerikanischen Offizieren verbrüdert, die selbst Anhänger der Zauberkunst und Mitglieder der IBM waren.

Schreibers neu gewonnene Zauberfreunde brachten weitere US-Offiziere mit in sein Haus in der Nähe der Filmstudios, wo er die Besatzer ganze Nächte hindurch be- und wohl auch verzauberte mit seiner freundlich-unschuldigen Art. Über Politik wurde nicht gesprochen, aber seine neuen Freunde von der IBM verhalfen Kalanag zur Gelegenheit, sich Einfluss unter den Besatzern zu schaffen. Bald kam die Einladung, nein: der Befehl des Oberkommandierenden der 3. US-Armee, des amerikanischen Generals Patton höchstpersönlich, Kalanag solle seine Zauberkünste in dessen Hauptquartier in Bad Tölz unter Beweis stellen.

Es gab nur ein Problem: Ohne seine Requisiten ist auch der beste Zauberkünstler nichts. Mit Kartenspiel und Münzen allein ließ sich kein Unterhaltungsabend vor großem Publikum bestreiten. Schreiber aber hatte seine wertvolle Sammlung von Gerätschaften und Zauberbüchern in den letzten beiden Kriegsjahren zur Sicherheit aus München fortgeschafft und bei Freunden untergebracht. Nun lagerten sie in einem Jagdhaus bei Ischl in Österreich, das mittlerweile wieder zum Ausland geworden war und durch eine streng bewachte Grenze vom besetzten Deutschland getrennt wurde. Aber auch diesmal konnte sich Schreiber auf seine Zauberfreunde unter den Amerikanern verlassen. Der Major, der in seinem Haus unweit des Studiogeländes wohnte, hatte sich einen kühnen Plan ausgedacht.

An einem sonnigen Herbsttag des Jahres 1945 näherten sich drei Jeeps der US Army dem Grenzübergang Freilassing. Nach-

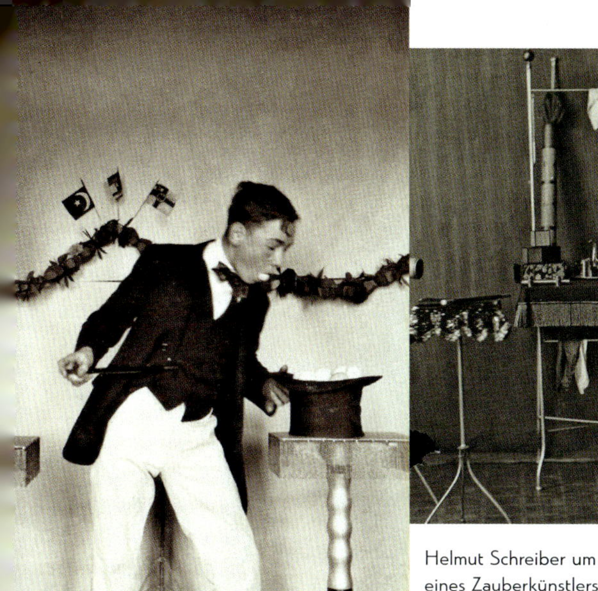

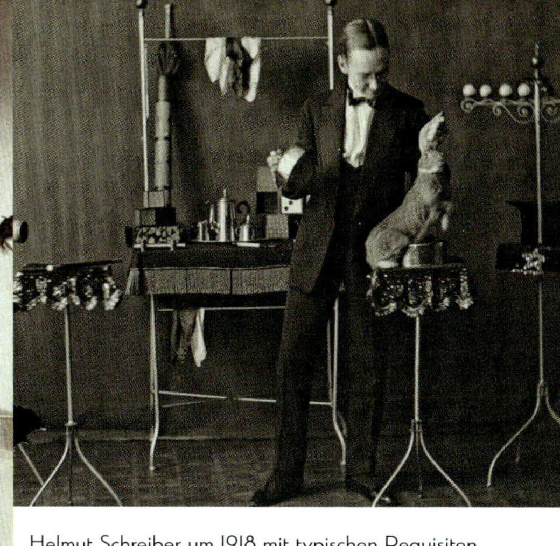

Helmut Schreiber um 1918 mit typischen Requisiten eines Zauberkünstlers der Zeit

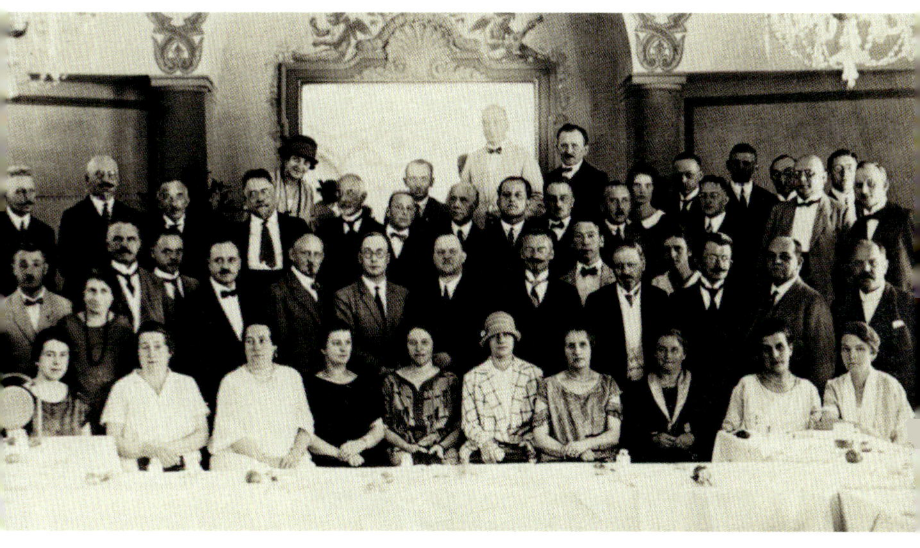

Helmut Schreiber (Mitte) bei der 13. Hauptversammlung des Magischen Zirkels in München 1925

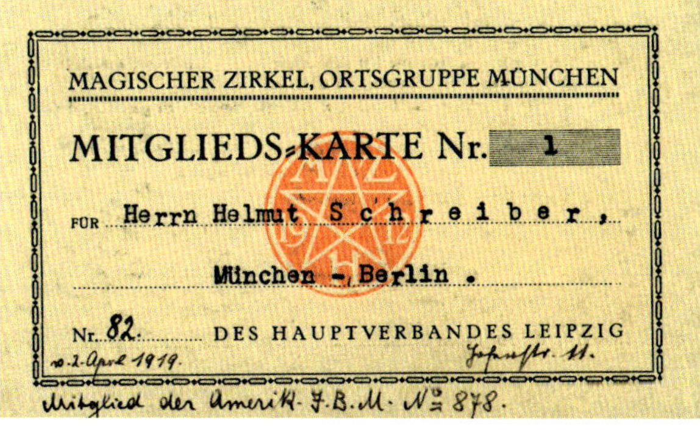

MAGISCHER ZIRKEL, ORTSGRUPPE MÜNCHEN

MITGLIEDS-KARTE Nr. 1

FÜR Herrn Helmut Schreiber,

München - Berlin.

Nr. 82. DES HAUPTVERBANDES LEIPZIG

v. 2. April 1919.

Mitglied der Amerik. I.B.M. No 878.

Mitgliedsnummer 1 des Magischen Ortszirkels in München, den Schreiber 1921 gegründet hatte

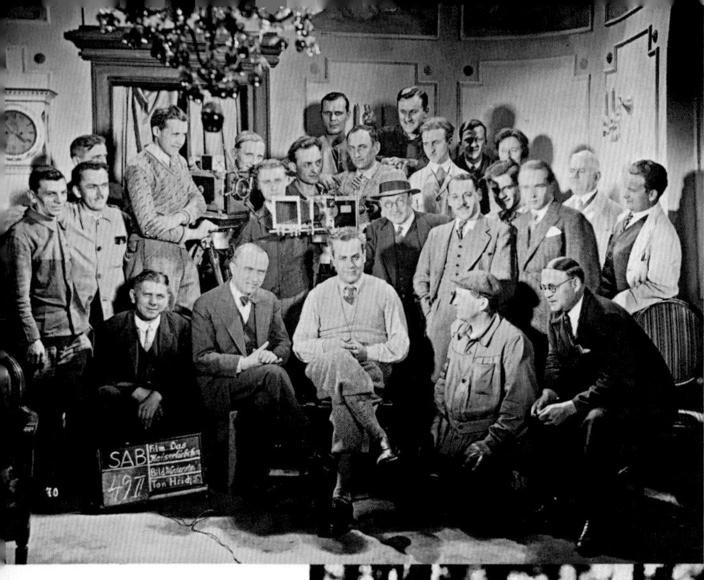

Helmut Schreiber (mit Hut) und Max Heilbronner (rechts daneben) am Filmset, um 1930

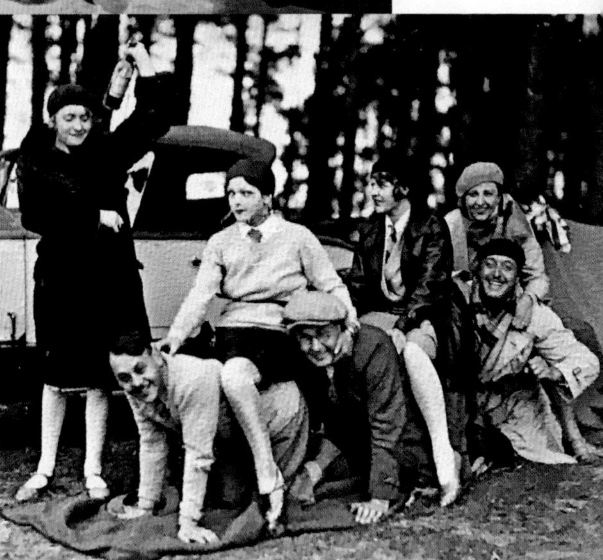

Max Heilbronner (links) und Helmut Schreiber (Mitte) auf einem Ausflug mit Freundinnen, um 1930

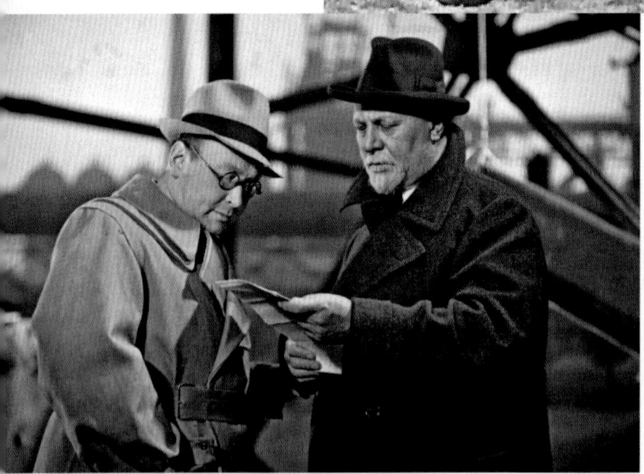

Schreiber und Emil Jannings bei den Dreharbeiten zu *Der Herrscher*, 1937

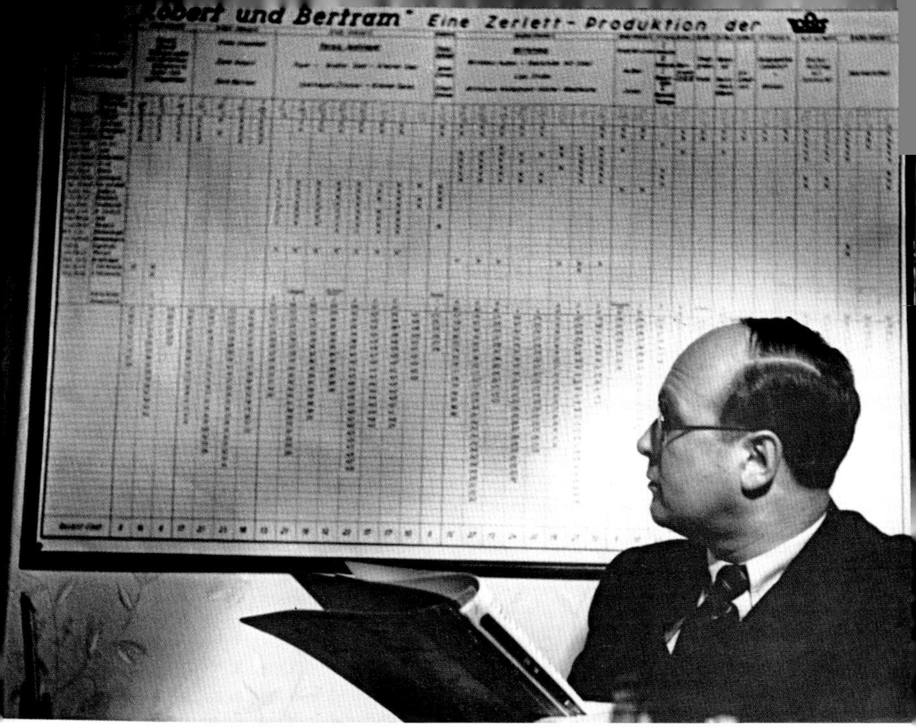

Helmut Schreiber als Produktionsleiter der antisemitischen Musikkomödie *Robert und Bertram*, 1939

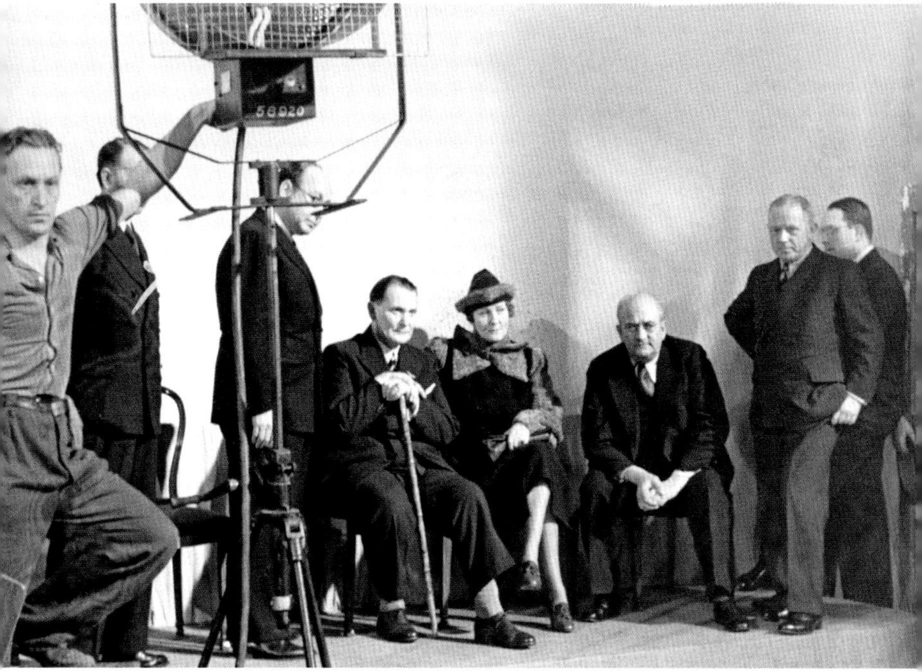

Hermann und Emmy Göring besuchen einen Filmset von Tobis-Produktionsleiter Helmut Schreiber in Berlin, 1935

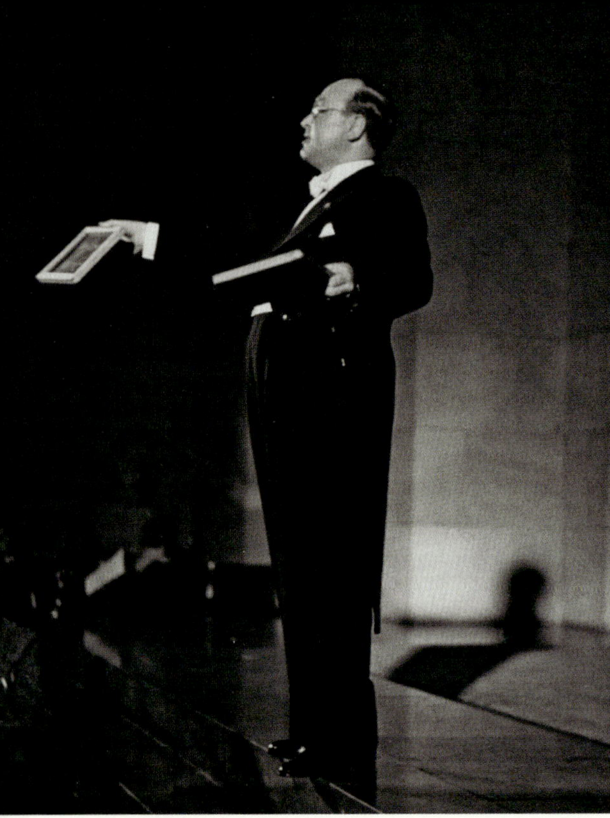

Helmut Schreiber beim Vorführen der Geistertafeln

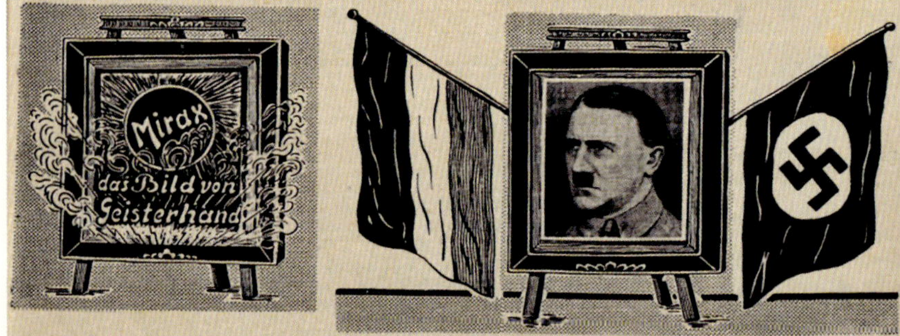

641 B. „Mirax", das Bild von Geisterhand. Von Gy Coross. Der Künstler zeigt einen großen verglasten Bilderrahmen. Er hält sich denselben vor seinen Kopf, damit die Zuschauer sehen, daß der Rahmen vollkommen durchsichtig ist; dann verschließt er den Rahmen mit einer unpräparierten, untersuchten Holztafel, auf welcher „Mirax, das Bild von Geisterhand" zu lesen ist und stellt hierauf den Bilderrahmen auf eine zarte durchsichtige

Staffelei. — Jetzt verteilt der Künstler eine große Anzahl Zettel unter die Zuschauer und bittet dieselben, immer je einen Namen berühmter Persönlichkeiten aller Zeiten und Nationen auf die Zettel schreiben zu wollen. Die Zettel werden zusammengerollt, geschlossen und in einer vorher untersuchten vernickelten Metallurne eingesammelt. Ein Uneingeweihter nimmt aus der Urne einen x-beliebigen Zettel heraus, der auf dem Zettel stehende Name wird verlesen, und im selben Moment erscheint das Bild der betreffenden Persönlichkeit unter Blitzfeuer im Rahmen und gleichzeitig mit ihm rechts und links an der Staffelei zwei große Dekorationsfahnen.

Da in den meisten Fällen die Namen von Friedrich dem Großen, Bismarck, Wagner, Strauß, Napoleon, Hindenburg, Hitler, Roosevelt, Mussolini usw. aufgeschrieben werden, so ist das Kunststück stets zeitgemäß.

Der Preis für „Mirax" wird je nach Größe des Bilderrahmens und der Anzahl der Bilder bestimmt; Interessenten bitte ich um diesbezügliche Anfragen.

Bei Bestellung von Fahnenkunststücken geben Sie bitte auf, in welchen Nationalfahnen Sie diese wünschen. Neben schwarz-weiß-roten und Hakenkreuzfahnen liefere ich fast alle Fahnen der Welt.

Zaubergerätehändler wie Conradi-Horster boten ihre Kunststücke ab 1933 in zeitgemäßer Aufmachung

Helmut Schreiber begrüßt Joseph Goebbels

ADOLF HITLER

BERLIN, DEN 7. Febr. 1941

H. Direktor Helmut Schreiber und Frau!

Nehmen Sie bitte zum heutigen Tage
auch meine herzlichsten Glückwünsche entgegen

Adolf Hitlers Glückwunschschreiben zur Hochzeit von Anneliese und Helmut Schreiber, 1941

Helmut Schreiber an seinem Schreibtisch bei der Bavaria mit signiertem Hitler-Porträt an der Wand

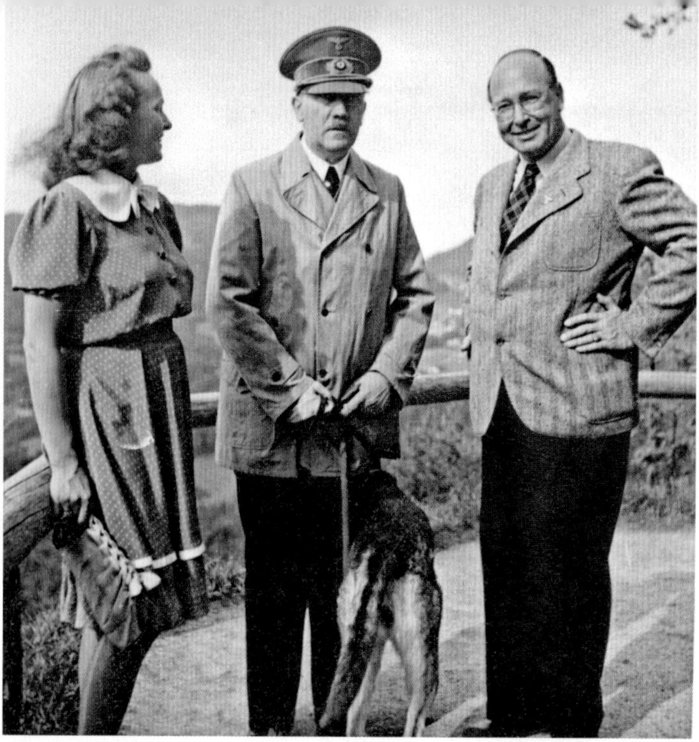

Die Schreibers zu Gast bei Hitler auf dem Obersalzberg, 1943. Fotografie von Heinrich Hoffmann

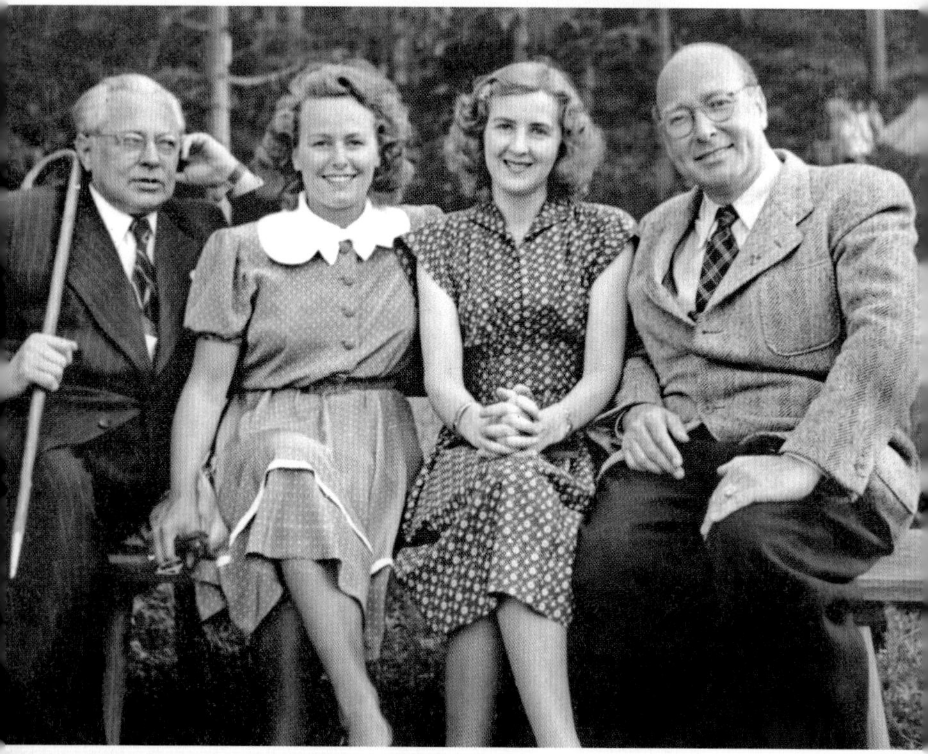

Ehepaar Schreiber mit Eva Braun und Hitlers Fotograf Heinrich Hoffmann auf dem Obersalzberg, 1943

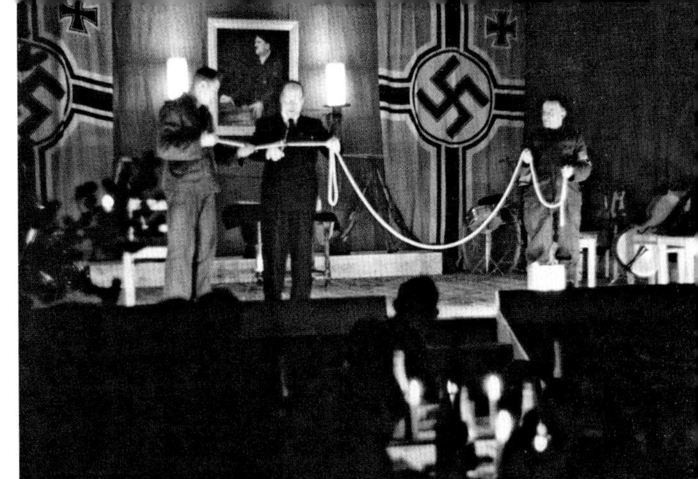

Zaubern unter dem Hakenkreuz

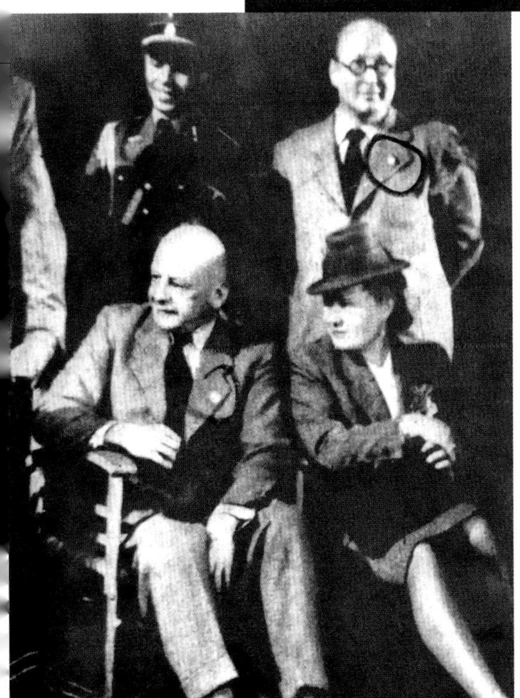

Erscheinen, Verwandeln, Verschwinden: Parteiabzeichen oder magisches Emblem? Foto aus Schreibers Entnazifizierungsakte (links) und dem privatem Fotoalbum (unten)

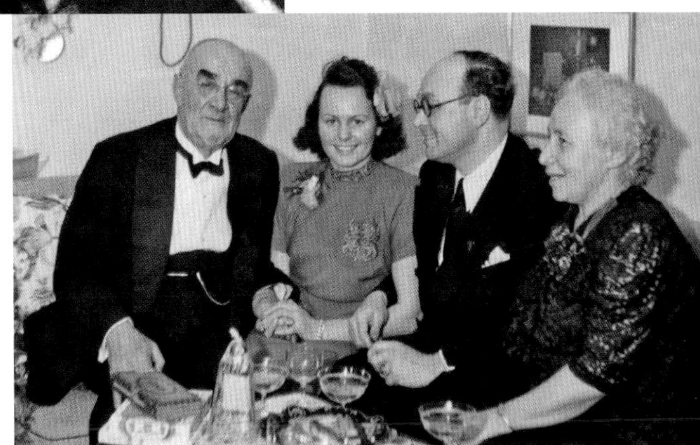

Helmut und Anneliese Schreiber zu Besuch bei seinen Eltern Wilhelm und Martha. Das Parteiabzeichen an seiner Brust wurde auf dem Fotoabzug retuschiert

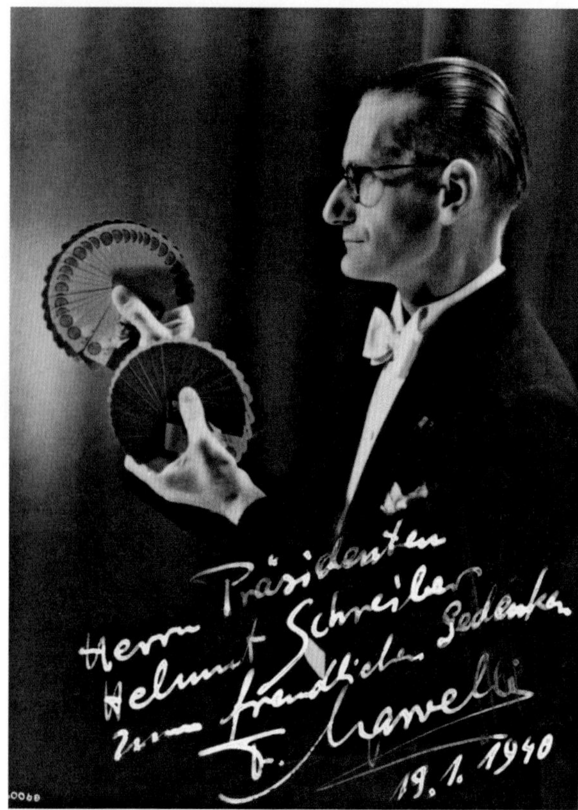

Der große Rivale
Fredo Marvelli – vor dem
endgültigen Zerwürfnis

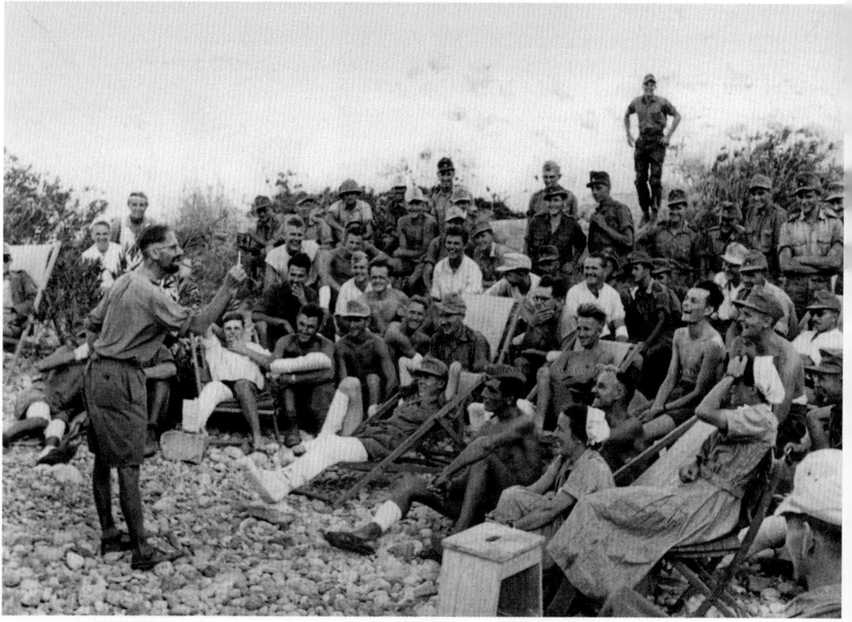

In die Wüste geschickt: Marvelli zaubert für Rommels Truppen in Nordafrika, 1942/43

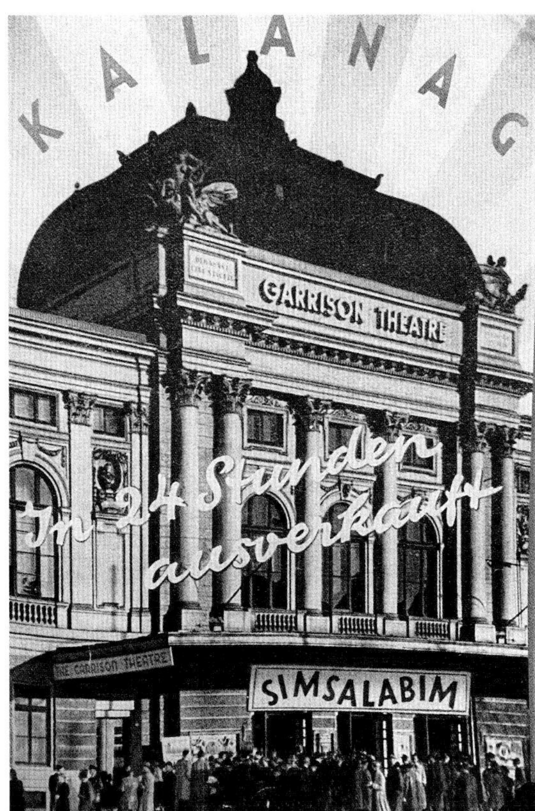

Das erste Programm nach dem Krieg im damals Garrison Theatre genannten Deutschen Schauspielhaus, Hamburg 1947/48

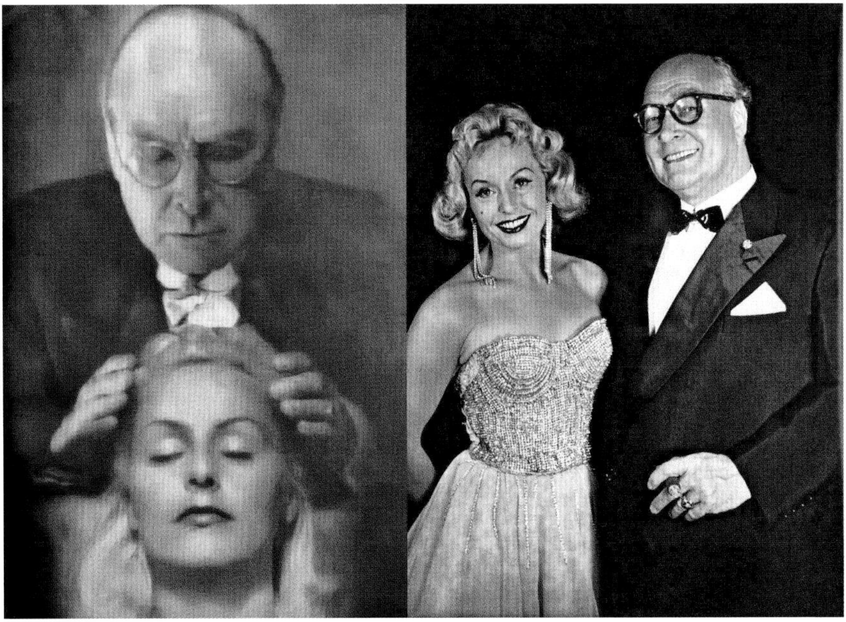

Magisches Paar: Kalanag und Gloria

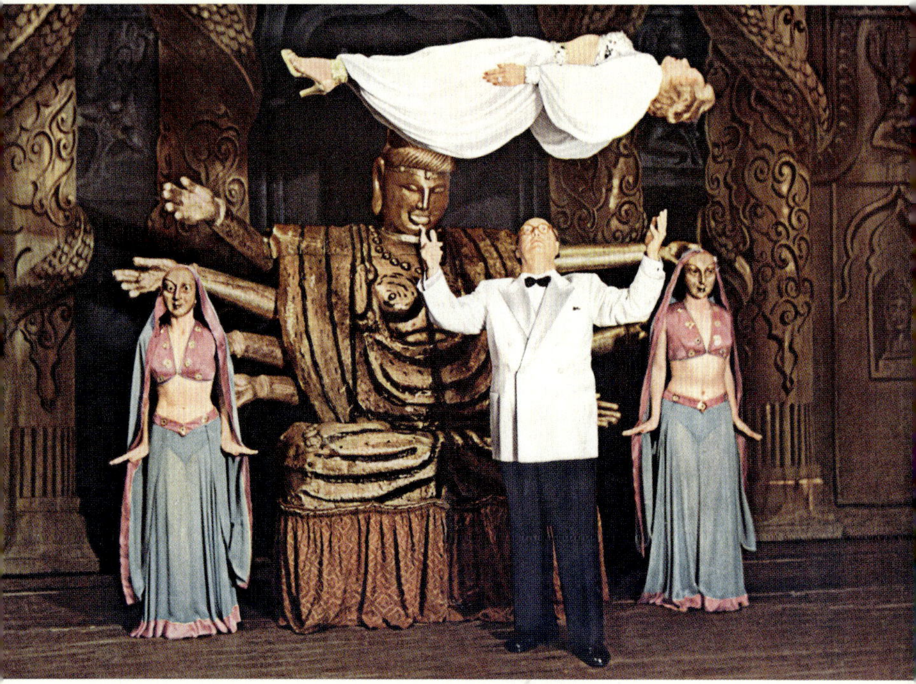

Kalanags große Schwebe war einer der Höhepunkte der Show

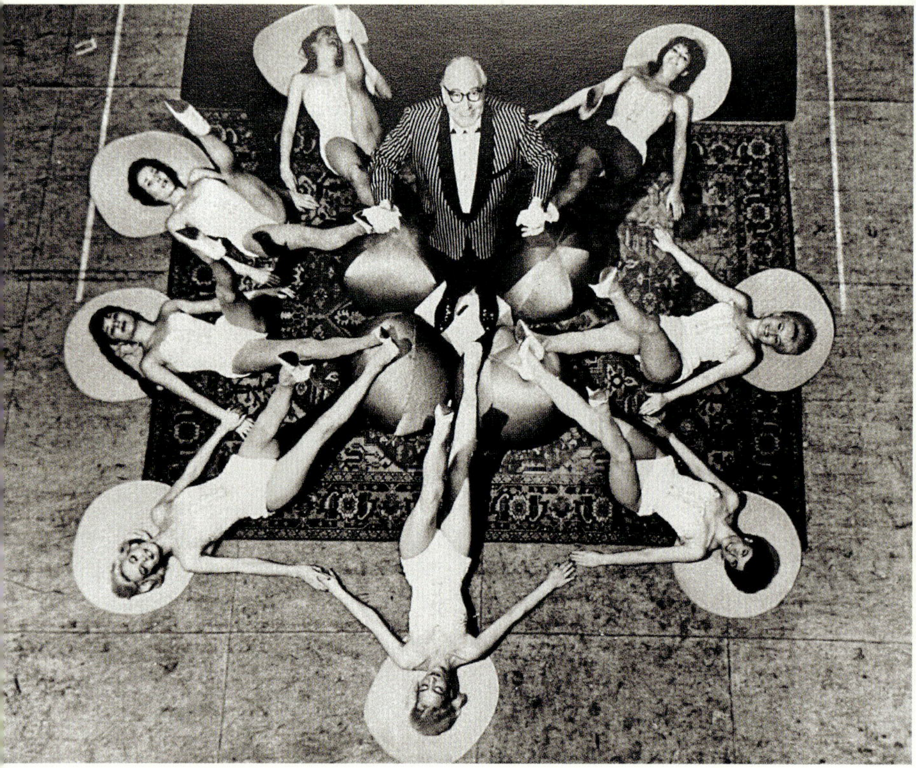

Kalanag und seine Mystery-Girls

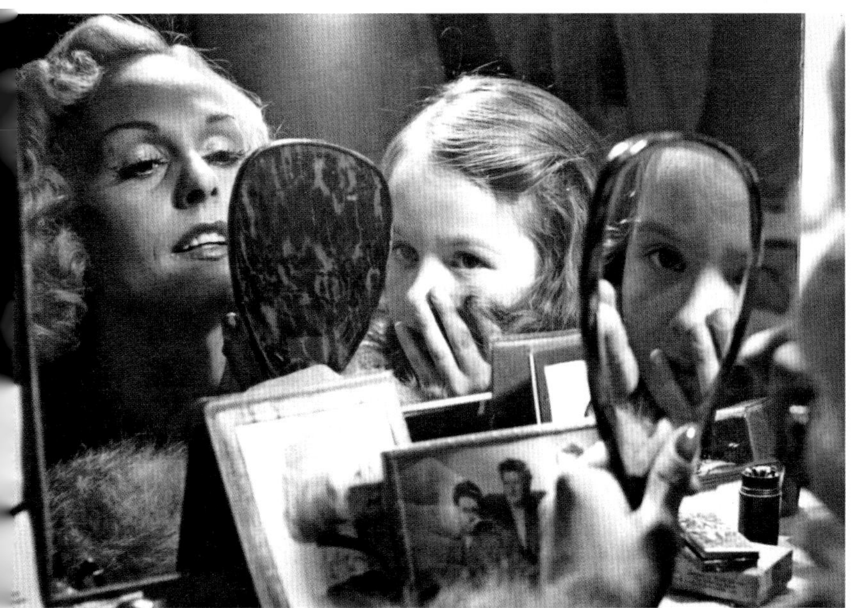

Anneliese Schreiber alias Gloria mit Tochter Brigitte

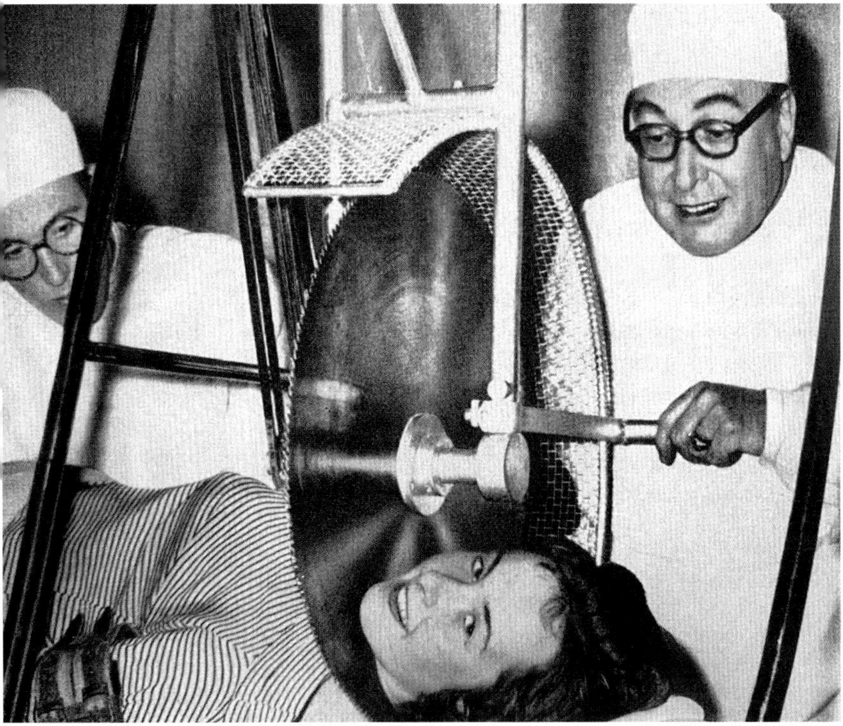

Kalanag legt seine Tochter Brigitte unter die Kreissäge

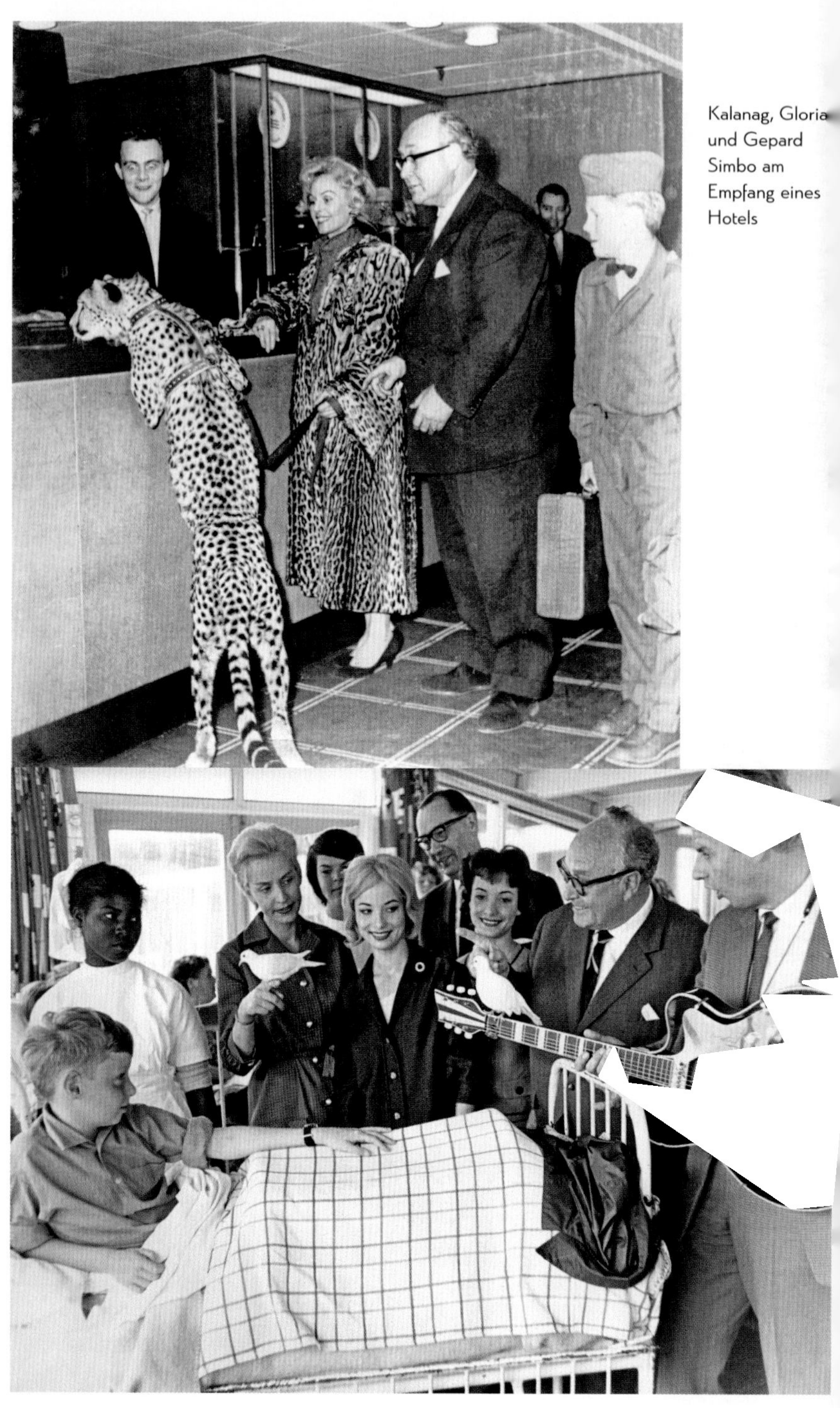

Kalanag, Gloria und Gepard Simbo am Empfang eines Hotels

Kalanag in Begleitung seiner Partnerin Anita Schmitt und der Zwillinge Heidi und Heike Koehn beim Zaubern in einem Krankenhaus

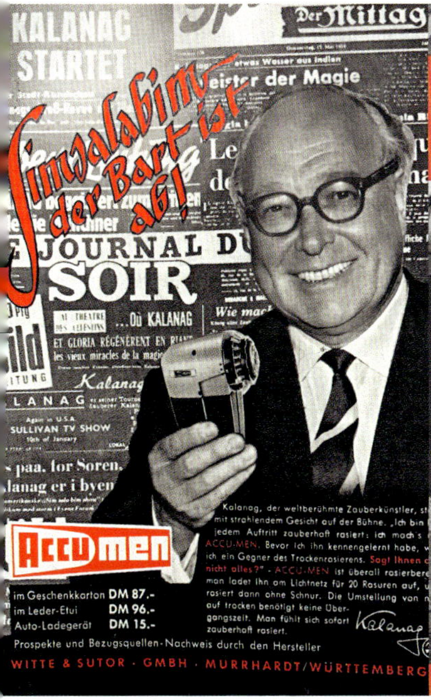

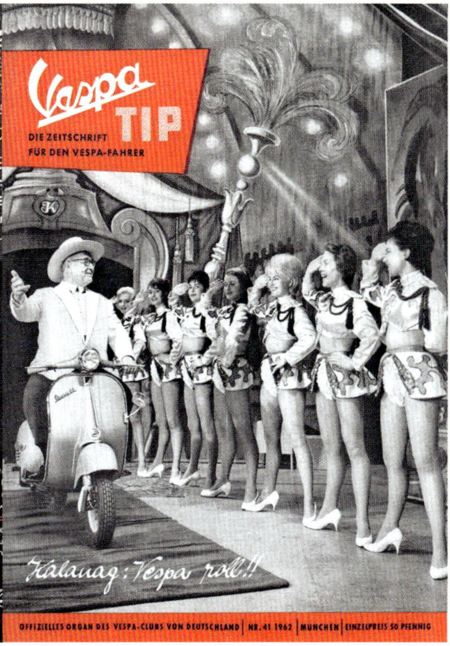

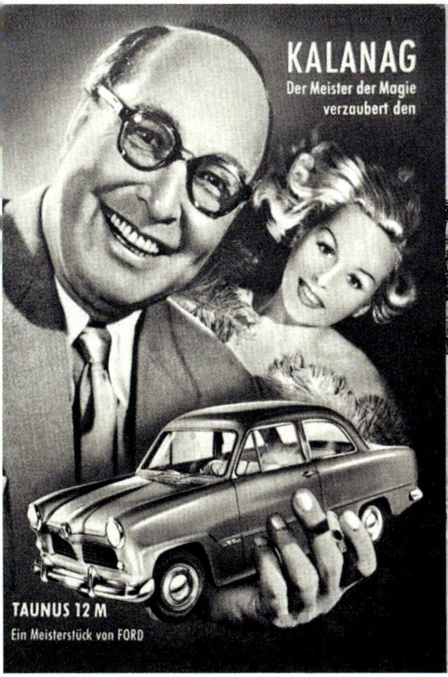

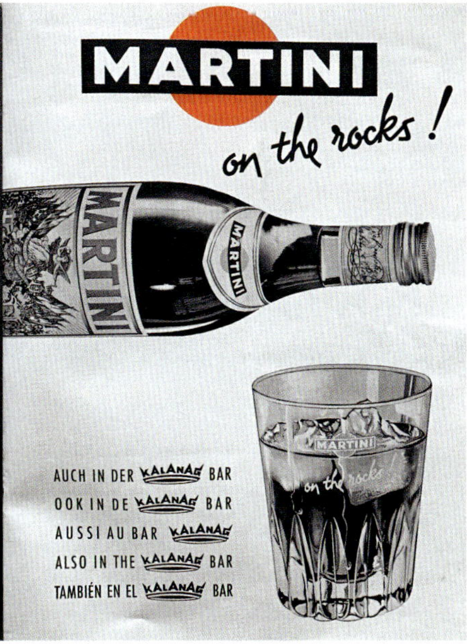

Werbung ist alles: Kalanag verband früh Zauberkunst und Kommerz

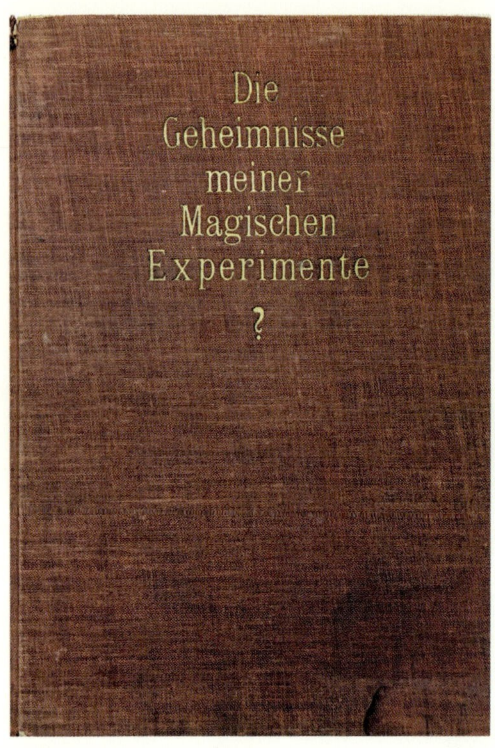

In seinem magischen Ideenbuch verzeichnete Kalanag mit grüner Tinte streng gehütete Berufsgeheimnisse

29) Wanderung der roten u. blauen Jacke.
(ähnlich Fakes Herz 7!) sehr gut.
Genii Vol 12 No 6. „Incardnito v. Adams"
S. 164.

[3]0) "The Empire Book Test"
Genii Vol 12 No 6. P. 160.
ff. Erraten einer Buch-Zahl.
([illegible] von Taschen = Streichhölzern!)

Sehr große Reklame-Idee.
Der am Glase schwebende Aeroplan
Conjurors Magazine Vol 3. No 11.
Seite 15.
Beruhend auf dem Gleichgewichtsprinzip
s. „Amüsante Wissenschaft" Buch No 56
S. 154.

„Floating Lady" mit Gummi=Attrappe
von Sorcar.
Conjuror's Magazine Vol 3. No 11. S.
24/25.

Ein Buch bis 399 Seiten [illegible]

33) Das „Verschwindende Kleid"
"Strip-Tease" = Illusion. No: 400
(Blue Print)
Bradley Hall. Stage Magic Factory
Box 2, Woodside, N.Y.
Dollar 2.–
Pressebesprechung
s. „Conjurors Magazine" Vol. 4. No. 6. August 1948 S. 30.

34) Sorcar's „verschwindende Lampe"
(3 Tülbnose, elektr. Gestell in der Tischplatte!)
Aus dem Sphinxheft März 1948 (Gloria Nija)

35) Dr. Tenners „Riesenkarten-Angel"
Beschreibung s. in roter Mappe
„präpar. Karten - Kartenapparate"

36.) Große Abart der Verwendung der
„Glaskugel" für „Zettellesen"
Genii. Vol 12. No 8. April 1948 S. 223

37) Riesen=Karten oder Gigant-Vierses-Trick
sehr große Abart im Gegensatz zu alter

Gut durchgeplant: Die Kalanag-Bar erfüllte jeden Wunsch

Z u r u f e :

B a r - S z e n e

KALANAG macht auf der Bühne Wasser, Wein, dann verlangt Kapellmeister 1 Glas Sekt ....

nach Sekt erfolgt Zuruf: M a m p e (Halb & Halb)
" Mampe " " E s s i g
" Essig " " , Eier - Likör

KALANAG geht ins Publikum, macht 3 Liköre, dann auf der Bühne B i e r ....

nach Bier erfolgt Zuruf: M i l c h (Ziegenmilch)
" Milch " " T i n t e
" Tinte " " P u n s c h
" Punsch " " E i s
" Eis " " K a f f e e
" Kaffee " " K a k a o
" Kakao " " C o c a - C o l a
" Coca-Cola " L i m o n a d e

ooooooooooooooooooooooo 0 ooooooooooooooooooooooo

für die BOUDOIR-Szene:

Frage KALANAG: „Soll das Cape weg?" Zuruf: J a !
" " „Soll das Kleid weg?" " J a - B I T T E !
" " „Noch etwas weg?" " A l l e s !
" " „Noch mehr?" " DAS ROLL. WEG!

Notizen Kalanags zur Programmabfolge der Tricks

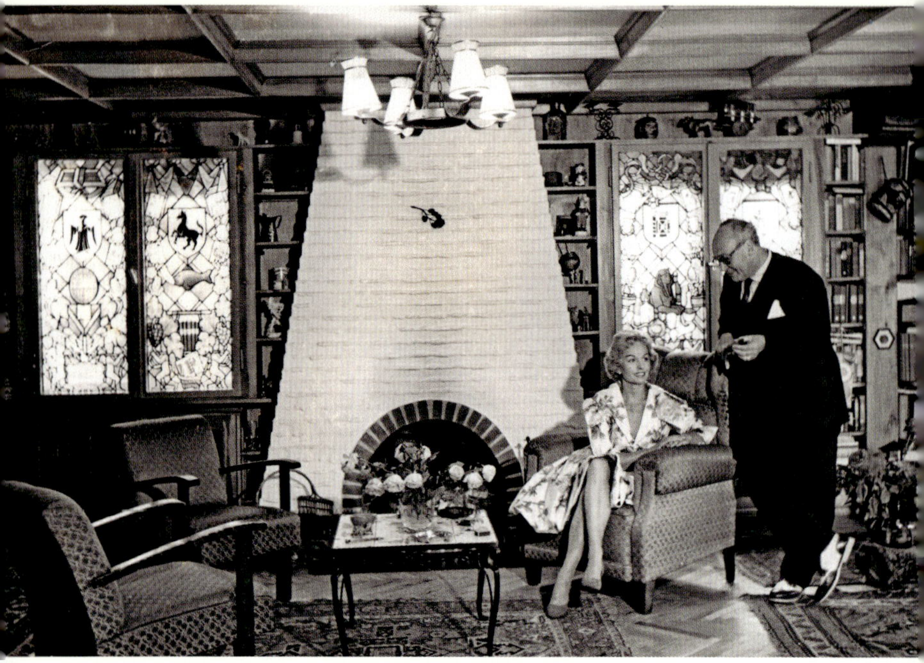

Gloria und Kalanag in ihrem Hamburger Haus mit den vier Teilen des magischem Fensters im Hintergrund

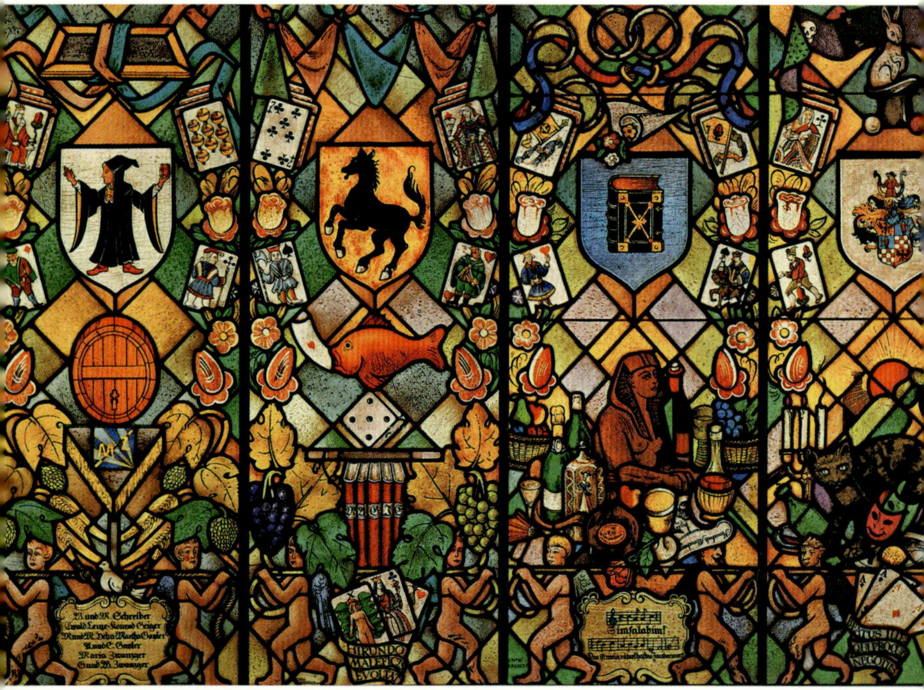

Kalanags magisches Fenster steckt voller Symbole

dem sie den Kontrollposten ohne Zwischenfall passiert hatten, nahm der fülligere der beiden US-Offiziere im vordersten Wagen seine Armeemütze vom Kopf und wischte sich erleichtert die schweißnasse Stirn. Das Verkleiden fiel Helmut Schreiber unter den gegenwärtigen Umständen nicht so leicht wie später, wenn er hinter der Bühne innerhalb weniger Sekunden in ein neues Gewand schlüpfte. Aber er hatte seine Rolle als US-Soldat gut genug gespielt und die amerikanische Uniform damit zum ersten der Kostüme Kalanags gemacht.

Übermütig schlug er seinem Begleiter einen Abstecher zum Wolfgangsee vor, um dort den Schauspieler Emil Jannings zu besuchen, mit dem Schreiber mehrere Filme gedreht hatte. Die Amerikaner waren von Schreibers Idee sofort angetan, schließlich war Jannings auch in den Staaten berühmt, seit er als erster Deutscher in Hollywood mit einem Oscar ausgezeichnet worden war. Nur einer war nicht erfreut, als die drei US-Jeeps bei ihm vorfuhren und die Offiziere ihn zu sprechen verlangten: Emil Jannings, der sich nur zu gut seiner nicht immer eindeutigen Position in Goebbels' Filmreich bewusst war. Der berühmte Schauspieler war so misstrauisch, dass er ein gewaltiges Fernrohr am Fenster installiert hatte, um den See und die Ufer stets im Blick zu haben. Wollten die Amerikaner ihn nun verhaften? Jannings Argwohn wich erst, als Schreiber sich zu erkennen gab und die Amerikaner Essen und Getränke auspackten, um ein feuchtfröhliches Fest mit der Filmprominenz zu veranstalten. Nachdem er seine Zauberrequisiten aus der Jagdhütte bei Ischl geborgen hatte, passierte Schreiber mit seinen amerikanischen Mitwissern unerkannt wieder die Grenze nach Deutschland.

Die Vorführung vor Patton sei ein großer Erfolg und »sehr von Nutzen« für ihn gewesen, schrieb Kalanag in seinen Memoiren. Es war eine der vielen Legenden, die aus einem Körnchen

Wahrheit und einem Klumpen Fantasie bestanden. Kalanag war ein Meister darin, aus dünner Seide dickes Garn zu spinnen.

Tatsächlich trat er am 20. September 1945 im Kurhaus von Bad Tölz bei einer Veranstaltung des amerikanischen Roten Kreuzes auf[9] und führte dort mit immerhin sieben Assistentinnen und einer Kapelle zwei Stunden lang Zauberkunststücke vor. Ob General Patton anwesend war, ist nicht belegt. Aber zahlreiche kriegsmüde G. I.s verfolgten mit staunenden Augen, wie Kalanag Tauben erscheinen und verschwinden, Flammen aus seiner Hand lodern ließ, aus einem scheinbar unerschöpflichen Krug immer und immer wieder Wasser schüttete und mehr als ein Dutzend weitere Kunststücke zeigte.

Kalanag wäre nicht Kalanag gewesen, wenn er diese erste Aufführung nach dem Krieg nicht ebenso ordentlich mit Liste und Dauer der einzelnen Nummern in seinem Auftrittsbuch verzeichnet hätte, wie er es seit seinen ersten Auftritten während des Ersten Weltkriegs zu tun pflegte. Schreibers nahezu lückenlose Dokumentation seiner Vorstellungen zeigt auch, wie mühelos der Zauberer aus Deutschland über die Umbrüche der politischen Systeme von 1918 über 1933 und 1945 hinwegschwebte. Der letzte Eintrag vor dem Gastspiel in Bad Tölz dokumentiert Schreibers Zaubereien am Polarkreis, die er 1943 im Gefolge von Rüstungsminister Albert Speer vorführte.[10] In den Presseausschnitten hatte Schreiber wie immer die schönsten Lobeshymnen auf sich unterstrichen, den »besten Amateur-Zauberer Europas«, den »Zauberer von unübertrefflicher Klasse« und »Zivilisten von imposantem Format«. Nur eins war anders nach 1945: Jetzt galt es, nicht nur das Lob zu dokumentieren, sondern auch weniger Schmeichelhaftes zu kaschieren. Und so setzte Helmut Schreiber den Federhalter erneut an und übermalte jede Erwähnung des Namens Albert Speer mit dicker grüner Tinte.

Von nun an sollte der Blick nach vorn gehen. Auch in Bad Tölz vergaß Schreiber nicht, sich von den Veranstaltern ein Zeugnis abzuholen. Denn was war der beste Zauberer wert, wenn es keinen werbeträchtigen Beweis für seine Großartigkeit gab? »Helmut Schreiber's Magical Show«, heißt es darin, sei ausgezeichnet und das Geschrei der G. I.s nach Zugaben groß gewesen.[11] Wie gut taten diese Worte. Wie gut tat es ihm, dass er endlich wieder zaubern durfte.

Das am 4. Oktober 1945 hastig auf einen Briefbogen des Amerikanischen Roten Kreuzes gekritzelte Testat war das einzige Hoffnung versprechende Schriftstück, das in diesen Tagen von amerikanischer Seite über Helmut Schreiber ausgestellt wurde. Wer weiß, wozu es nützlich sein konnte. Als es zwei Jahre später endlich so weit sein sollte und die erste Kalanag-Revue in Hamburg stattfand, druckte Kalanag das Zitat im Programmheft ab.

In München dagegen wurde die Lage für Schreiber immer schwieriger. Die Entlassung von Herbell war auch für die zuständige US-Stelle dort eine Pleite gewesen, die sich nun vor einer Untersuchungskommission ihrer vorgesetzten Stelle aus Bad Homburg verantworten musste und jede Verhandlung mit Schreiber ablehnte.

Schon vor seiner Entlassung als Produktionschef hatte sich Schreiber bei der amerikanischen Militärpolizei[12] unbeliebt gemacht, als er gegen die Beschlagnahmung von Filmmaterial und Kameras aus dem Besitz der Bavaria protestierte. Zu seiner Empörung wollten die Amerikaner zudem zahlreiche Filme sequestrieren, bei denen es sich aus Schreibers Sicht um harmlose Thriller handelte, deren Wert für die Bavaria jedoch sechzig Millionen Reichsmark betrug. So spielte Schreiber eine amerikanische Stelle gegen die anderen aus, bis er es sich am Ende mit allen verscherzt hatte und seine Zauberfreunde von Pattons Dritter Armee längst weitergezogen waren.

Dann sendete Radio München, das unter Kontrolle der amerikanischen Besatzer stand, im August 1945 einen Bericht über Schreiber, der sofort in aller Munde war: Schreiber sei als Nazi von den Amerikanern entlassen worden. Er protestierte noch in der gleichen Nacht bei den Besatzern und erfuhr, dass die Informationen in der Sendung von Deutschen stammte.[13] Aber wer hatte ihn denunziert? Schreiber hatte viele Feinde. Der Schauspieler Fritz Benscher behauptete, er habe Schreiber, den »Kammerzauberer Adolf Hitlers«, nach dem Krieg in Bayern »untragbar« gemacht. Bei der Bavaria habe Schreiber denunziert und die Begrüßung mit »Heil Hitler« als verbindlich angeordnet.[14]

Die amerikanische Militärregierung hatte den automatischen Arrest für hochgestellte Nazi-Funktionäre, Mitglieder von Gestapo und SS sowie Kriegsverbrecher und andere Personen eingeführt, von denen eine Gefahr für die Sicherheit ausgehen konnte. Um Schreiber zog sich die Schlinge zu – jedoch nicht, weil er fürchten musste, automatisch verhaftet zu werden, wie er in seinen Memoiren behauptete. »Von Arresten, ob automatisch oder nicht, war ich kein Freund.«[15] Er hatte sich mit seinen trickreichen Manövern bei den Amerikanern verkalkuliert und musste sich vorerst geschlagen geben. Jetzt half nur eins: Er musste so schnell wie möglich aus München verschwinden.

Als die amerikanische Militärpolizei vor dem Haus in der Benediktenwandstraße 2 in München-Harlaching vorfuhr, um den ehemaligen Direktor Helmut Schreiber zu verhaften, hatte der sich in Luft aufgelöst, nein: in blauen Dunst, der einer dicken zu Asche gewordenen Zigarre entstieg. So beschreibt es der Zauberer mit sichtlichem Vergnügen an der eigenen

Trickfertigkeit in seinen Erinnerungen. Auch der Rückblick ist – natürlich – Teil der Inszenierung. Kalanag stilisiert seine Flucht aus München als Verschwinde-Illusion: »Letzten Endes wäre es auch blamabel gewesen, wenn ich es als Zauberer nicht verstanden hätte, von der brenzlig gewordenen Bildfläche zu verschwinden.«[16]

Die Amerikaner fanden lediglich Anneliese Schreiber vor. Die Situation war so angespannt, dass die Soldaten sofort mit ihren Maschinenpistolen in Anschlag gingen, als die Kuckucksuhr schlug. Das war die Wahrheit, und auch diese Wahrheit vertauschte Kalanag später gegen eine hübsche Geschichte: »Die Spieldose, die neben dem Aschenbecher stand, erhielt von einer Maschinenpistole einen Stoß und fiel auf den Boden. Da zirpte sie leise und etwas spöttisch ein altes Kinderlied: ›Auf einem Baum ein Kuckuck saß – Simsalabim …‹«[17]

Ist nicht alle Erinnerung Illusion? Enthält nicht jede Täuschung einen wahren Kern? Das Wort, mit dem Kalanag sich vor den Amerikanern aus dem Staub machte, begleitete wenig später als Zauberformel seinen märchenhaften Wiederaufstieg: »Simsalabim – da bin ich wieder!«

Wie es Kalanag gelungen war, bereits zwei Jahre nach Kriegsende eine riesige Revue aus dem Boden zu stampfen, stellte seine Zeitgenossen vor ein Rätsel. Böse Zungen vermuteten, er habe die enormen Kosten der Show aus einem Nazi-Schatz finanziert, den er 1945 beiseitebrachte. Wie so viele der fantastischen Gerüchte, die nach dem Untergang des Dritten Reichs umhergingen, handelte es sich natürlich um eine frei erfundene Geschichte.

Oder auch nicht.

Nazi-Gold

In der Nacht des 27. Juni 1945 fuhr Friedrich Joseph Rauch, Obersturmbannführer der Waffen-SS und Oberstleutnant der Schutzpolizei in die Berge der bayerischen Voralpen zwischen Isar und Loisach. Zwei Monate zuvor hatten deutsche Gebirgsjäger Säcke voller Geldbündel aus der Reichsbank mit Maultieren unter die Gipfel des Klausenkopfs und des Steinriegels am Walchensee geschafft und dort vergraben.[1]

Der Hort am Klausenkopf war nur ein Teil der Gold- und Devisenreserven, die im April 1945 in letzter Minute aus dem belagerten Berlin mit Zügen und Lastwagen nach Bayern transportiert worden waren. Rings um Hitlers Alpenfestung herum hatten Gebirgsjäger einen sagenhaften Schatz vergraben: 730 Goldbarren sowie 164 Kisten und Säcke mit Devisen und Münzen lagen unter der bayerischen Erde, und nur wenige Eingeweihte wussten, wo.

Einer von ihnen war Friedrich Rauch. Er fand das Versteck sofort wieder und steckte sich hastig einige Geldbündel in die Taschen. Dann stieg er den Berg wieder hinab und machte sich in den frühen Morgenstunden auf den Weg nach Garmisch-Partenkirchen, wo er mit Helmut Schreiber verabredet war.

Schon kurz nach dem Einmarsch der US Army in Bayern hatten sich amerikanische »Goldrush-Teams« verdächtigen Deutschen an die Fersen geheftet und die bayerischen Alpen nach Hitlers »Nibelungenhort« durchkämmt. Dabei hatten sie zahlreiche Verstecke gefunden und ausgehoben. Aber ein Vergleich mit den Angaben des Reichsbank-Oberkassierers Georg Netzeband, der für den Transport der Schätze in den Süden verantwortlich war, machte deutlich, dass immer noch Millionenbeträge unentdeckt in ihren Verstecken schlummerten.

SS-Obersturmbannführer Rauch hatte vor, sich den Amerikanern zu ergeben – aber nicht ohne ein Pfand. Er wollte ein Geschäft mit den Besatzern machen: Nazi-Gold gegen freies Geleit. Allerdings wäre es viel zu riskant gewesen, selbst in Verhandlungen mit der US Army zu treten. Um erst einmal unerkannt zu bleiben, ließ Rauch den Amerikanern sein Angebot über verschlungene Umwege zukommen.

Dazu brauchte er Helmut Schreiber, der in Täuschungsangelegenheiten schließlich ein Fachmann war und sich zudem als Teilzeit-Dolmetscher bei der US Army in München nützlich gemacht hatte. Über seinen SS-Kameraden Karl Warth ließ Rauch die Information Schreiber zukommen, der sie an den SS-Mann Helmut Groeger weiterleitete. Groeger arbeitete seit Kurzem in Bad Tölz als Dolmetscher für die amerikanischen Besatzer und informierte seine neuen Dienstherren umgehend.

Die Amerikaner verlangten Beweise für die Existenz des Goldverstecks und schickten das ungleiche Nazi-Quartett in Begleitung zweier US-Soldaten nach Garmisch-Partenkirchen, um den Schatz zu heben. Von dort aus fuhr Rauch allein weiter, um sechs verschiedene Verstecke in den Bergen um den Walchensee zu inspizieren. Nach eigenen Angaben fand er zwei der Goldverstecke bereits geplündert vor; das dritte und kleinste Golddepot war unversehrt, genauso wie die drei Geheimlager mit Devisen. Er leerte ein Lager und brachte die Säcke mit Geldbündeln zurück nach Garmisch-Partenkirchen.

Als US-Major Robert Allgeier am 28. Juni 1945 um fünf Uhr morgens Helmut Schreibers Haus in Garmisch erreichte, traf er nur Schreiber und Groeger an, die ihm dreiundzwanzig Säcke voller Devisen präsentierten. Zu seinem Missfallen bemerkte der amerikanische Major, dass die Deutschen die Säcke bereits vor seinem Eintreffen geöffnet hatten. Angeblich, um den Inhalt zu kontrollieren.[2]

SS-Obersturmbannführer Rauch sollte später während seiner Anhörung angeben, dass er die Devisenverstecke unangetastet vorgefunden hatte. Gegenüber Allgeier behaupteten Schreiber und Groeger aber nun plötzlich, den Schatz selbst gehoben zu haben. Sie widersprachen Rauch und erklärten, auch die Devisenverstecke seien bereits geplündert worden. Die beiden Deutschen versicherten, deshalb bereits so viel wie möglich herbeigeschafft zu haben. Fragte sich nur, wer die Verstecke geplündert haben sollte.

Helmut Schreiber war nicht um eine Erklärung verlegen, die Allgeier geschickt in die Irre führen sollte: »Partisanen« in den Bergen hätten das Geld sicher bereits an einen anderen Ort geschafft. Zwanzig Kisten mit je fünfzig Kilogramm Goldbarren und eine unbekannte Menge an Devisen seien noch dort oben vergraben, schätzte Schreiber nach bestem Wissen und Gewissen. Er riet Major Allgeier dringend, den Rest so schnell wie möglich sicherzustellen.[3]

Damit hatte der Zauberkünstler Helmut Schreiber einmal wieder bewiesen, dass er der richtige Mann war, um den Amerikanern eine falsche Fährte zu legen. Der frei erfundene Hinweis auf die Partisanen und den drohenden Verlust des Goldschatzes setzte Allgeier dermaßen unter Druck, dass er den vorgeschriebenen Dienstweg außer Acht ließ und vergaß, seine Vorgesetzten in General Pattons Hauptquartier in Bad Tölz zu informieren. Statt die Aushebung des Verstecks persönlich zu überwachen, schickte Allgeier noch am selben Morgen einen

Suchtrupp des 512. Militärpolizeibataillons in die Berge, um sich von Rauch zu den Verstecken führen zu lassen.

Dort fanden die amerikanischen Soldaten zwar das dritte Goldversteck, allerdings enthielt es, anders als von Schreiber behauptet, nicht zwanzig Kisten mit Goldbarren, sondern lediglich vier Kisten und zwei Säcke. Auf die Diskrepanz angesprochen, rechnete Schreiber treuherzig vor, dass mithin sechzehn Goldkisten fehlten – offensichtlich.

Rauch führte sie schließlich auch zu den Devisenverstecken. Allerdings befanden sich diese nicht mehr unter dem Klausenkopf oder dem Steinriegel, sondern rund zehn Kilometer östlich der Straße, die von Mittenwald zum Walchensee führte. Der Verdacht drängte sich auf, dass die Säcke möglicherweise nicht nur einmal, sondern sogar mehrfach ausgegraben und an einem anderen Ort wieder verbuddelt worden waren.

Am Ende des 28. Juni 1945 zählten Allgeiers Männer siebenundvierzig Säcke und sechs Kisten mit Devisen. Als Schreiber bemerkte, dass auch dort offensichtlich bereits flinke Finger zugegriffen hatten, fragte sich Major Allgeier langsam, wie es kommen konnte, dass dieser Herr Schreiber immer so gut Bescheid wusste. »Ich vermute, dass die beiden deutschen Informanten Groeger und Schreiber bereits einen Teil des Depots für sich abgezweigt hatten«, schrieb Allgeier später in seinem Bericht über die leidige Affäre, »als sie es mit der Angst zu tun bekamen und Captain Rockwell den verbliebenen Rest übergaben, um sich selbst abzusichern und nicht Gefahr zu laufen, von anderen hineingezogen zu werden, die selbst einen Teil abzweigen wollten.«[4]

Dennoch schaffte es Helmut Schreiber, von Allgeier eine Bescheinigung zu bekommen, die ihm als Passierschein in der amerikanischen Zone und als Persilschein für die Entnazifizierung dienen sollte. Sie lautete:

»Dr. Helmut Schreiber Benediktenwandstr. 2, München-Harlaching, hat der Armee der Vereinigten Staaten einen großen Dienst erwiesen, indem er behilflich war, mehrere Millionen Dollar (genaue Menge unbekannt) in Goldmünzen und nicht deutschen Devisen, die von Deutschen aus unbekannten Gründen versteckt worden waren, sicherzustellen und unserer Organisation zu übergeben. Er tat dies aus freiem Willen und ohne Bedingungen daran zu knüpfen.

Unsere Organisation war die Empfängerin des Geldes wegen ihrer Position in München. Der Unterzeichner hat informell mit dem CIC [Counter Intelligence Corps] in München über den Status von Dr. Schreiber gesprochen, und sie haben ihn von allen Nazi-Tendenzen freigesprochen.

Der Unterzeichner ist nicht autorisiert, in dieser Angelegenheit eine offizielle Stellungnahme abzugeben. Um sich jedoch für die erwiesenen Dienste erkenntlich zu zeigen, scheint es angemessen, Dr. Schreiber jegliche Unterstützung zu gewähren. Es wird dringend gebeten, ihm mit Wohlwollen zu begegnen und seine Bitte nach Wiedereinstellung in seinem Beruf gründlich und sorgfältig zu prüfen.«[5]

Ein besseres Zeugnis der neuen Machthaber hätte sich Helmut Schreiber nicht wünschen können.

Dennoch blieb ein Teil des Schatzes unauffindbar. Von neunundachtzig Säcken mit Devisen, die den Informationen der Amerikaner nach im April vergraben worden waren, hatten sie lediglich siebzig gefunden. Dreiundzwanzig davon am Morgen des 28. Juni im Haus von Helmut Schreiber und siebenundvierzig im Verlauf des restlichen Tages. Neunzehn Säcke aber waren verschwunden.[6] Lediglich zwei davon tauchten wenig später wieder auf, als ein paar von Allgeiers Untergebenen sie reumütig zurückgaben. Die Unmengen an Geld hatten die US-Soldaten in Versuchung geführt, einige US-Scheine abzuzweigen und für den beruflichen Neustart in der Heimat zu verwenden.

Einem bayerischen Polizeibericht zufolge soll ein Captain der US Army bei seiner Reise in die USA einen ganzen Koffer voll Devisen illegal bei sich gehabt haben. Ein amerikanischer Major habe sich mit seiner deutschen Freundin in die Schweiz abgesetzt und lebe dort vom Erlös aus dem Verkauf von Goldbarren. SS-Führer Rauch sei für seine Dienste die amerikanische Staatsangehörigkeit versprochen worden.[7] Auch Major Allgeiers Karriere beim US-Militär wäre um ein Haar durch die Affäre zu Ende gegangen. Er fand bei seinen Vorgesetzten Gnade, aber das FBI überprüfte noch bis in die Fünfzigerjahre seine Konten sowie die seiner Frau und Eltern.[8]

Der Gesamtwert der von den Amerikanern sichergestellten Devisen und Goldreserven belief sich auf die ungeheure Summe von mehr als 1,5 Millionen US-Dollar. Welchen Wert die siebzehn nicht aufgefundenen Säcke hatten, ließ sich nicht mehr klären. Und was die Kisten mit Goldbarren und -münzen anging, war den Amerikanern nicht einmal klar, wie viele sie nicht gefunden hatten. Dass es sechzehn Kisten waren, beruhte schließlich allein auf der Angabe von Helmut Schreiber.[9]

Zuletzt hatte die von Schreiber geschickt inszenierte Schatzsuche ein solch verwirrendes Durcheinander bewirkt, dass unklar war, wer sich wann und wo bedient haben könnte: Deutsche? Amerikaner? Zauberkünstler?

Die ganze Angelegenheit wirkte wie einer der beliebten Tricks des Helmut Schreiber, die »Konfusion um eine Kiste«, in der eine Assistentin verschwindet und an ihrer Stelle der Magier auftaucht. Das Zauberwort hieß Ablenkung.

Klar war lediglich, dass es sich bei den fehlenden Beträgen

um ein Vermögen handeln musste. Darunter befanden sich amerikanische, dänische, britische, schwedische, Schweizer und sogar türkische Banknoten[10] – die Währungen der Länder, die Kalanag wenige Jahre später mit seiner Revue besuchen würde.[11]

Eine Karteikarte erscheint

Die junge Frau, die am 16. April 1946 das Büro von Captain Paul Moeller bei der amerikanischen Militärregierung in München betrat, war pünktlich und gepflegt gekleidet. Sie trug ein hochgeschlossenes Kleid und die braunen Locken zusammengebunden.

Aus seinen Unterlagen wusste Moeller, dass Anneliese Schreiber, geborene Voss, seit sechs Jahren mit ihrem Mann verheiratet war. Er wusste, dass dies bereits die zweite Ehe der Achtundzwanzigjährigen war und dass die beiden eine kleine Tochter hatten. Es gab nur ein Problem: Er wusste nicht, wo ihr Ehemann abgeblieben war, der seit Monaten auf der schwarzen Liste der Amerikaner stand. Wo steckte Helmut Schreiber? Was heckte der ehemalige Produktionschef der Bavaria Filmstudios nun wieder aus?

Moeller hatte vor Kurzem erfahren, dass Schreiber mit englischen Stellen Kontakt aufgenommen hatte. Es irritierte ihn zutiefst, dass ihm dieser Schreiber ständig entkam. Ein aalglatter Mensch, dessen leutselige Fassade Moeller sofort wie eine geschickte Tarnung erschienen war. Ein typischer Deutscher – nur in der Raffinesse seiner Lügen war dieser Schreiber wirklich überdurchschnittlich begabt.

Da Schreiber spurlos verschwunden war, hatte Moeller dessen Gattin zu sich bestellt. Er würde schon sehen, ob er mit der jungen Frau nicht besser fertigwürde und ihr ein paar Informationen entlocken könnte. Moeller warf ihr einen strengen Blick zu und bat sie, Platz zu nehmen.

»Sie glauben doch, dass wir Ihren Mann auch in der englischen Zone erreichen. Was will er eigentlich dort?«[1]

»Die Lizenz zu arbeiten, als Zauberer aufzutreten, und dass endlich sein Fall geklärt wird.«

»Warum kommt ihr Mann nicht hierher?«

»Er steht in Verhandlungen. Schließlich hat er ja hier in München neun Monate gewartet, sechsmal den Fragebogen abgegeben. Darf er sich dann nicht erlauben, wenn hier nichts für ihn getan wird, bei den Engländern Gerechtigkeit zu suchen?«

Moeller hielt inne. Er hatte damit gerechnet, alle möglichen Ausflüchte und Geschichten aufgetischt zu bekommen. Aber diese junge Frau verteidigte nicht nur sich und ihren Mann, sie hatte dazu noch die Frechheit, der amerikanischen Militärregierung Vorwürfe zu machen! Damit hatte sie ihn auf dem falschen Fuß erwischt.

»Ja, aber hier sind Widersprüche zu klären«, entgegnete Moeller etwas unbeholfen.

»Das kann ich nicht glauben!«, gab sie patzig zurück. Moeller beschloss, dass es jetzt Zeit für härtere Bandagen war.

»Ich werde es ihnen beweisen. War Ihr Mann Parteigenosse?«

»Nein«, antwortete sie und fügte mit einem Achselzucken hinzu: »Er war Anwärter.«

Moeller wusste, dass die Geschichte nicht stimmte. Aber die selbstbewusste, ja brüske Art der jungen Frau brachte ihn zunehmend aus der Fassung. Er ging zu seinem Schreibtisch, zog einen Personalbogen der Bavaria aus der Schublade und hielt ihn Anneliese Schreiber vor. Es war eine mit Schreibmaschine ausgefüllte Karteikarte, auf der in der Rubrik »Parteigenosse« ein »Ja« geschrieben stand.

Die junge Deutsche würdigte das Dokument keines Blickes und machte eine wegwerfende Handbewegung.

»Das beweist gar nichts! Mein Mann war immer nur Anwärter, das geht bestimmt aus der Parteikartei hervor. Außerdem liegen darüber zwei eidesstattliche Versicherungen vor, unter anderem eine von dem zuständigen Parteikassierer. Denken Sie etwa, dass die betreffenden Personen Lust haben, für Herrn Schreiber aufgrund einer eidesstattlichen Versicherung ins Zuchthaus zu wandern?«

Tatsächlich war Moeller im Besitz dieser Erklärungen, deren Wahrheitsgehalt ihm allerdings zweifelhaft erschien. So einfach würde er sich von der jungen Deutschen nicht abspeisen lassen.

»Aber Ihr Mann hat auch eine Mitgliedsnummer!«

»Welche bitte?«

»Sieben Millionen und soundso.«

»Daraus ersehen Sie also, dass mein Mann sehr spät angemeldet wurde, und es dürfte Ihnen ja wohl auch bekannt sein, dass Anwärter registriermäßig eine Nummer bis zur endgültigen Aufnahme erhalten.«

Moeller antwortete nicht, denn er war für einen Moment sprachlos. Nun belehrte ihn diese vorlaute Deutsche auch noch über die Aufnahmeverfahren der Nationalsozialistischen Deutschen Arbeiterpartei, deren vollständige Mitgliederkartei sich seit Ende des Krieges im Besitz der Amerikaner befand. Wer verhörte hier eigentlich wen?

Bevor er sich wieder fassen konnte, fuhr Anneliese Schreiber fort.

»Und wenn die Eintragung durch eine Sekretärin erfolgte, und nur so kann es sein, da ja mein Mann nicht selbst Karteikarten ausschrieb, dann hat mein Mann solche Angaben aus taktischen Gründen gemacht. Denn schließlich musste er alles tun, um sich und seine vielen antifaschistischen und zum Teil auch volljüdischen Mitarbeiter zu tarnen, die bis zur Schließung der Firma 1945 in seinem Betrieb waren.«

Moeller konnte sich ein süffisantes Grinsen nicht verkneifen. Da war sie wieder, die Ausrede, die er schon so oft von Hitlers Parteigenossen gehört hatte. Wir haben ja nur pro forma mitgemacht, um andere schützen und das System von innen heraus unterlaufen zu können. Nur eine Begründung hatte er noch öfter gehört: Wir mussten ja mitmachen. Ach ja? Hatten all die Opportunisten, die dank ihrer Kontakte zu einflussreichen Kreisen im Dritten Reich plötzlich rasant aufgestiegen waren und sich auf Kosten anderer bereichert hatten, hatten sie wirklich alle Karriere machen müssen?

»Warum war Ihr Mann denn überhaupt Produktionschef der Bavaria?«, fragte Moeller und bemühte sich, möglichst unverfänglich zu klingen.

»Sollte er lieber den Heldentod für Herrn Hitler sterben und vielleicht als Soldat soundso viele alliierte Soldaten töten?«, schoss Anneliese Schreiber zurück. »Außerdem ist er Künstler durch und durch und hatte einen entsprechend großen Ruf.«

Moeller konnte froh sein, dass er die Frau allein in seinem Büro vernahm. So bekam wenigstens niemand mit, wie sehr ihm die Vernehmung entglitt. Die Frau, die eigentlich vor ihm Rechenschaft ablegen sollte über ihre Rolle und die ihres Mannes, immerhin Direktor einer Filmgesellschaft im Dritten Reich, diese Frau hatte den Spieß scheinbar mühelos umgedreht und den amerikanischen Offizier mit ihren Gegenfragen in die Ecke gedrängt.

»Warum hat er sich nicht in ein KZ stecken lassen, anstatt unter den Nazis zu arbeiten?«

Um ins KZ zu kommen, erwiderte Frau Schreiber, hätte man nur auf der Straße »Nieder mit Hitler!« schreien müssen, das hätte schon gereicht. Sie selbst habe einmal über Hitler gesagt, dass der ein Idiot sei. Sie sei daraufhin von der Gestapo vernommen und ein halbes Jahr überwacht worden. »Aber mit dieser meiner Äußerung ist doch noch lange nicht gesagt, dass ich eine politische Kämpferin bin! Ich bin überzeugt, dass viele Leute lediglich aus solchen Äußerungen ins KZ mussten.«

Moeller wusste von den Untaten des Nazi-Regimes, dem Terror der Konzentrationslager und der systematischen Verfolgung von Regimegegnern. Aber es stimmte, er hat nie selbst in einem Unrechtsstaat gelebt und unter einer Diktatur leiden müssen. Amerika war das freieste Land der Welt, und diesen Umstand versuchte die Deutsche nun gegen ihn anzubringen und ihn als weltfremd darzustellen. Moeller schwieg. Wäre er denn freiwillig in ein KZ gegangen, wenn er als Deutscher im Dritten Reich gelebt hätte?

Diese Frau, so viel war klar, hielt sich nicht für schuldig – aber auch nicht für eine Heldin. Gleichzeitig erschien ihm ihre entwaffnende Offenheit wie ein Taschenspielertrick, mit dem sie immer wieder vom eigentlichen Kern der Frage ablenkte: Hatten sie und ihr Mann sich Vorteile verschafft durch Anbiederung an Nazi-Größen? Da war zum Beispiel die Freundschaft mit SS-Gruppenführer Julius Schaub, dem persönlichen Adjutanten des Führers und Schreibers direkter Draht in die Reichskanzlei.

Freundschaft? Anneliese Schreiber warf Captain Moeller einen verächtlichen Blick zu. Absurd, geradezu lächerlich! Es gebe im Leben Bekannte und Wesensverwandte, und Schaub könne nur der ersten Kategorie zugerechnet werden, weil er nun einmal dienstlich mit ihrem Mann zu tun hatte.

Und das Bild mit persönlicher Widmung von Hitler, das in Schreibers Büro in der Bavaria hing?

Das habe ihr Mann nach irgendeinem Künstlerfest Ende der Dreißigerjahre bekommen. Nur ein Beweis für die Eitelkeit Hitlers, der glaubte, die eingeladenen Künstler damit erfreuen zu können, nicht mehr.

Aber noch wollte Moeller nicht aufgeben. Hatten die Schreibers nicht auf persönlichen Befehl des Führers noch im Krieg Kaffeepakete bekommen, obwohl bereits strenge Rationierung herrschte? Da könne sie nur lachen, entgegnete Anneliese Schreiber. Andere hätten sich große Gagen zahlen lassen, und Captain Moeller wolle ihrem Mann nun einen Strick daraus drehen, dass er ein paar Kaffeepakete bekommen habe?

Nun schaltete die junge Frau ebenfalls auf Angriff. Welche Parteiverleumder ihn eigentlich informieren würden? Was da aus seinem Mund komme, klinge doch ganz nach dem alten Parteigenossen Herbell, Geschäftsführer der Bavaria und als politischer Leiter ein Gegner ihres Mannes.

»Ich muss ganz ehrlich sagen, dass Sie hier anscheinend nur Negatives hervorbringen. Warum sind Sie nicht gerecht und behandeln auch das Positive meines Mannes?«

Moeller bemühte sich, möglichst gelassen zu klingen, während er den Blick nach unten senkte. »Ihr Mann ist für mich ein Fall wie einer unter hunderttausend.«

»Das freut mich sehr«, antwortete sie sarkastisch. »Warum lassen Sie dann unser Haus mit acht Mann umzingeln und mich mit Pistolen bedrohen? Ich wurde aufgefordert, keine ›Geheimzeichen‹ zu geben, und als dann die Kuckucksuhr schlug, zuckten alle Mann ihre Revolver und jagten durch das ganze Haus.«

Jetzt musste auch Captain Moeller grinsen. Die Aktion seiner Männer hatte tatsächlich etwas Slapstickhaftes gehabt. Die Erinnerung daran lockerte seine innere Anspannung, die sich im Laufe des Verhörs angestaut hatte. Die ganze Geschichte geriet langsam wirklich zu einer Farce.

»Für seine Mitarbeiter scheint Ihr Mann ja ein Gott gewesen zu sein«, sagte Moeller seinerseits mit sarkastischem Unterton. »Solche Angestellten wünsche ich mir auch.«

»Also wenigstens ein Kompliment für meinen Mann. Und was sagen Sie zu den Versicherungen und all den Briefen seiner Mitarbeiter?«

Moeller hatte die Zeugenaussagen gelesen, die sich Schreiber von seiner Sekretärin und anderen ehemaligen Untergebenen besorgt hatte. Sie erschienen ihm nicht sehr glaubwürdig. Vermutlich waren sie nicht nur auf Geheiß, sondern auch unter Federführung von Schreiber entstanden, denn die Formulierungen ähnelten sich teilweise verdächtig. Falls die junge Frau glaubte, dass ihr Mann mit solch wertlosen Zeugenaussagen bei den Briten einen Persilschein erhalten würde, war sie auf dem Holzweg.

Bevor er zu Ende sprechen konnte, unterbrach Anneliese Schreiber den amerikanischen Offizier: »Dann wird mein Mann so schnell wie möglich beweisen, dass die englischen Stellen in Hamburg oder sonst wo seinen Fall anders behandeln, dass mein Mann Gerechtigkeit finden wird. Ich bin sechs Jahre mit Herrn Schreiber verheiratet und weiß, dass er kein Nazi war, ja sogar der ganzen Bewegung feindlich gegenüberstand. Ich weiß das besser als Sie, Herr Captain Moeller. Aber hier bei Ihnen ist ja jeder schon von vornherein schuldig! Nur auf Verleumdungen und Aussagen hin, ohne dass verhandelt wird. Mein Mann hat neun Monate hier in München auf Klärung gewartet, man hat sich aber unendlich viel Zeit gelassen und nichts unternommen, und jetzt, da er dort hingeht, wo er Gerechtigkeit finden wird, wo die Engländer sind, verfolgt und verleumdet man ihn.«

Moeller gab auf. Der Frau war nicht beizukommen. Die meisten der besiegten Deutschen, mit denen Moeller täglich zu tun hatte, quälten ihn mit dummdreister Ignoranz oder fadenscheinigen Ausflüchten. Anneliese Schreiber aber verstand es, sich zu verstellen und ihr Gegenüber zu täuschen. Ihre Nummer war bühnenreif. Ihrem Mann war es durchaus zuzutrauen, dass er versuchen würde, die Briten mit seinem Charme einzuwickeln und dort mit seinen Geschichten durchzukommen. Die Amerikaner waren ohnehin unzufrieden mit der nachlässigen Durchführung der Entnazifizierungsmaßnahmen im britischen Sektor. Umso wichtiger war es, die Briten vorzuwarnen. Captain Moeller beschloss, sich an den amerikanischen Verbindungsoffizier in Berlin zu wenden. Der Name Schreiber musste auf der schwarzen Liste bleiben.

Ein Parteiabzeichen verschwindet

Der britische Major Kaye Sely war unter dem Namen Kurt Seltz in München geboren worden.[1] Als Leiter der britischen Information Services Control Intelligence Section in Hamburg und später in Berlin war Sely unter anderem mit so prominenten Fällen wie Wilhelm Furtwängler und Veit Harlan befasst. In Berlin saß er in demselben Büro, das zuvor Hitlers Reichskulturwalter Hans Hinkel benutzt hatte – also der Mann, den aus Sicht der Amerikaner eine enge Freundschaft mit Schreiber verband.

Major Sely hatte sich aus seiner bayerischen Heimat die Liebe zum Schnupftabak bewahrt. Zu seinen Mitarbeitern oft schroff, war er im Herzen aber ein Gemütsmensch, der sich das Fairplay seiner Wahlheimat England als Maxime zu eigen gemacht hatte. So gründlich er seine Arbeit verrichtete, tat er es ohne Rachegelüste oder ungerechtfertigte Strenge. Nur eines hasste er: wenn man ihn anlog. Sein Ehrgeiz bestand darin, all jene deutschen Künstler und Journalisten hochzunehmen, die falsche Angaben in den Fragebögen der Militärregierung gemacht hatten.

Das war keine leichte Aufgabe. In den drei Jahren nach Kriegsende hatten allein in der britischen Zone mehr als zwei Millionen Deutsche Fragebögen ausgefüllt.[2] Sely war überzeugt, dass die meisten Deutschen wie gedruckt logen, wenn man sie nach ihrer Vergangenheit fragte. Allerdings handelt es sich dabei oft um kleine Lügen und Ausflüchte, die vor allem einen Grund hatten: Viele von ihnen schämten sich insgeheim und waren deshalb bereit, sogar sich selbst zu belügen. Die Künstler dagegen, die sich offen zu ihrer Parteimitgliedschaft oder einem Amt in der Reichskulturkammer bekannten, hatten in der britischen Zone wesentlich größere Chancen, eine Lizenz zu erhalten, als bei den Amerikanern.[3]

Allen anderen musste man ihre Lügen erst einmal nachweisen. Gelang das, waren Sely und seine Mitarbeiter unerbittlich. Den Dirigenten Leopold Ludwig, der von Hitler zum Staatskapellmeister ernannt worden war und ab 1943 an der Städtischen Oper Berlin gewirkt hatte, verurteilte ein britisches Militärgericht zu eineinhalb Jahren Gefängnis auf Bewährung, weil er im Fragebogen seine NSDAP-Mitgliedschaft verschwiegen hatte.[4]

Keine guten Nachrichten für Helmut Schreiber, der seine NSDAP-Mitgliedschaft vor Amerikanern und Briten stets verleugnet und sich herausgeredet hatte, nur Parteianwärter gewesen zu sein. Dieser Major Sely könnte ihm noch gefährlich werden.

Die Amerikaner wollten sich nicht damit abfinden, dass dieser dubiose deutsche Zauberer ihnen entkommen und in die britische Zone geflüchtet war. Am 26. Juli 1946 setzte sich der US-Geheimdienstoffizier Severin Kaven an seinen Schreibtisch und verfasste ein Memorandum für seinen britischen Kollegen Sely.[5] Kaven, ein gebürtiger Pole und Freund des Komponisten Igor Stravinsky, war während des Krieges Mitglied der Abteilung für psychologische Kriegsführung der US Army gewesen und nach 1945 zum Leiter des Entnazifizierungsprogramms der amerikanischen Militärregierung befördert worden. Der Amerikaner wusste, wie Sely tickte, und kam sofort zur Sache: Schreiber wurde in München wegen Falschangaben in seinem Fragebogen gesucht.

Doch Kaven hatte noch weitere, schwerwiegende Vorwürfe

gesammelt. Schreiber solle nicht nur ein Intimfreund von Hitlers Adjutant Julius Schaub gewesen sein. Er habe auch mit seinen Kontakten in höchste Nazi-Kreise geprahlt und nicht selten damit gedroht, diese Verbindungen zum Nachteil seiner Angestellten in der Bavaria zu nutzen.

Die Informationen kamen von einer Reihe von Zeugen, die sich bei den Amerikanern gemeldet hatten und Schreiber schwer belasteten. Da war zum Beispiel Anna, die Witwe des Regisseurs Herbert Selpin, der sich 1942 in der Gestapo-Haft erhängt hatte. Selpin war eine schillernde Figur in der Filmwelt des Dritten Reiches, ein vielseitiger, talentierter Künstler, der in London gearbeitet und ein Faible für die Engländer hatte, und dennoch antibritische Propagandafilme wie *Carl Peters* drehte und seit 1934 NSDAP-Mitglied war.[6] Als Selpin sich 1942 während der Dreharbeiten zu dem Film *Titanic* kritisch über Ritterkreuzträger der Wehrmacht äußerte, wurde er von Aufnahmeleiter Zerlett denunziert und von der Gestapo verhaftet. Da Selpin sich auch bei einer persönlichen Aussprache vor Goebbels weigerte, seine Aussagen zurückzunehmen, drohte ihm ein Prozess, dessen Urteil von vornherein feststand. Am Morgen nach seiner Verhaftung fand man den Regisseur in seiner Zelle im Polizeipräsidium Alexanderplatz erhängt.[7]

Schreiber und Selpin kannten sich nicht nur aus der Filmbranche, der Regisseur war im April 1940 auch Mitglied des Magischen Zirkels von Deutschland geworden. 1938 heiratete Selpin die Schauspielerin Anna, die nun bei den Amerikanern schwere Vorwürfe gegen den ehemaligen Freund ihres Mannes erhob: Schreiber sei ein Schurke und Lügner. Er habe ihrem Mann zugesichert, seine guten Kontakte ins Propagandaministerium zu nutzen, um ihn nach dessen Ritterkreuz-Bemerkung vor möglichen Konsequenzen zu schützen. Als Selpin zwei

Wochen später verhaftet worden sei, habe sie Schreiber angerufen und um Hilfe angefleht, erklärte Frau Selpin den Amerikanern. Doch der habe kein Interesse an der Sache gehabt und einfach aufgelegt. Einige Monate nach dem Tod ihres Gatten habe Schreiber sich noch einmal gemeldet und sie gefragt, ob sie nicht ihre schöne Berliner Wohnung aufgeben wolle.

Helmut Schreiber – ein Schuft, ein Lügner, ein herzloses Charakterschwein. Die Anschuldigungen der Witwe Selpin wogen schwer, und sie wurden durch weitere Zeugenaussagen ergänzt. Ein ehemaliger Mitarbeiter der Reichsfilmintendanz gab an, der Bavaria-Direktor habe in seinem Büro stolz eine Einladung von Kriegsminister Albert Speer zu einer Ausstellung von Geheimwaffen präsentiert. Als Goebbels den Bavaria-Film *Der unendliche Weg* zurückstellen wollte, habe Schreiber mithilfe seines Freundes Julius Schaub eine Privatvorführung vor Adolf Hitler arrangiert und dafür gesorgt, dass der Film das Zertifikat »staatspolitisch und künstlerisch wertvoll« bekam.

Niemand unter den Befragten habe auch nur den geringsten Zweifel an Schreibers Parteimitgliedschaft, schloss Kaven seinen Bericht. Mehrere Zeugen behaupteten zudem, den Bavaria-Direktor mit dem runden Parteiabzeichen am Revers gesehen zu haben. Alle hätten sich abfällig über seinen Charakter und sein Verhalten geäußert. Der Schriftsatz, den Schreibers Anwalt für die Spruchkammer aufgesetzt habe, sei eine Beleidigung für jeden intelligenten Menschen.

Major Sely war kein Mensch, der sich so leicht aus der Ruhe bringen ließ. War er von der Schuld eines Menschen überzeugt, ging er mit aller nötigen Härte vor. Doch in diesem Fall hatte er Zweifel. Die Vorwürfe wogen schwer, aber wie vertrauenswürdig waren die Zeugenaussagen?

Helmut Schreiber widersprach energisch, als die Briten ihn

damit konfrontierten, und bemühte sich, die Glaubwürdigkeit und den Ruf der Zeugen zu untergraben. Mit dem Regisseur Selpin habe ihn eine herzliche Freundschaft verbunden, das Verhältnis zu dessen Frau Anna aber sei gespannt gewesen. Selpin habe ihm gegenüber sogar mehrmals über den unsittlichen Lebenswandel seiner Frau geklagt. Er habe sich sowohl beim Reichskulturwalter Hinkel als auch über die Tobis für Selpin einzusetzen versucht.

Als der Regisseur aber seine Aussagen auch gegenüber Goebbels nicht zurücknehmen wollte, habe er nichts mehr für ihn tun können. Gleichwohl habe er sich um Frau Selpin gesorgt und ihr nach dem Tod ihres Mannes empfohlen zu überlegen, ob sie ihre große, luxuriöse Berliner Wohnung behalten wolle. Jedoch habe sich Frau Selpin den Anschein gegeben, seines Rates nicht zu bedürfen. Im Übrigen habe der Selbstmord ihres Mannes offenbar keinen Eindruck auf sie gemacht, da sie mehrfach betrunken gewesen sei, wenn Schreiber sie angerufen habe.

Die Behauptung des anderen Zeugen, es habe in Schreibers Macht gestanden, Privatvorführungen von Bavaria-Filmen vor Hitler zu arrangieren, sei eine Beleidigung für die Intelligenz jedes Menschen, der auch nur einigermaßen Einblick in die damaligen Verhältnisse hatte.[8] Überhaupt, schimpfte Schreiber, seien manche der Aussagen dieser anonymen und unglaubwürdigen Zeugen an Naivität kaum zu übertreffen: »Oder sollte es wirklich für möglich gehalten werden, dass im Dritten Reich eine Ausstellung von Geheimwaffen veranstaltet wurde und dazu Einladungskarten, noch dazu an Filmleute, verschickt worden sind?«

Auch Major Sely hielt es, mit britischem Understatement, für wenig wahrscheinlich, dass die Nazi-Regierung einen Produzenten von Unterhaltungsfilmen auf heimliche Agentenmissionen ins Ausland geschickt oder zu »Ausstellungen« von Geheimwaffen eingeladen haben sollte, damit der dann im Studio damit prahlen konnte. Das alles klang eher nach einem Filmstoff aus der Feder eines mittelmäßigen Drehbuchautors. Whatever, dachte Sely und nickte grimmig, beim gegenseitigen Denunzieren waren der Fantasie der Deutschen offensichtlich keine Grenzen gesetzt.

Den Zeugen Georg Fiebiger, der ihm eben diese Geschichten als wahr verkaufen wollte, hatte Sely selbst vernommen. Der Engländer wusste, dass der ehemalige Aufnahmeleiter der Bavaria bei den Amerikanern in gutem Ansehen stand und, aus welchen Gründen auch immer, dort als »persona gratissima« galt.[9] Bei seiner Vernehmung durch Sely hatte Fiebiger allerdings zugegeben, keine stichhaltigen Beweise für seine Vorwürfe gegen seinen ehemaligen Chef zu haben. Er könne eigentlich überhaupt nichts Konkretes über Schreiber sagen, da dieser sich außerordentlich geschickt verhalten habe. Er habe zwar »öfter so halb und halb gedroht«, aber bestimmt nicht so, dass man ihn darauf festlegen konnte.[10]

Das war ziemlich fragwürdig und wurde nicht besser, als Fiebiger sich im Verlauf des Gesprächs zu der bemerkenswerten Aussage hinreißen ließ, Schreiber sei nicht nur mit Albert Speer befreundet gewesen, sondern von diesem sogar auf eine Geheimmission nach Ankara geschickt worden. Solche abenteuerlichen Behauptungen, die unmöglich überprüft werden konnten, waren für Sely irrelevant und schienen eher der Fantasie eines Denunzianten zu entspringen, der alte Rechnungen begleichen wollte. Nein, da war Sely kompromisslos: Wenn es um Schuld und Unschuld ging, brauchte er eindeutige Beweise.

Einige der Zeugen hatten beschworen, den Bavaria-Direktor mit dem NSDAP-Parteiabzeichen gesehen zu haben. Er sei sogar damit fotografiert worden. Tatsächlich waren die Briten im Besitz mehrerer Fotos,[11] die Helmut Schreiber mit Abzeichen im Kreis prominenter Nazis zeigten: Mal stand er lächelnd nach einer Zaubervorstellung hinter dem massigen Hermann Göring. Mal sah man ihn von hinten, wie er einem aufmerksam zuschauenden Adolf Hitler etwas vorzauberte. Von hinten? Ja, kein Zweifel, der beleibte Mann im schwarzen Smoking, dessen Haar sich mit Anfang vierzig längst gelichtet hat, war Helmut Schreiber.

Für alle Fälle hatte jemand ein dickes rotes Kreuz auf den Rücken von Hitlers Zauberer gemalt: Volltreffer. Auf einem anderen Bild stand er bei den Dreharbeiten zum Propagandafilm *Feinde* zusammen mit den Hauptdarstellern Willy Birgel und Brigitte Horney am Set. Neben ihm Hitlers Adjutant Julius Schaub, davor Gauleiter Adolf Wagner. Hilfreiche Hände hatten die beiden runden Abzeichen auf den Jackenkrägen von Schreiber und Wagner mit blauer Tinte umkringelt wie das Zentrum einer Zielscheibe. Noch ein Volltreffer. War Schreiber damit erledigt? Ein bloßer Parteianwärter, als der er sich immer ausgegeben hatte, würde das NSDAP-Abzeichen schließlich nicht bei jeder Gelegenheit stolz auf der Brust präsentieren.

Doch dann geschah etwas Überraschendes. Das NSDAP-Abzeichen an Schreibers Revers löste sich vor den Augen der Betrachter wie von Zauberhand in Nichts auf, und der scheinbar unwiderlegbare fotografische Beweis war plötzlich: wertlos.

Wie war das möglich? Es ist die hohe Schule der Zauberkunst, dem Publikum ein Ding für ein anderes vorzumachen, zwei Gegenstände zu vertauschen und die Sinne der Zuschauer zu verwirren. Und genau das tat Schreiber, als die Briten ihm vorwarfen, er sei doch sogar mit dem Parteiabzeichen aufgetreten.

Parteiabzeichen? Nicht doch, meine Herren. Das kleine,

runde Ding, das da verräterisch an seinem Revers blinkte, war überhaupt nicht das Symbol der NSDAP. Es war das Abzeichen des Magischen Zirkels von Deutschland, in dessen Zentrum sich statt des Hakenkreuzes ein harmloser Zauberstab befand! So jedenfalls erklärte Schreiber es den Briten und legte ihnen zum Beweis weitere Fotos von seinen Auftritten vor. Sely und seine Leute fanden diese Erklärung einleuchtend. Schreiber schien das Zaubern wichtiger zu sein als alles andere in seinem Leben, wichtiger sogar als der Film. Außerdem hatte er eine Neigung zur Eitelkeit und bildete sich einiges auf sein Amt als Präsident des Magischen Zirkels und international anerkannter Amateurzauberer ein. Es erschien den Engländern daher durchaus plausibel, dass er auf seine Mitgliedschaft im Magischen Zirkel ungleich stolzer war als auf eine mögliche Zugehörigkeit zur NSDAP. Natürlich war es unbefriedigend, dass man auf den Bildern nichts Genaues erkennen konnte, nur dieses runde blinkende Ding. Aber Major Sely und seine Leute gaben sich mit der Erklärung des Zauberers zufrieden, und so hatte sich das Parteiabzeichen auf den Fotos auch in ihren Augen in ein magisches Symbol verwandelt.

War das die Wahrheit? War es eine Lüge? Oder war es das Spiegelkabinett der Illusion, in der Wahrheit und Einbildung nicht mehr voneinander zu trennen sind?

Helmut Schreiber hatte ein Faible für Abzeichen, seine Sammlung von Anstecknadeln, Auszeichnungen und Insignien magischer Zirkel und Kongresse war beeindruckend und wurde gern von ihm in Szene gesetzt. Aber es gab eine Zeit im Leben des Zauberers, da ihm auch die Insignien weltlicher Macht gerade recht kamen, um sich zu inszenieren. Diese Zeit dauerte zwölf Jahre lang und verschwand dann so plötzlich, wie sie begonnen hatte, hinter einem Vexierspiegel. Dafür sorgte er selbst mit allen Mitteln, die ihn die Zauberkunst gelehrt hatte. Er bemühte sich, Spuren zu verwischen und zu überschreiben. Aber auch er konnte nicht verhindern, dass diese Zeit gewisse Spuren hinterließ, die Jahrzehnte später doch noch auftauchten.

Ein Brief aus dem Jahr 1938 zum Beispiel, an den »sehr verehrten, lieben« Herrn Reichskulturwalter Hinkel mit der Bitte, ob er statt des einfachen Reichskulturkammerabzeichens nicht ein silbernes bekommen könne. »Ich wäre Ihnen wirklich sehr dankbar, wenn Sie mir ein solches übersenden lassen würden.«[12] So eitel war er also auch in Staatsdingen. Und hatte er nicht einmal, auch das im Jahr 1938, in der ihm unterstehenden Zeitschrift *Magie* geprahlt: »Ja, ich will möglichst noch einen Staatspreisfilm machen«?[13]

Schreiber mochte das runde Parteiabzeichen in das Emblem des Magischen Zirkels verwandeln können. Aber da war noch ein anderes Ansteckding, das er seiner Sekretärin bei der Bavaria mal »für alle Fälle« zur Aufbewahrung gegeben hatte. Immer, wenn ein Vertreter der NS-Regierung auf dem Studiogelände erschien, gab sie es ihm zum Anstecken, damit der Schein gewahrt blieb, dass der Bavaria-Chef Parteimitglied war. So jedenfalls berichtete es Gertrud Lewanczyk im August 1945, als der Schein sich in sein Gegenteil verkehrte und Helmut Schreiber sich mit allen Mitteln von den Nazis distanzieren musste.[14]

Welcher Schein trügt, der vor oder der nach 1945? Fotos aus seinem Privatalbum, das den Briten nicht vorlag, zeigen ihn mit seiner jungen Ehefrau bei den Eltern.[15] Es ist eine entspannte, fröhliche Weinrunde auf dem Sofa, und am Revers des lachenden Ehemanns und Sohns prangt: eine Spange mit Adler und Hakenkreuz. Kein Taschenspielertrick konnte aus dem Reichsadler eine Zaubertaube machen. Hier musste zu anderen, simpleren Mitteln gegriffen werden. Und so nahm in späteren Jahren irgendjemand einen Stift und übermalte mit grüner Tinte Reichsadler und Hakenkreuz am Revers des Zauberkünstlers. Simsalabim, schon hatte sich das Abzeichen in Luft aufgelöst. Grün war die Tinte Kalanags.

Ein Freund, ein guter Freund

In den folgenden Wochen und Monaten prasselten immer mehr Vorwürfe auf Helmut Schreiber ein: Er sei nicht nur Parteianwärter, sondern Mitglied der NSDAP und überzeugter Nationalsozialist gewesen, habe in seinem Entnazifizierungsfragebogen bewusst falsche und unvollständige Angaben gemacht und sich den Amerikanern gegenüber unredlich verhalten. Außerdem habe er private Beziehungen zu Parteiführern und Funktionären wie Himmler, Bormann, Speer, Hinkel und Hitlers Adjutant Julius Schaub gepflegt und sei immer wieder vor prominenten Parteifunktionären der NSDAP und Regierungsmitgliedern wie Goebbels, Göring und Hitler als Zauberkünstler aufgetreten.

Als Direktor der Bavaria habe er auf dem Gruß »Heil Hitler« bestanden, Gegner des Nationalsozialismus von ihren Posten entfernt und durch politisch zuverlässige Personen ersetzt. Außerdem habe er sich, und dies war der schwerwiegendste Vorwurf, nach dem Ausscheiden seines jüdischen Geschäftspartners Max Heilbronner aus der gemeinsamen Firma zu dessen Nachteil am Unternehmensvermögen bereichert.

Nach seiner Flucht aus Deutschland 1933 war Heilbronner nach Paris gegangen, wo er für die Firma Solar Film an diversen Filmproduktionen mitarbeitete. Darüber, was danach geschah, gingen die Aussagen auseinander. Auf seinen ehemaligen Freund war Max Heilbronner jedenfalls schon bald nicht mehr gut zu sprechen.

Als ihn ein gemeinsamer Bekannter 1937 im Speisewagen des Wien-Paris-Express nach Schreiber fragte, wurde Heilbronner deutlich: »Wenn Sie noch einmal hier an meinem Tisch den Namen Schreiber erwähnen, muß ich Sie bitten, sich an einen anderen Tisch zu setzen. Dieser Lump hat mich um alles gebracht!«[1]

In einem Brief an die Militärverwaltung in Berlin klagte Heilbronner 1946, Schreiber sei einst ein sehr guter Freund gewesen, mit dem er seine Wohnung wie ein Bruder geteilt habe.[2] Doch nach 1933 habe sein Freund sich verändert: »Er hat sich mir gegenüber, der soviel Gutes an ihm getan hat und der ihm seine Karriere eröffnet hat, wie ein richtiger Nazi betragen und mir mehr oder weniger, wenn man rechtlich so sagen darf, mein ganzes Vermögen gestohlen.«[3]

»Es gab für uns keine finanzielle Verrechnung«, erklärte Schreiber mit entwaffnender Dreistigkeit, als er nach dem Krieg von den Besatzungsmächten mit Heilbronners Vorwürfen konfrontiert wurde.[4] »Er hatte nicht sehr viele Möbel. Wir haben 9 Jahre zusammengewohnt, dann weiß man nicht mehr genau, was jedem einzelnen gehört.«[5]

Max Heilbronner aber wusste noch genau, was ihm gehört hatte, und fügte seinem Entschädigungsantrag detaillierte Auflistungen von Möbeln, Schmuck und Kontoauszügen bei. Die Inventarliste seiner Möbel gibt eine Ahnung der exotischen Opulenz der gemeinsamen Wohnung: ein großer Diwan, Kristalllüster, ein japanischer Schreibtischstuhl mit Marmorsitz, eine große exotische Bronzevase, die als Papierkorb diente, ein Likörschrank aus Nussbaum.[6]

Schreiber war 1933 nach seiner Rückkehr von einem Filmdreh in Südamerika nach Paris gefahren, um mit Heilbronner zu sprechen, der bei seiner überstürzten Flucht lediglich zwei

Handkoffer mitgenommen hatte: »Ich hatte ihm, als ich nach Paris fuhr, erst einmal so viel ich konnte mitgebracht, Wäsche, Kleider«, erklärte Schreiber 1946 bei einem Verhör.[7] Er habe sogar seinen eigenen Namen in die Hemden von Max eingenäht, um sie sicherer rausbringen zu können. Schreiber behauptete außerdem, dem Freund jede Woche Geldbündel nach Paris geschickt zu haben, die er in illustrierte Zeitungen eingenäht hatte.

Es war schon im Jahr 1946 unmöglich herauszufinden, ob die Geschichten der Wahrheit entsprachen.[8] Aber sie zeugten von einer trickreichen Einfallsgabe, wie sie wohl nur Zauberkünstler haben. Am Ende stand Aussage gegen Aussage, und die ehemaligen Freunde einigten sich außergerichtlich.[9]

Fest steht, dass Max Heilbronner nach seiner Flucht 1933 systematisch vom Nazi-Staat ausgeraubt wurde. Laut einer detaillierten Aufstellung, die er einem Entschädigungsantrag von 1951 beilegte, buchte die Berliner Finanzbehörde 1938 als sogenannte »Reichsfluchtsteuer« 12 596,50 Reichsmark von Heilbronners Sperrkonto ab, plünderte 1941 sein Konto erneut (8044 Reichsmark) und beschlagnahmte 1943 seinen Familienschmuck (10 000 Reichsmark), der bis dahin in einem Berliner Bankdepot verwahrt worden war.[10]

Für die Nazis mochte Max Heilbronner ein Jude sein, aber für die Franzosen blieb er ein Deutscher. Als 1939 der Krieg ausbrach, wurde er verhaftet und in ein Internierungslager für Deutsche in Orléans gesteckt. Nach dem Einmarsch der Wehrmacht in Frankreich wurde er aus dem Lager entlassen und tauchte unter. Während Helmut Schreiber im Frack vor dem Führer zauberte, musste sich sein ehemaliger jüdischer Freund und Mitbewohner auf dem Land versteckt halten und als Gelegenheitsarbeiter bei der Weinernte und auf den Feldern aushelfen.

1942 wagte er einen Fluchtversuch über die Pyrenäen nach Spanien. Dort wurde er wegen illegalen Grenzübertritts verhaftet und in einen der berüchtigten Kerker Francos eingesperrt, wo er sich mit zweihundert Insassen eine Zelle teilen musste. Nach sechs Monaten Haft unter katastrophalen Bedingungen wurde er nach Frankreich abgeschoben, wo er bis zur Befreiung 1944 im Untergrund überlebte.

Im Herbst 1945 heiratete er die Französin Genevieve. Er blieb in Frankreich und half bei der Abwicklung einer Filmfirma mit, bis er 1948 auf Rat eines Freundes nach Amerika ging, um wieder als Filmarchitekt arbeiten zu können.

Während Helmut Schreiber als Kalanag seine Weltkarriere startete, begann Max Heilbronner ein neues Leben als amerikanischer Staatsbürger und nannte sich fortan Max Bronell. Max und Genevieve, die jetzt Jean hieß, bekamen zwei Kinder. Es sollte ein Neuanfang werden. Doch wie so viele Emigranten fand auch Max Bronell kein Glück in Hollywood. Er musste als Packer und Lagerist arbeiten, um seine Familie überhaupt ernähren zu können.

1961 schrieb Kalanag an Heilbronners Anwälte und erklärte sich bereit, »im Interesse meines früheren Freundes« in dessen Entschädigungsverfahren als Zeuge auszusagen. »Ich war früher sehr befreundet mit Heilbronner, leider wurde diese Freundschaft durch die schrecklichen Kriegsereignisse unterbrochen.«[11] Hatte er Schuldgefühle, Mitleid, ein schlechtes Gewissen? Weiter hätten sich die beiden Freunde nicht voneinander entfernen können, seit sie vierzig Jahre zuvor ihre Filmkarriere gemeinsam begonnen hatten: Auf der einen Seite der berühmte Kalanag, auf dessen Briefpapier die Sensationserfolge in aller Welt aufgelistet waren; auf der anderen der Emigrant Max Bronell, der sich mit schlecht bezahlten Jobs über Wasser halten musste.

Aus dem lustigen Max war am Ende seines Lebens ein gebrochener Mann geworden. Die Jahre der Flucht und des Versteckens in Frankreich hatten ihn körperlich zerrüttet, und die harte körperliche Arbeit ruinierte seine Gesundheit. Die Biografie des Holocaust-Überlebenden Max Heilbronner schrieben die Psychiater, deren Gutachten er seinen Anträgen auf Entschädigung beifügte, um die er bis an sein Lebensende mit den Behörden seines ehemaligen Vaterlandes kämpfte.

»Das jahrelange Weglaufen von Verfolgungen, die körperlichen und seelischen Entbehrungen, die Ruhelosigkeit seines angsterfüllten Lebens von 1933 bis 1945 – alles Folgen der damaligen Naziverfolgung – haben Herrn Bronell zum schweren Neurotiker gemacht«, urteilte ein amerikanischer Gutachter 1957.[12] Er könne sich einfach nicht unter Kontrolle halten, sei ständig irritiert und rege sich über alles auf, berichtete Bronell einem anderen Nervenfacharzt. Er war müde, nervös oder aufbrausend. Nachts wurde er schreiend aus dem Schlaf gerissen – hochgescheucht von Albträumen, in denen er wieder verfolgt wurde. Er hatte Herzprobleme, litt unter Depressionen und hatte Suizidgedanken.[13]

Der psychiatrische Gutachter, den das deutsche Generalkonsulat 1963 in Los Angeles beauftragt hatte, sah die Angelegenheit nüchtern. Er empfahl dem deutschen Staat, seinem ehemaligen Bürger Max Bronell »eine 25 %ige verfolgungsbedingte Minderung der Erwerbsfähigkeit … für die ersten beiden Jahre nach der Befreiung zu gewähren«.[14] Der Holocaust – ein Trauma mit Verfallsdatum: Nach zwei Jahren sollte alles vergessen sein.

Ein Jahr später starb Max Bronell – nur wenige Monate nach Helmut Schreiber, mit dem er einst die Filmwelt aufwirbeln wollte und wie ein Bruder zusammengelebt hatte.[15] Sein Grab liegt in der Abteilung A-477 auf dem Grand View Memorial Park – nur wenige Minuten von Hollywood entfernt.

Von den insgesamt 52 000 Reichsmark, die er einst in die gemeinsame Firma investiert hatte, sahen weder Max Heilbronner noch seine Angehörigen je einen Pfennig wieder. Drei Jahre nach seinem Tod im Jahr 1964 erhielt seine Witwe Jean einen Bescheid des Entschädigungsamts Berlin: Der Antrag wurde abgelehnt, da die Firma nie einen Gewinn abgeworfen habe.[16]

Widerstand

Um sich gegen die Anschuldigungen zu wehren, engagierte Schreiber den Hamburger Rechtsanwalt Eugen Schöndienst, der von nun an die Verteidigung seines Mandanten mit seitenlangen Schriftsätzen und Eingaben an die alliierten Behörden energisch vorantrieb und Schreiber bei den zahlreichen Verhören zur Seite stand. Nun begann sie wirklich, ein Jahr nach Kriegsende: die Karriere des mutigen Widerstandskämpfers gegen den Nationalsozialismus Helmut Schreiber.

Dabei kam ihm zugute, was der preußische General Carl von Clausewitz einst als »Nebel des Kriegs« bezeichnet hatte, nämlich die Unsicherheit und Unvollständigkeit der Informationen, auf deren Grundlage die Alliierten ihre Entscheidungen treffen mussten. Ein Jahr nach Kriegsende mochte sich der Nebel der Schlacht gelegt haben. Aber die Wahrheit über Schuld und Unschuld von Millionen Deutschen blieb unter dem Mantel des Schweigens und Leugnens verborgen.

Die Deutschen waren besiegt, und auch Helmut Schreiber hatte den Krieg an allen Fronten verloren: Seinen Direktorenposten war er los, die Präsidentschaft des Magischen Zirkels war dahin, in der amerikanischen Besatzungszone konnte er sich nicht mehr blicken lassen, und die Lage in Hamburg war ungewiss.

Nun galt es, zu retten, was zu retten war und an die Zukunft zu denken. Eine neue Schlacht tobte um die Deutungshoheit über die Vergangenheit, und sie wurde nicht mit militärischem

Gerät geführt, sondern mit den Mitteln der Lüge und Verdrängung.

Er sei, erklärte Helmut Schreiber am 5. April 1946 dem britischen Vernehmungsoffizier Captain de Pokorny, im Jahr 1941 einer Widerstandsgruppe beigetreten, die unter der Leitung der Ärzte Dr. Rentsch und Dr. Wohlgemuth gestanden habe.[1] Alle zwei bis vier Wochen habe er an den Treffen teilgenommen und sich im Berliner Kunstleben nach Vertrauensleuten umgesehen. Eine solche Tätigkeit war zweifelsohne mutig, ja lebensgefährlich. Der Zahnarzt Rentsch hatte 1939 zusammen mit Georg Groscurth und dem späteren DDR-Dissidenten Robert Havemann die Widerstandsgruppe »Europäische Union« gegründet.[2] Die Gruppe engagierte sich politisch für ein sozialistisches Europa, unterstützte aber vor allem im Untergrund lebende Juden durch die Beschaffung von Unterkünften und falschen Pässen. 1943 verhaftete die Gestapo zahlreiche ihrer Mitglieder, Rentsch und Groscurth wurden zum Tode verurteilt und 1944 enthauptet.

Ob Schreiber tatsächlich Kontakt zu dieser Widerstandsgruppe hatte und in welchem Umfang er sie unterstützte, lässt sich heute nicht mehr sagen. Er hätte 1946 auch als Unbeteiligter Kenntnis von den Aktivitäten dieser Gruppe haben können, da die Hauptangeklagten 1943 in einem großen Schauprozess vor dem Volksgerichtshof verurteilt worden waren. Einer der Mitbegründer der Europäischen Union war der ebenfalls hingerichtete Architekt Herbert Richter, den Schreiber durch seine Arbeit beim Film persönlich gekannt haben könnte. Richter war unter anderem als künstlerischer Berater bei der UFA in Berlin tätig gewesen und hatte Kulissen für Filme wie *Dr. Mabuse* und *Aschenbrödel* gebaut. Außerdem hatte er 1939 die architektonische und künstlerische Gestaltung des »Internationalen

Jagdfestes« an Hermann Görings Hof in Carinhall besorgt und dort auch einmal eine Weihnachtsfeier mit Kinderbescherung arrangiert. Da Schreiber öfter bei solchen Veranstaltungen von Göring auftrat, ist es nicht auszuschließen dass die beiden sich dort kennengelernt hatten.[3]

Richter wäre für ihn eine plausible Verbindungsperson zum Widerstand gewesen. Aber warum erwähnte Schreiber dann nicht dessen Namen bei dem Verhör mit Captain de Pokorny, sondern einen Dr. Wohlgemuth, der nie Mitglied der Gruppe um Rentsch und Groscurth gewesen war?[4] Solche Ungereimtheiten in Schreibers Aussagen schienen die Briten ebenso wenig zu irritieren wie die falsche Adresse, die er als konspirativen Treffpunkt der Widerstandsgruppe angab.[5]

Was zählten solche Kleinigkeiten schon angesichts der mitreißenden Geschichte, die Schreiber über seine Beteiligung an der Widerstandsgruppe zu berichten hatte? Nach der Verhaftung von Rentsch habe die Gestapo in dessen Wohnung Unterlagen gefunden und sei dadurch auf ihn aufmerksam geworden. Rentsch habe dann aus dem Gefängnis auch noch einen Abschiedsbrief an ihn geschickt, in dem er ihm seine Familie ans Herz legte und ihn bat, sich um seine Hinterbliebenen zu kümmern. Daraufhin habe ihn die Gestapo verhaftet und acht Stunden lang verhört. Als ob das nicht schon schlimm genug gewesen wäre, wurde ihm nun auch noch vorgehalten, dass er ein paar Tage zuvor in der Bavaria ein eingerahmtes Hitlerfoto gegen die Wand geschmissen hatte. Seine Sekretärin, die gute Seele, hatte das kaputte Bild unvorsichtigerweise zu einem Glaser zur Reparatur gebracht, der ihn prompt denunzierte.[6]

Während Schreiber seine Geschichte mit leidgeprüfter Miene erzählte, warf er Captain de Pokorny ab und zu einen prüfenden Blick zu, ob der Engländer ihm folgte. Ja, ja, so waren die

Verhältnisse damals, und es war ihm nur mit größter Mühe gelungen, seine Ankläger davon zu überzeugen, dass das Bild nur von der Wand gefallen sei. Gottseidank hätten die Nazi-Häscher ihn schließlich aus Mangel an Beweisen wieder freilassen müssen, aber die Geschichte habe ihm noch viel Ärger gemacht. Gauleiter Giesler höchstpersönlich habe ihn zu sich zitiert und als Schandfleck für München beschimpft.

Captain de Pokorny zeigte sich beeindruckt vom Mut dieses Mr. Schreiber und übernahm die Angaben ungeprüft in das Protokoll.

Persilscheine aus dem Nichts

Reden konnte Helmut Schreiber schon immer gut, und selten war dieses Talent so hilfreich wie im Jahr 1946. Die Amerikaner mochten ihn auf die schwarze Liste gesetzt haben, aber in Hamburg wartete ein neues Publikum auf ihn. Dort wollte er den Kulturrat von seiner Unschuld überzeugen und die britischen Besatzer dazu bewegen, ihm eine Arbeitsgenehmigung zu erteilen.

Er wollte seine Geschichte erzählen, die Geschichte eines tapferen Widerständlers im Dritten Reich, der alles getan hatte, um anderen Verfolgten zu helfen. Um das Gelingen dieser Strategie zu sichern, musste er dafür sorgen, dass möglichst wenig nachteilige Informationen über ihn nach Norddeutschland durchdrangen. Natürlich konnte er nicht kontrollieren, welche Informationen Briten, Amerikaner und andere Stellen austauschten. Also besann er sich auf ein Hilfsmittel, das ihm schon beim Zaubern immer gute Dienste geleistet hatte: Geschwindigkeit.

Er hatte keine Zeit zu verlieren. In Bayern war er endgültig unten durch. »Herr Schreiber genießt in München einen sehr schlechten Ruf. Er steht auf der schwarzen Liste der hiesigen Militärregierung und seine Verwendung in der amerikanischen Zone ist untersagt«,[1] meldete das Bayerische Rote Kreuz, Abteilung für politisch Verfolgte, am 26. Februar 1946 an den Kulturrat in Hamburg.

Aber Schreiber war wieder einmal schneller und traf schon Anfang Januar an der Elbe ein, um ein paar alte Bekannte für seine Sache zu mobilisieren. Im Gepäck hatte er mehr als ein Dutzend Entlastungsschreiben ehemaliger Mitarbeiter, die ihm allesamt ein erstklassiges Zeugnis nicht nur als Chef, sondern auch als Nazi-Gegner ausstellten. Es lohnt sich, einen Blick in dieses Leporello glänzender Charakterkritiken zu werfen:

»Ich weiss, dass Sie dem Nazi-Regime fernstanden, und deshalb habe ich immer das grösste Vertrauen zu Ihnen gehabt, sowohl im politischen Sinn als auch sonst.«[2]

»Wenn man Ihnen das Zaubern bei Nazibonzen vorwirft, dann könnte man ebenso gut jeden Dirigenten oder jeden Schauspieler belangen, der einmal vor derartigem Publikum auftreten musste.«[3]

»Gelegentlich eines Urlaubs besuchte ich in der Weihnachtszeit einmal Herrn Schreiber in seiner Berliner Wohnung, wo er mir, zynisch lächelnd, ein Päckchen Bohnenkaffee zeigte und dazu folgende Bemerkung machte: [...] wenn Hitler wüsste, wie ich über ihn und seine Nazis denke, dann würde er alles andere eher tun, als mir noch einen Kaffee zu schenken. Auf meine Frage, wieso Hitler denn überhaupt dazu käme, ihm, Schreiber, ein Geschenk zu machen, sagte dieser: Ja, wissen Sie denn gar nicht, dass ich vor diesen ›Herren‹ zaubern muss?«[4]

»Ich stellte fest, dass Herr Schreiber im Grunde keinerlei gute Meinung von den Nazis hatte und sich heimlich über die ›hohen Herren‹ lustig machte [...] Herr Schreiber grüsste auch nie mit Heil Hitler und hat diesen Gruss auch nie in seiner Wohnung gewünscht. Herr Direktor Schreiber wusste, dass mein Bruder im KZ war. Er hat sich oft fürsorglich nach ihm erkundigt, sodass ich hieraus feststellte, dass er kein Nazi gewesen sein konnte.«[5]

»Durch Zufall erfuhr ich, dass Sie, sehr geehrter Herr Schreiber, gerade eine Sekretärin suchten. Da ich annahm, dass ein Mann in Ihrer Position wahrscheinlich meine auch politische Einstellung würde nachprüfen müssen, ehe ein Vertragsschluss hätte zustande kommen dürfen, wagte ich nicht, Ihnen meine gefährliche Situation zu verheimlichen und war umso überraschter, von Ihnen folgende Antwort zu hören: Ich brauche eine gute Sekretärin, an die ich höchste Anforderungen stelle. Genügen Sie meinen Ansprüchen, so werden Sie eine Lebensstellung bei mir haben. Ihre politische Überzeugung geht mich nichts an, ebenso wenig wie ich mich darum kümmere, ob Sie jüdisch oder katholisch oder welchen Glaubens Sie sonst sein mögen.«[6]

»Mit welchen Gefühlen ich damals den Brief zur Post gab, dass ich wegen bewiesener nichtarischer Abstammung aus der Kulturkammer ausgeschlossen sei und nicht mehr arbeiten durfte, kann ich Ihnen nicht sagen […] Als Antwort überwiesen Sie mir dreitausend Mark, damit ich mich erholen könne. Und gaben mir einen neuen Auftrag. Ich habe damals vor Freude geweint und mir geschworen, dass ich das nie vergessen werde.«[7]

Der Verdacht liegt nahe, dass Schreiber seinen Entlastungszeugen eben diese Hand beim Verfassen ihrer Briefe geführt hat. Schließlich zeichneten sie in allen Punkten, deren die Amerikaner ihn angeklagten, ein völlig anderes Bild des Menschen, Zauberfunktionärs und Filmchefs Helmut Schreiber, der nie Propagandafilme produzierte, der Juden und Halbjuden schützte, aus seiner antinazistischen Gesinnung keinen Hehl machte und – half ja nichts – dennoch auch vor Hitler und anderen NS-Schergen auftreten und gelegentlich Kaffeepakete von ihnen in Empfang nehmen musste. Was vom Wahrheitsgehalt solcher Aussagen wirklich zu halten ist, zeigt eine handschriftliche »Eidesstattliche Versicherung« von Schreibers langjähriger Sekretärin Gertrud Lewanczyk, die noch einmal das Märchen wiederholt, »dass Herr Schreiber kein Parteimitglied war«.[8] Die Amerikaner wussten es längst besser, aber aus Schreibers Sicht stand jetzt immerhin Aussage gegen Aussage. Es gab Hoffnung.

Mit den Schreiben in der Hand wandte er sich an den Kulturkreis des Komitees ehemaliger politischer Gefangener in Hamburg und bat dessen Vorsitzenden um Unterstützung. Der zeigte sich beeindruckt und leitete die Entlastungsschreiben an den Geschäftsführer des Kulturrates der Stadt Hamburg weiter mit der Bitte, Schreiber möglichst bald vor dem Prüfungsausschuss anzuhören. Die Gerüchte aus München seien offensichtlich nichts als »böswillige Verleumdung«.[9]

Schreibers Rechnung ging auf – vorläufig. Seine erste Vorstellung vor dem Prüfungsausschuss, denn nichts anderes als eine Vorstellung war sein Auftritt am 30. Januar 1946 dort, wurde ein großer Erfolg. Der Ausschuss war mit Persönlichkeiten aus dem Hamburger Kulturleben besetzt, deren Verhalten im Dritten Reich über jeden Zweifel erhaben gewesen war. Den Vorsitz führte der Schriftsteller Heinrich Christian Meier, ein rechtschaffener Antifaschist, der als Mitglied des Widerstands im Konzentrationslager Neuengamme eingesessen hatte. Meier hatte auf seine Anfragen in München und Berlin noch keine Antwort erhalten und musste sich notgedrungen darauf beschränken, Auszüge aus den Entlastungsschreiben zu verlesen. Dann wurde Schreiber in das Sitzungszimmer gebeten.

»Wie kommt es«, begann Meier die Befragung, »da Sie auf Seite 2 eines Ihrer Schreiben angegeben haben, sich niemals im nationalsozialistischen Sinne betätigt zu haben, dass Sie, wie auf Seite 3 des Schreibens ausgeführt, Präsident der Reichsfilmkammer werden sollten?«[10]

Die Frage war berechtigt, kein Zweifel. Gespannt beobachteten die Anwesenden, wie Schreiber darauf reagieren würde. Doch der zögerte nicht lange und gab zu Bedenken, dass die Filmkammer ja keine parteiamtliche Organisation gewesen sei. Außerdem habe nie jemand vom Propagandaministerium mit ihm darüber gesprochen. Er habe von dem Plan überhaupt nichts gewusst, bis ... Schreiber hielt kurz inne und besann sich seines Improvisationstalents, um dann der Geschichte noch einen kleinen Dreh zu geben ... bis ein Gestapobeamter bei einem Verhör eine Andeutung gemacht und ihn verhöhnt habe, mit der Aussicht sei es ja nun vorbei. Überhaupt glaube er, dass er dieses Amt nicht einmal angenommen hätte. Warum auch? Er habe sich in München wohlgefühlt und keinen Anlass gehabt, nach Berlin zu wollen.

Es war ein guter Auftakt, beifälliges Kopfnicken im Raum. Diese Antwort schien die Mitglieder des Prüfungsausschusses schon einmal zu befriedigen. Selbst wenn Schreiber Präsident der Reichsfilmkammer geworden wäre, gab der Buchhändler Felix Jud zu bedenken, wäre an der Tatsache allein ja noch nichts Strafwürdiges, sondern bestenfalls daran, wie er sein Amt ausgeübt hätte. Jud unterstützte Schreiber später auch durch eine positive Aussage bei der Hamburger Kriminalpolizei, die ihn in ihrem Bericht allerdings irrtümlich als »Mitglied der jüdischen Gemeinde« aufführte.[11] Der Buchhändler war zwar von Anfang an ein erklärter Gegner des Nazi-Regimes gewesen, jedoch niemals Jude. Dennoch beharrte er auch während des Dritten Reichs trotzig auf seinem Namen. Er provozierte die NS-Behörden mit sarkastischen Schaufensterauslagen und hängte einen goldenen Barockrahmen mit einer Judenkarikatur aus dem Stürmer und der Parole »Jud bleibt Jud« auf. Darunter befestigte er drei Fotos von sich als Säugling auf dem Lammfell, als Konfirmand und ein aktuelles Bild. Darunter erneut der Spruch »Jud bleibt Jud« sowie ein Wäschebrett mit dem Slogan »Persil bleibt Persil«.[12] Seine Buchhandlung war Treffpunkt von Mitgliedern der Weißen Rose und anderer Widerstandsgruppen, bis Felix Jud 1943 verhaftet wurde und bis zum Ende des Kriegs inhaftiert war. Kein Zweifel, es war eine gute Idee, einen Mann wie Jud im Prüfungsausschuss zu haben.

Aber dann kam sie, die Gretchenfrage jeder Schwurkammer nach dem Zweiten Weltkrieg: War er Parteimitglied gewesen? Routiniert wie ein alter Varieté-Virtuose spulte Schreiber die Vorführung ab, an deren Ende eine Karte verschwinden sollte – aber nicht irgendeine. Kein Pikass, keine Herzdame, sondern eine Karteikarte, die sich zu allem Übel seit Ende des Krieges in den Händen der Amerikaner befand: seine Mitgliedskarte der Nationalsozialistischen Deutschen Arbeiterpartei, Nummer 7046 25, Eintritt am 1. Mai 1939.

Unter normalen Umständen hatte Schreiber keine Mühe, eine Karte verschwinden zu lassen, die jemand im Publikum eingesteckt hatte. In diesem Fall war die Sache komplizierter, aber nicht hoffnungslos. Direktor Helmut Schreiber war schließlich ein Mensch, der auch in der scheinbar aussichtslosesten Situation nie die Suche nach einem Ausweg aufgab. Auch in seiner jetzigen Lage sollte ihm seine langjährige Erfahrung als Zauberer nützlich sein. Die wahre Magie besteht ja nicht nur aus

Tricks, sondern aus der perfekten Beherrschung von Prinzipien der Täuschung und Irreführung, mit denen der Zauberkünstler seinem Publikum die Wirklichkeit als Illusion verkauft und umgekehrt.

Man habe ihm 1939, erklärte Schreiber vor dem Ausschuss, anlässlich einer Vorstellung beim Gauleiter von München nahegelegt, in die Partei einzutreten. Er habe damals irgendein Merkblatt unterschrieben und fünfzig Reichsmark Aufnahmegebühr gezahlt, aber nie eine Mitgliedskarte bekommen und die ganze Sache danach schnell vergessen.

Wie lange er Mitglied gewesen sei, fragte Meier unbeeindruckt.

Er sei überhaupt nicht Mitglied gewesen, antwortete er, nur Anwärter. Zum Beweis legte er einen Brief des Kassierers der zuständigen NSDAP-Ortsgruppe vor, der hoch und heilig schwor, er habe von Helmut Schreiber niemals irgendwelche Mitgliedsbeiträge erhalten.

Aber war er nicht ein enger Freund des Reichsfilmintendanten gewesen?

»In dem vorliegenden Material ist erwähnt, dass Herr Hinkel bei Ihnen gewohnt hat.«

»Ja, aber nur einen Tag.«

Dann kamen die Herren von der Prüfungskommission endlich auf angenehmere Gerüchte zu sprechen, deren Wahrheitsgehalt der Befragte nur zu gern bestätigte. Ob es wahr sei, dass er einen Agenten der Alliierten bei sich versteckt hatte? In der Tat, sagte Schreiber, sei eines Tages ein Mitarbeiter an ihn herangetreten und habe ihn um Hilfe gebeten. Ein Agent komme demnächst aus der Schweiz, um in Münchner Rüstungsbetrieben antifaschistische Propaganda und Zersetzung zu betreiben und eine Widerstandsbewegung zu inszenieren. Ob er den

Mann bei sich verstecken könne? Er sei nicht überrascht gewesen, seine Leute wussten ja, dass er eine andere Meinung über den Staat hatte, und habe sofort zugesagt.

Schreiber machte eine Kunstpause. Jetzt war die Gelegenheit zu zeigen, wie er sein Organisationstalent in den Dienst des Widerstandes gestellt hatte.

»In meinem Hause konnte ich ihn schlecht unterbringen. Wir kamen deshalb auf die Idee, eine Hütte im Gebirge auszubauen, damit jemand auch im Winter dort wohnen konnte.« Er habe über die Bavaria Lastwagen, Arbeiter und Baumaterial beschafft, was ihm später noch Ärger eingebracht habe, schließlich herrschte im Krieg Rationierung. Werner Ruf habe der Mann geheißen, den er versteckte. Aber sein wahrer Name sei Ludwig Ficker, und er sei inzwischen Staatssekretär in München. Schreiber deutete auf den Aktenstapel, der auf dem Tisch des Vorsitzenden lag. Darin liege auch ein Schreiben dieses Herren als Beweis.

Was immer Helmut Schreiber im Dritten Reiches getan hatte, um nach oben zu kommen, er hatte in den letzten Jahren der Naziherrschaft gleichzeitig für den Fall vorgesorgt, dass das Tausendjährige Reich nicht ganz so lange wie versprochen währte.

»Das gibt ja ein ziemlich klares Bild«, sagte Meier und schloss die Akte. »Auf die Sicherstellung des Schatzes durch sie brauchen wir wohl nicht mehr ausführlich einzugehen.« Einer der Beisitzer protestierte, die Geschichte mit dem Nazi-Gold sei immerhin sehr interessant und sehr wichtig. Also berichtete Schreiber noch einmal, wie er mithilfe zweier Nationalsozialisten (er vermied bewusst das Wort SS-Führer) den »Werwolf-Schatz« aus Gold und Banknoten im Wert von 60 Millionen sichergestellt und den amerikanischen Besatzungstruppen übergeben habe. Er hatte diese Geschichte schon öfter erzählt, aber da er heute vor deutschem Publikum sprach, schmückte er sie noch mit einer besonderen Pointe aus: Die Amerikaner hätten ihm versprochen, das Geld für den Wiederaufbau Deutschlands zu verwenden!

Zufrieden mit sich und seinem Auftritt verließ Schreiber den Sitzungssaal. Im Flur wartete eine Überraschung auf ihn. Der Prüfungsausschuss hatte zwei seiner Mitarbeiter aus der Bavaria als Zeugen geladen, die Dramaturgin Erika Beyfuß und den Drehbuchschreiber Axel Eggebrecht, der inzwischen im Auftrag der Briten den Nordwestdeutschen Rundfunk mit aufbaute. Schreiber wusste, dass die beiden ihm ein gutes Zeugnis ausstellen würden. Eggebrecht war Antifaschist und 1933 mehrere Monate im Konzentrationslager inhaftiert gewesen. Danach schlug er sich unter verschiedenen Decknamen als Autor in der Filmbranche durch. Von 1940 an arbeitete er fast ausschließlich für die Bavaria, deren neuer Direktor Schreiber seine Vergangenheit kannte und ihn schützte. Mit einem Parteiabzeichen habe er Schreiber nie gesehen, erklärte Eggebrecht. Die Dramaturgin Beyfuß wurde 1944 aufgrund der Rassengesetze entlassen, wie sie vor dem Prüfungsausschuss erklärte, weil sie früher mit Einstein zusammengearbeitet habe. Auch nach ihrer Entlassung habe Helmut Schreiber sich um sie gekümmert und ihr einmal tausend Reichsmark gegeben.

Die Mitglieder des Prüfungsausschusses hatten genug gehört. Am 31. Januar 1946 meldete Heinrich Christian Meier der britischen Militärregierung, der Prüfungsausschuss habe keinerlei Bedenken, dass Schreiber sich kulturell betätige.

Bei den Briten aber sorgte das Erscheinen des Helmut Schreiber in Hamburg für Verwirrung und Misstrauen. Wer war dieser Filmproduzent aus München wirklich, der sich den

Engländern sogleich als Zauberkünstler für die Truppenbetreuung anbot? Berichte flogen hin und her zwischen Militärregierung, Geheimdiensten und den amerikanischen Verbündeten in München.

Dann erschien am 6. Februar ein Zeitungsartikel mit dem Titel »Fauler Zauber auf dem Obersalzberg«, den Helmut Schreiber als Frontalangriff auf seinen glänzenden Ruf lesen musste:

»Ungefähr vor zwei Jahren, als es notwendig wurde, die Zivilbevölkerung zu ersten Schanzarbeiten an den Grenzen im Osten heranzuziehen, als die Jagdflugzeuge nicht mehr gegen die Bomberströme aufsteigen konnten, Panzer und Lastwagen vor dem anrückenden Russen gesprengt werden mussten, weil es an Benzin, immer wieder an Benzin fehlte, bereitete man beim Führer auf dem Obersalzberg eines der üblichen Feste vor mit üblicher Modeschau neuer Uniformen und Orden, mit Filmstars und ausländischen Filmen. Zum Schrecken der für den Programmaufbau Verantwortlichen zeigte sich, dass in der vorgesehenen Vortragsfolge eine Lücke klaffte: für die Zeit von abends 8.00 bis 8.30 Uhr war keine Darbietung zu finden. Endlich kam der erlösende Einfall: Der Filmproduzent S., der Vorsitzende des Deutschen Amateur-Zauber-Verbandes, selbst ein Pg. [Parteigenosse] und als ›Zauberer‹ häufiger Gast von Hitlers Festen, weilte zur Zeit auf seinem Landsitz in Wiessee. Er konnte helfen und in die Lücke einspringen. Die Telefone rasselten, als ginge es um das Schicksal Deutschlands. Aber vergeblich: S. musste ablehnen, denn erstens befanden sich sein Smoking und sein Zauberkasten in seiner Berliner Wohnung und ohne Smoking und ohne Zauberkasten kann auch der

> fähigste Zauberer sich nicht produzieren; zweitens aber war sein Haus eingeschneit; es wäre auch mit Smoking und Zauberkasten unmöglich gewesen, zum Obersalzberg zu eilen. Wieder rasselten die Telefone. Die Programmlücke musste noch notwendiger ausgefüllt werden als die täglich bedrohlicher klaffenden Frontlücken. Und der Entscheid ließ nicht lange warten: Herr S. habe sofort über Führerblitzgespräch seine Frau in Berlin zu verständigen, dass Smoking und Zauberkasten von einem SS-Mann abgeholt würden, im übrigen werde am kommenden Vormittag eine Pionierkompanie anrücken und den Weg freischaufeln. Und so geschah es. Die Pioniere schaufelten den Weg frei, ein SS-Mann flog im Storch nach Berlin, holte Smoking und Zauberkasten, flog wieder zurück und auf dem Obersalzberg konnte abends von 8.00–8.30 Uhr gezaubert werden. An einigen anderen Orten gingen um diese Zeit die Sirenen; nicht weit von den Grenzen im Osten leuchteten brennende Panzer und LKWs und Frauen und Kinder brachen in eisiger Kälte Panzergräben aus dem hartgefrorenen Boden – ›verzaubert‹ durch das Auge jenes Mannes, der sich auf dem Obersalzberg die Langeweile mit Taschenspielerkunststückchen vertreiben ließ.«[13]

Schreiber war empört. Wie hinterhältig das doch war, ein infamer Rufmordversuch, wenn auch – leider – nicht ganz unwahr.

Am gleichen Tag erhielt der zuständige britische Kontrolloffizier eine Warnung des Information Service Control Branch der Royal Army, der nicht deutlicher hätte sein können: Schreiber stand bei den Amerikanern auf der schwarzen Liste und hätte gar nicht erst ermutigt werden sollen, nach Hamburg zu kommen. Die Briten fürchteten, die amerikanischen Verbündeten durch ihre ohnehin als nachlässig bekannte Entnazifizierungspolitik weiter zu verärgern, falls Schreiber in der britischen Besatzungszone unterkommen sollte, nachdem die Amerikaner ihn aus München verjagt hatten. Die Anweisung lautete: »Er sollte sofort informiert werden, dass er nirgendwo in der Britischen Zone Beschäftigung finden kann.«[14]

Diesen Schreiber, so viel stand fest, musste man im Auge behalten.

Doch die Briten sollten bald feststellen, dass es gar nicht so leicht war, einen Magier in den Wirren der Nachkriegszeit unter Kontrolle zu halten. Große Teile von Hamburg waren zerstört, im Frühjahr 1946 herrschten Wohnungsnot und Hunger. An den Landungsbrücken lag die »St. Louis«, ein seeuntüchtig gebombter 16000-Tonnen-Passagierdampfer, der als Hotel mit zweihundert Betten samt Ratten genutzt wurde.

Im März brachen zum ersten Male seit der Kürzung der Lebensmittelrationen Hungerunruhen aus. In verschiedenen Stadtbezirken stürmten Gruppen von zwanzig Personen die Bäckereien und raubten Brot. Ein Eisenbahnzug mit Lebensmitteln wurde von zweihundert Menschen überfallen. Sie brachen die Wagen auf und stahlen säckeweise Hafer, bis die Polizei eintraf. Sondergerichte wurden geschaffen, um die Beteiligung an den Massendiebstählen aus Lebensmittel- und Kohlezügen abzuurteilen. Allein im März 1946 wurden 450 Menschen verhaftet. Das Gelände der Güterbahnhöfe in Hamburg wurde zur Sperrzone erklärt.[15]

Auch Kalanag ging, wie er freimütig in seinen Memoiren[16] berichtet, damals auf Kohlenklau, um den kleinen Kanonenofen zu füttern, der in seinem Zimmer im Hotel Prem stand. Das war bedenklich, zumal er unter Beobachtung stand, »wenn auch in jenen Zeiten nicht gerade unehrenhaft«. Dabei kam ihm ein alter Bekannter zu Hilfe: Helmut Ungerland, mit dem er schon in den Dreißigerjahren als Aufnahmeleiter bei der Tobis zusammengearbeitet hatte. Nun saßen beide wieder im selben Boot: Sie waren arbeits- und mittellos und froren. Unterlands abenteuerlicher Plan führte die beiden mit zwei weiteren Komplizen in einer mond- und sternlosen Nacht an einen Bahndamm in Barmbek. Zähneklappernd warteten sie auf einen der englischen Kohlezüge, die aus je zwanzig Waggons bestanden und täglich aus dem Ruhrgebiet dort ankamen.

Die Sache war nicht ganz ungefährlich, denn jeder Zug wurde von zwei Männern mit Maschinenpistolen bewacht, einer am Anfang, der andere am Ende des Zuges. Ungerland hatte die Fahrtzeiten der Transporte ausgekundschaftet und einen Streckenabschnitt ausgewählt, an dem der Zug eine Steigung zu überwinden hatte und deshalb langsamer fuhr. Auf Ungerlands Kommando sprangen zwei der Männer auf den mittleren Waggon auf und warfen die Säcke mit den Kohlebriketts herunter. Schreiber sammelte die Säcke längs der Bahnstrecke auf und verstaute sie im Fluchtwagen, den er zum Schluss mit einer Plane und Brotkörben tarnte.

Das Wiedersehen mit Ungerland war ein Glücksfall für Schreiber, nicht nur wegen solcher lebensnotwendigen Nacht- und Nebelaktionen. Der ehemalige Kollege sollte im Jahr darauf auch der erste Bühnenmeister der künftigen Kalanag-Revue werden, für die im Frühjahr 1946 allerdings »noch viele Voraussetzungen fehlten«, wie Kalanag in seinen Memoiren schrieb.[17]

Die wichtigste Voraussetzung war, dass es Schreiber endlich gelang, eine offizielle Arbeitsgenehmigung von den Briten zu bekommen. Und Voraussetzung dafür war, dass seine in München gescheiterte Entnazifizierung im zweiten Anlauf endlich durchkam.[18]

In den nun folgenden Verhören bei den Briten versicherte Schreiber immer wieder treuherzig, er sei schon immer ein ausgesprochen unpolitischer Mensch gewesen. Zugegeben, er habe 1925 und 1932 für Hindenburg als Reichspräsident gestimmt. Aber hatte das nicht die Mehrheit der Deutschen? Davon abgesehen habe er nur einmal gewählt, und zwar die linksliberale Deutsche Demokratische Partei bei der Reichstagswahl 1930. Überhaupt sei er ein ausgesprochener Freigeist und habe deswegen als junger Mann sogar die evangelische Kirche verlassen. Als er 1929 nach Deutschland zurückkehrte, habe er Hitler zum ersten Mal gesehen und für einen Verrückten gehalten. Er sei schon immer ein Nazi-Gegner gewesen und habe nur Unterhaltungsfilme hergestellt, niemals Propaganda.

Ja, er habe als Direktor der Bavaria sogar heimlich Halbjuden und Autoren mit Berufsverbot beschäftigt und sei in Berlin und München Mitglied von Widerstandsgruppen gewesen. 1943 habe ihn deswegen sogar die Gestapo verhaftet, aber schließlich wegen Mangels an Beweisen wieder freilassen müssen, während andere Angehörige der gleichen Widerstandsgruppen hingerichtet wurden.

Es stimmt, als berühmter Zauberkünstler sei er zwischen 1939 und 1942 jährlich vor Hitler aufgetreten. Er verdanke sein Leben allein der Tatsache, dass Goebbels sich nicht getraut habe, seine Vorbehalte gegenüber Schreiber dem Führer mitzuteilen, der sich ohnehin über die zunehmend regimekritische Stimmung unter Filmleuten ärgerte. Ach ja, und die Sache mit Hinkel. Ist doch wohl klar, dass einer wie er, der seine schützende Hand über Juden hielt, darauf angewiesen war, sich mit mächtigen Leuten wie dem Reichsfilmintendanten gut zu stellen. Aber ein Freund?

Nein, ein Freund von diesem Mann sei er nie gewesen.[19] »Ich bin Nationalist nur insoweit, als ich mein Mutterland liebe. Ansonsten bin ich Antinazi und Humanist«, erklärte Schreiber.

Von den vielen Persilscheinen, die er nach dem Krieg aus dem Hut zauberte, ist ein Brief von Jac Olten der überzeugendste, denn seine Aussagen lassen sich durch Akten des Bundesarchivs belegen. Olten schrieb am 2.7.1946:

> »Herr Helmut Schreiber, den ich als Zauberkünstler kannte und dem ich meine traurige Situation dargelegt hatte, zögerte trotz der Gefahr, die eine Intervention zu meinen Gunsten für sich und seine Familie unter dem Nazi-Regime darstellen konnte, nicht, zahllose Eingaben zu machen, um meine Freilassung zu erwirken. Dies ging sogar so weit, dass er dafür garantierte und eine offizielle Erklärung unterschrieb, in der er für alle meine Handlungen die Verantwortung übernahm.«

Tatsächlich hatte sich Schreiber persönlich bei Hans Hinkel für den »ausgezeichneten Zauberkünstler« Olten eingesetzt und den SS-Brigadeführer gebeten, dem jungen Franzosen nach seiner Freilassung aus dem Kriegsgefangenenlager Stalag XIII A eine Aufenthaltsgenehmigung für Deutschland zu erteilen, damit Olten wieder auftreten konnte. Schreibers Schlussplädoyer in dem Brief an Hinkel deutet an, dass dies nicht die einzige Intervention dieser Art gewesen sein könnte: »Bitte seien Sie mir nicht böse, wenn ich mich ab und zu für derartige Fälle einsetze. Ich tue es nur da, wo es mir absolut richtig erscheint und möchte bei Ihnen unbedingt den Eindruck vermeiden, dass ich Sie mit Arbeit belaste oder mich in Dinge einmische, die mich nichts angehen«.[20]

Aber dass der Produktionsleiter Schreiber keinen einzigen politischen Film gedreht haben wollte, war eines der Märchen, wie sie in der Nachkriegszeit Mode wurden. Schließlich war im Nationalsozialismus auch die scheinbar harmlose Unterhaltung politisch. Die 1938/39 unter Schreibers Leitung bei der Tobis produzierte Komödie *Robert und Bertram* war ein ebenso unterhaltsames wie perfides Machwerk – das erste und einzige antisemitische Musical des Dritten Reichs.

Dass er vor Hitler persönlich gezaubert hatte, konnte Schreiber ohnehin nicht bestreiten. Die Briten waren dank der Zuschriften diverser Informanten im Besitz von Fotos, die Kalanag im Kreis einer großen Runde zeigten, wie er dem aufmerksam zuschauenden Hitler aus nächster Nähe einen Taschenspielertrick vorführte.

Kein Zweifel, dieser dreiundvierzigjährige Deutsche hatte im Dritten Reich einen fast märchenhaften Aufstieg hingelegt und war in allerhöchsten Nazi-Kreisen ein gern gesehener Gast gewesen. Hitler hatte Helmut Schreiber am 7. Februar 1941 sogar einen riesigen Blumenstrauß zur Hochzeit geschickt, garniert mit einem persönlichen Handschreiben aus der Feder des Führers.[21] Auch wenn Helmut Schreiber nach 1945 gerne ein Geheimnis daraus gemacht hätte, jeder hätte es wissen können: Natürlich hatte er als Präsident des Magischen Zirkels 1941 dafür gesorgt, dass Hitlers Glückwünsche sofort im amtlichen Teil der *Magie* vermeldet wurden. [22]

Schreiber widersprach dem Verdacht energisch, er habe sich an jüdischem Eigentum bereichert und seine Karriere ohne Rücksicht auf Verluste durch Denunziation, Intrigen und Anbiedern bei den braunen Machthabern vorangetrieben. Stattdessen gab er sich als harmloser Mitläufer, der nicht mehr als ein zaubernder Hofnarr Hitlers gewesen war.

Die Vernehmungen bei den Briten waren die erste Show des neuen Kalanag, eine revisionistische Revue voller Finten, falschen Fährten und Verwandlungskunststücken. Die Nummer kam gut an. Ein Deutscher mit Witz und Humor, damit hatte Kalanag seine Vernehmer schon um die Finger gewickelt, ein Houdini der Vergangenheitsbewältigung, der sich aus jeder noch so erdrückenden Beweislage befreien konnte.

Helmut Schreiber sei, so steht es im Abschlussbericht der britischen Kontrollkommission, der ungewöhnliche Spross einer deutschen Kaufmannsfamilie, der schon früh gegen die Konventionen seines Standes rebelliert und sich für die freiere Welt der Filmkunst entschieden habe. Und dieser Deutsche hatte, ach, zwei Seelen in seiner Brust: Auf der einen Seite war er Nazi-Gegner und Antimilitarist, auf der anderen eine verletzliche und empfindsame, ja ängstlich Seele. Nur sein Humor habe ihn innerlich und äußerlich wie eine Rüstung geschützt vor den Zumutungen der Nazizeit.

Dann schaltete Schreiber plötzlich auf Mitleid um. Dass man nun, nach all den Jahren der Nazi-Unbill, auch noch ein Berufsverbot gegen ihn verhängt hatte, sei zu viel gewesen. Er habe deshalb einen schweren Zusammenbruch erlitten, der mit Kopfschmerzen, Schlaflosigkeit, akuter Depression und furchterregenden Halluzinationen einherging. Deshalb habe er sich zusammen mit seiner Frau, die sich liebevoll um ihn kümmere, einem Sanatoriumsaufenthalt in Bad Pyrmont unterzogen. Falls er keine Berufserlaubnis mehr erhalten sollte, fürchte er, endgültig zusammenzubrechen.

Die kollektive Schuld, die das deutsche Volk im Nationalsozialismus auf sich geladen habe, laste schwer auf ihm, aber auch hier helfe ihm sein Witz, nicht in Depressionen zu verfallen. Er glaube in seinem tiefsten Inneren an die Kollektivschuld, heißt es im britischen Abschlussbericht, »aber führt diese dann sogleich Schritt um Schritt bis hin zu König Friedrich Wilhelm zurück, der seiner Meinung nach sofort gehängt werden sollte«.

Schreibers Darbietung verfehlte ihre Wirkung auf sein Publikum nicht, wenn er sich über das den Briten verhasste Preußentum lustig machte und somit die Aufmerksamkeit seiner Zuhörer raffiniert von der sehr gegenwärtigen deutschen Schuld an Holocaust und Weltkrieg auf die weit entfernten Wurzeln des preußischen Militarismus lenkte.

Mit Ablenkung kannte sich der Zauberkünstler Kalanag schließlich wie kaum ein anderer aus, und hinterließ bei seinen Vernehmern einen ausgesprochen positiven Eindruck, die ihm schließlich ein glänzendes Persönlichkeitszeugnis ausstellen: Hochintelligent sei der Mann, gesegnet mit scharfem Verstand und schneller Auffassungsgabe, ein guter Planer und straffer Organisator. Schreiber sei ein gleichermaßen guter Zuhörer und Redner. Voller Selbstvertrauen und ruhiger Entschlossenheit, geschmeidig und erfolgreich beim Erreichen seiner Ziele. Sein Einfluss auf andere? Gut! Außerdem ein Mann von ungewöhnlichem Charme und vielen Talenten, dem es leichtfalle, Freunde zu gewinnen. Das Resümee war eindeutig: Dieser Mann könne ohne Vorbehalte in jeder Position gebraucht werden. Der talentierte Mr. Schreiber schien es wieder einmal geschafft zu haben.

Im März 1946 waren die Aussichten für Helmut Schreiber in Hamburg schon wieder glänzend. Die Kulturverwaltung der Hansestadt beauftragte ihn mit dem Aufbau der Filmproduktion, sagte ihm amtliche Unterstützung und auch eine seiner Position angemessene Entlohnung zu.[23] Einen Monat später setzte sich sogar der Hamburger Kultursenator Ascan Klée Gobert persönlich in einem Brief an den Präsidenten des Wohnungsamtes »dringend« dafür ein, Helmut Schreiber, seiner Frau und dem dreijährigen Kind eine Zuzugsgenehmigung zu erteilen.[24]

Das Schreiben des Senators zeigte Wirkung. Noch am gleichen Tag entschied der Präsident des Wohnungsamtes, dass die Eheleute Schreiber ausnahmsweise die Aufenthaltsgenehmigung erhalten sollten. Auch im zerbombten Hamburg durfte der Flüchtling Schreiber standesgemäß leben, denn das Wohnungsamt vermittelte der Familie nicht irgendeine Baracke als vorläufige Unterkunft, sondern das legendäre Hotel Prem an der Alster. Hans Albers und Zarah Leander hatten einst zu den Stammgästen der mit kostbaren Teppichen und Antiquitäten ausgestatteten Luxusherberge gehört, und auch der zukünftige Bundeskanzler Konrad Adenauer stieg während seiner sechzehnjährigen Amtszeit regelmäßig im Prem ab, wenn er Hamburg besuchte. Es war ein passendes Entree für den in Not geratenen Freund der Schönen und Mächtigen, auch wenn sein Zimmer klein war und pro Tag eine Zigarre vom Schwarzmarkt kostete.[25]

Marvellis Rache

Der Mann, der mit Strohhut und kariertem Sakko durch die Ruinen Berlins spazierte, wirkte wie aus einer anderen Welt. Sein Spitzbart gab dem dürren Kerl ein mephistophelisches Aussehen, und die betont lässige Art, mit der er um die Ecken schlenderte, wirkte verdächtig.

Er warf dem Straßenmusikanten, der vor einer zerschossenen Mauer für eine Gruppe Kinder seinen Leierkasten kurbelte, eine Münze in den Hut. An einem Stand mit Tabakwaren hielt er inne, nahm mit prüfendem Blick eine Zigarettenspitze in die Hand, ließ sie dort verschwinden und hielt der Verkäuferin stattdessen eine Raucherkarte hin.

»Haben Sie denn keine richtigen Zigaretten?«

Die junge Frau blickte ihn konsterniert an: »Zigaretten auf Raucherkarte? Ham wa nich.«

Da griff er ihr flink hinters Ohr, holte eine Zigarette hervor und zündete sie zufrieden an. Inzwischen hatte sich eine Menschentraube um den seltsamen Mann gebildet. Er zeigte den Neugierigen mit bedauernder Miene sein leeres Zigarettenetui vor. Dann klappte er es wieder zu, schüttelte einen Salzsteuer darüber und öffnete es wieder. Ein Raunen ging durch die Menge: Auf einmal war das Etui voller Zigaretten und Dutzende Hände griffen begierig zu. Nachdem sie verteilt waren, zog er einem der Umstehenden noch eine Zigarette aus der Nase und machte sich auf den Weg.

Er war kaum wiederzuerkennen in dem seltsamen Aufzug,

aber der Mann mit den Zauberzigaretten war Marvelli. Er war im Februar 1945 kurz vor der Eroberung Berlins nach Prag geflohen – angeblich vor der Gestapo, wie er später behauptete. In Prag soll er im Mai von tschechischen Revolutionären verhaftet und um ein Haar erschossen worden sein. Ein russischer Major habe ihm das Leben gerettet, und weil den Russen Marvellis Zauberei gefiel, ließen sie ihn im November 1945 schließlich zurück nach Berlin ziehen.[1]

Seine große magische Sammlung und Bibliothek waren zerstört, aber seine Berliner Wohnung in der Kufsteiner Straße fast unversehrt geblieben, nur im Treppenhaus war der Putz von den Wänden gefallen. An die Tür hängte er ein Schild: »Marvelli – Zauberkünstler. Bitte kein mal läuten!« Er richtete sich sogleich wieder ein Laboratorium ein, um neue Tricks zu entwickeln.

Marvelli hatte zwei Ziele: Er wollte an seine großen Erfolge anknüpfen und der berühmteste Zauberkünstler der neuen Zeit werden. Wer im zerstörten Deutschland wäre besser geeignet für eine solche Rolle als er, der zweimal den Ring des Magischen Zirkels gewonnen hatte? Er arbeitete bereits an einem unglaublichen neuen Kunststück, das sein berühmtester Trick werden sollte. Das »lebende Seil« war ein Stück Tau, das sich unter den beschwörenden Händen Marvellis wie eine Schlange in die Höhe wand und wie von selbst verknotete, ohne dass er es je berührte.

Sein zweites Ziel war Rache an Helmut Schreiber.

Der ehemalige Präsident des Magischen Zirkels hatte Marvelli nicht nur mit Schimpf und Schande aus seinem Verein geworfen. Er hatte ihn im wahrsten Sinne des Wortes in die Wüste geschickt und dafür gesorgt, dass Marvelli als Wehrmachtsunterhalter mit Rommels Truppe zaubernd durch Nordafrika ziehen musste.

Während Marvelli in staubigen Feldküchen und Zeltlagern Grießbrei schlürfen musste, hatte Helmut Schreiber in München dank seiner Beziehungen zu den Obernazis Hitler, Göring und Goebbels wie die Made im Speck gelebt.

Marvelli wollte um jeden Preis verhindern, dass Helmut Schreiber nach 1945 wieder eine Rolle spielen durfte, ob in der Filmwelt oder als Zauberkünstler.

Am 8. Oktober 1945 kamen achtundzwanzig Zauberkünstler in der Berliner Kammer der Kunstschaffenden zusammen, um den Magischen Zirkel neu zu gründen. Vor der Sitzung mussten sich alle Teilnehmer in die Anwesenheitsliste eintragen und eidesstattlich versichern, dass sie weder Mitglieder der NSDAP noch der SA, SS oder Gestapo gewesen waren. Da es mittlerweile Herbst war und das Dritte Reich bereits im Frühling untergegangen war, war es verständlich, wenn der eine oder andere mit Gedächtnislücken zu kämpfen hatte. Auch Marvelli konnte sich an keine NSDAP-Mitgliedschaft mehr erinnern – außer an die seines Erzfeindes und Konkurrenten Helmut Schreiber, der in München festsaß. Nun war er am Zug. Marvelli wurde mit Zweidrittelmehrheit zum Vorsitzenden des Zirkels gewählt.[2]

Er war nicht der Einzige, der noch eine Rechnung mit dem ehemaligen Präsidenten offen hatte. Auf der ersten Sitzung des Magischen Zirkels von Hamburg am 9. Februar 1946 begrüßte dessen Gründer Karl Schröder im Namen aller Anwesenden die »Befreiung sowohl von Hitler als auch von Helmut Schreiber«.[3]

Marvelli machte sich daran, Gleichgesinnte für seine Intrige einzuspannen. Emigrierte jüdische Zauberkünstler wie Hans Katzenstein oder Siegbert Jaks wusste er ohnehin auf seiner Seite. Aber er brauchte Gehilfen in Deutschland, die ihn über Helmut Schreibers Pläne informieren und bei den Alliierten intervenieren konnten.

Das Schicksal, was sonst, führte ihn zu einem jungen Mann in Hamburg: Hans Bartl[4] war der Sohn des Zauberhändlers János Bartl und seiner Ehefrau Rosa und hatte »selbst zu den rassisch-politisch Verfolgten« im Dritten Reich gehört, wie er am 23. Februar 1947 an Marvelli schrieb.

Bei Kriegsausbruch 1939 hatten noch 10 131 Juden in Hamburg gelebt, weniger als ein Prozent der Bevölkerung. Sechs Jahre später zählte man nur noch 647 Juden, die den Holocaust in Hamburg überlebt hatten.[5] Eine von ihnen war Rosa Bartl, Hans' Mutter.

Bartl Junior war in Hamburg Schriftführer des Beratenden Ausschusses für Entnazifizierung der Sparte Varieté. Der Zauberkünstler Erwin Fraenkel-Frankoni hatte ihm Material von Marvelli zur Verfügung gestellt, das aber im Ausschuss nicht eingebracht wurde. Warum nicht? »Nachdem die Entnazifizierung von Herrn Schreiber stattgefunden hat, fiel mir durch Zufall das gesamte Belastungsmaterial von Ihrer Seite gegen Schreiber auf 5 Minuten in die Hände. Durch einen unglücklichen Zufall meines Vorgängers ist dieses so unsagbar wichtige Material zwischen anderen Akten gewesen, Herr Schreiber war aber bereits denazifiziert.«[6]

Er benötige die Mitarbeit aller, schrieb Bartl, die von Schreiber geschädigt worden waren. Dazu wollte er sich an Katzenstein in Amerika wenden, der dort die International Brotherhood of Magicians und andere magische Vereinigungen für Protestschreiben gegen Schreiber mobilisieren sollte. »Sie sollen in diesem Falle den Mittelsmann spielen, da mein Name bis zur Neuaufrollung dieses Falles nirgends genannt werden darf. Ich bitte Sie, sämtliches Material, dass Sie gegen Herrn Schreiber vorzubringen haben, zu sammeln.«

Marvelli sollte außerdem Protestschreiben von sämtlichen

magischen Vereinigungen in Deutschland sowie der Internationalen Artistenloge in Berlin und München einholen. Schreiber verfüge in Hamburg über außerordentlich hohe Gönner, vielleicht sogar in der Militärregierung. Andere, wie der Gründer des Magischen Zirkels Karl Schröder, hatten wenig Anlass, Schreiber zu verteidigen, wollten den Magischen Zirkel aber nicht erneut zum Schlachtfeld politischer Auseinandersetzungen machen.

Unmittelbar nach dem Untergang des Dritten Reichs war es schwierig zu rekonstruieren, wer in den vergangenen zwölf Jahren was getan hatte. Eine Möglichkeit: die Recherche in magischen Zeitschriften, aus denen, so hoffte der Briefschreiber, die Tätigkeit des Zauberers des Tausendjährigen Reiches hervorgehen würde.

Man schrieb einander Briefe und versuchte, alte Netzwerke zu reaktivieren. Informationen wurden eingeholt, Gerüchte verbreiteten sich wie Lauffeuer. Marvelli bedankte sich artig und bemühte sich seinerseits, die Gerüchteküche um Helmut Schreiber anzuheizen. Es sei bedauerlich, dass so wenig Magier an dem Fall interessiert seien. »Wahrscheinlich fürchten die Herrn auch noch in der heutigen Zeit den Diktator Schreiber.«[7]

Denn Kalanag hatte, wie von Bartl befürchtet, ebenfalls seine Unterstützer mobilisiert. Einer davon war der Berliner Zauberkünstler Bruno Christoph, der 1947 ebenfalls belastendes Material verbreitete – allerdings über Marvelli.

Denn auch der gute Marvelli hatte keine ganz einwandfreie Vergangenheit. Während er Helmut Schreiber überall als Parteigenossen der Nazis denunzierte, verschwieg Marvelli den Umstand, dass er selbst NSDAP-Mitglied gewesen war, und zwar schon viel länger als sein Kontrahent. In seinem Fall gab es sogar ein Foto, auf dem das Parteiabzeichen an seinem Revers deutlich zu sehen ist.[8] Auch Marvelli hatte für Nazi-Größen gezaubert, sogar für Hitlers Stellvertreter Rudolf Heß.[9] In der Vorhalle seiner Villa in Garmisch-Partenkirchen stand einst die Büste Adolf Hitlers prominent auf einem Marmorsockel.[10]

In einem Brief an Bartl zitierte er den dänischen Zauberkünstler Clément de Lion mit den Worten: »Sollte Helmut Schreiber entnazifiziert werden, dann ist die ganze Entnazifizierung in Deutschland ein großer Schwindel.«[11] Schreiber war nicht der einzige Zauberkünstler, der gut schwindeln konnte.

Am 8. Dezember 1945 beantragte Marvelli beim Amtsgericht Berlin-Charlottenburg, als Vorstand des Magischen Zirkels ins Vereinsregister aufgenommen zu werden.[12] Der Brief war ein kühner Griff zur Macht: Marvelli setzte sich einfach selbst als Nachfolger Schreibers ein, »der Parteimitglied und ein besonderer Freund des Dr. Goebbels« gewesen sei, wie er das Gericht wissen ließ. Er selbst versicherte, ohne mit der Wimper zu zucken, und »an Eides statt«, nie Mitglied der NSDAP oder einer ihrer Gliederungen gewesen zu sein.

So gelang es Marvelli im Handstreich, sich am 17. Dezember 1945 vom Registergericht in Berlin zum kommissarischen Leiter des Magischen Zirkels von Deutschland bestellen zu lassen. Die Genehmigung beschränkte sich allerdings auf die Viersektorenstadt Berlin, und fünf Jahre später musste sich Marvelli schriftlich verpflichten, die Leitung des Magischen Zirkels von Deutschland an den Vorstand des Magischen Zirkels von Berlin e. V. unter Bruno Haydas zu übertragen.[13]

Doch der Streit mit Schreiber-Kalanag ging da erst richtig los. In einem langen Brief an den Berliner Zauberkünstler Bruno Christoph machte Kalanag im Sommer 1947 seinem Herzen Luft und klagte über Marvellis »Egoismus, die geradezu widerliche Arroganz, Neid und Charakterlosigkeit dieses zweifellos guten, nicht schöpferischen aber nachschaffenden Zauberkünstlers«.[14]

Weiter schrieb er, den Angriffen, die Marvelli gegen ihn organisiere, wehrlos ausgesetzt zu sein. Marvelli versuche auch in Hamburg, Stützpunkte gegen ihn zu errichten und wende sich an amerikanische oder jüdische Zauberkünstler, um sie gegen ihn aufzustacheln. »Ich habe damit natürlich gerechnet und bin in der Lage, alle diese lächerlichen Anklagen und Verleumdungen zurückzuweisen und zu entkräften. Auch hier mache ich leider die Erfahrung, daß solche Berufskünstler, die entweder selbst Dreck am Stecken haben oder aber sich den künstlerischen Richtlinien des M.Z. nicht anpassten (unanständiges Benehmen auf der Bühne usw.) und von mir früher vielleicht einmal etwas zu hören bekommen haben, diese Vorgänge nun auf ein politisches Gebiet schieben und so in die Kerbe des Herrn M. hauen.«

Oh, wie ungerecht das alles war, eine Intrige von »rachsüchtigen Herren«, die es ihm nun heimzahlen wollten! Immer und immer wieder habe er damals versucht zu vermitteln und sich einmal sogar so weit erniedrigt, um des lieben Friedens willen in Marvellis Wohnung zu gehen. Das klärende Gespräch der beiden im Sommer 1940 hatte Marvelli zum Beweis auf einer Schallplatte aufgezeichnet.[15]

Trotz aller Friedensbemühungen seinerseits habe sich Marvelli »wie ein Amokläufer« benommen. Gegen seinen Ausschluss aus dem Zirkel habe Marvelli als Parteigenosse bei der Reichskanzlei interveniert und verlangt, dass er als größter Zauberkünstler Deutschlands allein das Recht haben müsse, vor dem Führer zu zaubern. So jedenfalls stellt es Schreiber dar – und Marvelli behauptete das Gleiche über Schreiber. Wer sagt, dass ein Parteigenosse dem anderen kein Auge aushackt?

Marvelli irgendwelche antifaschistischen Verdienste anzudichten, sei »geradezu ein Witz«, schimpfte Schreiber. Er habe schließlich bis kurz vor dem Zusammenbruch ununterbrochen arbeiten können und sei noch kurz vor Kriegsende vom Leiter der Reichsarbeitsfront Robert Ley persönlich mit dem Kriegsverdienstkreuz dekoriert worden, was sogar in der Wochenschau berichtet worden sei. Trotz allem gelobte Schreiber in dem Brief, das »halbe Dutzend der Versöhnungsversuche« voll zu machen und mit Marvelli einen »allgemeinen magischen Burgfrieden« zu schließen.

Im August 1947 gelang Karl Schröder, dem Gründer und Vorsitzenden des Magischen Zirkels von Hamburg, ein diplomatischer Coup. Als sich Marvelli zu einem Gastspiel in der Hansestadt aufhielt, brachte Schröder ihn und Kalanag auf einer Sitzung des Hamburger Ortszirkels zusammen. Zwei Monate vor der großen Kalanag-Premiere war Helmut Schreiber bemüht, die Wogen zu glätten und alte Streitigkeiten zumindest nach außen hin beizulegen. Die inszenierte Begegnung zwischen ihm und Marvelli, den er fünf Jahre zuvor aus dem Zirkel ausgeschlossen hatte, verfehlte ihre Wirkung nicht, wie die *Magie* später berichtete: »Als sich beide in gegenseitiger Würdigung die Hände reichten, wurde dies von den Anwesenden mit spontanem Beifall quittiert.«[16]

Es war eine Inszenierung, aber der Burgfrieden kam beiden Zauberern entgegen. Schreiber musste seine ganze Kraft dem Aufbau der Revue widmen und hatte für Intrigen wenig Zeit.[17] Trotzdem hatte er für alle Fälle vorgesorgt und eine gerichtliche Unterlassungsverfügung erwirkt, die Marvelli verbot, ihn als Nazi zu verunglimpfen. Ein Gerichtsvollzieher übergab Marvelli die Verfügung am Abend seines letzten Auftritts in Hamburg, und der Zauberkünstler verließ am nächsten Morgen konsterniert die Hansestadt.[18]

Auch Marvelli setzte alles daran, wieder groß rauszukommen. »Den aktiven Kampf gegen Schreiber habe ich eingestellt«, teilte er dem Zauberkollegen Clément de Lion zwei Monate nach dem Hamburger Friedensschluss mit.[19] »Schreiber hat nach wie vor einen großen Anhang und versucht als Gegenmaßnahme, mich mit politischem Dreck zu bewerfen, um mich kalt zu stellen. Das ist hier z. Z. die einfachste Methode, um Belastungszeugen auszuschalten. Geschickt bedient er sich anderer Kollegen, die dann in seinem Auftrag Briefe verleumderischen Inhaltes an alle möglichen Stellen schreiben.« Marvelli war zwar ebenfalls geschickt und skrupellos, was briefliche Intrigen anging. Aber Schreibers Einfluss war schon wieder zu groß, um den verhassten Konkurrenten endgültig verschwinden zu lassen. Politisch war er nicht mehr zu stoppen, nun konnte Marvelli ihn nur noch auf der Bühne übertreffen.

Im Jahr 1947, als Kalanag mit seiner Revue begann, führte Marvelli einem Filmteam in seiner Berliner Wohnung das Schlangenseil und andere Kunststücke vor. Die Zeit war wieder reif für Zauberkünstler, oder etwa nicht? Sie war es mehr denn je, wie Marvelli trocken kommentierte: »Es werden jeden Tag so viele Gesetze übertreten, warum nicht einmal die Naturgesetze?«[20]

Dass die Macher des viertelstündigen Films auch ein wenig mit der Kamera tricksten, fand er überflüssig. Wozu das? Film-Zauber war fauler Zauber, überhaupt nicht zu vergleichen mit seiner Kunst. Mit der Kamera könne man schließlich alles zaubern, verkündete Marvelli am Ende des Films, und man konnte den Seitenhieb in Richtung Helmut Schreiber nicht überhören: »Richtig zaubern ist ein Beruf und will gelernt sein.«

Im Frühling 1947 trat Marvelli erstmals wieder in der Öffentlichkeit auf. Dass er überhaupt auftreten konnte, war ein kleines Wunder, denn noch immer sorgten plötzliche Stromsperren dafür, dass man unmöglich wissen konnte, ob es am Abend überhaupt Licht auf der Bühne geben würde.[21]

Am 13. April 1947 gab es Strom, und Marvelli trat, in einen einfachen dunklen Straßenanzug gekleidet, zum ersten Mal seit Kriegsende wieder auf die Bühne. Er führte das lebende Seil vor, das sich vor einem schwarzen Tuch wie eine Schlange zuckend in die Höhe wand. Er ließ Stöcke und Vasen schweben und schlug aus dem Nichts in allen Farben schillernde Kartenfächer auf. Dabei schien Marvelli es nie eilig zu haben wie andere Zauberkünstler. Im Gegenteil, er führte seine Kunststücke mit einer geradezu provozierenden Langsamkeit vor.

Er hatte es gar nicht nötig, den Blick der Zuschauer abzulenken und betonte immer wieder, wie »einfach« das alles sei. Fast hatte es den Anschein, als wollte der mysteriöse Marvelli sein Publikum düpieren: Noch langsamer geht es nun wirklich nicht, und ihr habt noch immer nicht gesehen, wie ich es mache? Ein Rezensent schrieb über Marvelli, er serviere seine Magie »mit den eleganten Allüren eines unheimlichen Gastes, der aus dem Nirgendwo kommt und immer rätselhaft privat bleibt«.[22]

Erst beim Zigarettenfang verfiel Marvelli in ein tänzelndes Tempo, das selbst geübte Schwarzmarkthändler um Sinn und Verstand bringen konnte. Er hätte genauso gut Goldstücke aus der Luft zaubern können. Zwischendurch verbrannte er echte Banknoten auf der Bühne.[23]

Marvellis Zauberkunststücke wurden ein durchschlagender Erfolg und schon bald von anderen kopiert. Marvelli wehrte sich dagegen und veröffentlichte im Juli 1948 eine Warnung an alle Imitatoren. Darin zitierte er die Worte des verstorbenen Fischer: »Ich habe im Laufe der Zeit viele Zauberer kennengelernt, große und berühmte Meister, denen ich die Fortführung der Hofzinser-Tradition hätte anvertrauen können, aber kaum einen würdigeren als Marvelli.« Die Warnung untermauerte seinen Machtanspruch: Marvelli sah sich nun als den größten unter den Zauberkünstlern. Endlich war seine Zeit gekommen, und wehe, wenn ihm einer in die Quere kam.

Doch er hatte die Rechnung ohne Helmut Schreiber gemacht.

Das Unmögliche wird möglich

Jungen Frauen, die im Frühling 1947 mit der Hamburger U-Bahn fuhren, konnte es passieren, dass sie von einem wildfremden Mann angesprochen wurde. Der Mittvierziger hatte den Hungerjahren eine stattliche Figur abgetrotzt und die lichten Haare über seine Halbglatze gekämmt. Er hatte die irritierende Angewohnheit, attraktiven jungen Frauen direkt auf die Beine zu starren und sie dann mit Fragen zu löchern. Er war liebenswürdig und charmant, und er wusste genau, was er wollte: »Ich brauche Girls.«

Helmut Schreibers Zaubertruppe bestand gerade einmal aus vier Personen. Neben ihm und Ehefrau Anneliese waren sein ehemaliger Tobis-Mitarbeiter Helmut Ungerland als Bühnenmeister und Gerhard Winkler als Assistent dazu gestoßen. Vier Leute waren ein Anfang, aber keine Revue.

Dazu brauchte es Tänzerinnen, und Kalanag machte sich auf die Suche. Agenturen gab es 1947 noch keine, also telefonierte er, hörte sich um und spazierte mit prüfendem Blick durch die zerstörte Stadt. Die Frauen sollten nicht nur attraktiv sein, bestimmte Kalanag, sondern auch aus gutem Hause kommen. Was es nicht leichter machte, sie nebenbei auf der Straße aufzugabeln und ihm manch bösen Blick einhandelte.

Schließlich hatte er zehn Mitarbeiterinnen gefunden, die seinen Ansprüchen genügten. Es waren Studentinnen, eine Malerin, eine Grafikerin, eine Kindergärtnerin, eine Buchbinderin und eine OP-Schwester. Nur Berufstänzerinnen waren nicht darunter, und Kalanag beschloss, seine Truppe selbst auszubilden. Als Techniker heuerte er den ehemaligen Chauffeur des Zigarettenfabrikanten Reemtsma an.

Nun hatte Helmut Schreiber seine magische Truppe, aber immer noch keine Auftrittserlaubnis. Hans Katzenstein, der jetzt in New York lebte und sich Kayton nannte, hatte seine emigrierten jüdischen Zauberkollegen zusammengetrommelt. Auch der gute Siegbert – jetzt Stanley – Jaks war darunter, den Schreiber als Mitarbeiter bei der *Magie* so geschätzt hatte. Sie hatten sich gegen ihn verbündet und versorgten seine Gegner in Deutschland mit Briefen, in denen er als Nazi angeschwärzt wurde. Die wenig schmeichelhaften Zeugnisse über seine Persönlichkeit und sein Verhalten landeten natürlich bei der britischen Militärregierung, dafür hatten seine Feinde gesorgt.

Zum Glück waren die kompromittierenden Unterlagen den Mitgliedern der Spruchkammer, die ihn entnazifizieren sollte, nicht rechtzeitig in die Hände gekommen. Jemand hatte sie verlegt, und die Spruchkammer hatte ihn freigesprochen. Aber seine Gegner gaben noch nicht auf und schickten eine Protestnote an die britische Militärregierung. Zu den Unterzeichnern gehörten viele klingende Namen der Zauberwelt: Marvelli, Okito, Jaks, Emil Loew, Fred Roner, Howard B. Kayton, Hans Bartl und Joe Berg. Nachdem die Existenz der belastenden Unterlagen bekannt geworden war, trat der Prüfungsausschuss erneut zusammen und verhandelte über eine Wiederaufnahme des Verfahrens gegen Schreiber, der zur gleichen Zeit bereits unermüdlich mit Gloria und den Mystery Girls an seinem Wiederaufstieg arbeitete.

Doch zu einer Wiederaufnahme des Verfahrens kam es nicht. Trotzdem war es keine Überraschung, dass die britische Militärregierung es kaum eilig hatte, diesem umstrittenen Mr. Schreiber eine Auftrittsgenehmigung zu erteilen.

Dabei hatte Schreiber bereits im November 1946 die Gelegenheit gehabt, im Haus Deutscher Ring vor dem Chef der britischen Abteilung für öffentliche Sicherheit, Colonel Michel O'Rorke, aufzutreten. Selbstverständlich konnte er nicht mehr als eine Handvoll Kartentricks und die alte Geistertafel zeigen. Der britische Offizier ließ sich nicht anmerken, ob er beeindruckt war, und in den nächsten Monaten geschah nichts. O'Rorke rührte keinen Finger für den verzweifelten Zauberkünstler und kümmerte sich lieber darum, Polizeibeamte zur Verkehrserziehung der Jugend in die Schulen zu schicken.

Die ständige Unsicherheit zerrte an Schreibers Nerven. Der Zufall wollte es, dass er beim Spaziergehen am Jungfernstieg einem alten Bekannten begegnete. Schreiber hatte Freddy Klein vor dem Krieg in Wien kennengelernt, als beide Amateurzauberer waren. Jetzt war er Colonel und arbeitete für die britische Militärregierung in Hamburg.

In den Listen des Magischen Zirkels von Deutschland taucht Klein nicht auf. Er dürfte zu den jüdischen Mitgliedern gehören, die nach der Übernahme des Magischen Klubs von Wien in den großdeutschen Zirkel infolge der Arisierung ausgeschlossen wurden und ins Exil gingen.[1]

Umso erstaunlicher, dass Klein sofort bereit war, jenem Mann mit seinen Kontakten bei der Militärregierung zu helfen, der 1936 für diese Übernahme verantwortlich gewesen war. Bevor Schreiber in das Büro des Colonels vorgelassen wurde, musste er mehrere Vorzimmer passieren und Fragebögen ausfüllen. Seine NSDAP-Mitgliedschaft verschwieg er. Dass war der erste Trick. In Kleins Büro ging die Zauberei weiter. Statt sich lange mit der Vergangenheit aufzuhalten, ließ sich Oberst Klein von Schreiber in seinem Büro Zauberkunststücke wie die »Besessene Karte«[2] vorführen. Die Magie tat noch immer ihre

Wirkung. Klein beschloss, dass Schreiber und seine Mystery Girls angesichts der tristen Lage eine Bereicherung der Kultur in Hamburg wären. Er schickte ihn mit einer Empfehlung zu Major Day, der bei den Briten für Truppenunterhaltung zuständig war.

Klein hatte Schreiber berichtet, dass außer Ida Ehres Kammerspielen alle Hamburger Theater entweder ausgebombt oder von den Briten requiriert waren. Nach dem Zweiten Weltkrieg lagen zwei Drittel aller Theater der Hansestadt in Trümmern. Das berühmte Deutsche Schauspielhaus am Hauptbahnhof aber hatte, wie durch ein Wunder, die Bombardierung Hamburgs und den Feuersturm überlebt. Es hatte nur seinen Namen in »Garrison Theatre« gewechselt, nachdem die britischen Besatzer es als Garnisonstheater für ihre Soldaten requiriert hatten.

Sein erster Weg führte Schreiber zur Grande Dame der Hamburger Theaterszene. Die drei Jahre ältere Ida Ehre hatte unmittelbar nach Kriegsende im ehemaligen Gebäude des Jüdischen Kulturbundes in Hamburg-Rotherbaum ihre Kammerspiele eröffnet. Sie war energisch und entschlossen, die neue Freiheit der Kultur zu nutzen und zu fördern – auch deshalb, weil sie als Jüdin im Dritten Reich eine Zeit lang im KZ Fuhlsbüttel inhaftiert gewesen war.

Am 22. Juni 1947 führte Schreiber Ida Ehre seine Zauberkünste bei einem privaten Abend in seinem Zuhause vor. Im Beisein einer Handvoll Gäste zauberte er zwei Stunden lang. Diesmal hatte er sich besondere Mühe gegeben und einen raffinierten Trick in das Programm eingebaut. Um 16 Uhr 30 war ein Telegramm eingetroffen, das mit der Uhrzeit versehen und in einem Umschlag verschlossen war. Schreiber bat Ida Ehre nun, eine Karte – »irgendeine Karte« – ihrer Wahl zu wählen.

Die Theaterdirektorin zog eine Karte und hielt sie hoch, sodass alle sie sehen konnten. Sie habe Herzass gewählt, erklärte Schreiber. »Das sehe ich«, sagte Ida Ehre, »und Sie können es auch sehen.« Das sollte Zauberkunst sein? Lachen in der Runde. Dann bat Schreiber sie mit triumphierendem Lächeln, den Umschlag zu öffnen und das Telegramm zu lesen. Es war an Frau Direktor Ida Ehre adressiert. Darauf stand: »HERZASS WURDE GEWAEHLT = SIMSALABIM«.[3]

Ida Ehre war amüsiert. Aber es blieb Schreibers einziger Auftritt vor der selbstbewussten Direktorin. Ein Zauberkünstler passte nicht recht zwischen die Stücke von Wolfgang Borchert, Jean Anouilh und Jean-Paul Sartre, die auf der Bühne der Kammerspiele aufgeführt wurden. Oder war es gerade dieser Zauberkünstler, den die KZ-Überlebende Ida Ehre nicht in ihrem »Theater der Menschlichkeit und Toleranz« auftreten lassen wollte?

Schreibers letzte Hoffnung waren die Besatzer. Wenige Tage spater zauberte er zweieinhalb Stunden lang vor britischen Offizieren in der Elbchaussee. Wieder waren es Karten und andere Kleinigkeiten, mit denen er die Zuschauer verblüffte. Das Publikum war begeistert, aber er selbst langweilte sich. Er wollte endlich große Illusionen auf die Bühne bringen und seine magische Revue aufbauen.

Also folgte er dem Rat seines Freundes Freddy Klein und stellte sich bei Major Day vor. Der britische Kulturoffizier fand die Idee wunderbar. Er stellte Schreiber ein leeres Theater in Lüneburg für die Proben zur Verfügung und den Sergeanten Tommy Layton an die Seite. Layton, der später in seiner Heimat als Komiker arbeitete, war von seiner neuen Aufgabe begeistert und las seinem Zauberer jeden Wunsch von den Lippen ab. Selbst Kleinigkeiten wie Bindfaden und Reißnägel hatte Schreiber bis dahin nur über Umwege von seinem alten Freund Oscar Rey in St. Gallen bekommen.[4]

Die Premiere sollte im Oktober 1947 stattfinden. Allerdings bestand Major Day darauf, die Show selbst zu sehen, bevor sie offiziell angekündigt wurde. Die Generalprobe für den Major war um Mitternacht angesetzt.

Nervös warteten der Zauberer und seine Truppe auf die Zuschauer. Aber der Saal blieb leer, nur die Notbeleuchtung war eingeschaltet. Schließlich nahmen Major Day und ein Captain Platz und gaben das Signal zum Anfangen. Das Orchester spielte den Marsch des Magischen Zirkels, und der Vorhang öffnete sich.

Es war eine Vorstellung um alles oder nichts. In dieser Nacht würde sich entscheiden, ob die Revue das *Go ahead* von den Briten bekam oder Schreiber seine Mitarbeiter wieder nach Hause schicken musste.

Kein Künstler spielt gerne ohne Publikum. Eine Aufführung ohne Zuschauer ist wie ein Selbstgespräch. Ein Zauberer ist noch mehr auf sie angewiesen, weil er Menschen zum Mitmachen braucht. Kalanag musste versuchen, die »unmenschliche Leere« zu seinen Füßen überspielen. Zufrieden stellte er fest, dass ihm auch das sehr gut gelang: »Ich übertraf mich selbst, war Publikum und Magier in einer Person, rief mir selbst die Antworten zu, die ich benötigte – ich war doppelt ich! Die beiden da unten aber rührten keine Hand.«[5]

Dies war der Moment, der sein Leben teilte in Vergangenheit und Zukunft. Die Aufführung um Mitternacht war seine Stunde Null, für einen Augenblick schien die Zeit angehalten, und da standen zwei Menschen auf der Bühne: Helmut Schreiber und Kalanag. Am Ende der Vorstellung würde einer der beiden für immer verschwinden. Der andere aber würde bleiben und seinen unaufhaltsamen Aufstieg beginnen.

Dann fiel der Vorhang. Die Offiziere hatten sich eifrig Notizen gemacht und Major Day schüttelte Kalanag anerkennend die Hand. Allerdings war er nicht überzeugt, dass die Show auch ein Erfolg bei der Truppe werden würde: »Wer sieht schon gern zwei Stunden lang Magie?«[6] Aber ein Versuch war es wert. Was gab es schon sonst in Hamburg? Sie durften drei Tage lang für die englischen Truppen spielen, am Sonntagnachmittag auch für deutsches Publikum. Beim Hinausgehen drehte sich der Major noch einmal um und zwinkerte Kalanag zu. »Ich werde für Ihre Vorstellung in Hamburg Reklame machen, als ob Sadler's Wells Ballet aus London kommt. Einverstanden?!«

Anfang Oktober 1947 hängte die britische Combined Services Entertainment, die für Truppenunterhaltung zuständig war, überall in der Stadt bunte Plakate auf, die den »Master of Magic and Mystery« ankündigten. Auf dem Plakat war eine spärlich bekleidete junge Frau zu sehen, die sich über eine Reisetruhe mit der Aufschrift »Carnival of Magic« beugte. Hinter ihr stand der besagte Meister. Der glich, man konnte es nicht anders sagen, eher einem Gespenst und sah mit seinem schwarzen Umhang und der Haube einem Scharfrichter ähnlich. Allerdings hielt das Gespenst kein Beil in seiner schwarzen Klaue, sondern ein Herzass. Den Namen »Kalanag« suchte man auf dem englischen Poster vergeblich. Dafür prangte in großen Lettern der Titel der Show darauf: SIMSALABIM.[7] In dem zweisprachigen Programm, das die fünfzig Nummern wie eine Zauberpartitur verzeichnete, nannte er sich ebenfalls Simsalabim.

Für die Vorstellung vor deutschem Publikum am Sonntagnachmittag hatte Major Day eine gesonderte Genehmigung beim Kriegsministerium in London erwirkt und ein einfacheres Plakat in deutscher Sprache drucken lassen. Der Reklametext stammte von Kalanag. Er klang noch ein wenig wie die Zauberwerbung aus seiner Frühzeit in den Zwanzigerjahren: »Einmaliges Sensationsgastspiel K A L A N A G in einem Kaleidoskop unzähliger Mysterien moderner Magie, Illusionskunst und der Grenzgebiete eines sechsten Sinnes.«[8] Schreibers Ehefrau hatte nicht nur ihre Haare blond gefärbt, sondern auch einen klingenden Bühnennamen angenommen: Aus Anneliese Voss war Gloria de Vos geworden. Miss Gloria und das Geisterensemble versprachen »eine farbenprächtige, rasante und lustige Revue der Wunder, wie sie bisher noch nicht gezeigt wurde.«[9]

Dass zwei Jahre nach dem Krieg eine große Zauberrevue auf die Bühne kam, war schon an sich eine Sensation. Noch erstaunlicher war, wie reichhaltig Schreiber seine Show ausstatten konnte zu einer Zeit, als die Deutschen ihr Essen noch über Lebensmittelkarten bekamen: Rund ein Dutzend Mitwirkende, ein eigenes Orchester, eigene Bühnendekorationen, sechsunddreißig Kisten für Requisiten und Bühnenbilder. Unter Zauberkollegen sorgte die üppige Ausstattung von Kalanags Revue bald für Verwunderung. Vor der Währungsreform 1948 gab es kaum Requisiten, auch bei Zauber-Bartl nicht, dessen Geschäft am Jungfernstieg 24 wie durch ein Wunder unzerstört war.[10]

Ebenso erstaunlich war, was Helmut Schreiber aus dem Wenigen machte, das er hatte. Als Deutschland noch ein Laufsteg aus Trümmern war, warb er damit, dass seine Assistentinnen die »neuesten Kostüme« trugen, natürlich »Originalmodelle«. Das war nicht einmal gelogen, denn er hatte die Kostüme tatsächlich selbst nähen lassen, unter anderem aus Duschvorhängen.[11] Der Zauberkünstler wusste, dass vor allem der Schein zählte und wie darüber geredet wurde. Kalanag und seine Simsalabim-Revue verkörperten in Bildern und Worten die Illusion der Stunde Null: Alles auf Anfang, nur nicht nach hinten schauen, auf mit Tempo in die Zukunft.

Erfindungsreich, wendig und dreist erfand sich Helmut Schreiber neu und entstieg als Phönix Kalanag der Asche des Dritten Reichs. »Sie sehen, was Sie niemals sahen, aber Sie werden das nicht sehen, was Sie glauben zu sehen« – der Hinweis im Programmheft der Revue war nicht ohne Hintersinn und klang wie ein triumphierender Wink an seine Widersacher.

Das Programmheft überschlug sich, wie es sich für einen Zauberkünstler vom Schlag Kalanags gehörte, mit Superlativen: »Fünfzig Wunder an einem Abend. Zwei Stunden Zauberkunst ohne Pause. Eine Fülle erstaunlicher Sensationen. Alle natürlichen Gesetze sind aufgehoben.«[12]

Der letzte Satz war eine seltsame Formulierung. Zauberkünstler taten schon immer so, als ob sie die Naturgesetze überwinden konnten. Das Gefühl, dass scheinbar unumstößliche Gesetze nicht mehr gelten würden, passte in die anarchisch-befreiende Atmosphare der unmittelbaren Nachkriegszeit. Denn das sollten die Zuschauer hier erleben: Unterhaltung, Ablenkung, Staunen, Befreiung. Und konnte man dem deutschen Publikum im Jahr 1947 ein verlockenderes Versprechen machen als jenes, das in keinem Parteiprogramm stand, sondern im Programmheft eines Zauberers: »Das Unmögliche wird möglich«?

Simsalabim, da bin ich wieder

Simsalabim! Mit einem Knall erschien Kalanag und sprang mit zwei Feuerschalen in den Händen durch eine Papierwand. »Da bin ich wieder!«

Simsalabim! Das war kein dunkel raunendes Abrakadabra, kein Absturz in Hölle und Hokuspokus, sondern glockenhell und engelsgleich. Schon der heitere Klang bezauberte, das fröhliche Auf und Ab der Vokale, von der Spitze des Gaumens hinab zum Zungenboden und wieder herauf zum I.

Simsalabim, da war er wieder! Das Ausrufezeichen verstand sich von selbst. Wer wäre schon auf die Idee gekommen, dass hinter dem grandiosen Comeback von Kalanag der Zauberer des Führers steckte. Helmut Schreiber war verschwunden.

Verschwinden, verwandeln, erscheinen – das waren die Grundprinzipien der Illusionskunst, und hier war einer, der sie auf seine eigene politische Biografie angewandt hatte: Er hatte seine Vergangenheit verschwinden lassen, sich zur Stunde Null verwandelt und erschien jetzt als scheinbar neuer Mensch.

Den effektvollen Auftritt hatte Kalanag von dem großen Illusionisten Horace Goldin übernommen. Er hatte die Show des Amerikaners schon 1925 gesehen und damals in der *Magie* rezensiert. Nachdem sich der Vorhang hob, sah man links und rechts eine Assistentin, im Hintergrund eine gemalte Grotte im Dunkel. Dann flammte ein Blitzfeuer auf und Horace Goldin erschien.[1]

Ihm gefiel besonders das Tempo, mit dem Goldin seine Show

vorführte. Allerdings schien der amerikanische Magier keinen großen Wert auf Worte zu legen.

> »Bis zu den folgenden 2 Piecen hatte Goldin kaum ein Wort gesprochen und alles leider nach einem gewissen Schema F, das einer selbstverständlichen Routine und vielleicht jahrelangen Gleichmäßigkeit entspricht – quasi leid- und freudlos abgewickelt – lustlos, wie man neben mir sagte. Ich sah, trotzdem ich in erster Reihe saß, kein Mienenspiel, auch nicht bei der Assistenz, keine verbindliche Art, wie solche so glänzend und einnehmend Okito eigen ist, nichts von alledem – der Kontakt, die Sympathie fehlte. Rein technisch genommen, führt er alles automatisch sicher und bestimmt vor, kein Fehlgriff, Ruhe, wie eine Maschine.«[2]

Das Tempo seiner Vorführungen brachte Goldin den Namen »Wirbelwind-Zauberer« ein. Geschwindigkeit und Hexerei passten gut zusammen, fand auch Kalanag. Wenn er an Goldin etwas vermisste, war es das: Die verbindliche Art, der Kontakt zum Publikum, die Sympathie fehlten dem Amerikaner, der seine Vorführung routiniert, schnell und ohne viel zu sprechen abspulte. Das hatte seinen Grund: Goldin war ein gebürtiger Pole, hatte einen starken Akzent und stotterte.

Kalanag machte den liebenswürdigen Plauderton zu seinem Markenzeichen. Wie ein netter Onkel servierte er dem lebensdurstigen Publikum der Nachkriegszeit jeden Drink aus seiner »Wunderbar«, den es sich wünschte. »Er macht das Mitten im Parkett und serviert den Zaubersprit gratis«, notierte ein Kritiker des 1947 gegründeten Nachrichtenmagazins *Der Spiegel* verblüfft.[3]

»Kalanag hatte was Umwerfendes, diesen Charme, mit denen

er seine Sachen verkauft hat«, sagt seine spätere Sekretärin Lilo Litobarski: »Vielleicht hat er nach der Nazizeit bewusst auf das Onkelhafte gesetzt.« Aber über das Dritte Reich wurde in seiner Gegenwart nicht gesprochen. Nur manchmal seien Leute aufgetaucht, erinnert sich Litobarski, »wo ich merkte, dass die aus einer anderen Zeit waren«.[4]

Den gewaltigen Erfolg der Revue hatte Kalanag auch Gloria zu verdanken, »der Charmantesten und Zauberhaftesten in der Geschichte der Magie«, wie *Varieté* schon 1947 geschrieben hatte.[5] »Sie war charmant, intelligent und total unspießig«, erinnert sich ihre Nichte Lore Meyer.[6]

Der 18. Oktober 1947 war ein Wendepunkt im Leben des Zauberers. An diesem Tag wurde aus dem Amateur Kala Nag der Berufskünstler Kalanag. Entsprechend spektakulär hatte er sich seinen ersten Auftritt ausgedacht: »Unter einem Feuerstrahl erscheint der Meister und zeigt in verblüffend rasender Folge 5 Sensationen in 5 Sekunden«, versprach das Programm.

Ein Unglück sorgte dafür, dass Kalanags Erscheinen noch effektvoller wurde, als er es sich hätte träumen lassen. Beim Aufziehen des Vorhangs kippte die Feuerschale um, und das brennende Benzin floss an der Rampe lang. In Sekundenschnelle erreichten die Flammen Gloria, die gerade ihren Prolog hielt und unerschütterlich tat, als gehörte das Feuerspektakel zur Show. Ein Mitarbeiter rollte geistesgegenwärtig einen Bühnenläufer über die Flammen und Applaus brandete auf für den spektakulären Auftritt. In der Pause kam Major Day hinter die Bühne, um Kalanag zu gratulieren. »Großartig, Ihre Show! Aber warum haben Sie den Feuertrick nicht schon bei der Abnahmevorstellung gezeigt?«[7]

Der Rest der Revue lief wie am Schnürchen ab. Fünfzig Nummern listete das Programm auf: von einer Parodie des indischen

Seiltricks über Geisterknoten und eine telepathisch-spiritistische Sitzung bis zum Höhepunkt – der »Konfusion um eine Kiste«, in der sich der Meister versteckte und in Luft auflöste. Die Verschwindekiste war ein Zauberkunststück, das Helmut Schreiber verfeinert und im Dritten Reich gerne vor bedeutenden Zuschauern aufgeführt hatte, deren Namen jetzt nichts mehr zur Sache taten. Wichtig war nur eins: Er war damals ausgezeichnet worden, und das durfte auch das Publikum wissen. An das Ende des Programms setzte er stolz, wenn auch etwas irreführend, den Hinweis, dass »SIMSALABIM« für diese und anderen Leistungen die höchste internationale magische Auszeichnung erhalten hatte, »den Dr. Hofzinser Ring!«

Das Programm bestand zunächst aus den gleichen Tricks, die Schreiber schon oft aufgeführt hatte. Aber die Präsentation war neu, sie war opulent, musikalisch, mit großer Geste choreografiert und sogar frivol. Exotische Klänge wie die Musik indischer Tschadu-Wallahs wechselten sich mit tanzenden Gespenstern und Glorias »süßem frechen Dessous« ab. Zwischendurch goss Kalanag als Running Gag immer wieder Wasser aus einem scheinbar nie versiegenden Tonkrug: »Indian Water«, Wasser aus Indien.

Als Präsident des Magischen Zirkels im Dritten Reich hatte Schreiber darauf bestanden, dass Büstenhalter und Toilettenwitze bei reichsdeutschen Zauberveranstaltungen nichts zu suchen hatten. Nun bewies er, dass er auch anders konnte. Endlich war Schluss mit nationalsozialistischer Prüderie und volksdeutschem Spießertum. Jetzt sollten Gloria und die Mystery-Girls mit ihren langen Beinen die Zuschauer anlocken. Es war kein Zufall, dass der Name Gloria schon in den ersten Programmen ab 1947 auftauchte, als dort von Kalanag noch keine Rede war. Sie war von Beginn an die Hauptattraktion und wurde den englischen Soldaten als »Europe's most beautiful woman«[8] angekündigt. Am Anfang der berühmtesten Zauberrevue der Nachkriegszeit stand eine Frau. Eine Frau, die nicht bloß Assistentin war, sondern Hauptdarstellerin und Partnerin des Meisters.

Bei der Choreografie der einzelnen Nummern verband »Simsalabim« das Aufsehenerregende mit Tempo und frivolem Sexappeal: »Fünf Sensationen in fünf Sekunden, zum Schluss ein erschrockenes Mädchen« – »Schneller als die Augen, eine Rhapsodie in Seide«.

Besonders lasziv war die Nummer »Glorias Boudoirgeheimnisse«, die Erotik mit Luxus verband. Gloria trat im Pelzmantel vor die Kulisse eines Damenschlafzimmers, während die Girls einen »Boudoir-Song« sangen.

Kalanag: »Ich habe eine gute Idee. Zieh deinen Pelzmantel aus.«

Gloria: »Das ist keine gute Idee.«

Kalanag: »Aber er ist doch zu warm für die Bühne, bitte zieh ihn aus!«

Gloria: »Warum sollte ich?«

Kalanag zeigte einladend in die Kulisse: »Hier ist mein magisches Boudoir.«

Gloria: »Nein, nein. Das interessiert mich nicht!«

Darauf wandte sich Kalanag an die Zuschauer und rief: »Soll das Cape weg?« Es war eine rhetorische Frage. Dennoch hatte er für den Fall vorgesorgt, dass er es mit einem besonders prüden Publikum zu tun hatte, und eigene Leute in den Saal geschmuggelt, die nun aus voller Kehle »Ja, ja!« riefen.

Aber Gloria weigerte sich: »Nein, ich will das nicht.«

Kalanag: »Aber ich bin ein Zauberkünstler und habe meine Zauberarbeit zu tun!«[9] Die bestand darin, Glorias Kleidungsstücke sogleich effektvoll in Luft aufzulösen.

Dann wandte er sich wieder den Zuschauern zu: »Meine Herren, wenn Sie Probleme haben, denken sie immer daran: Simsalabim!«

»Mach schon!«, feuerten Kalanags Claqueure Gloria an. »Nur keine Scheu!«

Nachdem Gloria den Mantel und die Perlen abgelegt hatte, heizte Kalanag die Stimmung weiter an: »Sollen wir noch mehr ausziehen?«

»Oh ja, bitte!«, rief es aus dem Publikum, das längst in Fahrt gekommen war.

Gloria ließ ihr Kleid fallen und stöhnte mit übertriebenem Entsetzen: »Kalanag, du gehst zu weit!« Dann trat sie hinter einen Paravent und streckte die Waffen. Als der hartnäckige Zauberer immer noch nicht aufgab, warf sie ihren Büstenhalter über die Wand.

Der Saal tobte. Dass Glorias Striptease nur als Schattenspiel zu sehen war, tat der Stimmung keinen Abbruch. Es war eine Nummer, die man in einem zwielichtigen Lokal auf der Reeperbahn erwartet hätte, aber nicht auf der ehrwürdigen Bühne des Deutschen Schauspielhauses in Hamburg.

Dieser mysteriöse Magier glich einem Koberer im Rotlichtviertel und nicht den feinen Zauberkünstlern in Frack und Zylinder, die man gewohnt war. Beim Simsalabim-Striptease kamen auch die Verklemmten und Verschmähten unter den Zuschauern auf ihre Kosten – endlich, nach zwölf Jahren Naziprüderie. Kalanag hatte die Zeichen der neuen Zeit erkannt und bediente die Sehnsüchte seines Publikums mit kühlem Kalkül. Für einen Moment durften sie sich der Illusion hingeben, dass ein Zauberspruch genügte, um Frauen gegen ihren Willen zu verführen.

Die Revue war ein unerhörter Erfolg, und das dreitägige

Gastspiel wurde auf vier Wochen verlängert. Die Karten waren innerhalb von vierundzwanzig Stunden ausverkauft. Mehr als 25 000 Besucher sahen Kalanag und Gloria im Garrison Theatre. Dann gingen sie auf ihre erste Reise durch die britische Zone und spielten in Wolfenbüttel, Celle und Hannover.

Begleitet wurden Kalanag und Gloria von einem jungen britischen Kulturoffizier, der einen Ruf als Draufgänger genoss. Der Lieutenant war nach einem Autounfall bei Neumünster ins Militärkrankenhaus nach Hamburg verlegt und danach zur Betreuung der neuen Zauberrevue abgestellt worden. Der junge Roger Moore sollte ein Faible für Stunts entwickeln und später als James Bond berühmt werden.[10]

Das alles war nur ein Vorgeschmack auf die große Zeit, die Kalanag und Gloria bevorstand. Anderthalb Jahre blieben sie noch in Hamburg. Dann ging es auf Tournee, und Kalanag eroberte die Welt.

Seine Vergangenheit im Dritten Reich sollte ihn so bald nicht wieder einholen. Nur die Amerikaner hatten ihn nicht vergessen. Am 18. Mai 1949 fasste Donald T. Shea, Direktor der Abteilung für nachrichtendienstliche Informationen der amerikanischen Militärregierung in Deutschland, den Erkenntnisstand über Helmut Schreiber in einem Memorandum zusammen:

> »Die sehr sorgfältige Überprüfung des Werdeganges des Subjektes, die von dieser Abteilung in den Jahren 1945 und 1946 durchgeführt wurde, ließ zu keinem Zeitpunkt Anzeichen erkennen, daß das Subjekt seine Nazi-Verbindungen jemals zu gegen Nazis gerichtete Aktivitäten genutzt hatte. Ausgenommen hiervon ist lediglich die Behauptung Schreibers, den prominenten Kommunisten Ludwig Ficker während des Dritten Reiches für ein dreiviertel Jahr versteckt

zu haben. Ficker ist inzwischen verstorben … Während der Untersuchung seines Werdegangs gab das Subjekt wiederholt falsche Informationen bezüglich seiner früheren Aktivitäten und behauptete in dem Fragebogen der Militärregierung, lediglich NSDAP-Bewerber gewesen zu sein, obwohl der urkundliche Beweis der Reichskulturkammer zeigt, daß das Subjekt ordentliches Mitglied der Partei war. Das Subjekt muß als Opportunist der schlimmsten Art ohne jegliche Überzeugungen betrachtet werden, und es zögert nicht, jede verfügbare Methode anzuwenden, um sich bei denjenigen Personen, die sich zur gegebenen Zeit an der Macht befinden, beliebt zu machen. Akten seiner Abteilung belegen, daß das Subjekt Namen seiner Konkurrenten zur Sicherung der eigenen Position an die Gestapo übergeben hat.

Das Subjekt hat beständig verweigert, sich einem deutschen Entnazifizierungstribunal in Bayern zu stellen, obwohl sein Fall in München gemäß den Bestimmungen des Gesetzes zur Entnazifizierung und Entmilitarisierung Deutschlands verhandelt werden sollte. Das Subjekt wurde daraufhin als inakzeptabel für jegliche Positionen im Bereich der Informationsmedien erklärt, und zwar für den gesamten Zeitraum, in dem durch die Militärregierung Kontrolle über derartige Positionen ausgeübt werden.«[11]

Doch als Shea seinen Bericht im Mai 1949 niederschrieb, war es zu spät. Aus dem »Opportunisten der schlimmsten Art« war längst der Zauberkünstler Kalanag geworden – und aus den westlichen Besatzungszonen die Bundesrepublik Deutschland.

Der Herr Direktor

An einem Oktobertag im Jahr 1952 reiste ein dreizehnjähriger Junge aus Rosenheim zum ersten Mal in seinem Leben in die bayerische Hauptstadt, um sich einen Traum zu erfüllen. Siegfried Fischbacher begeisterte sich für das Zaubern, und in München am Deutschen Theater gastierte der große Kalanag. Der Pfarrer hatte Siegfried Geld gegeben und einen guten Rat: »Geh in die Nachmittagsvorführung, Junge, abends sind die Girls oben ohne.«[1] Da Siegfried sich nicht für Girls interessierte, folgte er dem Rat des Seelsorgers und saß nun mit großen Augen in der Simsalabim-Revue.

»Kalanag war ein toller Entertainer, und vor allem Gloria – Gloria war *stunning*«, erinnert sich Siegfried Fischbacher fünfundsechzig Jahre später. Der Dreizehnjährige beherrschte schon einige Tricks, aber im Jahr 1952 ahnte er nicht, dass er selbst einmal zusammen mit seinem Partner Roy in Las Vegas eine Magische Show mit Raubtieren auf die Bühne bringen würde, die es mit Kalanags riesiger Revue aufnehmen konnte. »Kalanag war für mich so überdimensional«, sagt Siegfried, »und ich aus Rosenheim – *you know* …«

Es waren nicht nur Kalanags Großillusionen, die den Teenager interessierten: »Die Schwebung war phantastisch, das hat mich wahnsinnig mitgenommen.« Wie die Tricks funktionierten, war für ihn zweitrangig. Viel mehr faszinierten ihn die ungeheure Bühnenpräsenz dieses Magiers, seine starke Persönlichkeit und sein Gespür für das Publikum: »Es ist keine Zauberei, wenn man weiß, wie es geht«, erklärt Siegfried Fischbacher. »Man muss wissen, was die Magie mit den Zuschauern macht. Wie fängt man das Publikum ein?«

Kalanag kannte die Sehnsüchte der Zuschauer im Jahr 1952. Da war nicht nur die feucht-fröhliche, jeden Getränkewunsch aus einem Wasserkrug erfüllende »Kalanag-Bar«, sondern auch das verheißungsvolle Automobil. »Das war jedermanns Gedanke, ein Auto zu besitzen«, erinnert sich Siegfried, »und er hat das Auto einfach verschwinden lassen mit der Gloria und einem Geparden drin!« Hier war ein Künstler, der das Publikum nicht bloß mit ein paar Tricks täuschte: »Kalanag hat die Menschen verzaubert.«

Wie viel Disziplin und Arbeit hinter dem Zauber und der Illusion steckten, würde Siegfried Fischbacher erst später lernen, als er bereits auf dem Weg zum Weltruhm war. »Ich habe große Achtung vor Kalanag und seiner Arbeit«, sagt der einundachtzig Jahre alte Zauberkünstler Siegfried, und in der Stimme des Deutsch-Amerikaners schwingt Ehrfurcht. Auch deshalb lehnte er damals ab, als Gloria ihm nach dem Tod des Zauberers dessen Requisiten zum Kauf anbot. Ohne Kalanag wäre die Show nicht dieselbe gewesen – und Siegfried wäre nicht geworden, was er mit Roy und seinen Tigern wurde. Kalanag war – wie neben ihm nur Gloria – unersetzbar, einzigartig. Er war Verführer, Vermarkter und Veranstaltungsdirektor in einer Person.

Kalanag war ständig auf der Suche nach neuen Ideen, nach Einfällen für Kunststücke und Tricks, mit denen er seine Show abwechslungsreich gestalten konnte. »Wenn er Tee trank, nahm er die Tasse und überlegte laut, was man daraus machen könnte«, erinnert sich seine ehemalige Assistentin Gisela.[2] »Kann man damit Menschen unterhalten?«

Niemand wusste, wie schwer es war, einen neuen Trick zu

erfinden. Zuerst brauchte es, wie bei allen künstlerischen Schöpfungen, eine Idee. Die Auswahl der Mittel war unerschöpflich: Flüssigkeiten, Seile, Karten, Bälle und Alltagsgegenstände konnten zur Grundlage eines neuen Kunststücks werden – oder eben Jungfrauen, die man auf neue Art zerteilen oder schweben lassen könnte.

Ein neues Zauberkunststück wurde nicht auf Kommando geboren. Wie jede große Idee musste es reifen und in mühsamer Arbeit gestaltet werden. Manchmal führte auch der Zufall den Zauberer zum entscheidenden Grundgedanken. Oft wurde er durch die Naturgesetze angeregt, einen neuen Trick zu gestalten, den er mit geschickter Kombinationsgabe so ausführen musste, dass er eben diesen Naturgesetzen widersprach. In solchen Fällen war ihm ein Wunder gelungen, und das Publikum staunte. Die Zuschauer erwarten von einem Zauberer, dass er das Unmögliche möglich macht. Also muss er seine Tricks so unmöglich wie möglich machen.

Manchmal fiel Kalanag nach einer anstrengenden Vorstellung ein Trick im Traum ein. Deshalb mussten, wo immer er auf einer Tournee übernachtete, Notizblock und Bleistift auf dem Nachttisch bereitliegen.

Das Blättern in alten Zauberbüchern von Bosco, Robert-Houdin, Bellachini, Alexander Hermann, Hofzinser regte ihn an, das eine oder andere Kunststück in abgewandelter, moderner Form vorzuführen. Mit der Zauberkunst war es nicht anders als mit der Literatur: Die ewigen Themen blieben gleich, sie wurden nur in zeitgemäßer und origineller Art wiederholt variiert.

Wenn die Grundidee vorhanden war, begann die mühevolle Kleinarbeit, die Suche nach einer technischen Lösung. In seinem Studio befand sich ein Versuchsraum, ein Zwischending zwischen Laboratorium und Operationssaal, in dem er seine magischen Schöpfungen austüftelte. Chemische Mixturen, Trickapparate und andere Zauberutensilien standen scheinbar wahllos herum.

Dann begann das tägliche Üben. Manchmal dauerte es mehrere Jahre, bis eine Illusion in höchster Vollendung stand. Kalanag ließ sich beim Üben neuer Tricks oft filmen. Die Zeitlupe verriet jeden Fehler. »Sie ist tatsächlich die beste Lehrmeisterin für den modernen Magier.«[3] Die Filme durften selbstverständlich niemals Außenstehenden vorgeführt werden. Auch Feuerwehrleute habe Kalanag nicht gerne hinter der Bühne gehabt, erinnert sich seine ehemalige Assistentin Fritzi.[4]

Wer keinen eigenen Vertrag bekam, sondern nur für kurze Zeit angeheuert wurde, musste sich durch seine Unterschrift in einem großen Buch mit rotem Ledereinband zur Verschwiegenheit verpflichten, auf dem in dicken goldenen Lettern »KALANAG UND GLORIA« stand. Der Kalanag-Schwur war auf der ersten Seite abgedruckt:

> »Hierdurch erkläre ich durch meine Unterschrift an Eidesstatt, daß ich über alle Tricks und magischen Geheimnisse, in die ich durch mein Zusammenarbeiten mit der KALANAG-Revue Einblick gehabt habe, größtes Stillschweigen bewahren werde. Ich weiß, daß es sich um Betriebsgeheimnisse handelt, deren Kenntnisnahme dritten oder überhaupt jeden anderen Personen, Herrn KALANAG nicht nur ideellen, sondern darüberhinaus auch finanziellen Schaden bedeuten kann. Ich bin darüber informiert worden, daß ich durch die Nichtbefolgung dieser Schweigepflicht gerichtlich belangt werden kann.«[5]

Auf seine Mitarbeiter wirkte Kalanag ebenso eindrucksvoll wie auf die Zuschauer. »Er war eine unglaublich willensstarke Persönlichkeit«, erinnert sich seine Assistentin Fritzi, die 1950 mit ihm auf Tournee in Spanien war.[6] Da einige seiner Mitarbeiterinnen noch minderjährig waren, lastete auf Kalanag eine besondere Verantwortung. Es kam auf Gastspielreisen mitunter vor, dass eine oder mehrere der jungen Frauen plötzlich heirateten und die Kündigung einreichten. Da war sogar er machtlos: »In Südafrika habe ich gleich sechs auf einmal verloren.«[7]

Was er nicht sagte: Die jungen Frauen mussten in ihren Anstellungsverträgen bei der Kalanag-Revue unterschreiben, dass plötzliche Schwangerschaften zur sofortigen Entlassung führten und der Patriarch nicht haftbar gemacht werden konnte.

Als Aufpasserin für die minderjährigen Frauen hatte Kalanag Frau Loo eingespannt. Als Fritzi und ihre Freundin Alex während des Gastspiels 1950 in Madrid einmal spät nachts zurück ins Hotel kamen, saß Frau Loo auf dem Wäschekorb und wartete auf sie. »Sie hat mir dann versprochen, dass sie nichts verraten wird«, erinnert sich Fritzi. »Hat sie aber doch.« Am nächsten Tag redete Kalanag seiner Assistentin ins Gewissen: »Fritzi, Fritzi, ich weiß alles.«[8]

Die Hausordnung der Kalanag-Revue war streng. Sie war Bestandteil des Anstellungsvertrags und regelte den Tourneealltag bis ins kleinste Detail. Bei Disziplinlosigkeit drohten Geldbußen, der Kontakt zu ehemaligen Mitgliedern war dienstlich verboten und Frisurenänderungen waren nur mit Genehmigung des Direktors gestattet.[9]

Vor Beginn der Vorstellung durften die Revue-Mitglieder weder Alkohol noch Coca-Cola trinken. Ihr Chef genehmigte sich dagegen gerne einen Schluck, um vor dem Auftritt auf Betriebstemperatur zu kommen. »Er hat viel Whisky getrunken, auch bevor er auf die Bühne ging«, erinnert sich die Tänzerin Uschi.[10]

»Im zweiten Akt war er schon a bissel vernebelt, so ne halbe Cognacflasche war da schon drin«, berichtet seine Assistentin Gitta.[11] Beim Zersägen der Jungfrau vergaß er dann bisweilen schon die Kommandos, und die Assistentinnen mussten ihn fragen, ob sie den Tisch endlich drehen sollten. Niemand im Publikum schien zu bemerken, dass der große Kalanag sich schon hinter der Bühne an seiner Wunderbar gelabt hatte.

Er war streng mit Angestellten, die ihm nicht gehorchten. Aber er hatte ein gutes Gespür für die Bedürfnisse seiner Mitarbeiter. Alle wollten eine wichtige Rolle spielen, es kam nicht selten zu Eifersüchteleien, die er schlichten musste. »Das hat er so fantastisch und geschickt eingefädelt«, erzählt seine Assistentin Gisela, die von Anfang an dabei war. »Er hat sie alle durchleuchtet und jedem gezeigt, dass seine Aufgabe Sinn und Zweck hat und nicht irgendwie bedeutungslos ist. Bedeutungslos auf dieser Welt ist überhaupt nichts, hat er uns erklärt.«[12]

»Er war ein toller Mensch, nicht arrogant, nirgendwo überdreht«, sagt Gisela. »Ich konnte mich nicht beklagen«, erinnert sich seine letzte Sekretärin Lilo Litobarski. »Wen er gebraucht hat, den hat er gut behandelt. Mit Leuten, auf die er nicht angewiesen war, konnte er elend sein.«[13]

Auf den Tourneen im Ausland waren vor allem die jungen Mitarbeiterinnen den Launen des Chefs mehr oder weniger ausgeliefert. »Wir konnten nicht aussteigen, es war unmöglich«, erinnert sich Gitta.[14] Nur einmal rebellierten sie, als die drittklassigen Kabinen auf dem Dampfer nach Südafrika allzu heruntergekommen waren.

Direktor Schreiber verstand sich auf die Kunst der Macht, mit Gunst und Drohung über seine Mannschaft zu herrschen.

»Er war eigentlich a bissel undurchschaubar«, erinnert sich Gitta sechzig Jahre später. »Er hat einen gegen den anderen ausgespielt.« Kalanag sei böse auf sie gewesen, berichtet die Tänzerin Uschi. Als eine Vorführung im Düsseldorfer Apollo-Theater für das Fernsehen gefilmt wurde, hatte sie es gewagt, in der Umkleide einen Bonus einzufordern. Kalanag bekomme 80 000 DM für die Aufzeichnung, da könne er der Truppe wohl was abgeben. Als die Garderobiere sie beim Chef verpetzte, knöpfte Kalanag sich Uschi vor: »Kannste mir doch sagen, musste doch nicht allen sagen!«[15]

Wer klug war, hielt eine gewisse Distanz. Aber nicht alle konnten dem Meistermagier widerstehen. »Die haben sich dann involvieren lassen und später über ihn geschimpft.« Nach dem Gastspiel 1960 am Ronacher in Wien reicht es auch Gitta, sie verlässt die Truppe. »Ich hab nicht eingesehen, warum ich bleiben soll. Ich hatte einfach genug, so wie alle anderen auch.«[16]

»Er war dann nicht laut, aber herrisch«, erinnert sich Lilo Litobarski, »und hat dem Gegenüber seine Unzulänglichkeit klargemacht.« Ihr gefiel der Ton nicht. 1963 verließ sie die Revue nach zwei Jahren abrupt.

Die doppelte Brigitte

Die junge Frau, die an einem Oktoberabend des Jahres 1952[1] das Deutsche Theater in München betrat, war auf vieles gefasst. Aber sie ahnte nicht, dass die größte Überraschung auf sie warten würde, nachdem der Vorhang an diesem Abend zum letzten Mal gefallen war. Vielleicht wäre sie sonst lieber zu Hause geblieben.

Das Ganze war eine Schnapsidee ihres Mannes gewesen, den nach einem viermonatigen Krankenhausaufenthalt die Unternehmungslust gepackt hatte. Überall in der Stadt hatten Plakate die »Weltsensation« angekündigt, die gerade in München gastierte: »Kalanag und Gloria. Eine magisch-musikalische Revue der 1000 Wunder zweier Welten«. Die Presse hatte die Show als einmalig und bestechend gepriesen und nicht einmal vor dem größten Superlativ des neuen Zeitalters zurückgescheut, indem sie diesen Kalanag als »magische Atomkraft« bezeichnete. Zweitausend Zuschauer kamen zu jeder Vorstellung ins Deutsche Theater. Bisher seien, so schrieb die atemlose Presse mit müheloser Übertreibung, Millionen Menschen in zwölf Ländern der Zauberrevue verfallen. Weitere Gastspiele in Südafrika, dem Vorderen Orient, Indien, Japan und Südamerika waren bereits geplant.[2]

Brigitte Löser hatte noch nie in ihrem Leben einen Zauberer gesehen. Nun stand sie in der prunkvollen Spiegelsaal-Bar des Deutschen Theaters, die, und das war schon das erste Wunder, die Bombardierung im Krieg unversehrt überstanden hatte.

Sie nahm das Programm zur Hand, auf dessen Umschlag eine leicht bekleidete blonde Frau schwebte, dahinter ein sechsarmiger Riesenbuddha. Daneben stand das Wort »Simsalabim«. Die »größte Zauberschau der Welt« war eine Revue mit sechzig Nummern in drei Stunden, keine Szene länger als zwei Minuten, fünfundsiebzig Mitarbeiter, zweiundzwanzig Tonnen Gepäck – genug, um drei Eisenbahnwaggons zu füllen. Neugierig schlug sie das Heft auf, und ein etwas beleibter Mann mit Halbglatze und dicker Hornbrille lächelte sie an, der als »Der Welt größter Magier« vorgestellt wurde. Kalanag – sie hatte den Namen noch nie gehört.

Da klingelte es schon, und die Zuschauer wurden gebeten, ihre Plätze einzunehmen. Das Publikum verstummte, als sich der Vorhang hob und zu den Klängen der magischen Ouvertüre eine strahlend schöne Blondine die Bühne betrat. Dann erschien, Puff-Bumm, Kalanag in einer Rauchwolke.

Brigitte war eigentlich nicht besonders interessiert an Magie. Aber wie dieser Kalanag sein Publikum in Atem hielt, das war schon großartig. Man kam vor lauter Lachen und Staunen gar nicht zum Nachdenken, und es konnte einem schwindelig werden, so schnell folgte ein Wunder dem nächsten. Einfach unglaublich, was sie dort sahen – oder auch nicht sahen, denn Kalanag verschwand allzu oft ins wesenlose Nichts, um urplötzlich an anderer Stelle aufzutauchen. Es war eine bis ins Kleinste ausgefeilte Zauberrevue mit Darbietungen, die an das Unmögliche grenzten: Er ließ seine Gloria bis unter den Bühnenhimmel schweben und einen viersitzigen Ford Taunus mit Gloria und dem Geparden Simbo darin auf der hell erleuchteten Bühne verschwinden. Dazwischen goss er wieder und wieder Wasser aus demselben, schier unerschöpflichen Krug, der die ganze Zeit auf einem Glastisch auf der Bühne stand, in eine Schale.

»Meine Damen und Herren, warum kommen Sie eigentlich in meine Revue?«, fragte Kalanag. »Wegen des Schwindels? Ein hässliches Wort für so ein anmutiges Kind magischer Muse. Ich bin viel zu höflich, sie zu beschwindeln. Ich möchte Sie höchstens beschwipsen. Lassen Sie sich von der Illusion meiner Revue gefangen nehmen.«[3]

Brigitte und ihr Mann staunten, als Kalanag dem Publikum aus einer gläsernen Karaffe alle möglichen Getränke kredenzte und sich das klare Isarwasser vor den Augen der staunenden Zuschauer in Ettaler Klosterlikör, Spatenbier oder heißen Kaffee verwandelt hatte, den sie sogleich kosten durften. Kalanags Wunderbar schien, sieben Jahre nach dem Krieg, wie ein wahr gewordenes Märchen im Wirtschaftswunderland. Immer wieder reckten sich Arme in die Höhe, tönten Bestellungen durch den Saal: »Kakao«, »Rotwein«, »Tinte« – Kalanag erfüllte jeden Wunsch. Nur einmal stahl ein junger Mann in der vierten Parkettreihe dem Magier beinah die Show, als er ihn vorwitzig aufforderte, »die Milch der frommen Denkart« auszuschenken.[4] Kalanag kannte den Vers aus Schillers *Wilhelm Tell:* »In gärend Drachengift hast du die Milch der frommen Denkart mir verwandelt«. Den neunmalklugen Primaner kannte er nicht und ignorierte ihn. Zauberkünstler sind schließlich keine Hellseher. Kalanag konnte nicht wissen, dass der Vater des vorlauten Schülers Adenauers Geheimdienstchef Reinhard Gehlen war, der im Oktober 1953 gemeinsam mit seiner Familie die Kalanag-Show im Deutschen Theater in München besuchte und sich köstlich amüsierte.

Kalanag, der Hexenmeister, persiflierte sich selbst mit einem Augenzwinkern, wenn er als magischer Gelehrter auftrat und über die Geheimnisse der magischen Kunst dozierte, nur um im nächsten Satz zu gestehen, dass er keinesfalls mit höheren

Mächten im Bunde stehe, sondern dass dies alles nur eins sei: Illusion.

Dabei sahen die schwersten Sachen am leichtesten aus.[5] Selbst wenn er Frauen auf blutrünstige Art zersägte oder in drei Teile schnitt, blieb dieser Zauberer stets liebenswürdig und jovial, ein Gentleman-Hexer, der eher wie der lebensfrohe Abteilungsleiter eines Porzellanwarengeschäfts wirkte.[6]

»Ich will den Menschen Illusionen schenken«, hatte Kalanag gesagt, »doch sträuben sich viele dagegen.« Von all den Nationen, vor denen er bisher schon gezaubert habe, seien die Deutschen die misstrauischsten. »Immer wollen sie wissen, wie es funktioniert!« Einmal habe sich ein Konkurrent sogar als Feuerwehrmann verkleidet und drei Tage lang hinter den Kulissen herumgeschnüffelt – ohne Erfolg: »Zauberer, Berufsringer und schöne Frauen geben ihre Geheimnisse nicht so leicht preis«.[7] Keine Frage, dieser Mann war sich seiner Geheimnisse sehr sicher.

Dann kam die Pause. »Sie können diese zum Nachdenken benutzen«, stand im Programmheft, »oder dazu, Ihren Begleitern genau zu erzählen, wie ›es‹ geht, da Sie doch alles ›rausbekommen‹ haben und alles schon vorher wußten.« Ganz schön selbstbewusst, dachte Brigitte, dass er sein Publikum auch noch verspottet. Sie für ihren Teil hatte nicht die leiseste Ahnung, wie Kalanag seine Illusionen zustande brachte. Nachdenklich schlenderte sie mit ihrem Mann im Foyer des Deutschen Theaters umher und betrachtete die Bilder, die dort von Kalanags Truppe hingen. Ihr Blick schweifte über die strahlende Gloria, den Geparden Simbo, dann blieb sie vor einem großen Plakat von Kalanag stehen.

Ihr Mann nickte, eine gewisse Ähnlichkeit zu Brigitte war nicht zu leugnen. Weißt du was, sagte er, jetzt gehst du an den

Kartenschalter und fragst, wie der Kalanag mit bürgerlichem Namen heißt. Die Verkäuferin konnte ihr auch nicht weiterhelfen und deutete mit dem Finger auf den livrierten Diener aus Kalanags Truppe, der im Foyer Stellung bezogen hatte. Mit einem flauen Gefühl im Magen ging Brigitte auf den jungen Mann zu, fasste all ihren Mut zusammen und stellte die Frage erneut. Der Mann zögerte nicht lange mit der Antwort. »Schreiber, heißt er, Helmut Schreiber.«

Die junge Frau war wie benommen. Es klingelte, sie nahmen ihre Plätze wieder ein, aber die Achtundzwanzigjährige bekam nichts mehr mit vom zweiten Teil der Zauberrevue. Das ist mein Vater, dachte sie die ganze Zeit, mein Vater. Ihre Mutter hatte nie darüber gesprochen, dass sie einmal mit einem anderen Mann als Brigittes Stiefvater zusammen gewesen, ja sogar zwei Jahre mit dem anderen verlobt gewesen war. Nur durch einen Zufall hatte Brigitte mit siebzehn erfahren, dass sie ein uneheliches Kind und der Mann, mit dem sie aufgewachsen, nicht ihr leiblicher Vater war. Auf ihr drängendes Fragen hin, hatte die Großmutter ihr den Namen dieses Mannes verraten: Helmut Schreiber hieß er, das war alles, was sie wusste.

Brigittes Großeltern waren deutscher Industrieadel und Helmut Schreiber nur ein Zauberkünstler. Ihre Mutter Ruth Junkers war von ihm schwanger geworden, aber die Eltern verboten die Ehe.

Seitdem hasste Ruth ihre erstgeborene Tochter, die sie an ihre verlorene Liebe zu Helmut Schreiber erinnerte, und als Brigitte selbst schon über neunzig Jahre alt war, erinnerte sie sich immer noch mit Schrecken ihrer Kindheit bei einer gefühlskalten, distanzierten Mutter, die sie von morgens bis abends im Haushalt schuften ließ »wie Aschenputtel«.[8]

Auch Helmut Schreiber hatte seine erste Liebe nie vergessen

und auch seine Tochter nicht, er hatte sie nur ersetzt. Aber das sollte Brigitte erst später erfahren. Nun saß sie wie in einem Traum auf ihrem Platz und beobachtete, wie dieser Zauberer vor ihr auf der Bühne verschwand und wieder erschien, von einem Kostüm ins nächste wechselte und sich auf einmal in ihren Vater verwandelt hatte.

Und Kalanag, der allwissende Zauberer? Wusste von nichts, wusste ausnahmsweise einmal weniger als eine Zuschauerin, die wie gebannt vor ihm saß. Einmal verschwand er noch und tauchte in einer großen Kiste wieder auf. Brigitte wurde beinahe schwindelig vor Augen, als das gesamte Ensemble zum großen Finale Kalanag auf der Bühne umringte und sang:

Simsalabim – Simsalabim, Sesam öffne dich!
Simsalabim – Simsalabim, der Zauberspruch für dich
und mich!
Verzaubert wird die Fantasie vom Wunder der Magie!
Simsalabim – Simsalabim, ein Wort, das nie vergeht;
Simsalabim – Simsalabim, solang die Welt sich dreht!

Auf einmal wurde ihr alles zu viel. Als es vorbei war und der letzte Vorhang gefallen, fasste sich ihr Mann ein Herz und sagte: »Jetzt fahren wir nicht nach Hause! Das Schicksal hat euch zusammengeführt, und jetzt werden wir mal den Herrn aufstöbern.«

»Nein, um Gottes Willen, das will ich nicht«, sagte Brigitte. Doch bevor sie sich wehren konnte, hatte ihr Mann sie schon in Richtung Bühne gezogen, wo Kalanag von Journalisten umringt stand. Ralph Löser redete auf einen der Mitarbeiter am Bühnenrand ein, sie müssten unbedingt den großen Kalanag sprechen, es sei von größter persönlicher Wichtigkeit, er werde sehen, und überreichte eine Visitenkarte: Brigitte Löser, geborene Junkers.

Auf einmal hieß es »Kalanag lässt bitten«, und Brigitte ging widerwillig im Windschatten ihres Mannes auf die Bühne. Kalanag wollte die beiden Unbekannten gerade begrüßen, aber Brigittes Mann kam ihm zuvor.[9]

»Darf ich vorstellen, Herr Kalanag: Ihre Tochter!« Brigitte trat hinter ihrem Mann hervor und ging mit unsicherem Schritt auf den Zauberer zu. Die Achtundzwanzigjährige konnte sich nicht erinnern, diesen Mann jemals im Leben gesehen zu haben. Ihr Vater war ein fremder Mensch für sie. Wie würde er reagieren? Peinlich berührt? Wütend, weil er sich überrumpelt fühlte? Brigitte hatte keine Zeit, lang darüber nachzudenken, denn Kalanag reagierte geistesgegenwärtig. Und was er dann tat, überraschte die Umstehenden.

Er umarmte Brigitte. »Ach, mein Kind! Weißt du …« Kalanag wandte sich höflich ihrem Mann zu. »Nicht wahr, ich darf doch du zu Brigitte sagen?« Dann sah er seine Tochter wieder an und seufzte etwas theatralisch: »Weißt du, ich habe deine Mutter sehr geliebt.« Na ja, die Geschichte könne er ja ein andermal erzählen, nicht hier auf der Bühne, ja? Sie verabschiedeten sich, und Kalanag versprach, von sich hören zu lassen.

Als Brigitte und ihr Mann das Deutsche Theater verließen, wusste sie nicht, ob sie glücklich oder erschüttert war. Diese Reaktion hatte sie nicht erwartet, sie war so blitzschnell gekommen. »Nicht wahr«, nickte ihr Mann, »der war kolossal geistesgegenwärtig.«

Tatsächlich meldete sich Kalanag wenig später und lud Brigitte und ihren Mann ein, mit ihm und Gloria essen zu gehen. Sein Gastspiel in München war ein gewaltiger Erfolg. Bis Mitte Oktober hatten 25 000 Besucher Kalanags große Zauberrevue besuchen. Das kleine Münchner Restaurant am Karolinenplatz, in das er einlud, war für Nachkriegsverhältnisse exklusiv ausgestattet mit großen Sesseln und einem schönen Kamin. Aber das war nicht der Grund, warum Kalanag sie gerade dorthin eingeladen hatte.

»Wisst ihr auch, warum wir hier sitzen?«, fragte Kalanag mit einem listigen Augenzwinkern in die Runde und machte eine Kunstpause, bevor er effektvoll die Pointe setzte. »Weil du hier entstanden bist!«

Es war eine Faschingsbekanntschaft gewesen, damals vor fast dreißig Jahren. Aber sie waren damals beide minderjährig und hätten nicht ohne die Erlaubnis ihrer Eltern heiraten dürfen. Gloria warf einen kurzen Blick in Richtung ihres Gatten und wandte sich dann Brigitte zu.

»Sag mal, heißt du wirklich Brigitte?«, fragte Gloria, deren eisernes Lächeln eine gewisse Irritation nicht verbergen konnte.

Seltsame Frage, dachte Brigitte und nickte bestimmt.

»Ich habe auch eine Brigitte!«, sagte Gloria.

Das war erstaunlich für alle Beteiligten außer Kalanag, der mit einem Grinsen darüber hinwegsah. Welcher Vater hatte schon zwei Töchter mit gleichem Namen? Wahrscheinlich hat er die zweite aus Trotz wie mich genannt, dachte sich die erste Brigitte, weil er mich nicht haben konnte. Ja, vielleicht hat er sie aus später Rache so genannt. Aber Rache an wem? Etwa an Gloria? Die konnte ja nichts dafür, dass ihr Mann seine erste Liebe nicht heiraten durfte. War es Rache an Ruth, die sich schließlich auf die Heirat mit einem anderen Mann eingelassen hatte, anstatt mit dem talentierten Herrn Schreiber durchzubrennen?

Einmal war er in Bayrischzell aufgetaucht bei Ruth, Ende der Zwanzigerjahre. Er wollte seine Tochter sehen, aber der neue

Mann jagte ihn fort: »Wenn Sie sich nicht schnell entfernen, dann hetze ich den Hund auf Sie.«[10]

Das war, wie jede unglückliche Liebe, eine traurige Geschichte. Aber Rache? Er konnte die verlorene erste Tochter doch einfach wieder herbeizaubern, indem er die zweite ebenfalls Brigitte nannte. Helmut Schreiber war kein Kind von Traurigkeit. Er machte sich in seinem Leben die gleichen Prinzipien zunutze wie in der Zauberkunst: Lief etwas schief, ging er nahtlos zum nächsten Kunststück über, bevor das Publikum überhaupt etwas bemerkt hatte. Ein wirklich guter Zauberer konnte Fehler und Missgeschicke elegant kaschieren, das war im bürgerlichen Leben nicht weniger nützlich als auf der Bühne. Eine Blamage, die niemand bemerkte, war schließlich wie eine Lawine in der menschenleeren Antarktis – genauso gut, als hätte es sie nie gegeben.

Nein, es war keine Frage von Rache, sondern schierer Notwendigkeit, dass es im Leben von Helmut Schreiber zwei Brigittes geben musste. Das doppelte Brigittchen glich einem Taschenspielertrick, der sogenannten Finte, bei dem eine Bewegung eine andere, scheinbar nebensächliche überdeckt und so vor den Augen des Publikums verbirgt. Wird die Manipulation geschickt ausgeführt, nimmt das Auge des Zuschauers nur die überlagernde Bewegung wahr, aber nicht die heimliche Trickhandlung.[11] Die Finte konnte auch in Verbindung mit der Ablenkung, einer weiteren wichtigen Technik, verwendet werden. Einmal stand die ältere Brigitte bei einer seiner Aufführungen hinter der Bühne und beobachtete, wie Kalanag dem Publikum irgendeine Geschichte erzählte, während er eine brennende Lampe in der Hand hielt. Auf einmal knallte es und die Lampe war verschwunden. »Weißt du«, erklärte er ihr danach, »das ist das Wichtigste: dass man die Leute psychologisch so ablenkt, dass sie ganz woanders sind und gar nicht auf die Idee kommen, in dem Moment hinzugucken, wo es passiert.«

Niemand sollte den Zauberer dabei erwischen, dass er sich verplapperte, wenn es um seine Brigitte ging. Und so ließ Helmut Schreiber seine uneheliche Tochter verschwinden. Selbst seine Frau und Bühnenpartnerin Gloria hatte in elf Jahren Ehe offensichtlich nie etwas über die erste Brigitte gehört und war nun ebenso erstaunt wie diese.

Nur einer blieb gelassen. Kalanag der Menschenfänger schien, nachdem das Geheimnis nun einmal raus war, eine geradezu diabolische Freude an seinem raffinierten Kunststück zu haben. Einmal besuchte ihn die erste Brigitte in der Theatergarderobe, als dort ein junges Mädchen spielte. Kalanag zwinkerte der Älteren zu: »Da ist sie. Das ist deine Schwester.« Es schien ihm gleichgültig, was die junge Frau dabei empfinden mochte. Sie würde sich noch sechzig Jahre später als Neunzigjährige lebhaft an diese Szene erinnern und daran, dass ihr Vater der anderen Brigitte nicht gesagt hatte, dass ihre Halbschwester da war und wie sie hieß. Das neunjährige Mädchen verschwand aus der Garderobe, unschuldig und unwissend, und die beiden Schwestern sahen sich nie wieder.

Wenn Kalanag in München gastierte, meldete er sich mitunter bei seiner ersten Tochter. Dann zauberte er beim Essen vor ihr und anderen Gästen, ließ Eheringe verschwinden und gab andere Zerstreuungen zum Besten. Das war wunderschön, aber wenn er fort war, war er aus der Welt. »Er war unnahbar, und er war auch kein Vater«, erinnert sich Brigitte Löser viele Jahre später. »Aber wie sollte er es auch sein. Ich kann ihm da keinen Vorwurf machen. Wenn man da plötzlich eine Tochter mit achtundzwanzig Jahren serviert bekommt, das ist sehr schwierig.«

Dann zeigt die Neunzigjährige in ihrer kleinen Wohnung

in Garmisch-Partenkirchen auf ein Foto. Darauf ist ein junger Mann abgebildet, der auf den ersten Blick wie Helmut Schreiber aussah. »Das ist mein Sohn, der hat die meiste Ähnlichkeit mit Kalanag.« Von ihrem Vater steht kein einziges Bild im Zimmer.

Ihr Vater sei ein Schlitzohr gewesen, aber er habe auch eine Kehrseite gehabt, »da war es dann am besten, man zog sich zurück«. Als ihr Sohn geboren wurde, berichtete Brigittes Mann Kalanag die frohe Nachricht und forderte ihn auf, sich ein bisschen um den Enkel zu kümmern. Kalanag, der gerade in Salzburg gastierte, schrieb zurück: »Mahnungen verstimmen mich.«

Wenn er doch mal zu Besuch kam, zauberte er vor seinem Enkel. Aber für seine Tochter hatte Kalanag immer etwas Unerreichbares, etwas wie väterliche Zuneigung hatte sie nie zu spüren bekommen von ihm. Auch nicht, als er sie das erste Mal umarmte? »Das war auf der Bühne!«, kontert die alte Brigitte. Er konnte unwahrscheinlich charmant sein, »aber er konnte einen auch kaputtmachen«. Als sie einmal eine kritische Bemerkung über Glorias gefärbte Haare machte, blaffte Kalanag sie an: »Du mit deinem Rettichkopf, da würden die ganzen Leute aus dem Theater davonlaufen.«

Brigittes Verhältnis zu Gloria war besser als das zu ihrem Vater. »Die war viel menschlicher als er, viel wärmer.« Kalanags Partnerin war nicht nur schön, sondern auch geistreich und einfühlsam, fand Brigitte. Was die Ausstrahlung anging, konnte sie mit ihrem Gatten und Bühnenpartner durchaus mithalten. Die Show hieß nicht umsonst »Kalanag und Gloria«. Die platinblonde Schönheit mit dem selbstbewussten Charme, die sich scheinbar 40000 Namen und Telefonnummern merken konnte, war der gleichberechtigte Star der Revue. Gloria hatte die Aura einer Königin, wenn sie im Ozelotmantel mit Simbo an der Leine durch die Fußgängerzonen großer Metropolen flanierte.[12]

Beide betonten immer wieder, wie viel harte Arbeit dahintersteckte. »Das geht nicht von alleine«, erklärte Gloria Brigitte, »da muss ich lernen, lernen, lernen.« Es war ganz schön schwer, das alles so leicht aussehen zu lassen, so elegant und scheinbar nebensächlich. »Hinter den Kulissen aber, die dem Publikum gegenüber das abschirmen, was an Können, Erfahrung, Fleiß, Tüchtigkeit, Intuition und Ausdauer Voraussetzung zum Erfolg ist, steht bescheiden die Wahrheit«, hieß es im Programmheft. Und die lautete: Vor dem Glamour kamen Disziplin und Schweiß.

Die Voraussetzungen für eine Karriere als Revuestar waren vielfach, und Gloria brachte sie alle mit: Training, Gymnastik, Tanzunterricht von Jugend an, Musikunterricht, Harmonielehre, Phonetik, Theater- und Kunstgeschichte, Kostümkunde, nicht zuletzt auch die Technik des Schminkens, die Beherrschung der Frisuren, sicheres Stilgefühl für jede Rolle, Einfühlungsvermögen, ein Gespür für Rhythmik, Fremdsprachen und vieles mehr.

Der Vater erzählte ihr einmal, wie er Gloria in Berlin kennengelernt hatte, Anfang der Vierzigerjahre. Da waren eines Tages diese wunderschönen Beine, die vor ihm eine Hoteltreppe hinaufliefen. Sie gehörten der jungen Anneliese Voss, die zur Schauspielschule ging.

Nur was der Vater im Dritten Reich gemacht hat, das fragte Brigitte ihn nie. Eines Tages erzählte Kalanags langjährige Sekretärin Gerda Oehling Brigittes Mann, dass ihr Chef ein sehr unangenehmer Patron gewesen sei, »ziemlich gefärbt damals«. Er habe auch nicht davor zurückgescheut, andere zu verpfeifen. Doch da arbeitete sie schon längst nicht mehr für Kalanag, und die Öffentlichkeit interessierte sich ebenso wenig für seine NS-Vergangenheit wie für die eigene, also: gar nicht.

Nur das *Acht-Uhr-Blatt* aus Nürnberg erwähnte nach Kalanags Münchner Auftritt 1952 in einem Nebensatz, dass der Magier »zum Beispiel auch vor Hitler zauberte« und heute Weltstar Nummer 1 sei.

Was für ein Superlativ – und traf er nicht auf die Deutschen überhaupt zu, die sich mit Hitler eingelassen, ja von ihm hatten bezaubern lassen? Das Dritte Reich ging unter und Zarah Leander sang »Ich weiß, es wird einmal ein Wunder geschehen«. Es dauerte nur sieben Jahre, dann waren die Deutschen wieder wer: die Nummer eins, Wirtschaftswunderland. Das neue Deutschland und das alte, »Wunder zweier Welten«, wie Kalanags Zauberrevue im Untertitel hieß. Nur durch einen Zaubertrick erschienen die zwei wie unterschiedliche Gebilde, durch den Kunstgriff der »Stunde Null«, der sich wie ein eiserner Vorhang vor die Erinnerung schob und das Vergessen erleichterte. Die Direktion hatte gewechselt, es spielte eine andere Musik. Aber im Orchestergraben hockte noch immer das gleiche Personal und wartete, verstockt und lebensgierig auf den nachsten Einsatz.

Niemand verkörperte die deutsche Sehnsucht nach Verdrängung, Verlustieren und Wiederaufstieg so sehr wie der sinnenfrohe Zauberer Kalanag, in dessen Wunderbar sich das Publikum an der Gegenwart berauschen konnte. Von nun an zählte nur das Hier und Jetzt. »Simsalabim, da bin ich wieder!«

Von allen Rollen, die Helmut Schreiber sich im Laufe seines Lebens auf den rundlichen Leib geschnitten hat, war die des lebensfrohen Genießers am authentischsten. »Vor Beginn der Vorstellung trank er nur Sekt, und danach hat er einen Mordshunger gehabt«, erinnert sich seine Tochter. »Ist ja auch verständlich nach der stundenlangen körperlichen Anstrengung.« Dann ging es immer in dasselbe Lokal in München, nicht weit vom Bahnhof weg. Dort kochte man auch nachts noch für den prominenten Stammgast, der sich an Ente und anderen Leckereien richtiggehend ergötzte, während er in geselliger Runde Hof hielt – meist in Begleitung von Gloria. Einmal saß auch der Gepard Simbo unterm Tisch. Als der Kellner mit dem Servierwagen angefahren kam, machte das Tier einen Satz, warf den Wagen mitsamt Schüsseln und Tellern um und schiss erleichtert in die nächste Ecke. Der Kellner starrte Kalanag konsterniert an, doch der dachte gar nicht daran, einen Finger zu regen. »Also ich mache das nicht weg.« Brigitte hielt sich die Nase zu. »Haben Sie schon mal die Exkremente eines Raubtiers gerochen?« An diesem Abend hinterließ der ohnehin großzügige Stammgast ein noch größeres Trinkgeld als sonst.

So beobachtete Brigitte bei seinen sporadischen Besuchen in München, wie ihr Vater dicker und dicker wurde. Zu seinem sechzigsten Geburtstag war sie nicht eingeladen. Wenig später starb Kalanag. »Der hat sich totgefressen«, sagt seine Tochter. Geerbt hat sie nichts.

Der Geheimagent

Der junge Amerikaner, der am 6. Dezember 1952 die Garderobe des Corso-Theaters in Zürich betrat, wirkte auf den ersten Blick unscheinbar: einer der vielen Zuschauer, die das umjubelte Gastspiel der Kalanag-Revue in der Schweiz nutzen wollten, um den berühmten Zaubermeister aus Deutschland persönlich kennenzulernen.

Nach einer sensationellen Premiere hatten sich die seit dem Krieg sonst gegenüber Deutschen eher reservierten Schweizer Zeitungen gegenseitig mit Superlativen überboten und die »von keinem lebenden Magier überbotenen Kunst«[1] des Deutschen in den höchsten Tönen gelobt.

Gegen Kalanag, resümierte die *Neue Zürcher Zeitung*,[2] sei sogar Mephistopheles ein Stümper, und staunte über diesen deutschen Zauberer, »der uns, die wir so willig folgen, einen Abend lang an der Nase hinters Licht führt, der die Bühne mit Gaukeleien füllt, bis man zu glauben geneigt ist, da wäre endlich einer, der mithilfe von Requisiten und Statisten selbst das Blaue vom Himmel holen würde.« Da stand dieser Kalanag im grellen Scheinwerferlicht auf offener Bühne und ließ vor tausend Augen ein Auto mit laufendem Motor[3] und Chauffeur in Sekundenschnelle einfach verschwinden. »Es scheint, als habe Kalanag nichts zu verheimlichen«,[4] staunten die Zeitungen.

In Wirklichkeit gab es wenig, was Helmut Ewald Schreiber nicht zu verheimlichen hatte: Seine Tricks ebenso wie seine uneheliche Tochter und seine Vergangenheit im Dritten Reich.

Die Täuschung musste so perfekt sein, dass selbst mit Feldstechern ausgestattete Zuschauer nicht die Geheimnisse seiner Kunst entdecken konnten – von den Geheimnissen seines Lebens ganz zu schweigen.

Aber nicht jeder Zuschauer war bereit, das eigene Misstrauen hintenan zu stellen und sich das Blaue vom Himmel erzählen zu lassen. Der junge Amerikaner, der am 6. Dezember 1952 Kalanag in der Garderobe besuchte, stellte sich als John B. Miles vor, Soldat der US-Armee, und behauptete, er wolle nach seiner Entlassung im Frühjahr einen Zeitschriftenartikel über die Simsalabim-Revue schreiben. Tatsächlich war er gekommen, um den Deutschen auszuhorchen.

Kalanag, der für Publicity immer Zeit hatte, lud den jungen Mann ein, sich zu setzen, und erzählte ihm, dass er selbst unmittelbar nach dem Krieg, nämlich in den Jahren 1945 bis 1948, im allerhöchsten Auftrag der britischen Militärregierung als Magier zur Betreuung der alliierten Truppen eingesetzt worden war. Ja, mithilfe eines alten Freundes und Zauberkollegen, der damals im Stab des britischen Hochkommissars tätig gewesen sei, sei es ihm sogar gelungen, nicht nur diese Anstellung, sondern auch eine Unbedenklichkeitsbescheinigung von den britischen Behörden zu erhalten.

Miles unterdrückte ein spontanes Lächeln. Er wusste genau, worauf sein Gegenüber anspielte: den sogenannten Persilschein, mit dem schon bald nach dem Ende des Dritten Reiches erstaunlich viele Deutsche sich und aller Welt die Sauberkeit ihrer Weste attestierten, als sei die Entnazifizierung ein volkspädagogisches Vollwaschprogramm gewesen. Doch der Besucher ließ sich nichts anmerken. Er verhielt sich, wie man es von einem neugierigen Ausländer erwarten würde, und ließ den Meister plaudern.

Überhaupt sei er immer gegen die Nazi-Ideologie gewesen, fuhr Kalanag fort, und selbstverständlich auch gegen die grausame Behandlung der Juden. Seit dem Studium habe er sich voll und ganz als Künstler gesehen, der sich weder um heimische noch internationale Politik zu kümmern habe.

»Haben Sie auch vor Nazigrößen gezaubert?«, fragte sein amerikanischer Besucher.

Der Magier zögerte keinen Augenblick mit seiner Antwort: »Natürlich habe ich das getan!« Er sei vor Göring und Goebbels aufgetreten und sogar vor Adolf Hitler. Kalanag legte eine Kunstpause ein, um die Wirkung dieses letzten Namens auf sein Gegenüber voll zur Geltung kommen zu lassen. Dann setzte er lächelnd hinzu: »Und gerade die unpolitische Art meines Auftretens gefiel ihm ausnehmend gut.«

Befehl ist Befehl, nicht wahr? So einer Einladung konnte man sich damals in Deutschland gar nicht widersetzen, und überhaupt, die Ehre ... oder würde der junge Amerikaner etwa die Gelegenheit ausschlagen, vor dem US-Präsidenten im Weißen Haus aufzutreten?

Sein ausländischer Gast nickte beifällig. Wenn in Amerika ein Zauberer die Aufforderung erhalten hätte, vor Roosevelt zu zaubern, hätte er sich ja auch nicht verweigern können. »Staatsoberhaupt ist eben Staatsoberhaupt.«

Kalanag klatschte sich zustimmend mit der Hand auf den Oberschenkel. »Danke! Sie als Amerikaner können meine Lage eben objektiver beurteilen als mancher Deutsche.«

Das konnte Miles in der Tat, auch wenn er sich nicht anmerken ließ, dass er in Wahrheit im Auftrag des amerikanischen Militärgeheimdienstes CIC gekommen war, um Kalanag auszukundschaften. Tatsächlich konnte es der junge Mann dank seiner nachrichtendienstlichen Ausbildung durchaus mit dem fünfzigjährigen Magier aufnehmen, wenn es um die Kunst der Verschleierung, Täuschung und Verstellung anging. Der angebliche Artikel, den er schreiben wollte, war nichts als ein Vorwand.

Oh, doch: Er würde einen Bericht schreiben. Aber nicht für die Öffentlichkeit, sondern für seine Vorgesetzten in der US Army. Einen Bericht, der den Magier mit geheimdienstlicher Objektivität und treffendem Blick vermaß: »Schreiber, fünfzig Jahre alt, ist ungefähr 1,73 groß; beleibt, aber sehr dynamisch; kleidet und verhält sich vornehm. Er besitzt eine schnelle, präzise Auffassungsgabe, spricht mehrere Sprachen und hat einen ausgeprägten Sinn für Humor. Er gefällt sich selbst in der Rolle eines kultivierten Theaterkünstlers, der sich lächelnd vor seinem begeisterten Publikum verbeugt und in ganz Europa der Gast reicher und adliger Freunde ist.«[5]

Die Verzauberung der Welt

Mitte der Fünfzigerjahre war Kalanag auf dem Gipfel seines Erfolgs, und die Simsalabim-Revue der 1000 Wunder wirbelte um die Welt.

Er eroberte Europa und Südafrika im Sturm, gab umjubelte Gastspiele in Süd- und Nordamerika. Seine Plakate listeten atemlos die erfolgreichen Engagements auf: »England: 17 Monate ausverkauft. Spanien: 5 Monate ausverkauft. Schweden: 3 Monate ausverkauft. Deutschland: 15 Monate ausverkauft. Süd-Afrika: 6 Monate ausverkauft.«[1] Auf dem Höhepunkt prahlte Kalanag damit, dass er mehr als 185 000 Meilen um den Globus gereist sei.[2]

Der Magier aus Deutschland hatte die Welt erobert.

Der Weg zum Ruhm war nicht leicht gewesen. 1949 hatte Kalanag als erster deutscher Unterhalter die Genehmigung erhalten, im Ausland aufzutreten. Drei Monate lang gastierte die Revue 1950 am Teatro Lope de Vega in der spanischen Hauptstadt Madrid und anschließend in Barcelona. Danach trat er in Schweden auf, 1951 folgten Tourneen durch England, wo er in zweiundvierzig Städten gastierte, sowie nach Belgien und in die Schweiz. In den folgenden Jahren spielte er in den Niederlanden, Österreich und immer wieder in England.

Drei Jahre lang reisten Kalanag und Gloria mit ihrer Truppe kreuz und quer durch Europa. Dann fühlte er sich bereit, es mit dem Rest der Welt aufzunehmen: »Die Erfolge gaben mir das Selbstvertrauen für das Abenteuer einer Welttournee.«[3]

Er begann auf dem afrikanischen Kontinent und ging als Erstes 1953 nach Südafrika. 1957 kamen mit Brasilien, Kanada und den USA Nord- und Südamerika hinzu. In Quebec zauberte er in einem Stadion vor 21 000 Zuschauern.[4] Oft war der Erfolg so groß, dass aus mehrwöchigen Aufenthalten monatelange Gastspiele wurden.[5]

Zwischen den Auslandsaufenthalten spielte die Revue an Dutzenden Theatern in Deutschland. Der Zauberer, der gerade die Welt eroberte, war sich nicht zu schade für Wolfenbüttel, Wuppertal und Schwäbisch Hall. Im Jahr 1958 gab er allein in seiner Heimatstadt Stuttgart sechsunddreißig ausverkaufte Vorstellungen vor insgesamt 48 000 Zuschauern.[6]

Kalanag machte kein Geheimnis daraus, was die Grundlage dieses Erfolgs war: »Die Freude an einer Arbeit, dazu Willenskraft und Selbstvertrauen bedeuten in meinen Augen den halben Erfolg.«[7]

Tausende von Auftritten und das jahrelange Reisen erforderten Ausdauer und strenge Disziplin: Ausladen, Aufbauen, Probe, Auftritt, Verladen, Weiterreise und dann das Ganze wieder von vorne. Im Ausland bemühte sich Kalanag, die Show in der Landessprache zu moderieren, was ihm auf Französisch, Spanisch, Schwedisch, Deutsch, Niederländisch, Englisch und, recht und schlecht, Türkisch gelang.

Aus Simsalabim war die größte magisch-musikalische Revue der Welt geworden. Nach Kalanag ist kein Zauberkünstler mehr mit einem solchen Tross um die Welt gereist: Auf dem Höhepunkt dirigierte der Magier eine Truppe von mehr als siebzig Mitarbeitern, darunter Maschinisten, Mechaniker, eine Ballettmeisterin und ein Balletttrainer, ein eigenes Orchester mit Kapellmeister, ein Geräuschemacher und ein Chemiker, der sich mit der richtigen Zusammensetzung von Natriumsulfit,

Zitronensäure und Kartoffelmehl auskannte und die Getränke von Kalanags Magischer Bar präparierte. Hinzu kamen rund achtzig Tonnen Gepäck, die per Schiff, Flugzeug oder in einem halben Dutzend Eisenbahnwaggons um die Welt transportiert wurden: Illusionsapparaturen, unzählige Kostüme und Requisiten.

Die aufwendige Revue mit vierzig Szenenwechseln konnte bis zu drei Stunden dauern und musste wie ein Uhrwerk ablaufen. Alles war auf die Sekunde genau geplant, und Kalanags Sekretärin kontrollierte die Proben mit der Stoppuhr in der Hand. Siebzehnmal wechselte der Magier während einer Vorstellung die Garderobe, und seine Kostümwechsel glichen dem Boxenstopp eines Rennwagens: Innerhalb von sieben Sekunden war er neu eingekleidet.[8] Seine Assistentinnen benannte er nach prominenten Automobilmarken: Shirley Austin, Gisèle Dodge, Ellen Ford, Olivera Cadillac und Marylin Renault.[9]

Ihren Welterfolg verdankten Kalanag und Gloria aber vor allem dem Umstand, dass sie mit ihrer neuartigen Revue den Geschmack der Zeit trafen. »Simsalabim« war eine Zaubershow mit Tanzeinlagen und eine musikalische Revue mit Zauberkunststücken. Eine temporeiche Verblüffungsoperette: glamourös, lustig und ein bisschen anzüglich. Gerade das verhalf Kalanag zu seinem sensationellen Erfolg beim europäischen Publikum der Fünfzigerjahre, das die Toten und Trümmerfelder vergessen und sich für die Mühen des Wiederaufbaus mit leichter Unterhaltung entschädigen wollte.

Als er 1962 seine Memoiren veröffentlichte, war Kalanag noch nicht einmal sechzig Jahre alt und konnte auf eine bewegte Weltkarriere als Berufszauberer zurückblicken. Stolz bilanzierte er die bisherigen Höhepunkte seines Erfolgs: »Ich habe in England länger als zwei Jahre gastiert, in Südafrika zweimal sechs

Monate, vierzehn Monate in Brasilien und zweimal ein halbes Jahr in Kanada. Ich zeigte meine Revue in fünfundzwanzig Ländern und vier Kontinenten mit großem Erfolg.«[10]

Aber der strahlende Glanz der Simsalabim-Revue war nur eine, die helle Seite dieses rastlosen Künstlerlebens. Ein Blick hinter die Bühne offenbart Trostlosigkeit. Privatleben und Familie gab es für einen Kalanag nicht. Die ältere Brigitte lernte ihren Vater erst als junge Frau kennen. Die jüngere Brigitte sah ihre Eltern nur auf Durchreise in Hamburg und wuchs erst unter der Obhut ihrer Großmutter und später in Internaten auf. Für etwas anderes als die Zauberkunst hatte Helmut Schreiber in seinem Leben keine Zeit übrig.

Aber auch mit sich selbst hatte es Helmut Schreiber nicht leicht. Auch als Kalanag blieb er ein Getriebener desselben brennenden Ehrgeizes, der schon seinen Aufstieg im Magischen Zirkel und die steile Karriere als Filmproduzent im Dritten Reich beflügelt hatte und eine Quelle steter Unzufriedenheit war. Als Präsident des Magischen Zirkels hatte er seine Autorität rücksichtslos durchgesetzt. Als Zauberkünstler wollte er immer größer, schneller, besser sein. Eifersüchtig wachte Kalanag über seinen Ruhm und missgönnte anderen Zauberkünstlern ihre Erfolge. Als er den Hofzinser-Ring, eine der höchsten internationalen Auszeichnungen in Zauberkreisen, an den neuen Preisträger Punx weiterreichen musste, ließ er sich eine täuschend ähnliche Kopie anfertigen. Sein Trophäenregal betrachtete er als Endstation für Wanderpreise.

Hinter dem selbstironischen Augenzwinkern steckte ein Mensch, der sich stets ins rechte Licht setzen wollte. Die Machtverhältnisse mussten klar sein, ob nun als Präsident des Magischen Zirkels im Dritten Reich oder als weißer Zauberkünstler auf dem schwarzen Kontinent. Als er während seiner Tournee in Südafrika ein Zulu-Reservat besuchte, bekam er Konkurrenz: Der Medizinmann des Stammes baute sich mit finster drohendem Blick vor ihm auf, um die Zauberkünste des Fremden zu überprüfen. »Kannst du Regen machen?«, fragte der Medizinmann.

»Das wäre möglich, ich habe es noch nicht versucht«, antwortete Kalanag.

»Kannst du Kranke heilen?«

»Ja.« Die Antwort fiel ihm schon leichter, schließlich hatte er mit seiner Zauberei in Kriegslazaretten etwas zur seelischen Erbauung der Verletzten getan.

Die Umstehenden begannen zu murmeln, während der Medizinmann das Verhör fortsetzte. »Kannst du dem Sturm gebieten?«

Nun war es für Kalanag an der Zeit, die Karten auf den Tisch zu legen: »Nein, mein Freund! Dem Sturm kann ich nicht gebieten, und du kannst es auch nicht.«

Das wollte der einheimische Magier nicht auf sich sitzen lassen. Er ließ sich einen Topf glühender Kohlen bringen, die er sodann genüsslich verspeiste.

»Jetzt du«, forderte der Medizinmann seinen Gast auf. Kalanag lehnte dankend ab und holte zum Gegenschlag aus. Er würde den Einwohnern des »Negerdorfs«[11] schon beweisen, wer der mächtigere Zauberer ist. Er griff sich ein umherlaufendes Huhn und hypnotisierte es. Nachdem er mit dem Finger geschnippt hatte, erwachte das Federvieh wieder und legte ein Ei. Als Kalanag das Ei aufbrach, steckte Glorias himmelblauer Schal darin. Er hatte wieder einmal über den Gegner triumphiert: »Mein Konkurrent wurde aschgrau im Gesicht. Ob er die Niederlage überlebt hat, weiß ich nicht. Mein Erfolg bei den Schwarzen war unbeschreiblich.«[12]

So erzählte Kalanag die Begebenheit später in seinen Memoiren. Von dem kolonialistischen Dünkel abgesehen, ist die Geschichte weniger originell, als sie auf den ersten Blick scheint. Schon der französische Zauberkünstler Robert-Houdin hatte in seinen Memoiren damit geprahlt, er habe 1856 im Auftrag der französischen Regierung beim Niederschlagen eines Aufstands während des Algerienkriegs geholfen. Er behauptete, die rebellischen Marabout mithilfe seiner Zauberkunststücke überzeugt zu haben, dass die magische Macht Frankreichs der Zauberei der Einheimischen weit überlegen sei. Kalanag hatte die Geschichte von der Überlegenheit des weißen Mannes aufgegriffen und zeitgemäß umgeschrieben. Als Heldengeschichte mit sich selbst im Mittelpunkt.

Kalanag war überall. Wo er auch war, er war willkommen. Er konnte mit jedem und wurde mit Ehren überhäuft. Kalanag gehöre fünfundzwanzig internationalen Vereinigungen als Ehrenmitglied, Vizepräsident oder Ehrenpräsident an, berichtete die *Magie* im Jahr 1962, darunter natürlich auch dem »Club der Zulu-Medizinmänner in Afrika«.[13]

Helmut Schreiber sonnte sich im Glanz der Prominenten, die er im Lauf der Jahre verzaubert hatte. Die Liste berühmter Persönlichkeiten, die er in seinen Memoiren erwähnt, reicht bis ins Dritte Reich und die Weimarer Republik zurück, als er noch Amateur war.

Er hatte in den Dreißigerjahren im Berliner Hotel Adlon mit Prinz Heinrich der Niederlande gezaubert, der selbst ein leidenschaftlicher Amateurmagier war. In seiner Berliner Wohnung veranstaltete er private Zaubersoireen mit dem niederländischen Prinzen und seinem englischen Gegenpart: Edward Prince of Wales, der später nach kurzer Regentschaft als Edward VIII. wegen seiner Heirat mit der geschiedenen Amerikanerin Wallis Simpson abdanken würde.

Er zauberte vor Königin Wilhelmine von Holland, König Gustav Adolf V. von Schweden, Prinz Knud von Dänemark, Wilhelm Furtwängler, George Bernard Shaw, Carl-Friedrich von Siemens, Greta Garbo, Hans Albers und dem Nuntius des Vatikans und späteren Papst Pius XII. Zu Schreibers Zuschauern gehörte bereits in den Zwanzigerjahren auch eine gewisse Marlene Dietrich, die später erst in Deutschland und dann in Amerika groß rauskommen sollte und sich während des Kriegs von Orson Welles zersägen ließ.[14] Den Boxer Max Schmeling entwaffnete er 1941 mit einer magischen Daumenfessel, die selbst der Weltmeister mit seinen Fäusten nicht sprengen konnte.

Den Physiker Albert Einstein habe er fast jede Woche in seiner Berliner Wohnung besucht und mit seinen Zauberkunststücken verblüfft, behauptete Kalanag in seinen Memoiren. Der Nobelpreisträger habe gar nicht erst versucht, die Geheimnisse von Schreibers Kunststücken zu enträtseln. Er freute sich wie ein Kind an den Illusionen und überhörte Schreibers abgedroschenen Witz, dass sowieso alles relativ sei. Dass Schreiber mit Einstein sogar eine außerordentliche Freundschaft verbunden habe, war nicht nur reichlich übertrieben, sondern eine ausgemachte Flunkerei, wie sie memoirenschreibenden Magiern bisweilen unterlaufen.[15]

Kein Erfolg war groß genug, um ihn nicht noch etwas größer zu fabulieren. Zum Beispiel sein Auftritt im Zürcher Hallenstadion 1955. Wenn Kalanag in seinen Memoiren unter das Foto dieses Auftritts »15 000 Zuschauer im Zürcher Hallenstadion« schrieb, dann flunkerte er, aber so raffiniert, dass es kaum einer merkte. Tatsächlich konnte die 1939 in Zürich-Oerlikon eröffnete Mehrzweckhalle für Sport-Events bis zu 15 000 Zuschauer fassen. Allerdings wurde die Anzahl der Plätze nach dem nötigen Umbau für Kalanags Show auf rund 3000 reduziert, um allen Zuschauern einen freien Blick auf die Bühne zu bieten, wie die Lokalzeitung *Echo vom Zürichberg* am 1. Dezember 1955 berichtete.

In Brasilien liefen die Kartenverkäufe 1956 nur schleppend an. Um Werbung für die Revue zu machen, veranstaltete Kalanag am 16. Oktober eine Blindfahrt durch Rio de Janeiro, bei der er ein Auto mit verbundenen Augen und einem schwarzen Sack über dem Kopf durch die Straßen der Stadt fuhr. Als auch das noch nicht zum erhofften Verkaufserfolg führte, kam ihm die rettende Idee: Fußball, natürlich! Kalanag hatte bereits 1953 das Ergebnis der deutschen Fußballmeisterschaft vorausgesagt.[16]

Das für solche Prophezeiungen nötige Kunststück war vergleichsweise simpel. Dafür war der Effekt der Verbindung von Fußball und Zauberkunst umso größer. Nichts entfachte die Leidenschaft der Brasilianer zuverlässiger als das Spiel ums runde Leder.

Am 4. November 1956 sollte die Entscheidung zwischen den beiden Vereinen Vasco und Flamengo um die brasilianische Fußballmeisterschaft stattfinden. Eine Woche vor der Begegnung besichtigte Kalanag das Maracanã-Stadion und verkündete, er werde das Spielergebnis exakt vorhersagen – selbstverständlich unter strenger notarieller Kontrolle. Dann schrieb er seine Voraussage auf einen Streifen Papier und legte den Zettel unter den Augen von Polizei und Presse in eine fünffach gesicherte Stahltruhe. Der Polizeipräfekt von Rio persönlich sicherte das letzte Schloss und nahm den Schlüssel an sich.[17]

Am 4. November füllten 160000 Zuschauer die Plätze des Maracanã-Stadions, die Menge tobte, als Kalanag und Gloria an der Spitze ihrer vierzehn Revuegirls in die Arena einmarschierten und die Stahltruhe hinter einem der Fußballtore abgestellt wurde. Dort bewachten zwei Polizisten das Geheimnis während des ganzen Spiels über. Die beiden Traditionsvereine schenkten sich nichts, der Ausgang war denkbar knapp, am Ende siegte Flamengo mit 1:0. Als der Polizeipräfekt um 18 Uhr 30 erschien und Kalanags Vorhersage aus dem Safe holte, tobten die Zuschauer im Stadion. Auf dem Zettel stand: »Vasco-Flamengo 0:1 – Kalanag 4. 11. 1956.«[18]

Kein Zauberkünstler war je so hoch aufgestiegen wie Kalanag – im wahrsten Sinne des Wortes: Am 22. August 1933 hatte er in 3600 Metern Höhe eine Zaubervorstellung im Luftschiff »Graf Zeppelin« gegeben.[19] Doch selbst auf dem schwindelerregenden Höhepunkt seines Ruhms war Kalanag stets vom Absturz bedroht: Die Revue verschlang Unsummen von Geld für den Transport, für Saalmiete, Werbung und nicht zuletzt für die Unterbringung und Bezahlung der großen Truppe. Ein umjubeltes Gastspiel in einem Land war keine Garantie für Erfolg im nächsten.

Das ursprünglich für sechs Wochen angesetzte Gastspiel in Brasilien dauerte schließlich ein halbes Jahr, wie Kalanag stolz in seinen Memoiren berichtete: »Ein Rekord in der Theatergeschichte Brasiliens, vielleicht sogar der ganzen Welt!«[20] Tatsächlich musste er seinen Brasilien-Aufenthalt notgedrungen verlängern und auf kleinere Theater ausweichen, weil die Vorbereitungen in Kanada, der nächsten Station der Revue, noch nicht weit genug gediehen waren.[21]

Von Kanada ging es weiter in die Vereinigten Staaten. Doch sein Gastspiel in Detroit wurde ein Reinfall. Bei der Premiere am 14. Oktober 1957 waren weniger als ein Drittel der Plätze besetzt.[22] Drei Tage später saßen nur noch hundertdreißig Leute im Saal des Riviera Theater, das rund tausend Plätze hatte. Um die Show zu retten, engagierte Kalanag seinen berühmten amerikanischen Kollegen Harry Blackstone Sr. als Ansager. Doch das amerikanische Publikum zeigte ihm weiterhin die kalte Schulter. Das Gastspiel in Detroit kam Kalanag teuer zu stehen. Er hatte für Werbung, Löhne und die Mitarbeit von Blackstone rund 15 000 Dollar gezahlt, aber nur 5000 Dollar an Ticketeinnahmen.[23]

Lag es daran, dass er ausgerechnet in der Autostadt Detroit einen Wagen der Marke Hillman Minx verschwinden ließ, der nicht vor Ort hergestellt wurde? Lag es an der Revue selbst, die dem fernsehverwöhnten amerikanischen Publikum wie ein Relikt aus der alten Zeit der Varietétheater vorkommen musste?

Zeitungen wie die *Detroit News* lästerten über die »müden Tricks« des Magiers mit dem ulkigen deutschen Akzent.[24] Dass dieser Akzent für viele Amerikaner nach dem Zweiten Weltkrieg ganz bestimmte Assoziationen hervorrief, war auch Kalanag nicht entgangen. Vor der Premiere hatten Demonstranten Flugblätter in der Stadt verteilt, die zum Boykott der Zaubershow aufriefen.[25] So etwas war ihm bisher nur einmal passiert: Als er 1954 in Amsterdam auftrat, klebten Unbekannte ein Schild mit der Aufschrift »Deutsche nicht erwünscht« unter das Kalanag-Plakat am Carré-Theater.[26]

Wenn Hitler den Krieg gewonnen hätte, wäre Kalanags Show sicher ausverkauft gewesen, lästerte eine amerikanische Zauberzeitschrift.[27] Statt in Kalanags Show gingen die Detroiter lieber in ein Theaterstück, das im gleichen Monat zu einem Sensationserfolg wurde: *Das Tagebuch der Anne Frank*.[28]

Doch Kalanag ließ sich von dem Rückschlag in Amerika nicht entmutigen und tourte unermüdlich weiter als »der Mann, der Millionen verblüfft«.[29] Steckte hinter der Großtuerei die Angst, am Ende doch nicht zu genügen? Fühlte Helmut Schreiber sich gezwungen, als Kalanag die Welt überwältigen zu müssen, um nur keine Zweifel an sich selbst aufkommen zu lassen? Fürchtete er, als Scharlatan und Blender dazustehen, wenn diese Welt einen Blick hinter die glänzende Fassade werfen und Abgründe entdecken würde, die nur er kannte? Das Leben als Zauberkünstler war ein guter Vorwand, um sich auf Geheimhaltung berufen zu können. Die Leute sollten nur sehen, was sie sehen sollten – auf und hinter der Bühne. Den Rest behielt er für sich allein.

In seinen Memoiren stilisierte sich Kalanag zum trickreichen Überlebenskünstler, der sich dank seiner Zauberei noch aus der verzwicktesten Lage befreien und 1945 selbst dem Kommando der US Army entkommen konnte, das ihn verhaften sollte. Der Zauberstab als Metapher und Mittel zum Zweck: Mit seiner Hilfe konnte er anderen Menschen Wünsche erfüllen – oder sie hinters Licht führen und manipulieren.

Ein Magier hat Macht über andere, denn er weiß etwas, dass sie nicht wissen. Das gilt auch für den modernen Zauberkünstler, der nicht mehr als Priester höhere Mächte beschwört, sondern als Zeremonienmeister der Unterhaltungstäuschung auftritt. Heute ist es nicht mehr die religiöse Aura, die ihm Macht über sein Publikum verleiht, sondern sein Wissen über Sinnestäuschungen.

Kalanag war eine Kunstfigur, aber sie war so eng mit ihrem Schöpfer verwachsen, dass beide am Ende eins geworden waren. Seinen letzten Reisepass, den er am 25. April 1963 in Istanbul erhielt, unterschrieb er als »Helmut Schreiber-Kalanag«.[30]

Vergib uns unsere Sünden

Das Jahr 2019, ein Pflegeheim in Hessen. Neben dem Bett von Brigitte Schreiber hängt ein kleines Foto, auf dem sie als Mädchen mit ihrem Vater zu sehen ist. Sie sitzt auf seinem Schoß, er lächelt und zeigt ihr ein Zauberbuch.

An der Wand gegenüber hängt ein Ölgemälde in einem prächtigen goldenen Rahmen. Die Frau darauf ist jung, umwerfend schön und mysteriös. Sie trägt ein weißes Abendkleid und blickt strahlend ins Nirgendwo. Es ist das Bild eines Stars und zeigt Gloria, Brigittes Mutter.

Brigitte Schreiber hat Vater und Mutter nicht oft gesehen, obwohl sie im Haus ihrer Eltern aufwuchs. Während die beiden mit »Simsalabim« um die Welt reisten, wurde sie von einer Haushälterin und ihrer Großmutter aufgezogen.[1] »Meine Eltern waren immer nur zu Zwischenaufenthalten bei mir«, sagt Brigitte Schreiber.[2] Immerhin schrieb ihre Mutter aus aller Welt liebevolle Briefe an Brigitte. Der Vater war zu beschäftigt. Später schickte man sie auf ein Internat. Als junge Frau erkrankte sie schwer und verbrachte die meiste Zeit ihres Lebens in verschiedenen Heimen.

Aber die Fünfundsiebzigjährige erinnert sich noch genau an den Moment, als sie erfuhr, dass ihre Eltern sich trennten. Ihre Mutter und sie saßen in einem Hotelzimmer in Hannover. Brigitte hatte sich gerade ein Brötchen aus dem Koffer genommen, als Gloria ihr sagte: »Dein Vater und ich gehen auseinander.« Er wolle die Revue mit einer anderen Frau weiterführen.

Brigitte war furchtbar traurig, aber sie konnte nichts dagegen tun.

Kalanags Cousine Margarethe Sedlmeier berichtete den Zauberkünstlern Sebastian und Michael Holderried später von Affären und Intrigen. Ihr Vetter habe den Frauen gern nachgeschaut, das bestätigte bei der Gelegenheit auch seine Haushälterin Kathrine. Auf langen Tourneen sei »immer was gewesen«, Gloria sei eifersüchtig »wie sonst noch was« gewesen. So eifersüchtig, dass sie hinter der Bühne beim Zugmechanismus der Schwebeillusion die Sicherung ausgeschaltet habe und eine Rivalin während einer Vorstellung aus drei Meter Höhe auf die Bühne gestürzt sei.[3] Alles üble Nachrede? Gloria war ein rotes Tuch für Margarethe Sedlmeier. »Aber er wäre nie an eins der Mädchen gegangen!«, sagen die Zwillinge Heidi und Heike Koehn, die selbst als Assistentinnen mit Kalanag auf Tournee waren.

Bis auf Anita.

»Kalanags Affäre war öffentlich im Ballett«, erinnert sich die Tänzerin Uschi. Im letzten Moment besann er sich eines Besseren und versuchte, Gloria umzustimmen. Auf einer Kalanag-Postkarte mit Foto von Simbo schrieb er 1960 in grüner Tinte die Worte an Gloria: »Auf ins 20.te. Herzl. Gratulation mit dem Bibelwort – ›… und vergib uns unsere Sünden – wie wir vergeben …‹«[4] 1961 wären sie zwanzig Jahre verheiratet gewesen.

Aber Gloria war nicht nach Vergeben zumute. Eines Tages tauchte sie mit einem neuen Mann an ihrer Seite auf. Und dann war sie fort. Gloria war nicht mehr da. Als sie sich von Kalanag trennte, kommentierte er die Scheidung mit den Worten: »Wir wollten doch niemals auseinandergehen«.[5] Das war eine Anspielung auf den Schlager aus dem gleichnamigen Film, für den Gloria zusammen mit Michael Jary und Bruno Balz den Liedtext geschrieben hatte.

Nun hatte Helmut Schreiber nicht nur seine Frau verloren, sondern auch Kalanag seine Bühnenpartnerin.

Kalanag ohne Gloria, war das möglich?

Es war: An Glorias Stelle stand eine junge Frau, die schon seit Längerem in der Show mitgearbeitet hatte. Anita Schmitt war 1959 von der Künstleragentur zu ihm geschickt worden, als er wieder mal eine blonde Tänzerin suchte.

Statt Gloria ließ Kalanag nun Anita in den Bühnenhimmel schweben und bestand darauf, dass alle sie mit Angela ansprachen. Aber Anita Schmitt war schon lange, bevor sie zu Kalanags Miss Ferrari wurde, eine Frau mit vielen Namen. Sie wurde 1927 als Dzidra Briedis in Riga geboren, aber in der Familie nannten sie alle Rositha.[6] Bei Kriegsende flüchtete sie über Dresden nach Westdeutschland. Ihren lettischen Akzent kultivierte sie auch als Staatenlose und heiratete schließlich in München einen Herrn Schmitt, der sie fortan Angela nannte.[7] Sie trat in Werbespots auf und hatte 1959 eine kleine Nebenrolle in dem Film *Der Haustyrann* mit Heinz Erhardt. Von dort war es kein weiter Schritt zu Kalanag, der gesehen hatte, wie sie dort zu den fidelen Klängen eines Charleston-Schlagers getanzt hatte: »Es kann 'ne Schwarze sein, Blonde sein, Rote sein. Sie muss nur zärtlich sein und sie muss alleine sein.«

Schon bald war er nicht mehr allein, Anita Schmitt war von nun an stets an seiner Seite – nicht nur auf der Bühne. Wenn sie hinter vorgehaltener Hand als »die Neue« bezeichnet wurde, dann nur deshalb, weil sie nun auch privat mit ihm liiert war. Auf Fotos sitzt sie immer neben Kalanag, mal blond frisiert, mal schwarz.

»Sie hatte rote Haare«, sagt Brigitte Schreiber. Irgendwann

stand sie einmal neben Anita auf der Bühne. »Da wusste ich plötzlich, dass sie Mutti ersetzt hatte.«[8]

Als die Sache entschieden war, machte Kalanag kurzen Prozess und wenig Umstände: Auf den Programmen und Plakaten ließ er Glorias Kopf einfach durch den von Anita ersetzen. Die Neue habe gut ausgesehen, erinnert sich Kalanags damalige Sekretärin Lilo Litobarski, doch mit der Ausstrahlung von Gloria habe sie nicht mithalten können. »Aber sie war eine gute Garnierung für ihn.«[9]

Das Urteil ehemaliger Mitarbeiter über Glorias Nachfolgerin ist nicht immer freundlich, aber man muss es mit einer Prise Salz nehmen. Welche Chance hatte eine Frau schon, die auf Gloria folgte?

War es Liebe? Was war Liebe für einen alten Zauberkünstler? Der Mann, der über seine Frauen nie anders als über Bühnenpartnerinnen sprach, hat keine Liebesbriefe oder andere Proklamationen der Zuneigung hinterlassen, weder an seine Lebensgefährtinnen noch seine zwei Töchter. Kalanag habe seine zweite Tochter nicht gemocht, erinnert sich eine der Revuetänzerinnen, »weil die nicht so schlank war wie wir Mädchen. Da war er oft hässlich zu ihr«.[10] Geschwärmt hat Kalanag immer nur für die Magie. »Ich weiß nicht, ob der Mann überhaupt jemanden lieben konnte«, sagt Lilo Litobarski. »Auf Dauer sicher nicht.«

Väterliche Gefühle entwickelte Kalanag nur für manche seiner Mitarbeiterinnen. Schließlich begleiteten sie ihn auf allen Reisen und standen mit ihm auf der Bühne. »Ich bin Patriarch einer 27-köpfigen Familie«, erklärte er Reportern, »deren Mitglieder leider manchmal zu schnell wechseln.«[11]

Näher konnte man einem Kalanag nicht kommen, und die Zwillinge Heidi und Heike Koehn schienen ihm sogar näher als seine beiden Brigittes. Auf einer Feier in Istanbul stellte er die Zwillinge mit den Worten vor: »Das sind meine Töchter.« Er nahm sie oft in seinem Mercedes mit, während der Rest der Truppe im VW-Bus hinterherfuhr.

Als seine eigene Tochter Brigitte Schreiber ihn im März 1963 bei der Aufführung im Hamburger Hansa-Theater besuchte, bat Kalanag seine Sekretärin, sich um Brigitte zu kümmern. Lilo Litobarski bemerkte, dass Kalanag seine Tochter nicht in den Arm nahm. »Sein Herz ging nicht auf, es war für ihn wie ein Pflichtbesuch.«[12]

Freies Fernsehen

Im Sommer 1960 herrschte Krisenstimmung im Bundesjustizministerium in Bonn. Seit Tagen schon schleppte der Postbote Säcke voller Bewerbungsschreiben herbei. Junge Frauen bewarben sich um einen Job als Schauspielerin, Ansagerin oder Sängerin. Feuerschlucker und Bauchtänzerinnen schickten Lebensläufe, Bauchredner und Quizmaster stellten ihre Dienste zur Verfügung. Eine Hausfrau kündigte sich dem Minister sogar per Telegramm an: »Wann darf ich Ihnen was vorsingen? Ich komme sofort nach Bonn. Aber auch jeder andere Ort ist mir recht.«[1]

Konrad Adenauer, der erste Kanzler der Bundesrepublik Deutschland, hatte einen kühnen Plan gefasst. Adenauer war überzeugt, dass zu einer Demokratie unabhängige Medien gehörten. Die Presse war frei, auch wenn er sich oft über die Berichte ärgerte – vor allem, wenn sie ihn selbst betrafen.

Allerdings erkannte Adenauer auch, dass das Fernsehen enorm an Bedeutung gewonnen hatte und sogar wahlentscheidend seien konnte. Die föderalen Landesanstalten der ARD waren ihm ein Dorn im Auge. Der Kanzler plante ein Husarenstück. Er hatte das Justizministerium damit beauftragt, einen zweiten bundesweiten Fernsehsender zu gründen. Eine scheinbar private Fernsehanstalt, die ihm erlauben würde, über die Köpfe der Landesregierungen hinweg Programm zu machen. Ihren Sitz sollte die »Freies Fernsehen GmbH« in Frankfurt am Main haben. Am 25. Juli 1960 unterzeichnete Adenauer den

Gründungsvertrag der bundeseigenen Gesellschaft »Deutschland-Fernsehen«.

Für Bauchredner, Feuerschlucker und andere Talente beim neuen Fernsehsender war Helmut Schreiber-Kalanag zuständig. Der ehemalige Bavaria-Direktor wurde im März zum Leiter der Abteilung »Leichte Unterhaltung« bestimmt und sollte nun so bald wie möglich damit beginnen, für das Freie Fernsehen Unterhaltungsshows auf Vorrat zu produzieren.[2]

So kam ein Mann zum Adenauer-Fernsehen, der schon einmal als Entertainer für eine deutsche Regierung gearbeitet hatte und einen großen Bogen von der Unterhaltungsindustrie des Dritten Reichs in die Gegenwart schlagen konnte. Dass ausgerechnet ein Zauberer der Politik als Feigenblatt diente, entging auch einer Fernsehillustrierten wie *Tele* nicht: »Bonn kann nicht genug Kalanags haben, um seine politischen Manipulationen im zweiten Programm mit flotter Unterhaltung zu bemänteln.«[3] Kalanag hingegen wies jegliche staatliche Vereinnahmung weit von sich. Er war schließlich Künstler. »Ich arbeite für das zweite Programm und nicht für Herrn Adenauer.«[4]

Aus Kalanag wurde noch einmal »Dr.« Helmut Schreiber, und sogar der sonst so gut informierte *Spiegel* fiel auf den falschen Titel rein.[5] Der selbstbewusste Studienabbrecher hatte es sich längst zur Angewohnheit gemacht, niemanden zu korrigieren, der ihn versehentlich als Doktor titulierte.

Er selbst fügte beim Unterschreiben ein diskretes »i« zwischen das »D« und das »r«. Direktor war er schließlich gewesen, erst der Bavaria und dann einer Zauberrevue. Wenn andere darin einen Doktortitel lesen wollten – warum sollte man ihnen die Illusion durch profane Erklärungen nehmen?[6]

Ob mit oder ohne echten Doktortitel, Schreiber-Kalanag war ein ausgewiesener Fachmann. Er habe in seinem früheren Leben rund 180 Spielfilme produziert, schrieb die Presse ohne Scheu vor Übertreibungen und hob besonders *Fahrendes Volk* und *Befreite Hände* mit Brigitte Horney hervor. Als Zauberkünstler sei er »einer der bekanntesten Illusionisten der Gegenwart« und mit seiner Show in »nahezu allen Ländern der Welt« aufgetreten. Auch im Fernsehen war Kalanag nicht zum ersten Mal.

1958 hatte der Süddeutsche Rundfunk einen Kalanag-Auftritt im Metropol-Theater in Stuttgart aufgezeichnet und den Film *Kalanag-Simsalabim* zur besten Sendezeit im Abendprogramm des Senders ausgestrahlt.[7] Später war der Zauberkünstler zweimal in den erfolgreichsten Unterhaltungsprogrammen des amerikanischen Fernsehens zu Gast gewesen und hatte dort für den bekannten US-Moderator Ed Sullivan gezaubert.

Am Tag nach Pfingsten 1960 startete das Freie Fernsehen mit der Unterstützung von Kanzler Konrad Adenauer, einem Bankkredit von fünfzig Millionen Mark und dem Ziel, ab dem 1. Januar 1961 auf Sendung zu gehen. Adenauers neue Anstalt rekrutierte sich aus alten Netzwerken. Geschäftsführung und Verwaltung wurden mit beurlaubten Staatssekretären, Referenten und Verbandssprechern besetzt. Die Macher des Freien Fernsehens lockten mit Gehältern, die doppelt so hoch waren wie bei der ARD.[8] Auch Curd Jürgens war mit dabei, und Heinz Erhard sollte sein eigenes Comedy-Format bekommen.

Das neue Privatfernsehen sollte sich auch durch Werbung finanzieren, jedoch ohne dass dabei amerikanische Verhältnisse einzögen. Es sei keineswegs zu befürchten, zitierten die Zeitungen einen Sprecher, »dass etwa wie in den USA mitten in einer Beethoven-Symphonie plötzlich Reklame für ein Waschmittel oder eine Zigarettenmarke gemacht werde«.[9]

Aber warum nicht? Mit seiner Simsalabim-Revue war Kalanag ein Pionier der Werbung in der Unterhaltungsbranche gewesen. Er war sich nie zu fein gewesen, für die schöne neue Warenwelt des Wirtschaftswunders als Reklameträger zu dienen. Kalanag warb für Markenartikel vom Elektrorasierer über Benzin bis zur Eiscreme. Der Zigarettenfabrikant Reemtsma zahlte ihm 10 000 Mark, damit Kalanag seine Produkte während der Show erwähnte.[10] Eine besonders lukrative Einkommensquelle für seine Show war die Werbung der Automobilhersteller gewesen, deren Wagen er auf der Bühne verschwinden ließ. Seine Assistentinnen trugen die Namen bekannter Automarken. An der Größe der fortgezauberten Automobile lässt sich der Niedergang der Kalanag-Show in den späten Fünfzigerjahren ablesen. Zu Hochzeiten ließ er einen Ford Taunus oder Hillman Minx verschwinden, später nur noch einen NSU-Prinz. Am Ende saß Kalanag mit breitem Cowboyhut auf einem Vespa-Motorroller. Sein letzter Auftritt in Deutschland war, zwei Monate vor seinem Tod, auf einer Modenschau für Strumpfhosen.[11]

Das aufkommende Fernsehen hatte nicht nur seiner Revue den Garaus gemacht. Die große Zeit der Bühnenzauberei war erst einmal vorbei, und damit auch die Zeit von Kalanag und Gloria: Sie trennten sich, beruflich und privat. Warum sollte er sich nicht mit der Konkurrenz verbünden? Er lagerte die Simsalabim-Requisiten in der Nähe von Stuttgart ein und zog ins schwäbische Fornsbach zu seiner Cousine Margarethe Sedlmeier.

Im Sommer 1960 begann die Produktion in den Münchner Riva-Studios. Es war eine Rückkehr zu seinen Wurzeln, nicht nur als Filmproduzent. Als Unterhaltungschef hatte Schreiber-Kalanag ein Team von mehr als dreißig Mitarbeitern und war verantwortlich für die Sparten Musik (Musical, Operette, Song, Kabarett), Varieté, Eisrevue und Quiz und Zauberei.[12]

Endlich war er wieder in seinem Element. Auf Fotos sieht

man Schreiber umringt von jungen Balletttänzerinnen auf dem Boden der Probebühne in den Fernsehstudios der Riva in München sitzen. Die Krawatte lässig ins Hemd geschoben, dirigiert er die jungen Frauen oder inspiziert die neuesten Kostümentwürfe, deren Farbkontraste fernsehgerecht sein müssen.[13]

Sein Ehrgeiz war angestachelt. Er würde den Fernsehfunktionären in den ARD-Redaktionen schon zeigen, wie man wirklich gute Unterhaltung macht. »Ich verantworte meine Sendungen als Künstler«, erklärte er »und nicht als Programmbeamter.«[14] Gute Unterhaltung musste leicht bekömmlich sein. Er wollte ein Programm machen, »was nicht so sehr beschwert, was nicht so sehr zum Nachdenken reizt«.[15]

Das Programm der ARD war ihm zu »teutsch« und ernst. Er wollte die Deutschen locker machen mit einem Programm, das irgendwo zwischen Wilhelm Busch und Beethoven schwebte. Über Pannen sollte man sich nicht so aufregen, erklärte er dem Nachrichtenmagazin *Der Spiegel,* sie könnten sogar Teil des Programms werden: »Die Leute erwarten von mir Überraschungen, beispielsweise, daß ich etwas ganz anderes ansage, als dann wirklich kommt.«[16]

In solchen Statements blitze wieder der Zauberkünstler auf, der immer noch einen Trick im Hemdsärmel hatte. Der *Spiegel* beschrieb Kalanag als »US-Managertyp, der gut im Fleische und die bloßen Füße in rote Lackpantoffeln steckt«. Auch als Angestellter einer GmbH war und blieb Helmut Schreiber ein Exzentriker. An manchen Tagen kreuzte er mit seinem Geparden Simbo an der Hundeleine im Studio auf.

Für sich selbst hatte er eine wöchentliche Kalanag-Sendung eingeplant, die er aus dem Ärmel schütteln konnte. Es war ein Best-of aus der magischen Retorte: »Kalanag 1960«, »Wir reisen mit Kalanag«, »Kalanag-Cocktail«, »Kalanag und der indische Seiltrick«, »Kalanag mal von rückwärts« und »Konfusion um Kalanag«.

Verglichen mit seiner großen Bühnenvergangenheit allerdings wirkte Kalanags Fernsehrevue wie eine Wiederholung im Puppentheater. Unter einer auf Kulissen aufgemalten Zirkuskuppel tobten Harlekine mit Spielzeugpferden und eine Seiltänzerin. Auch das Publikum war gemalt. Die Szene wirkte wie eine Neuverfilmung von *Truxa* auf Taschengeldbudget.[17] Auf einem anderen Szenenfoto blickt Kalanag in schwarzem Frack und Zylinder seinen Geparden Simbo an. Der Blick des Zauberers durch die Gitterstäbe wirkt müde. Als sei nicht der Gepard im Käfig gefangen, sondern er selbst – und hinter tausend Stäben keine Welt.

Im Herbst 1960 gingen die Intrigen los. Was Schreiber-Kalanag in München mit viel Geld produzierte, fiel bei den Chefs des Freien Fernsehens durch. Vor allem Programmchef Ernst Bornemann fand die Unterhaltungssendungen mit Titeln wie »Paris bei Nacht« und »Baby Doll« zu seicht und störte sich außerdem an der hemdsärmeligen Art seines Unterhaltungschefs.

Die Kalanag-Show hinterließ bei studiointernen Kritikern einen »Eindruck wie von Proben aus den 20er Jahren«, auch die Ballettaufnahmen »überzeugten in keiner Weise«.[18] Als die *Frankfurter Rundschau* Bornemann auch noch mit den Worten zitierte, Kalanag sei »Revuemanager, kein Fernsehunterhalter« und verstehe von diesem Medium nichts, platzte dem Zauberkünstler der Kragen. Er drohte dem zuständigen Redakteur in einem Brief[19] mit rechtlichen Schritten und der eigenen Geschäftsführung mit »unangenehmen Konsequenzen«.[20] In der Presse lästerte er über die Fernsehchefs: »Die Herren haben Angst vor meiner Courage.«[21]

Die Fehde zwischen ihm und dem zwölf Jahre jüngeren Bornemann war persönlich, und beide Seiten führten sie erbittert. Bornemann solle froh sein, einen so erfahrenen und versierten Organisator wie ihn zu haben und von seinem Können zu profitieren, protestierte Kalanag in der Führungsetage. »Aber er fürchtet mich, und er fürchtet mich, weil er weiß, dass ich ihn durchschaut habe.«[22] Der Mann sei ein Blender, meldete Kalanag der Geschäftsführung und drohte im gleichen Atemzug, in der Presse »mit noch gemeineren Veröffentlichungen« über seinen Widersacher zurückzuschlagen. Allerdings konnte Schreiber nicht viel mehr gegen ihn vorbringen, als dass Bornemann Mitglied einer Jazz-Tanzkapelle und Entnazifizierungs-Offizier in Berlin gewesen sei und einen Stiefbruder hatte, der beim DDR-Fernsehen arbeitete.

Es war wie bei Dr. Jekyll und Mr. Hyde: Als verwandle sich der liebenswürdige Zauberer Kalanag durch die Intrigen beim Fernsehen wieder in den alten Helmut Schreiber, der vor keiner Denunziation, vor keiner Drohung und üblen Nachrede zurückschreckte.

Er hielt vor allem Bornemanns Musikgeschmack für zu elitär. Der Mann hatte den Jazz-Saxophonisten Stan Getz und sein Quartett engagiert. »Herrgott noch mal«, tobte Kalanag in einem Brief an die Geschäftsführung, »wir machen doch schließlich Unterhaltung für die Masse der Seher und nicht für einzelne Existentialisten und zurückgekehrte Emigranten.«[23]

Kalanag wusste, dass Bornemann Jude und während des Dritten Reichs nach England geflohen war. In einem weiteren Brief an die Geschäftsführung protestierte er: »Ich brauche mir von Herrn Bornemann, den kein Mensch in England kennt und der noch nie in seinem Leben eine große Stellung innehatte, solche Ausführungen nicht gefallen zu lassen.«[24]

Schreiber und Bornemann waren nicht die Einzigen, die

durch ihre Streitsucht den Betriebsfrieden unter Adenauers Fernsehleuten störten. Bereits gegen Ende des Jahres war beim Freien Fernsehen ein Kampf aller gegen alle ausgebrochen. Es ging um Personalien, Politik und handwerkliche Mängel des Programms.[25]

Da wirkte der Donnerschlag fast wie eine Erlösung, der die Anstalt im neuen Jahr traf. Am 28. Februar 1961 erklärte das Bundesverfassungsgericht Adenauers Deutschland-Fernsehen für verfassungswidrig. Da hatte Kalanag, der sich in seiner aufbrausenden und reizbaren Art nicht nur mit Bornemann überworfen hatte, die Gesellschaft bereits verlassen.

Aus den hochfliegenden Plänen der Regierung war eine Millionenpleite geworden. Wenige Monate später wurde stattdessen das »Zweite Deutsche Fernsehen« als Anstalt öffentlichen Rechts gegründet. Das ZDF kaufte die Filmkonserven seines verunglückten Vorgängers für wenig Geld auf und ließ sie im Archiv verschwinden, wenn sie nicht gleich in die Mülltonne wanderten.

Nur ein Programm von Kalanag hat den Untergang des Freien Fernsehens überlebt: Die Quizsendung »Grenzen des Wissens« fand die Gnade der Programmoberen. In der Sendung durften Gäste ihre scheinbar paranormalen Fähigkeiten vor einem Expertengremium unter Beweis stellen. Danach stellte der britische Mentalmagier David Berglas die gleichen Effekte mit Teilnehmern aus dem Studiopublikum nach.

Der 1926 geborene Brite hatte Psychotherapie studiert und als Hypnotiseur gearbeitet, bevor er die Zauberkunst zum Beruf machte und einer der berühmtesten Mentalmagier seiner Zeit wurde. Als Kalanag ihn anheuerte, hatte der 34-Jährige bereits eine eigene Fernsehserie bei der BBC gedreht. Er trat in aller Welt als Hellseher und Gedankenleser auf, zeigte aber auch

Taschendiebstahl und hielt die Armbanduhren von Zuschauern ins Publikum, bevor die Besitzer überhaupt merkten, dass sich ihre Zeitmesser schon längst nicht mehr an ihrem Handgelenk befanden.

Berglas, der fließend Deutsch mit einem Hauch von britischem Akzent sprach, war ein Zauberkünstler ganz nach Kalanags Geschmack: elegant, freundlich, souverän. Der Brite war gerade auf Zaubertournee in Afrika und nicht erreichbar. »Egal was er will. Sag ihm, ich habe kein Interesse«, bat Berglas seine Frau Ruth, die im Londoner Heim ständig Telefonanrufe von Kalanag bekam.

Berglas hatte gute Gründe für seine Zurückhaltung. In englischen Zauberkreisen ging seit Langem das Gerücht um, dass Kalanag ein Nazi gewesen sei. Nur Beweise hatte niemand. Außer David Berglas. Der erinnerte sich noch gut daran, wie er fünfzehn Jahre zuvor als junger Soldat mit der US-Armee nach Deutschland gekommen war. Er hatte sich 1945 im Londoner Rekrutierungsbüro der amerikanischen Streitkräfte gemeldet, die für eine Zensurstelle der Armee händeringend deutschsprechende Freiwillige suchten. Die US Army heuerte den jungen Briten an, obwohl er erst neunzehn Jahre alt war. So kam David Berglas zur Civil Censorship Division, die Telefonate, Korrespondenz und Drucksachen auf subversive Botschaften überprüfte. Dort fiel ihm ein Foto in die Hände, das einen Zauberkünstler mit Hakenkreuz-Armbinde zeigte. Sein Name: Helmut Schreiber.

Damals hatte er noch kein Interesse an Magie. Die Bildunterschrift war der einzige Grund, warum ihm das Foto überhaupt aufgefallen war. Denn dort stand »der Lieblings-Zauberer des Führers: Helmut Schreiber«, und Berglas' Onkel Alexander hatte sich auch für Zauberkunst interessiert.[26]

Später sah Berglas das grandiose Gastspiel der Kalanag-

Revue 1951 im Stoll Theatre in London.[27] Und dann war da noch eine weitere Geschichte über Kalanag, die in britischen Zauberkreisen die Runde machte. 1943 war der jüdische Kartenzauberer Louis Lam[28] in Holland von der Gestapo verhaftet und im Vernichtungslager Sobibor ermordet worden. Nach seinem Tod, so hörte man, seien Lams Zauberapparate unter nie ganz geklärten Umständen in den Besitz seines Partners, des niederländischen Zauberhändlers Henk Vermeyden gelangt, und schließlich in der Kalanag-Revue wiederaufgetaucht.

Kein Wunder, dass der britische Magier wenig Lust verspürte, eine Fernsehshow zusammen mit dem dubiosen deutschen Zauberer zu machen.

Aber Kalanag ließ nicht locker. Immer wieder beschwor er Berglas' Frau Ruth mit starkem deutschem Akzent am Telefon: »Ich brauche Berglas für eine TV-Sendung. Er ist der einzige, der so etwas kann!«[29] Schließlich erreichte ihn Kalanag persönlich am Telefon. »Er konnte ein echter Charmeur sein und dir mit der Art, auf die er sprach, ein gutes Gefühl geben«, erinnert sich Berglas noch sechzig Jahre später, als er in seinem Londoner Haus von der Begegnung mit Kalanag erzählt. »Er war sehr überzeugend, und es fiel mir schwer, Nein zu sagen.«

Schließlich flog Kalanag einfach mit seinem Kamerateam nach London und rief vom Hotel aus an: »Wir sind hier und wollen Sie einfach nur treffen. Sie müssen nicht Ja sagen.«

Berglas gab nach und willigte in ein Treffen im Hotel ein. Da er immer noch keine Lust auf die Zusammenarbeit hatte, nahm er sich vor, als Gage einfach das Fünffache von dem zu verlangen, was ihm angemessen erschien. Ein bisschen neugierig war er doch, weil ihn die parapsychologischen Experimente reizten, von denen Kalanag gesprochen hatte.

Sie trafen sich in einem Hotelzimmer im Londoner Westend. David Berglas saß auf dem Bett, während Kalanag und ein halbes Dutzend Mitarbeiter in gebrochenem Englisch auf ihn einredeten. Die baumlangen Männer trugen noch ihre Mäntel. »Die waren ziemlich einschüchternd, und ich saß da auf dem Bett wie ein kleiner Junge.« Sie sprachen über Präsentation und Produktion, aber nicht über Politik. Als Berglas schließlich seine astronomische Honorarforderung nannte, zogen sich die Männer kurz ans Fenster zurück und berieten. Dann kam Kalanag auf ihn zu und schüttelte ihm die Hand: »Einverstanden!«

Um den Geschäftsabschluss zu feiern, machte sich die Gruppe auf den Weg in die Hotelbar. Aber während sie durch den langen Hotelkorridor gingen, passierte etwas, das David Berglas bis heute nicht vergessen hat. Kalanag hakte sich kurzerhand bei ihm unter und flüsterte ihm ins Ohr: »Lieber Berglas, glauben Sie nicht alles, was man über mich erzählt. Ich kannte Ihren Vater gut.«

Weder Berglas noch sonst jemand hatte ein Wort über die Gerüchte verloren, die um Kalanag kursierten. »Aber er weiß, dass die Leute redeten«, dachte Berglas, dem wieder bewusst geworden war, dass er demnächst mit Hitlers Lieblings-Zauberer eine Fernsehsendung über Wünschelrutengänger machen würde.

Die Show stand unter dem Motto »Rätselhaftes vorgeführt und diskutiert«. Der Sendung war ein europaweiter Talentwettbewerb vorausgegangen, um die besten Spiritisten aller Disziplinen zu finden. Die Gästeliste las sich wie ein Fahndungsplakat des Magischen Zirkels aus den Dreißigerjahren: Ruten- und Pendelgänger, Handleser, Magnetopathen, Hypnotiseure, Chiromantiker, Ufo-Gläubige und natürlich eine Handvoll Medien.[30] Kein Fach gehobenen Humbugs, keine Scharlatanerie war zu absurd, um vorgeführt zu werden. Den Hellsehern und Heilern saß eine Jury aus Sachverständigen gegenüber: ein Experte für Parapsychologie, ein Jurist, ein Arzt, ein Priester, der sich schon mal als Exorzist betätigt hatte, ein Kriminalbeamter und ein Zauberkünstler.

Berglas war zufrieden: »Es war das beste Expertenpanel, das ich je hatte.« Nur der Zauberkollege war ihm unangenehm, den Kalanag als Täuschungsfachmann und Tricksachverständigen hinzugezogen hatte. Es war Henk Vermeyden, den Berglas für einen »großen Nazi und Antisemiten« hielt.[31]

In der ersten Aufzeichnung vom 28. November 1960 trat ein gewisser Karl Spießberger aus Berlin auf, der durch beschwörende Handbewegungen das Gewicht einer Dame aus dem Publikum verringern wollte. »Eine gewiss recht seltsame Angelegenheit«, wie der Parapsychologe Prof. Dr. Ernst Häckel trocken anmerkte.[32] Aber die Levitation funktionierte: Nachdem der akkurat mit Anzug und Krawatte gekleidete Spießberger die Dame mit Strichbewegungen seiner Hände erleichtert hatte, gelang es vier Personen, sie allein mithilfe ihrer untergehakten Zeigefinger hochzuheben. Als Spießberger dem Expertenpodium erklärte, er könne sogar schwere Steine heben und dabei Runen singen, leitete der Moderator schnell zur nächsten Attraktion über.

David Berglas zeigte einen ähnlichen Trick, ohne dabei übernatürliche Fähigkeiten vorzutäuschen: Acht Zuschauer mussten sich um einen schweren Holztisch hocken, ihre Handflächen auf die Tischplatte legen und sich auf das Kreuz in der Mitte des Tisches konzentrieren. Unter Anleitung des Magiers mussten sie tief ein- und ausatmen und dann aufstehen. Das Resultat war verblüffend: Der Tisch schwebte mit nach oben, obwohl die Umstehenden nur ihre Handflächen aufgelegt hatten. Berglas verriet nicht, wie er das zustande gebracht hatte. Aber er hatte bewiesen, dass ein Zauberkünstler den scheinbar übernatürlichen Spuk seines Vorgängers mühelos nachmachen konnte.

Außerdem zeigte der Magier Gedankenübertragung: Ein Herr musste auf der Bühne Platz nehmen, um eine Karte aus dem Spiel zu ziehen, das Berglas ihm auf einem Tablett servierte. Der Mann war verblüfft, als eine Zuschauerin erriet, welche Karte er im Sinn hatte. Dabei war der Trick alles andere als übersinnlich: Berglas hatte eine vergrößerte Kopie der Karte auf der Rückseite seines Tabletts angebracht und sie demonstrativ in Richtung der Zuschauerin gehalten.

Im Gegensatz zum Runensänger führte Berglas den Trick mit humorvollem Augenzwinkern vor, als wollte er dem Publikum sagen: Sie glauben doch nicht im Ernst an diesen Blödsinn, oder? »Natürlich ist das keine sehr seriöse Angelegenheit«, erklärte der Magier die Moral von der Geschichte. »Ich wollte nur zeigen, dass es sehr leicht ist, jemanden zu täuschen.«

Sie drehten eine Woche lang jeden Tag zwei Sendungen. Dann fuhr ein Chauffeur Kalanag und seinen britischen Gast zum Flughafen. Auf dem Weg zahlte er ihm das Honorar in bar aus und verkaufte ihm ein drahtloses Mikrofon – damals eine Weltneuheit, die Berglas bei seinen Auftritten einsetzen wollte.

Sie verabschiedeten sich höflich voneinander, aber Freunde würden aus ihnen nicht werden. Denn auch David Berglas hatte ein Geheimnis.

Bis ins hohe Alter verriet der berühmteste Zauberer Großbritanniens niemandem, dass er nicht als Engländer geboren worden war, sondern als Deutscher. Er war in Berlin aufgewachsen. Seine Familie gehörte zu den führenden Textilproduzenten Europas. Da sie Juden waren, flohen die Berglas' 1933 vor den Nationalsozialisten nach Holland. Aber sie kehrten schon kurze

Zeit später nach Berlin zurück in der trügerischen Annahme, es werde schon nicht alles so schlimm werden.

Im Mai 1938 war klar geworden, dass dies ein fataler Irrtum war, und die Berglas' mussten ein zweites Mal unter weitaus schwierigeren Umständen in alle Himmelsrichtungen fliehen. Der zwölfjährige David wurde von seinem Vater in einen Zug gesetzt, der ihn durch Frankreich über Calais nach Dover und schließlich nach London brachte. Ein halbes Jahr später wurde die Familie in London wieder vereint. Die Berglas' überlebten das Dritte Reich in England, aber sie hatten nicht nur Verwandte und Freunde im Holocaust verloren, sondern auch ihr gesamtes Hab und Gut: Fabriken, Häuser, Möbel.

»Ich kannte Ihren Vater gut« – Berglas hat die Worte von Helmut Schreiber sein Leben lang nicht vergessen. Allerdings war es nicht sein Vater, sondern der Onkel Alexander Berglas, der sich für Zauberkunst und vieles andere mehr begeisterte.

Alexander Berglas war wie seine Brüder Textilfabrikant, ein Berliner Industrieller, der 1932 als Mitglied Nr. 1012 in den Magischen Zirkel aufgenommen wurde.[33] Er gehörte zu den jüdischen Zauberkünstlern, die 1936 von Helmut Schreiber aus dem Magischen Zirkel ausgeschlossen wurden. Er war ein warmherziger, aufgeschlossener und neugieriger Mann, ein Erfinder und Schriftsteller, der in den Fünfzigerjahren ein Buch über Krebs schrieb, dessen Vorwort Albert Schweitzer beisteuerte. Noch heute besitzt David Berglas den Kopf einer Bauchrednerpuppe, die sein Onkel hergestellt hatte. Die Konstruktion ist anspruchsvoll: »Mickey« kann seine Augenbrauen heben, die Oberlippe bewegen und nicken oder den Kopf schütteln.

Jeder Zauberkünstler weiß, dass es nicht die Technik ist, die aus einem Trick ein Kunststück macht. Man muss das Geheimnis mit Leben füllen, um die Menschen zum Staunen zu bringen.

Mickey lebte in einem Schrank im Haus von Onkel Alexander, und wenn der kleine David an diesem Schrank vorbeiging, rief Mickey nach ihm. »Ich war überzeugt, dass die Puppe lebt«, erinnert sich David.

Heute ist David Berglas längst eine Legende unter den Zauberkünstlern des 20. Jahrhunderts. Das Kunststück, das ihm Weltruhm einbrachte, heißt »Any Card at Any Number«. Seine besondere Art der Vorführung dieses Tricks ist in Magierkreisen unter dem Namen »Berglas-Effekt« bekannt. Am Ende eines langen Gesprächs sitzen wir in seinem Haus in London, als David mich bittet, an irgendeine Spielkarte zu denken. Ich nehme Pikass. Meine Frau soll sich eine Zahl überlegen. Sie nimmt die 11.

Dann deutet der alte Magier auf einen Schrank hinter uns. »Macht die Schublade auf und nehmt euch irgendein Kartenspiel raus.« Wir sollen die Karten auf den Tisch legen und mischen. David fasst das Kartenspiel die ganze Zeit über nicht an. Er tut überhaupt nichts. Er schaut uns beim Mischen zu und fordert uns dann auf, die Karten jetzt eine nach der anderen abzuheben und auf den Tisch zu legen. Schließlich liegt die elfte Karte vor uns. Es ist das Pikass.

Ehrlicher Schwindel

Knallbunte Schirme, Sonnenliegen, eine große Terrasse. Eine pastellfarbene Postkarte[1] präsentiert das Café Erdbeer-Kalanag als Ausflugslokal auf der Höhe der Zeit: »Tischbestellung erwünscht. Das Haus für verwöhnte Gäste«. Der Stadtteil Fornsbach in Murrhardt warb als Luftkurort um Touristen, von der Terrasse des Cafés hatte man einen schönen Blick auf den Waldsee und ins Murrhardt-Tal. Samstags war Gesellschaftsabend mit Tanz und Unterhaltung. Für die war ein berühmter Magier zuständig, der seine besten Tage hinter sich hatte, aber nicht an Ruhestand denken konnte. Auf dem Briefpapier des Cafés ein Foto mit Simbo und einem grauhaarigen Kalanag, der dem Betrachter zuprostet.[2]

Anfang der Sechzigerjahre war der Name Kalanag längst zu einer stehenden Redensart geworden. Einer war ein Kalanag oder eben kein Kalanag, je nachdem, ob er das Unmögliche möglich machen konnte. »Ich bin kein Kalanag«, verkündeten deutsche Politiker, die aus leeren Kassen keine vollen machen konnten,[3] und siegreiche Sportler zauberten ihre Gegner weg »wie Kalanag«.[4] Noch Jahrzehnte später beschwor Franz Beckenbauer den Zauberkünstler, als es um die Entdeckung illegaler Schmiergeldzahlungen des DFB im Zusammenhang mit der Fußballweltmeisterschaft 2006 ging. Auf die Frage eines Journalisten, ob es weitere geheime Zahlungen gegeben habe, antwortete Beckenbauer: »Ausschließen kann ich nichts, vielleicht findet so ein Zauberer noch was. Wie heißt der Zauberer? Kalanag!«[5]

Der Nimbus des Namens Kalanag sollte dem Café neue Besucher bringen. Wer in der Kalanag-Anglerstube Platz nahm, konnte Fotos des Zauberers mit den Größen aus Film, Kunst und Theater bewundern.[6] Mit etwas Glück tauchte der Zauberer persönlich auf, den Geparden Simbo an der Leine, stellte sich in seinem gelben Polohemd an den Frühstückstisch und ließ ein Ei verschwinden. In einem Terrarium räkelte sich die zehn Jahre alte und 2,80 Meter lange Pythonschlange Suma,[7] die Kalanag auf seinen Reisen begleitet hatte, und im Garten des Restaurants warteten seine japanischen Wundertauben in Käfigen auf ihren Einsatz bei der nächsten Tournee. Manchmal erschien Kalanag mit einer Kochmütze im Restaurant und hofierte die weiblichen Gäste.[8]

Das Café hieß nicht wegen der Nachspeise Haus Erdbeer-Kalanag, sondern weil Kalanags Cousine eine verwitwete Erdbeer war. Margarethe Sedlmeier war eine Grande Dame, Schuhgröße 45, 1,80 Meter Körpergröße. Die Matriarchin der Familie Erdbeer-Sedlmeier besaß einen Forst, und wann immer sie Geld brauchte, verkaufte sie Holz aus dem Wald. Die Familie Erdbeer-Sedlmeier war vermögend, einflussreich, für schwäbische Verhältnisse regelrecht mondän.

Sie selbst war im Dritten Reich NSDAP-Mitglied gewesen und nach dem Krieg als Mitläuferin eingestuft worden. Ihr Mann Fritz Erdbeer dagegen war im April 1945 unter nie vollständig geklärten Umständen von französischen Soldaten erschossen worden. Nach Kriegsende hatte die resolute Witwe auf der Anhöhe über dem Tal eine Fremdenpension mit Café errichtet und erneut geheiratet.[9]

Als auch ihr zweiter Mann sie bald als Witwe zurückließ, war es Margarethe Sedlmeier nur recht, dass ihr Vetter Helmut Schreiber 1960 Teilhaber des Cafés wurde.

Ein paar Meter den Abhang hinunter besaß Sedlmeier ein weiteres Grundstück, auf dem sie und Cousin Helmut einen Bungalow bauten. Im Wohnzimmer des »Studio Kalanag« befand sich eine kleine Bühne, auf die man durch eine geheime Tür in der Bücherwand gelangen konnte. Sein Haus in Hamburg-Othmarschen behielt er vorsichtshalber. Wer weiß, wie lange er es in der schwäbischen Provinz aushalten würde.

Was macht ein alter Magier, der auf sein Leben zurückblickt? Er schreibt seine Erinnerungen. Das Haus am Berghang in Fornsbach war der ideale Rückzugsort. »Ich habe mir's bequem gemacht und bin zu Haus allein, so gut wie allein. Um mich ist noch des Zauberers Lehrling und bester Freund, Simbo der Äthiopier. Und natürlich Kathrine, die als guter Hausgeist uns beide betreut.«[10] Umsorgt von seiner Cousine Margarethe und deren Haushälterin, machte sich Kalanag ans Fantasieren.

Das Memoirenschreiben gehört seit Jean Eugène Robert-Houdin zum letzten Akt eines jeden Magiers, der sich schon zu Lebzeiten die Unsterblichkeit sichern will. Das Berufsgeheimnis erfolgreicher Magier ist simpel: Es besteht aus zehn Prozent Illusion und neunzig Prozent Transpiration. Bei Magiermemoiren ist es ähnlich. Anekdoten der größten Erfolge werde wie an einer Perlenkette nacheinander aufgezogen, Konkurrenten kassiert und die eigene Bedeutung herausgestellt. Damit sind neun Zehntel des Manuskripts schnell zu füllen. Interessant wird es bei den letzten zehn Prozent: den Stellen in der Geschichte, wo der Autor täuscht, trickst und vom Eigentlichen ablenkt.

»Kalanag konnte schwindeln, ohne rot zu werden«, sagt Lilo Litobarski.[11] »Vielleicht kann ein Mensch nicht anders, der beruflich andere Menschen täuscht.« Der Magier erzählte jedem, dass sein Gepard Simbo ein Geschenk des äthiopischen Kaisers

Haile Selassie gewesen sei. Auch seine Sekretärin glaubte die Geschichte. Dann fand sie unter den Akten die Rechnung für Simbo: »Der kam aus einer Tierhandlung in Hannover.«

Robert-Houdin schrieb über Zauberkünstler: »Obgleich alles, was man im Laufe einer Vorstellung sagt, nichts als ein Lügengewebe ist, so muss der Vorführende doch ausreichend in die Rolle schlüpfen, die er spielt, und selbst seine fiktiven Feststellungen glauben. Dieser Glaube an seine eigene Rolle wird sich auf den Zuschauer übertragen.«[12] Das galt auch für die Geschichte, die der Zauberkünstler als Autor seines eigenen Lebens schrieb. Robert-Houdin erzählte darin, wie er zur Magie kam und berichtete von einem Magier namens Torrini, der sein Lehrmeister gewesen sei.[13] Es war eine inspirierende Geschichte – so inspirierend, dass sie sogar den berühmtesten Zauberkünstler des 20. Jahrhunderts dazu brachte, sich als Hommage an Robert-Houdin »Houdini« zu nennen. Die Sache hatte nur einen Haken: Torrini war eine Illusion. Robert-Houdin hatte ihn frei erfunden, und es sollte beinah ein Jahrhundert dauern, bis man ihm auf die Schliche kam.

Ein Zauberkünstler ist als Schriftsteller genauso Täuschungskünstler wie auf der Bühne. Er kann nicht anders. Alles andere wäre Selbstverrat. Der Zauberkünstler Alexander Adrion, der die Memoiren Robert-Houdins auf Deutsch herausgab, hielt die Versuchung zu erfinden für folgerichtig: »Vielleicht war das Erdichtete im Lebensbild Robert-Houdins für den Künstler nur die konsequente Weiterführung der Absicht, Zauberer zu sein: nicht nur im Theatersaal, sondern auch in jenen kleinen Alltagsereignissen, die schicksalhaft den Weg formen und das Zufällige im Rückblick als Fügung erscheinen lassen.«[14]

Das Schreiben fiel Kalanag nicht schwer, der zeitlebens einen amüsanten Plauderstil gepflegt hatte. Aber das Leben in Fornsbach langweilte ihn, je länger er sich mit seinen alten Erfolgen beschäftigte. Warum Rückschau halten, wenn er genauso gut wieder auftreten könnte? Sollte er, der große Kalanag, etwa seine Karriere als Kaffeehaus-Entertainer in der Pension seiner Cousine beenden? Vor schwäbischen Ausflugsgästen in kurzen Hosen?

Undenkbar. Ausgeschlossen. Simsalabim! Er musste weitermachen.

Er würde die Revue noch einmal ganz neu aufbauen, mit seiner neuen Partnerin als Star. Er telefonierte, sprach mit Hamburg, Wien, München und Warschau und bekam die ersten Buchungen.

Sattler und Tischler aus Fornsbach arbeiteten die Requisiten auf. Den Rest seiner Truppe hatte Kalanag aus ganz Deutschland und dem Ausland zusammengeholt. Eine Spanierin war für Kostüme zuständig. Aus München kam seine Sekretärin Gerda Oehling. Aus Anita Schmitt wurde Angela Ferrari, und im Sommer 1961 ging Kalanag wieder auf Tournee.

Der erste Auftritt führte ihn in seine Geburtsstadt Stuttgart, dann folgte ein Gastspiel im Raimund-Theater Wien. Als er zum ersten Mal wieder auf der Bühne stand, beschloss er, dass es von nun an keine Ruhepausen mehr geben würde.

Am Bahnhof von Fornsbach besichtigte Kalanag die Verladung der fünfundzwanzig Tonnen schweren Requisiten. Ein Jahr hatten die unersetzlichen Apparate in fünf Waggons neben dem Bahnhof auf Trockendock gelegen. Es waren Einzelstücke, deren Maßanfertigung Kalanag nicht irgendeinem Ingenieur anvertraut hatte, sondern nur seinen Freunden Adolf Höschle und Gustav Fischer. Er musste sich vergewissern, dass alle Trickvorrichtungen reibungslos funktionierten. Wo war der achtarmige Buddha, das Herzstück der Schwebeillusion? Zeigt mir den Buddha, rief er den Arbeitern zu. »Geht nicht, Chef, die Füße sind noch in Stuttgart.«

Im Juli war die Simsalabim-Show im ZDF zu sehen. Es war zwar nur eine Wiederholung, die Sendung war zwei Jahre zuvor im Düsseldorfer Apollo-Studio des WDR aufgezeichnet worden. Aber dass er mit seiner Show nun doch noch im »Zweiten Fernsehen« lief, war eine Genugtuung. Das gescheiterte Abenteuer bei Adenauers Anstalt nagte an ihm.

Als die Wiener Gazetten das Gastspiel des »Supershowmans« Kalanag ankündigten, holte er noch einmal zum Rundumschlag gegen seinen früheren Arbeitgeber aus: Seine drei Chefs seien zusammen zweihundert Jahre alt gewesen. Einer von ihnen sei vorher als Ministerialrat für Ackerbau und Viehzucht zuständig gewesen und habe noch nie eine Revue gesehen. Zur Premiere im Wiener Raimund-Theater ließ Kalanag den Goldpokal ins Foyer stellen, der ihm nach seinem Auftritt in der Ed Sullivan Show in Amerika überreicht worden war. Seht her, ich kann Fernsehen. »ER ist wieder da«, titelte die *Wiener Abendzeitung.*[15]

Ab August tourte die Kalanag-Revue innerhalb von anderthalb Monaten durch mehr als zwei Dutzend Kurorte im Südwesten Deutschlands. Die Tournee durch Baden-Württemberg wurde zum Heimspiel. Tausende Menschen standen in Ulm am Straßenrand, als der »König der Magier« mit verbundenen Augen einen Citroen durch die Innenstadt lenkte. Die Polizei hatte die Blindfahrt genehmigt, obwohl alles an dem Experiment der Straßenverkehrsordnung widersprach. Kalanags Augen waren mit Leukoplast verklebt, über den Kopf hatte er einen schwarzen Sack gestülpt und schien sich auf seiner rasanten Tour nur auf die Anweisungen des Beifahrers zu verlassen.

Für das einmonatige Wiener Gastspiel hatte Kalanag die Show auf drei Stunden erweitert und dafür neben der Schlagersängerin Nana Gualdi und zwei Akrobaten auch die beliebten Volksschauspieler Josef Menschik und Else Rambausek angeheuert. Er mochte Wien.

Bei seinem letzten Gastspiel hatte Herbert von Karajan den Magier um Hilfe bei der Inszenierung von Wagners *Rheingold* gebeten. Er wollte den Zwerg Alberich von der Bühne verschwinden lassen. Das Vorhaben scheiterte weder an Alberich noch Karajan, sondern am Betriebsrat der Wiener Staatsoper.

Mit seiner neuen Show am Raimund-Theater feierte Kalanag 1961 zugleich das »40-jährige Simsalabim-Jubiläum«. Jubiläen waren schließlich immer gute Werbung, auch wenn die Bühnenpremiere bei Papa Benz in München tatsächlich erst achtunddreißig Jahre zurücklag. Der amerikanische Sender NBC war mit großem Stab vor Ort, um die Show für das amerikanische Fernsehen aufzuzeichnen. Eine Blindfahrt durch Wien und die erfolgreiche Vorhersage des Gewinners der Österreich-Rundfahrt sorgten für zusätzliche Aufmerksamkeit.

Die Premiere war ausverkauft. Aber sie wurde von einem Skandal überschattet. Der Wiener Kritiker Paul Milan hatte die Revue in der Abendzeitung als »Kalanags Jammerschau« verrissen.

Kalanag war so erbost, dass er den Journalisten zum Duell »auf Pistolen … oder auf Säbel« herausforderte und als »Nebbochanten« beschimpfte. Das allerdings war scharfe Munition, denn mit einem »Nebbochanten« war ein kleinlicher, ärmlicher Mensch gemeint. Die ungewöhnliche Beschimpfung konnte kein Versehen sein. Sie stammte aus dem Jiddischen. Milan drohte Kalanag daraufhin mit einer Klage wegen antisemitischer Äußerungen.

Der Vorwurf war nicht ungefährlich, zumal in Wien, wo sich manche Zauberkünstler noch gut daran erinnerten, wie unfein

Helmut Schreiber den großen Wiener Magier Ottokar Fischer als Vorsitzenden des Magischen Klubs geschasst hatte. Dass er Antisemit sei, konnte Kalanag nicht auf sich sitzen lassen, ohne dass sein Ruf Schaden nahm. Er musste Helmut Schreiber wieder verschwinden lassen, aber wie? Kalanag schrieb einen Brief an den Adabei-Kolumnisten des Wiener *Express:*

> »Ich kenne Herrn Paul Milan nicht persönlich, habe ihn auch nie gesehen, weiß nicht, ob er blond, schwarz oder rot ist, ich weiß auch nicht, ob er Jude, Christ oder Mohammedaner ist. Diese Fragen sind überhaupt uninteressant, besonders aber für einen Mann, der einen Beruf ausübt, wie ich das tue, der seit 15 Jahren beinahe nur jüdische Impresarios und Agenten hat und mit vielen Juden auf der ganzen Welt befreundet ist. ›Nebbochant‹ oder ›Nullouvert‹ oder ›Nothing‹ sind mehr oder weniger dieselben Begriffe. Hätte ich von Herrn Milan gesagt, er sei ein ›Nothing‹, dann würde bestimmt niemand auf die Idee kommen, ich sei englandfeindlich. Ich habe keine antisemitischen Äußerungen gemacht und mache überhaupt keine solchen. Ist es notwendig, darauf hinzuweisen, dass ein gewisser Helmut Schreiber ebenso oft oder wenig bei Veranstaltungen im Dritten Reich mitgewirkt hat wie viele andere bekannte Künstler verschiedener Nationen? Den sehr fragwürdigen Titel ›Zauberer des Führers‹ habe nicht *ich* geprägt, sondern Neider, wie man sie eben hat, wenn man einen schweren Beruf ausübt wie ich, mit dem ich immerhin Millionen von Menschen Freude gemacht habe in 26 Staaten und 4 Kontinenten.«[16]

Es war eine bemerkenswerte Flucht nach vorn, mit der er direkt ansprach, worüber sonst nur hinter vorgehaltener Hand geredet wurde.

Auf einmal standen beide wieder auf der Bühne: Kalanag und Helmut Schreiber.

Es war zermürbend. Er zauberte und zauberte, und doch kam immer wieder die verdammte Vergangenheit hoch. Die Aufregung tat ihm nicht gut, er wurde reizbar und launisch. Als ihn der Journalist Ludwig Heinrich vom *Express* nach seiner Vergangenheit fragte, erregte er sich: »Ich bin Kalanag und für die Leute möchte ich Kalanag bleiben. Was früher war, wollen wir bleiben lassen.«[17]

Heinrich war damals einer der wenigen Journalisten, die sich nicht damit begnügten, die Kalanag-Eigenwerbung nachzuplappern. Ein Freund hatte ihn vorgewarnt: »Pass auf, wenn du mit ihm sprichst, der zaubert auch beim Reden.« Damit lag er gar nicht falsch.

Heinrich bohrte nach, ob denn stimme, was manche Zeitungen schrieben: dass Kalanag neben zahlreichen magischen Auszeichnungen aus aller Welt auch einen Doktortitel habe? Doch der Magier blieb hart. »Das verrät er nicht.«

Als der Journalist mehr über Schreibers Zeit beim Film erfahren wollte, erzählte der, was ohnehin bekannt war. »Aber das ist passé, ich will keinen Zusammenhang mehr mit der Vergangenheit.«

Es war ein selten offenes Geständnis, das Kalanag in seiner Erregung ablegte. Der Spott der deutschen Zeitungen über die Pleite beim Freien Fernsehen saß ihm noch im Nacken. Und dann noch dieser gehässige Wiener Kritiker. »Glauben Sie mir, wenn ich mal zuschlage, dann langt's«, drohte Kalanag und ließ für einen Moment die Maske fallen. Er blickte den Journalisten böse an. Weg war das freundliche Lächeln. »Wollen Sie auch einen bösen Artikel schreiben?«

Ihm war die Ablenkung nur recht, als er während des Wiener Gastspiels in einem SOS-Kinderdorf vor jungen Zuschauern zaubern oder als Jurypräsident bei einer Katzenparade die schönsten Vierbeiner prämieren konnte.

Im Oktober feierte er im Deutschen Theater München einen Erfolg, die Kritiken waren überwältigend. »Sie sollen auf dem Nachhauseweg das Gefühl haben, als hätten Sie ein Glas Champagner getrunken«, versprach er dem Münchner Publikum.[18] Den Zuschauern konnte schon von Kalanags vielen Kostümwechseln schwindelig werden: An einem einzigen Abend wechselte er zwischen einem schwarzen, grauen, gestreiften, karierten, roten, schneeweißen und goldenen Smoking.

Mit siebzehn Aufzügen und sechzig Nummern schien Kalanag in seiner Revue noch einmal zu alter Größe aufzulaufen. Immer fröhlich, immer munter, ein altes Zirkuspferd in hundert verschiedenen Kostümen.

Aber die Zeit für eine solche Show war abgelaufen. »In den meisten Städten gab es keine guten Häuser mehr, nur noch diese seelenlosen Stadthallen, die damals aufkamen«, erinnert sich Lilo Litobarski, die ab 1961 Kalanags Sekretärin war.[19] Die zwanzigjährige Schwäbin war ihm sympathisch, er wollte sie zuerst als Assistentin anheuern. »Aber Tauben über die Bühne tragen, das wollte ich nicht.« Doch Kalanag zog sie nicht nur für Schreibarbeiten heran. Da sie für das Gastspiel in Spanien keine Arbeitserlaubnis als Sekretärin bekommen hatte, schummelte sie Kalanag als Tontechnikerin ins Programm und nannte sie Lilo Bausch, damit es niemand merkte. Eine weitere verantwortungsvolle Aufgabe war der Kontrollblick: Lilo musste sich auf die Empore oder ins Parkett setzen und überprüfen, dass man die Trickvorrichtungen aus dem Publikum nicht sehen konnte.

Die Wahrheit war: Kalanag brauchte Hilfe. Die Revue war nur deshalb abendfüllend, weil er wieder zahlreiche Künstler hinzugebucht hatte: den Schallplattenstar Nana Gualdi, zwei Charleston-Tänzer, »sphynxische Tänze mit Carmina Romana«, »Tanzakrobatik mit Rosyane und Laura« und Trampolin-Luftspringer. Aber niemand konnte Gloria ersetzen.

Es war ein buntes Potpourri, gefällig serviert: »Seine magische Küche, gewürzt mit etwas Ballettpfeffer, Clownerien und einer kleinen Dosis Schnulzensalz, servierte Schmankerl für jeden Geschmack«, schrieb die *Süddeutsche Zeitung*.[20]

Sein Witz kam gut an, weil er nie auf Kosten des Publikums ging. Da war er wieder, der ehrliche Täuschungskünstler: »Keine okkulte Mache, kein wissenschaftlicher Anstrich, sondern ehrlicher Schwindel von A bis Z«.[21]

Das Jahr 1962 begann mit einer Katastrophe. Das Gastspiel im Operettenhaus Hamburg ging seinem Ende zu, als in der Nacht vom 16. auf den 17. Februar 1962 eine Jahrhundert-Sturmflut über die Hansestadt hereinbrach. Kalanag und seine Truppe verließen die Stadt fluchtartig. Bei einem Gastspiel in Basel verbrannte der Lastwagen, in dem sich die Vorhänge und Dekorationen befanden. Diesmal konnte, anders als bei der Premiere 1947, kein Mitarbeiter rechtzeitig löschen. Da die Versicherung Selbstverschulden durch einen Fahrer feststellte, blieb Kalanag auf einem Schaden von 50000 Mark sitzen. Dann fuhr er auch noch seinen Opel Kapitän schrottreif.[22]

Im Monat, als die Sturmflut nach Hamburg kam, schlossen sich zwei junge Frauen Kalanags Truppe an: Heidi und Heike Koehn traten in den letzten zwei Jahren der Revue mit ihm auf. Die beiden zeichneten sich neben ihrem fröhlichen Wesen und ihren tänzerischen Fähigkeiten durch eine besondere Eigenschaft aus, die sie für jeden Zauberkünstler sehr begehrenswert machte: Sie waren eineiige Zwillinge. Im Januar 1961 suchte Kalanag händeringend nach Doppelgängerinnen, weil die anderen aufhören wollten.

Nachdem sie das Einverständnis ihrer Mutter eingeholt und Kalanags Ballettmeister vorgetanzt hatten, durften sich Heidi und Heike der Zaubertruppe anschließen. Die Zwillinge verpflichteten sich zu absoluter Verschwiegenheit, und Kalanag führte sie in die Geheimnisse der Zauberkunst ein. Dazu gehörte auch die richtige Art, über das Zaubern zu sprechen. Er legte großen Wert darauf, »Illusionist« genannt zu werden.

Ab sofort ließ Kalanag Heidi verschwinden und Heike woanders auftauchen. Das Publikum musste glauben, dass es sich um ein und dieselbe Person handelte.

Von Mai 1961 bis zur letzten Vorführung im Oktober 1963 traten sie insgesamt 401-mal mit Kalanag auf. Als es mit der Zauberrevue aus war, spielten sie weiter am Hamburger Operettenhaus im »Weißen Rössl«, »Land des Lächelns« und »Zarewitsch«. Peter Frankenfeld lud sie in seine Fernsehsendung »Guten Abend« ein. 1324-mal haben sie in den Sechzigerjahren auf der Bühne gestanden, bevor Heike zum NDR ging und Heidi heiratete. »Wir haben genau Buch geführt«, sagt Heike und legt eine Liste aller Engagements auf den Tisch. »Aber die zwei Jahre bei Kalanag waren die schönste Zeit unseres Lebens«, ergänzt Heidi.[23]

Und das, obwohl Heidi bei Kalanag insgesamt 288-mal den Bühnentod gestorben war: Sie hatte Glorias Platz in der berühmten chinesischen Durchschussillusion übernommen – und überlebte, anders als einst Chung Ling Soo. In jeder Stadt bekam sie einen anderen Namen: Sie war Emma in Berlin, in Barcelona hieß sie Pepita, die Hamburger kannten sie als Erna, in Deventer nannte Kalanag sie Coby, und in Istanbul war ihr Name Michèle. Ganz wild wurde es bei den Autogrammkarten der Showgirls. Auf der von Heike stand »Miss Lola Dolly-Vera«.[24]

Es war unglaublich komisch, ein Riesenspaß das Ganze. Auf einem alten Foto blickt Heidi in Kalanags Flinte und lacht, als gäbe es kein Morgen.

Heidi, Heike und Herma, die dritte Schwester im Bunde, hatten 1952 ihren Vater verloren. An dessen Stelle trat nun – dick, charmant und manchmal auch streng – Kalanag. Noch Jahrzehnte später erinnern sie sich an seine besondere Ausstrahlung: »Die Bühne war voll, wenn er auftrat, da kam etwas an.« Auch abseits der Bühne war Kalanag überaus liebenswürdig, wenn man ihm nicht in die Quere kam. »Er konnte vor Charme sprühen«, sagt Heidi.

»Wir waren überbehütet«, ergänzt Heike, »er war wie ein Vater für uns.« Zwei Jahre lang reisten die Zwillinge Heidi und Heike mit Kalanag durch Spanien, England, Italien, die Niederlande, Österreich, die Türkei und die deutsche Provinz. Dabei erlebten sie den allmählichen Niedergang der einst berühmten Revue.

»In Hamburg war die Show noch riesig«, erinnert sich Heidi Koehn. »Dann wurde sie immer kleiner.« Am Ende ließ der Zauberer keine Autos mehr verschwinden, sondern einen Motorroller. Der große Kalanag trat bei Firmenveranstaltungen auf, zauberte auf der Weihnachtsfeier eines Lederproduzenten und im Burda-Verlag.

Kalanags Ansprüche an sich und seine Mitarbeiter blieben unverändert hoch. »Disziplin war ihm äußerst wichtig«, erinnert sich Heike. »Er konnte auch mal laut werden, wenn etwas nicht funktionierte.« Einmal klappte etwas beim Verschwinden eines Motorrollers nicht. »Da hat er die Jungs angeschrien.« Bei Proben hatte er immer eine Stoppuhr in der Hand, um die Abläufe zu kontrollieren. »Das muss schneller«, ermahnte er die Langsamen, »Geschwindigkeit ist keine Hexerei!« Seine Assistentin Gisela berichtet, dass er manchmal noch einen Cognac hinter dem Vorhang trank, bevor er auf die Bühne trat. »Er wusste genau, wie viele Sekunden er brauchte.«[25]

Im Frühjahr 1962 sollten sie in Barcelona gastieren, aber dann gab es ein Problem. Der spanische Zoll hatte den Eisenbahnwagen mit Requisiten beschlagnahmt. Die Begründung lautete auf Waffenschmuggel. Die Zollbeamten hatten zwei Gewehre entdeckt, mit denen Kalanag jeden Abend auf Heidi schoss. Katalonien und seine Hauptstadt Barcelona waren dem Franco-Regime schon immer suspekt gewesen und standen unter besonderer Beobachtung. Es dauerte eine Weile, bis der Magier die spanischen Behörden überzeugen konnte, dass er nicht vorhatte, einen Putsch gegen Diktator Franco anzuzetteln. Er wollte nur zaubern.

Um die Wartezeit zu überbrücken, mietete Kalanag kurzerhand eine Villa am Strand von Mallorca für die ganze Truppe. Dort absolvierten die Kalanag-Girls jeden Tag auf der Terrasse ihr Balletttraining, während ihr Chef an seinen Kunststücken feilte. »Er war unglaublich fleißig und hat jeden Tag geübt mit seinen Karten und den Billardkugeln«, erinnert sich Heidi. Nachmittags vergnügten sich alle am Strand.

Auch Kalanag war guter Laune, die Pause schien ihm neue Kraft zu geben. Heidi machte Fotos mit ihrer Agfa Klack. Auf einem sieht man den Meister nur mit Bermudashorts und einer Baskenmütze bekleidet, wie er eine Assistentin auf den Schultern trägt. Abends spielten sie Karten in der Villa, und Kalanag erzählte aus seinem Leben.

Heike musste in der Öffentlichkeit immer eine schwarze Perücke tragen. Niemand durfte merken, dass zu Kalanags Helferinnen zwei Zwillingsschwestern gehörten.

Das Gastspiel in Barcelona stand von Anfang an unter einem schlechten Stern. Am 22. April 1962 war endlich Premiere in Barcelona, nachdem Francos Zöllner die Spielzeuggewehre freigegeben hatten. Sie spielten im alten Teatro Comico, einem heruntergekommenen Bau aus der Jahrhundertwende. Die Kalanag-Revue war die letzte Show, die dort lief. Bis Ende des Jahres sollte das Theater abgerissen werden. War es kein böses Omen, dass Kalanag jetzt schon auf abbruchreifen Bühnen spielte?

Zwei Wochen ging alles gut. Dann geschah ein Ereignis, an das sich Heidi Koehn heute noch mit Schaudern erinnert. In einer der Nummern spielte sie die zersägte Jungfrau. Kalanag hatte sich schon in den Fünfzigerjahren eine neue, moderne Art der Vorführung der altbekannten Illusion ausgedacht: Das Bühnenbild zeigte einen Operationssaal und Kalanag trat in einem weißen Kittel als Chirurg auf. Es war alles humoristisch und lustig gedacht: Zuerst betäubte er seine Patientin mit einem eindrucksvollen Holzhammer. Dann stellte er fest, dass jede Hilfe zu spät und eine Kopfamputation notwendig war. Er setzte eine gewaltige Kreissäge in Bewegung und sägte langsam durch den Hals der Patientin, bis Kopf und Körper in zwei Teilen waren.

Auch wenn vieles bei diesem Kunststück nicht mit rechten Dingen zuging – die Kreissäge war echt und sie war scharf. Von den Zwillingen fiel Heidi die dankbare Aufgabe zu, sich auf dem OP-Tisch vom Meister zersägen zu lassen. Dabei wäre es beinahe zu einer Katastrophe gekommen. Nach über einem halben Jahrhundert war die Bühne des alten Teatro Comico schief.

Kalanags Bühnentechniker hatten vergessen, beim Aufstellen des Tisches die Position der Kreissäge zu überprüfen.

In einer normalen Vorführung der Säge-Illusion drehte sich die Liege von den Zuschauern unbemerkt um 180 Grad, sodass die an ihr festgeschnallte Person unterhalb und damit außerhalb der Reichweite des Sägemessers lag. Bei der Premiere in Barcelona spürte Heidi aber plötzlich, dass etwas nicht stimmte. Die Säge war bereits ins Holz über ihrem Kopf eingedrungen und so nah an ihrem Hals, dass sie die Sägespäne im Nacken spüren konnte. Panisch presste sie ihren Kopf so weit wie möglich nach unten, als Kalanag im letzten Moment die Säge zurückzog.

Wenige Tage später geschah das nächste Unglück. Die Beleuchtung des alten Theaters war so schlecht, dass Kalanag bei einer Nummer zu weit rückwärtsging und von der Bühne stürzte. »Er hat sich den Knöchel gebrochen«, erzählt Heike, »aber die Show hat er an dem Abend trotzdem weitergemacht.«

Es war der letzte Abend in Barcelona, die restlichen Vorstellungen mussten abgesagt werden. Selbst wenn man nicht an böse Omen glaubte, für die Revuekasse war es ein Unglück. Kalanag musste drei Wochen lang aussetzen, um den Fuß zu heilen.

Währenddessen wurde in Zauberkreisen hinter vorgehaltener Hand geredet. Kalanag wolle seine Revue verkaufen, er wolle seinen Beruf aufgeben und sich endgültig zur Ruhe setzen. Böse Zungen behaupteten sogar, der große Kalanag habe längst sein einstiges Niveau verloren. Seine Verteidiger verglichen ihn mit Richard Wagner, priesen seine Revue als Gesamtkunstwerk aus Dichtung, Musik, Tanzkunst und Bühnenbildnerei. »Man muß Kalanag im Zeichen seiner Schau sehen«, schrieb 1962 die Fachzeitschrift *Zauberbrille,* »als Schöpfer, Organisator, Regisseur, Musiker und Magier.«[26]

Aber er versuchte mit allen Mitteln, wieder an seine große alte Zeit anzuknüpfen. Das Programm der Spielzeit 1963/64 trug den Titel »Kalanag. 1000 Wunder in einer Hand«. Über den Fotos seiner Assistentinnen stand der Titel des Films, den er 1938 mit Hans Zerlett gedreht hatte: *Es leuchten die Sterne*. Kalanag legte großen Wert darauf, dass alle Girls sich die Nägel rot lackierten. »Wir waren ewig am Nägelmachen«, stöhnt Heidi.

Im Programmheft warb er prominent für die Marken, die er in seiner Show präsentierte: von Coca-Cola über Kaffee Hag, Persil, Kessler-Sekt und Martini bis hin zu »Nervenruh-Zigarren von Heinecke & Cie.« hatte die schöne neue Warenwelt des Wirtschafswunders ihren Auftritt in der Kalanag-Revue.

»Am Ende wirkte er angegriffen«, erinnert sich Heidi Koehn. »Er war nicht mehr der sichere Fels in der Brandung.« Die Angebote blieben aus, er hatte kaum noch Engagements.

Nach drei Gastspielen in der Türkei ging Kalanag im Sommer 1963 wieder in deutschen Kurbädern auf Tournee. Auf Istanbul folgten Biberach, Bad Reichenhall und Wildbad.

Anfang August machten Kalanag und die wenigen Mitarbeiter, die noch übrig geblieben waren, Zwischenstation in Fornsbach. Zwei Wochen lang lebten sie dort wie eine Familie: mit Kalanag, seiner Partnerin Anita, der Sekretärin Lilo, dem Techniker Reinhard Demharter und Kalanags Tierpfleger Albert, der sich um Simbo kümmerte.

Sie wohnten im Haus Erdbeer, wo Kalanags Haushälterin Kathrine sie mit schwäbischen Spezialitäten verwöhnte. »Nierchen«, erinnert sich Heide und schaut ihre Schwester amüsiert an. »Und Hirnsüppchen!«, seufzt Heike. Jeden Morgen zur Frühstückszeit trat Margarethe Sedlmeier mit gebieterischer Miene vors Haus und rief die Truppe zum Appell: »Kinder, der Kaffee schreit nach Ihnen!«

Kalanag gönnte sich und seinen Mitarbeitern kaum eine Pause. Zwischen Juli und September traten sie in mehr als zwei Dutzend Städtchen auf. Aber nicht mit der großen Revue, sondern mit Salonmagie. Simbo war in Fornsbach geblieben, und Kalanag zeigte nur noch kleine Tricks. Auch die Girls mussten nicht mehr tanzen, sondern assistierten ihm nur noch.

Warum tat er sich das an? »Er wollte sich beweisen, dass er noch existiert«, glaubt Heidi. »Jeder hat im Gefühl gehabt, dass es zu Ende geht«, sagt Heike. »Das war der Abgesang.«

Das Herz des Zauberers

Kopf und Herz, heißt es, führen erst in reiferem Alter getrennte Rechnung. Ein Jahrzehnt lang war Kalanag um die Welt gewirbelt, ohne auf seine Gesundheit Rücksicht zu nehmen.

Der Arzt, dem er sich 1958 in Köln vorstellte, bekam einen Schrecken. Der Patient hatte gerade ein Gastspiel im Kaiserhof gegeben. Jetzt hatte er hohes Fieber.[1] Damit nicht genug. Er hatte ihm Arztberichte aus aller Welt gezeigt, aus denen hervorging, dass er seit Langem krank war und im Sommer 1956 auf einer Tournee durch Brasilien schon einmal einen Herzinfarkt gehabt hatte.[2]

Der Patient schien unwillig, seine unstete und kräftezehrende Lebensweise aufzugeben oder auch nur zu ändern. Der Arzt erklärte ihm, dass er noch immer herzkrank sei und die Gefahr eines Rückfalls bestehe. Doch dieser Herr Kalanag war wenig einsichtig und schien gar nicht zu wissen, welchem Risiko er sich aussetzte.

Eine solche Unvernunft hatte der Arzt selten erlebt. Er empfahl, nein, er verbot Kalanag dringend jederlei Aufregungen. »Dazu gehören auch Verhandlungen mit dem Finanzamt!« Die seelische Aufregung, die mit solchen Gesprächen einherging, könnte nämlich in Verbindung mit der körperlichen Anstrengung einer großen Tourneereise zu einem neuen Herzinfarkt führen.

Der Doktor ahnte, dass sein Patient die eindringliche Warnung in den Wind schlagen würde. Schließlich war Kalanag nur aus einem Grund zu ihm gekommen: Er brauchte die ärztliche Bescheinigung zur Vorlage beim Finanzamt.

Auch sein Hausarzt in München hielt es für dringend geboten, dass sein Patient besondere seelische Belastungen, Aufregungen und Ärgernisse vermied. Er sollte sich von langwierigen und strapaziösen Verhandlungen fernhalten oder wenigstens im Interesse seiner Gesundheit einen Vertreter schicken.[3]

So ging es weiter in den nächsten Jahren. Er litt unter Nebenniereninsuffizienz. Sein Hausarzt setzte ihn auf Diät und schickte ihn 1961 zur Kur nach Bayrischzell. Er verschrieb ihm Psychopharmaka wegen seiner Nervosität, der rastlosen Getriebenheit, Unruhe und Schlafstörungen.[4] Er ordnete Spaziergänge, Treppensteigen und regelmäßigen Mittagsschlaf an. Aber wie, bitte schön, sollte das mit dem Lebenswandel eines um die Welt reisenden Zauberkünstlers zusammengehen? Simsalabim war keine gute Medizin.

»Er hat zeitweise getrunken ohne Ende, manchmal eine Flasche Whisky am Tag«, erinnert sich seine Sekretärin Lilo Litobarski. »Beim Essen war er pfiffig: Wenn es Fleischfondue gab, nahm er doppelt so viele Spieße wie die anderen.«[5]

Als seine Tochter ihn das letzte Mal sah, wirkte er angeschlagen. Kalanag besuchte sie und Gloria in Buchholz. »Er sah krank aus und klagte über Schmerzen im Rücken«, erinnert sich Brigitte Schreiber.[6] Außerdem bemerkte sie, dass er nicht mehr so gut sprechen konnte. Nach einem Mittagsschlaf verabschiedete er sich zum letzten Mal und fuhr mit einem Taxi fort.

Es war sein Herz, das Kalanag umbrachte. Das Herz, das er sein Leben lang wie Revue-Tänzerin behandelt hatte, als ob ihm die Agentur beim nächsten Gastspiel ein Neues schicken würde. So übermächtig war sein Ehrgeiz gewesen, dass er ihn das Herz vergessen ließ. Viel zu spät wurde ihm klar, was er damit angerichtet hatte. Zum ersten Mal tat er etwas, das er immer vermieden hatte, weil es jede Illusion raubte: Der große Kalanag blickte hinter die Kulissen seines eigenen Lebens und entdeckte dort eine große Leere.

Was fehlte? Kalanag war einsam. Um seine beiden Töchter hatte er sich nie gekümmert. Und Gloria, die Frau seines Lebens, hatte er umgehend durch eine neue Partnerin ersetzt, nachdem sie ihn verlassen hatte. Wie lange hatte sie es mit ihm ausgehalten, ihn wie eine Löwin verteidigt und an seiner Seite gestanden, zu Hause und auf den Bühnen der Welt! Jetzt erst erkannte er, dass Gloria unersetzlich war. »Liebste Gloria«, schrieb er im Dezember 1962: »Schade, dass ich Euch nicht anrufen kann.« Es war sein letzter Gruß, und er unterschrieb ihn offenherzig wie nie: »In Liebe, Euer Kalanag«.[7]

Dann begann sein letztes Jahr. Bei Auftritten standen Ärzte hinter der Bühne bereit. Am 17. Oktober 1963 gab er seine letzte Vorstellung in Deutschland. Auf einer Modenschau für Strumpfhosen führte er noch einmal die »Wunsch- und Wunderbar« vor. Sein letzter Auftritt war am 22. Oktober in London bei der BBC.[8]

Es war zu viel. Der alte Zauberkünstler war erschöpft. Am 7. November 1963 wurde Kalanag ins Krankenhaus von Gaildorf in der Nähe Stuttgarts eingeliefert. Die Diagnose lautete auf Herzmuskeldegeneration, Vorhofflattern, Leberstauung und starke Ödeme – Folgeerscheinungen eines früheren Herzinfarkts im Jahr 1959.

Aber er konnte auch in der Klinik nur an eins denken: die bevorstehende Tournee durch Ostdeutschland. Die Gage sollte, wie üblich im Kalten Krieg, nicht in wertlosen DDR-Mark ausgezahlt werden, sondern in Form eines Tauschgeschäfts. Der Lohn für die Tournee war eine komplett neue Kostümausstattung. Eine Investition in die Zukunft, ein Hoffnungsschimmer. Das würde ihm die Rückkehr zur alten Größe ermöglichen, zur zauberhaften Opulenz, die seine Revue in ihrer besten Zeit ausgezeichnet hatte.

Fieberträume quälten ihn und störten seinen Schlaf. Nachts ging er durch die Korridore des Krankenhauses und zauberte in Gedanken. Wie ein tauber Pianist spielte der todkranke Kalanag noch einmal auf der Klaviatur seiner Kunststücke.

Er hielt es drei Wochen in der Klinik aus. Dann rief er die Ärzte und bestand darauf, entlassen zu werden. »Aus beruflichen Gründen«, wie der Chefarzt notierte.[9]

In der Dezemberausgabe der *Magie* dementierte Kalanag Gerüchte, nach denen er bereits gestorben sei, seine Zaubershow aufgegeben und sich einen Mercedes 600 gekauft habe.[10]

Man brachte ihn nach Fornsbach zurück in das Haus seiner Cousine Margarethe. Aber er wollte nach Berlin, unbedingt, um seine DDR-Tournee zu organisieren.

Die Reise in die geteilte Stadt brachte ihn fast um. Als er zurückkam, erlitt er einen zweiten Herzinfarkt und wurde am 8. Dezember erneut ins Krankenhaus Gaildorf eingeliefert.

Die Ärzte mussten ihm mitteilen, dass er im Sterben lag. Sein geschundener Körper befand sich im Todeskampf. Das Herz des Zauberers flimmerte, es hustete und zuckte. Im Hirn sammelte sich Wasser an. Er musste um Atem ringen, erbrach sich immer wieder und war zunehmend verwirrt. Am Heiligabend hatte sein Herz den dritten und letzten Anfall. Es hörte auf zu schlagen.

Kalanag war nicht auf der Bühne gestorben, aber wegen ihr. Der behandelnde Chefarzt formulierte es nach dem Tod seines Patienten in den nüchternen Worten des Wissenschaftlers, den es nichts anging, ob der Preis für ein solches Leben zu hoch gewesen war: »Durch die laufende physische und psychische Belastung in seinem Beruf als Filmregisseur und Direktor großer Unterhaltungstourneen kam es im Laufe der Jahre zu einer fortschreitenden Herzmuskelentartung, zunehmenden Verschlimmerung der Herz-Kreislaufleistung und unter dem Einfluß der letzten körperlichen Überbeanspruchung zu einem neuerlichen Infarktgeschehen, das schließlich den Tod herbeiführte.«[11]

Als Kalanag verschwunden war, hinterließ er Rätsel und Verwirrung. Die Sterbeurkunde des Standesamts in Gaildorf machte den falschen Doktortitel amtlich und promovierte den Verstorbenen zum »Doktor der Philosophie«. Die Traueranzeige machte ihn drei Tage jünger. Darunter standen die Namen von Gloria de Vos-Kalanag, Brigitte Schreiber-Kalanag, Margarethe Sedlmeier und »seine treuen Mitarbeiter«.[12]

Am 30. Dezember wurde sein Leichnam auf dem Pragfriedhof in Stuttgart eingeäschert und danach auf dem kleinen Totenacker von Fornsbach beerdigt. Neben Gloria, Brigitte Schreiber und Margarethe Sedlmeier gab die deutsche und ausländische Zauberprominenz ihrem Kollegen die letzte Ehre. Der Präsident des Magischen Zirkels Willi Faster war erschienen, aus Holland war Henk Vermeyden angereist. In der Trauerrede sprach ein Vertreter der freireligiösen Landesgemeinde Württemberg über die humanistischen Ideale, denen der Zauberer Zeit seines Lebens gefolgt sei, vor allem das höchste Ideal: die Freude, die er anderen Menschen vermittelt habe.[13]

Die ostdeutschen Zauberkünstler hatten sich bereits darauf gefreut, dass Kalanag am 4. Januar 1964 auf der Bühne des Friedrichstadtpalastes einen Wartburg verschwinden lassen würde.[14] Nun schickten sie einen Kranz.

Am Grab sprach Henk Vermeyden den verstorbenen Freund

direkt an: »In einer Zeit, in der andere nicht weiter wußten, weil für eine große Zauberschau kein Platz mehr im Show-Business zu sein schien, hast Du angefangen. Das war ein Beweis Deines Kampfgeistes, aber zugleich ein Beweis Deiner Kapazität. Du hast die Wege gesucht und auch gefunden, mit denen das Interesse des Nachkriegspublikums in einer unruhigen Zeit für die magische Kunst wieder geweckt werden konnte. Du hast der magischen Kunst neues Leben eingeblasen und mit Deiner phantastischen Schau Hunderttausenden in der ganzen Welt Freude gebracht. Deine Erfolge waren die Belohnung Deines Schaffens und Deines Geistes. Du hast uns den Beweis geliefert, daß die magische Kunst nicht tot ist, sondern lebt.«[15]

Vermeyden war bei Kalanags letztem Auftritt dabei gewesen, der erst wenige Wochen zurücklag. Sie hatten in London eine Aufzeichnung für die BBC gedreht, und Vermeyden hatte gespürt, dass sein alter Freund müde war. Doch als die Studiolichter angingen, war Kalanag wie ein altes Zirkuspferd in der Manege noch einmal zu letzter Kraft aufgelaufen. »Ich hoffe sehr«, rief Vermeyden ihm nun hinterher, »daß Du jetzt die Ruhe und den Frieden gefunden hast, die Du in Deinem so bewegten Leben nicht finden konntest.«

Dann wurde die Urne zur Musik der großen Schwebeillusion aus Kalanags Revue hinabgelassen.

Die sieben Schlüssel

> »Er hatte kein Geld bei sich, in seinen Taschen fanden sich lediglich sieben Safeschlüssel. Sieben Schlüssel zu verschiedenen Safes, wahrscheinlich auch in verschiedenen Ländern. Bis heute weiß keiner, wohin diese sieben Schlüssel gehören. Sie waren sein einziger Besitz, und seine Revueausstattung befand sich in einer halboffenen Scheune.«[1]

Die Geschichte, die der Magier Punx seinem britischen Kollegen Val Andrews berichtete, gab Rätsel auf. Wiesen die sieben Schlüssel den Weg zu einem Geheimnis, das Kalanag mit ins Grab genommen hatte? Vielleicht gar zu dem Nazi-Gold, das nach wie vor verschwunden war? Hatte Kalanag von den Reichsbankmillionen, an deren Übergabe er 1945 nachweislich beteiligt war, etwas für sich abgezweigt und damit seine ungeheuer aufwendige Revue finanziert?

Dazu kam eine andere Frage: Konnte man Punx über den Weg trauen? Der Zauberer hatte kein gutes Verhältnis zu seinem Kollegen Kalanag gehabt. Existierten die Schlüssel überhaupt? Oder hatte der raffinierte Punx eine Nebelkerze geworfen, um seinen alten Konkurrenten noch einmal in den Dunst des Dritten Reichs zu hüllen? Schließlich war Ablenkung für einen Zauberkünstler das Mittel der Wahl, um die eigene Vergangenheit verschwinden zu lassen. Denn auch Punx hatte ein Vorleben im Dritten Reich. Unter seinem bürgerlichen Namen Ludwig Hanemann war er als Referent in Goebbels Propagandaministerium tätig gewesen.[2]

Gloria jedenfalls war sicher, dass Kalanag Geld versteckt hatte. Nach seinem Tod verschaffte sie sich Zugang zu dem Haus in Fornsbach, das seine Cousine Margarethe Sedlmeier mit ihm gebaut hatte. Margarethe war eine resolute Frau, und sie konnte die Ex-Frau ihres Vetters Helmut nicht leiden. Über ihren Besuch war sie alles andere als erfreut.

Gloria durchkämmte das Haus von oben bis unten, schlitzte Bilderrahmen auf, suchte Schließfachschlüssel und Geheimnummern für Geldkonten.[3] Sie wurde nicht fündig. Aber sie war sicher, dass Helmut Schreiber etwas vor ihr versteckt hatte. Schließlich hatte er immer ein Auge aufs Geld gehabt. Auch mit ihr hatte er nach Heller und Pfennig abgerechnet – jedenfalls, wenn die Rechnung zu seinen Gunsten ausfiel.

Solange sie verheiratet waren und gemeinsam auftraten, führte Kalanag mit penibler Sorgfalt Buch. Am 18. Juni 1949 bekam die Hauptdarstellerin »Gloria Kalanag« eine Abrechnung, die für den Zeitraum Februar bis Mai 1949 Einnahmen in Höhe von 41068,45 DM und Ausgaben in Höhe von 39822,48 DM auflistete. Gloria erhielt einen Gewinnanteil von 20 Prozent, also 249,19 DM. Da sie aber erkrankt war, zog ihr Kalanag Auslagen für das Universitätskrankenhaus Eppendorf und eine Kur in Bad Pyrmont in Höhe von 4523,82 DM ab und rechnete mit spitzer Feder, dass seine Frau ihm somit 4274,63 Mark schuldete. »Wir bitten Sie höflichst um Mitteilung«, hieß es aus der Buchhaltung, »wann wir mit der Abdeckung dieser Summe auf unser Konto ›Revue Simsalabim‹ rechnen können.«[4]

War die Ehe mit Gloria eine Geschäftsbeziehung gewesen? Offensichtlich hatte Kalanag die finanziellen Angelegenheiten zwar in Glorias Namen geregelt, aber nicht immer in ihrem Interesse. Ein Teil ihrer Gage wurde auf ein Schweizer Konto umgeleitet, zu dem sie nach seinem Tod keinen Zugang mehr hatte. In einem Brief an die gemeinsame Tochter Brigitte klagte Gloria 1969: »Hätte ich nur darauf bestanden damals gleich die Hälfte zu behalten und immer meine volle Gage ausbezahlt zu bekommen, als mich auf das Versprechen einzulassen, dass der Rest für mich in der Schweiz gespart wird. Ich hätte heute ganz glatte 700 000,– auf der Kasse etc. Und hätte mir vor allem diese peinlichen Situationen erspart. Schließlich war ich ja mal ein internationaler Revuestar mit großem Erfolg, der in dieser Zeit so viel verdient hat, dass er sorgenlos im Alter davon leben könnte. Ich bin noch nachträglich wütend auf mich selber.«[5]

War es nicht Kalanags Affäre mit einer Tänzerin, sondern seine Selbstsucht, von der sich Gloria schließlich befreien wollte? Kam deshalb die Scheidung, die auch das Ende von Simsalabim bedeutete? Der ehemalige Präsident des Magischen Zirkels Horst Müller, der nach Glorias Tod den Nachlass Kalanags erwarb, glaubte, dass der Magier sie gerne wieder geheiratet hätte – »aber es war nicht möglich«.[6] Hätte er wohl, doch aus Liebe? Dass Kalanag seine Gloria zurückhaben wollte, hatte auch geschäftliche Gründe: Ohne die beeindruckende Bühnenpräsenz seiner Partnerin war Kalanags Revue wenig attraktiv geworden für Veranstalter. »Die wollten ihn auch nicht mehr ohne Gloria«, erinnert sich die Balletttänzerin Uschi, die durch ihren direkten Draht zu Kalanags Sekretärin Gerda Oehling stets gut informiert war.[7]

Kalanag war mit Anita Schmitt liiert, die als Angela Ferrari auch auf der Bühne Glorias Nachfolgerin wurde. Aber verheiratet waren sie nicht. Gloria dagegen hatte Tatsachen geschaffen, nach der Trennung von Kalanag unverzüglich erneut geheiratet und ein neues Leben begonnen. Aus der Künstlerin Gloria de Vos wurde sehr bürgerlich Anneliese Heinrich.[8]

Die Ehe mit Heinrich hielt nicht lange, und 1964 heiratete sie noch einmal – diesmal keinen Künstler, sondern einen Hamburger Mediziner. Ein Zahnarzt und ein ehemaliger Revuestar – konnte das gut gehen? Es konnte nicht. Kaum vier Jahre später waren sie geschiedene Leute.[9]

Gloria wurde im Laufe der Zeit immer misstrauischer. Sie suchte nach Kalanags Konten und entdeckte eine Vielzahl davon.[10]

Sie beschloss, um das Erbe von Kalanag zu kämpfen, auch im Interesse der gemeinsamen Tochter Brigitte. Dabei war sie nicht einmal sicher, ob ihr Ex-Mann statt ihrer nicht die Tochter als Haupterbin eingesetzt hatte.[11]

Die Suche nach Kalanags Millionen steigerte sich für Gloria in eine Besessenheit. Ein Verfolgungswahn bemächtigte sich ihrer, und sie begann, das ganze abgekartete Spiel für eine Illusion zu halten – einen Trick, mit dem man ihr übel mitspielen wollte.[12]

»... und lass uns zusammenhalten wie Pech und Schwefel«, schrieb sie 1968 an Brigitte, »daran scheitern dann alle Machenschaften, entweder bekommen wir beide gar nichts, und die anderen alles, weil sie versucht haben uns gegeneinander auszuspielen!!! Darin liegt der ganz große Trick! Warum ist auf einmal so großes Interesse? Warum versucht ein Testamentsvollstrecker, der eigentlich froh sein sollte, etwas zu entdecken, mitsamt seinem Vater mir fortlaufend einzureden, dass ich mich in einer Illusion bewege?? Dass ist schon so seltsam, – dass es riecht.«[13]

Manchmal erschien ihr Kalanag im Traum mit einer Botschaft. »Etwas muss doch Deinen Vater sehr beunruhigt haben noch nach seinem Tode, sonst hätte er sich doch nicht mir mitgeteilt und das 2 mal«, schrieb sie 1969 an Brigitte.[14] Die Botschaften aus dem Jenseits trieben sie um. Sie glaubte, dass auch Brigitte Besuch von ihrem toten Vater bekam: »Dass Du Deinen Namen im oberen Haus rufen hörtest kann ich mir nur so erklären, dass Dein Vater nunmehr Dich auffordert offen mit mir zu sprechen.«[15]

Gloria de Vos war und blieb eine Künstlerin, ein exzentrischer Revuestar. Sie vermisste die großen Gefühle, die ihr die enge bürgerliche Welt nicht mehr bieten konnte. Aus Gloria konnte nicht mehr Anneliese werden. Sie zog sich nach Bissone im Schweizer Kanton Tessin zurück und kaufte ein Haus, das der Schauspielerin Grethe Weiser gehört hatte.[16] Auch Simbo fehlte ihr, der Gepard, der sie und Kalanag fast überallhin begleitet hatte.

Sie konnte auf vieles verzichten, aber nicht auf Raubtiere, und ließ für 10000 Mark ein Käfiggehege neben der Villa bauen. Gloria hatte immer ein liebevolles Verhältnis zu den Raubtieren gepflegt, mit denen sie und Kalanag auftraten. 1958 hatte sie sogar ein Kinderbuch mit dem Titel *Gonja, einer Löwin lustige Abenteuer* geschrieben. Nun erinnerten die Wildkatzen sie an ihre große Zeit als Revuestar. Sie bemutterte die Tiger wie Ersatzkinder und zog sie bei sich zu Hause auf.

Immer wieder durchsuchte sie alte Unterlagen, Aktenordner und Kisten und entdeckte im Laufe der Zeit weitere Kalanag-Konten in England, Holland und Maracaibo.[17]

Schließlich fand sie die Schlüssel von Kalanag.

Sie steckten in einem Etui, auf dem der Name »KeeMake« und eine Nummer standen. Die einzelnen Schlüssel trugen Namen wie »Pado« und »Fonte« oder Nummern. Mehr Informationen hatte sie nicht. Sie schrieb die Firma KeeMake an und bekam die Antwort, dass Kunden unter der Nummer auf dem Etui ihren Namen und ihre Adresse registrieren lassen konnten, damit die Schlüssel bei Verlust zurückgesendet werden konnten.[18]

Dass die Nummer von Kalanag bei KeeMake jedoch angeblich nie registriert worden war, musste ein Irrtum sein. »Dein Vater hat sich sicher deswegen für die Schlüsseltasche entschieden, weil er versichert sein wollte gegen Verlust«, schrieb sie an Brigitte.[19]

Dann forschte sie den einzelnen Schlüsseln nach. »Fonte« war ein Originalschlüssel der gleichnamigen brasilianischen Fabrik für Kassenschränke. Dieser Schlüssel würde ein Schließfach öffnen, aber wo? Gloria hielt es für möglich, dass Kalanags Erbverwalter dort heimlich weiter Gelder einzahlten »in der stillen Hoffnung, dass wir nie darauf kommen«.

Sie fragte in São Paulo bei der Firma »Metalurgica La Fonte S. A.« an, ob dort Kundenlisten mit den Nummern von Safeschlüsseln vorhanden waren.

»Pado« war aller Wahrscheinlichkeit nach ein Schlüssel zu einem Vorhängeschloss. Wofür allerdings die Nummer 296 stand, wusste die Firma auch nicht.

»Wichtig müssen sie ja beide sein, weil Dein Vater nicht umsonst so einen dicken Holzklotz dranhängt und darauf schreibt Nr. 1. Diesen ganzen Zirkus macht er auch nicht mit einem Hausschlüssel.«[20]

Ein anderer Safeschlüssel war als Autoschlüssel getarnt. Er musste, vermutete Gloria, zu dem Hauptschlüssel im Schweizer Bankdepot mit der Nummer 1953 passen. Das ging aus zwei Briefen hervor, die eines Tages aus einer alten Akte herausgefallen waren, als sie nach Rechnungen suchte. »Ich habe wirklich dann an Zauberei gedacht.«[21]

Sie prozessierte unentwegt, um an die Konten in der Schweiz zu kommen.[22] Glorias Pech war, dass sie es mit einem Berufsstand zu tun hatte, dem Geheimniskrämerei sogar noch wichtiger war als den Zauberkünstlern. Das Schweizer Bankgeheimnis blieb undurchdringlich wie der Schleier der Maya. Trotzdem gab sie die Hoffnung nicht auf, doch irgendwann an das Vermögen zu kommen, das Kalanag, gewieft wie er war, einem ausgeklügelten Trickprinzip folgend versteckt haben musste.

Margarethe Sedlmeier schrieb 1975 an einen Zauberkollegen von Kalanag: »Man sucht immer noch sein Vermögen und findet es nicht – es sollen Millionen gewesen sein; und im Ausland liegen.«

Aber es ging Gloria nicht allein um das Geld. Sie fühlte sich missachtet – von den Anwälten und Steuerberatern, den ehemaligen Freunden und von Kalanag selbst.

»Er hat ihre Schönheit und ihr Talent ausgenutzt«, sagt Glorias Nichte Lore Meyer, »und sie war ein bisschen sein Geschöpf.« Und doch hatten Kalanag und Gloria sich gegenseitig Halt gegeben. Ihre Trennung war für beide der Anfang vom Ende einer großen Illusion.

Gloria suchte sich eine neue Arbeit, um etwas mit ihrer Zeit anzufangen, und ließ sich zur medizinischen Bademeisterin ausbilden.[23] »Sie war kein bisschen arrogant«, erinnert sich Lore Meyer, »aber mit Geld konnte sie nicht umgehen.« Zuletzt arbeitete sie als Kosmetiklehrerin und lebte in einer bescheidenen Dreizimmerwohnung in Stadthagen bei Hannover.

Sunset Boulevard in Niedersachen: Die ehemalige Schönheitskönigin, der einst weltberühmte Revuestar Gloria de Vos verfiel am Ende ihres Lebens dem Alkohol und der Erinnerung. Sie häufte Kleider über Kleider an, als müsse sie noch immer jeden Abend ein Dutzend verschiedene Kostüme wechseln. Nach Glorias Tod fand ihre Nichte über zweihundert Hosen im Keller, an denen zum Teil noch die Preisschilder hingen.[24]

Am Ende versagte ihr Herz – wie das von Kalanag. Gloria de Vos starb am 13. November 1985 im Alter von siebenundsechzig Jahren.[25] Bis heute hat niemand die Schließfächer zu den Schlüsseln des Zauberers gefunden.

Das war der letzte Trick von Kalanag.

Nachwort

Niemand ist ehrlicher als ein Zauberkünstler: Er kündigt den Zuschauern an, dass er sie täuschen wird – und dann täuscht er sie. Helmut Schreiber war ein Meister der Täuschung, auf der Bühne und im wahren Leben. Er war der Zauberer der Stunde Null, dieser gigantischen historischen Illusion, nach der die deutsche Geschichte im Jahr 1945 scheinbar noch einmal neu begann.

Als Zauberer Kalanag schenkte er den Deutschen in den Fünfzigerjahren, was sie sich sehnlichst wünschten: Vergessen und Vergnügen. Seine eigene Vergangenheit ließ er verschwinden. Dass Kalanag, als er noch Helmut Schreiber hieß, im Dritten Reich NSDAP-Mitglied gewesen und als Filmproduzent in Goebbels Albtraumfabrik gearbeitet hatte, kompromittierte ihn wie viele andere Deutsche, die sich dem Regime aus Opportunismus und Ehrgeiz angedient hatten.

Aber wenige Deutsche gaben ihrem Leben nach 1945 eine so spektakuläre Wendung wie Schreiber, der sich zwei Jahre nach dem Krieg als Zauberkünstler Kalanag neu erfand und im völlig zerstörten Deutschland eine musikalisch-magische Revue aus dem Boden stampfte, wie sie die Welt noch nicht gesehen hatte. Helmut Schreiber-Kalanag war ein zutiefst widersprüchlicher Mensch. In seiner schillernden Wechselhaftigkeit gleicht dieser Zauberer der deutschen Geschichte des 20. Jahrhunderts. Er konnte rücksichtslos und intrigant sein, autoritärer Chef und distanzierter Vater – und verzauberte auf der anderen

Seite ein Millionenpublikum in aller Welt mit seiner magischen Revue.

In seiner Hamburger Wohnung hatte er sich nach dem Krieg eine Art Altar errichtet, ein Polyptychon aus vier Glasfenstern mit magischen Symbolen, Zauberformeln, lateinischen Sprüchen. Kalanags magisches Fenster war keine bloße Dekoration, es ist eine Biografie in Bleiglas: Da ist das Münchner Kindl im ersten Fenster – das Wappen jener Stadt, in der er studiert und seine ersten Erfahrungen beim Film gemacht hatte und in die er später als Direktor der Bavaria Filmstudios zurückgekehrt war. Darunter eine Tafel mit den Namen seiner Ahnen. Im zweiten Fenster das Stuttgarter Rössle, das ihn an seine Geburtsstadt erinnerte. Ganz rechts im vierten Fenster das Familienwappen.

Das Handwerkszeug des Magiers findet sich überall auf den Fenstern: Karten, Zauberstab, Würfel, ein Blumenstrauß, Trichter, aus denen Tücher quellen, ein Zylinder samt Kaninchen, Tauben, ineinander verschlungene Ringe. Seine Insignien: das Wappen des Magischen Zirkels von Deutschland, von Kalanag in den Zwanzigerjahren entworfen. Ein mit schweren Messingbeschlägen versiegeltes Zauberbuch; fünf Bände, deren Rücken zusammen das Wort »Magie« ergeben.

Außerdem Sektkorken und Marschmusik, aber natürlich nicht irgendein steifer Preußenmarsch, sondern der schwungvolle »Marsch des Magischen Zirkels«, den Kalanag Ende der Dreißigerjahre eigens für den Zirkel komponieren ließ. Der Marsch war eigentlich ein Foxtrott und wurde nach Kalanags berühmter Zauberformel benannt: »Simsalabim«. Dazu ein Bierfass, Hopfen und Malz, Weintrauben, überquellende Obstkörbe, Trinkgläser, Champagner- und Weinflaschen. Das Leben ist ein Fest – und wenn gerade mal nicht, dann hilft ein bisschen Zauberei. Schließlich verstand sich kein anderer so gut wie Kalanag darauf, aus Wasser Wein und alle möglichen Spirituosen zu machen.

Dann Rätselfiguren: eine schwarze Katze vor einem Leuchter mit drei Kerzen, eine davon bereits verloschen; ein Fisch, der ein Herzass ausspuckt; eine Sphinx zwischen Champagnerflaschen und Gläsern. Diese letzte Figur gleicht der Person Kalanag mehr als alle anderen: ein rätselhafter Mensch, der niemanden in sein Innerstes schauen ließ und nach außen den jovialen Lebemann gab, auch wenn ihn die Geschäfte an den Rand des körperlichen Zusammenbruchs trieben. Kalanag war, wie so viele Deutsche nach dem Krieg, ein Mensch, der seine wahren Geheimnisse redselig zu verschweigen wusste.

Nicht umsonst stehen am Fuß jedes Fensters ein Engel und ein Teufel, die in verschiedene Richtungen an einem Seil ziehen. Wie ein Stoßseufzer wirkt inmitten all der fröhlich-bunten Zaubersachen das Zitat des römischen Dichters Horaz: »Beatus ille qui procul negotiis« – Glücklich, wer den Geschäften fern sein kann. Vor der Sphinx liegt ein Blatt, auf dem »Haushalts-Abrechnung« steht. Egal wie bunt und schön das Leben ist, irgendwann muss jemand die Zeche zahlen.

Kalanag kannte kein Innehalten. Leben und Show wurden eins. Die Revue musste immer weitergehen, auf eine Nummer folgte die nächste. Privat pflegte er einen ausschweifenden Lebensstil. Noch ein lateinischer Spruch, der sich um eine Zehnerkarte mit nackter Jungfrau windet wie eine lüsterne Schlange: »Hirundo Maleficis Evoltat«. Der Schein täuscht auch hier. Dieser Spruch stammt nicht von einem Dichter der Antike. Unter den Worten, die scheinbar böse Taten beschwören, tut sich ein doppelter Boden auf, der den ganzen bösen Zauber in schallendem Gelächter versinken lässt. Es ist schwäbisches Küchenlatein: »Hier und da mal ein Fick ist eine Wohltat«.

Als Helmut Schreiber-Kalanag am Heiligabend 1963 mit nur sechzig Jahren starb, begrub man ihn unter einem Grabstein, auf dem ein Zauberstab und die Worte eingemeißelt sind: »Ein Mensch, den man nie vergißt«. Das Grab auf dem kleinen Friedhof in Fornsbach, von dem man einen schönen Blick auf Wald und Tal hat, existiert noch heute. Auch das magische Fenster hat dort, im Provinzwinkel des Weltzauberers, die Zeit überdauert.

Aber Kalanags einst großer Name ist heute nur noch Eingeweihten ein Begriff. Die wenigen Zeitzeugen jedoch, die ihn noch erlebt haben, geraten wie der Zauberkünstler Siegfried aus Las Vegas ins Schwärmen, wenn sie von seiner überwältigenden Show erzählen: »Kalanag war ein toller Entertainer … Die Schwebung war fantastisch, das hat mich wahnsinnig mitgenommen.«[1]

Es ist kein leichtes Unterfangen, die Biografie eines solchen in vielen Facetten schimmernden Menschen mehr als ein halbes Jahrhundert nach dessen Tod zu schreiben. Vielleicht hilft es, dass sowohl Zauberkunst als auch Literatur die Möglichkeit haben, Tote zum Leben zu erwecken.

Aber man muss stets auf der Hut sein, wenn man die Geschichte eines Mannes erzählen will, der sein Leben lang Täuschungskünstler war. Man darf sich nicht ablenken lassen von den Finten und falschen Fährten, die er und seinesgleichen legen. Viel von dem, was er 1962 in seinen Memoiren *Kalanag: Der Magier erzählt sein Leben* berichtet, ist ausgeschmückt, übertrieben oder reine Erfindung. Geglaubt habe ich Kalanag nur, was auch an anderer Stelle belegt wird.

Ohne die Hilfe zahlreicher Zeitzeugen, darunter seine beiden Töchter und eine Reihe ehemaliger Mitarbeiterinnen, sowie den fachlichen Rat vieler Zauberkünstler wäre Kalanag ein Geheimnis für mich geblieben.

Ich habe mich bemüht, sein Leben aufgrund von Zeugenaussagen und Dokumenten so authentisch wie möglich zu erzählen. Wörtliche Zitate und Dialoge sind entweder schriftlich belegt oder aus zeitgenössischen Quellen akribisch rekonstruiert.

Denn dieses Buch ist kein Roman, sondern eine wahre Geschichte. Für einen Roman wäre Kalanags Leben zu unglaubwürdig.

Dank

Ein Teil des Manuskriptes entstand während mehrmonatiger Aufenthalte als Lucas Artists Literary Fellow am Montalvo Arts Institute in Saratoga, Kalifornien, ein weiterer als Gast in der Villa Gasser bei Zürich. Ich danke meinem Zirkel magischer Berater und Freunde sowie allen Zeitzeuginnen und -zeugen, die an diesem Buch mitgewirkt haben.

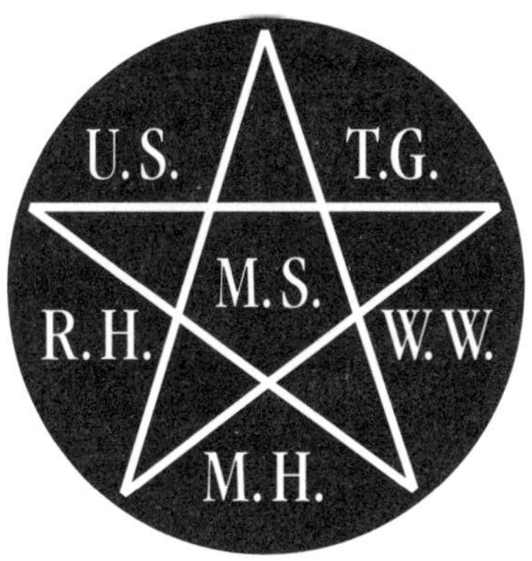

Anmerkungen

Ein Magier aus Deutschland

1 Val Andrews, *Die 7 Schlüssel von Kalanag,* dt. v. Gisela Winkler, unkorrigierte Arbeitskopie von Alfred Czernewitz, o. O. 1992, 4ff. (Stiftung Zauberkunst, Nottuln).
2 *Abracadabra,* 27. 1. 1951.
3 Bei dem Trick handelt sich um die »Knives of Opah«, vgl. Robert Harbin, *Demon Magic,* London 1938, 20.

Du sollst nicht zaubern

1 »Der Produktionsleiter«, in: *Filmwelt,* 2. 5. 1937.
2 H. F. C. Suhr, *Das Goldene Buch der Magie,* Stuttgart, 1900. Ich danke Volker Huber für die Einsicht in die Werke aus Kalanags magischer Bibliothek.
3 *Berliner Morgenpost,* 10. 12. 1953.
4 So erzählt es Kalanag in dem Fernsehfilm *Simsalabim. Porträt des großen Zauberkünstlers Kalanag,* gesendet vom Süddeutschen Rundfunk am 13. 7. 1958.
5 Fred Hildenbrandt, »Geschichte ohne Politik: Ein privater Zauberer«, *Berliner Tageblatt,* 29. 5. 1932.
6 Thorn in *Magie* 1920, 116.
7 Jochen Zmeck, *Wunderwelt Magie,* München 1982, 74.
8 *Magie* 1928, 63.
9 Hans Trunk, »Tempi Passati«, *Magie* 1959, 50.
10 Price, zit. von John Thorn in *Magische Welt,* 56 (2007), Heft 3, 160ff.
11 Kalanag [Helmut Schreiber], *Der Magier erzählt sein Leben,* Hamburg 1962, 19.
12 Kalanag, *Magier,* 22.
13 Thorn zu Charly Eperny, *Magie* 1962, 64. Vgl. auch *Magie* 1930, 9: »Ein frischgebackener Zauberkünstler zeigte einstmals Ernest Thorn einige seiner Haupttricks. ›Wie finden Sie die Sachen?‹ wollte er Thorns Meinung hören. ›Junger Mann,‹ antwortete Thorn, ›so etwas dürfen Sie erst zeigen, wenn Sie berühmt sind. Bis dahin müssen Ihre Sachen gut sein!‹«

14 Kalanag, *Magier,* 9. Ein Beispiel für das tragische Ende eines Zauberkünstlers war der Bühnentod Chung Ling Soos, der 1918 aufgrund eines technischen Fehlers starb. In sein Zaubernotizbuch schrieb der junge Helmut Schreiber damals: »23. März 18. Chung Ling Soo erschossen« (Schwarzes Notizbuch von Helmut Schreiber, 84, Kalanag-Nachlass, Stiftung Zauberkunst).

Tausendkünstler

1 3. Oktober 1918 in Zinneberg als Helmut Schreiber; Atteste, Bd. 1 (Kalanag-Nachlass, Stiftung Zauberkunst).
2 Passau 14.8.1918, in: Atteste, Bd. 1 (Kalanag-Nachlass, Stiftung Zauberkunst).
3 Atteste, Bd. 1, ca. August 1918 (Kalanag-Nachlass, Stiftung Zauberkunst).
4 Atteste, Bd. 2 (Kalanag-Nachlass, Stiftung Zauberkunst).
5 Rudyard Kipling, *Das Dschungelbuch,* aus dem Engl. v. Andreas Nohl, Göttingen 2015, 359.

Null und Neun

1 Kalanag, *Magier,* 22.
2 Kalanag, *Magier,* 37.
3 Kalanag, *Magier,* 38.
4 Sitzungsprotokoll, 8.5.1912. In: Magischer Zirkel Hamburg (Hrsg.), *Die Kunst des Verzauberns,* Hamburg 2012, 17.
5 Vgl. Sitzungsprotokoll, 8.5.1912, *Die Kunst des Verzauberns,* 17.
6 Zitiert nach Victor Farelli, *John Ramsay's Routine with Cups and Balls,* London 1948, 13.
7 *Magie* 1920, 106.
8 Vgl. den Fall des Erklärers »Hannz Llermo«, den der Berufszauberer Talerno in der Novemberausgabe der *Magie* von 1919 publik machte. Llermo gab vor, dem Publikum die Geheimnisse der Telepathie, Suggestion, Hypnose und des Gedankenlesens beizubringen, und rühmte sich außerdem in seiner Werbung, »viele Dankschreiben über Krankheitsheilungen« zu besitzen. *Magie* 1919. 81 ff.
9 *Magie* 1919, 94.
10 *Magie* 1919, 123: »Kampffonds zur Bekämpfung unlauterer Elemente unserer Kunst«. Darunter ist Helmut Schreiber mit 11 Mark als Spender ausgewiesen.
11 *Magie,* März 1919.
12 *Magie,* Januar 1919. Vgl. *Die Kunst des Verzauberns,* 22.

13 *Magie*, Mai 1919.
14 Geburtsurkunde vom 5.9.1917, abgedruckt in *Magie* 1963, 42; letzter Personalausweis, ausgestellt am 25.4.1963, abgedruckt in *Zauberreport* 1993, Heft 1, Titelseite; Ahnenpass (der sogenannte Ariernachweis), ausgestellt am 12.2.1941, abgedruckt in *Zauberreport* 1993, Heft 1, 10; Fragebogen des Military Government of Germany vom 31.1.1946 (Entnazifizierungsakte Helmut Schreiber, Bundesarchiv, R 9361-V/151977); vgl. auch Kalanag, *Der Magier erzählt sein Leben,* 7 (»Es war im Winter 1911 – ich war acht Jahre alt [...]«).
15 *Magie* 1933, 11; *Magie* 1933, 127; *Magie* 1936, 16; *Magie* 1938, 34.
16 Erst kurz vor Kalanags Tod fiel Franz Braun, der 1963 Schriftleiter der *Magie* war, auf, dass das Geburtsjahr des Ehrenpräsidenten »älteren Mitgliedern einige Kopfschmerzen« bereitete. Da die Februarausgabe 1963 Kalanag zum 60. Geburtstag gewidmet war, kündigte Braun an, die Sache ein für alle Mal richtigzustellen, nicht ohne den streitlustigen Kalanag zu besänftigen: »Es wird selbstverständlich – wie vereinbart – in ›humorvoller Weise‹ geschehen, ohne zu sehr darauf ›hinzuweisen‹.« »Kalanag. Der Mann der Geheimnisse«, *Magie* 1963, 42; Franz Braun an Kalanag, 2.1.1963 (Kalanag-Nachlass, Stiftung Zauberkunst).
17 Privatbesitz.

Der talentierte Herr Schreiber

1 Das Studentenverzeichnis für den Sommer 1921 der Universität München listet den Absolventen der Oberrealschule Stuttgart Helmut Schreiber als Studenten der Philosophie.
2 Kalanag, *Magier,* 73. Vgl. Rolf Aurich, *Kalanag: Die kontrollierte Illusion des Helmut Schreiber,* Berlin 2016, 52.
3 Zit. in Karl Ude, »Ihr bester Mann hieß Kalanag«, *Süddeutsche Zeitung,* 11.6.1971.
4 Ibid.
5 *Magie* 1919, 56.
6 *Magie* 1919, 59.
7 *Magie* 1919, 79.
8 *Magie* 1920, 135.
9 Kalanag, *Magier,* 73.
10 Kalanag, *Magier,* 70.
11 Als er in den Vierzigerjahren selbst Produktionsdirektor der Bavaria war, hielt er es ähnlich und verfilmte laut eigener Aussage zu neunzig Prozent Stoffe, die seine Dramaturgen abgelehnt hatten. Die erhaltenen Protokolle der Dramaturgiesitzungen der Bavaria aus dieser Zeit belegen außerdem, dass Schreiber oft Änderungen vornahm, die dem

Geschmack eines breiten Publikums entgegenkommen sollten. Vgl. Kalanag, *Magier,* 70; Sitzungsprotokolle der Bavaria-Dramaturgie, Bundesarchiv R/109/I.

12 Kalanag, *Magier,* 71.

13 Kalanag, *Magier,* 72.

14 Helmut Schreiber, »Glashaus«. Zeitungsausschnitt in Pressealbum 1921–1937 (Kalanag-Nachlass, Stiftung Zauberkunst).

15 Helmut Schreiber, »Glashaus«, wie Anm. 14.

16 Helmut Schreiber, »Glashaus«, wie Anm. 14.

17 Entschädigungsakte Max Bronell, Landesamt für Bürger- und Ordnungsangelegenheiten (LABO), Blatt B43.

18 »Erklärung über die wirtschaftliche und soziale Stellung des Verfolgten« vom 23.4.1964, in: Entschädigungsakte Max Bronell, LABO, Blatt B75 ff.

19 Zu ihnen gehörte der Filmarchitekt Fritz Maurischat (1893–1986), der sich in seinen unveröffentlichten Erinnerungen äußerst abfällig und mit antisemitischen Untertönen über seinen Kollegen Heilbronner äußert und suggeriert, der habe vom Einfluss seines Vaters als Geschäftsführer der Emelka profitiert. Deutsche Kinemathek, Archiv. 4.3-200013 Nachlass Maurischat. Vgl. Aurich, *Kalanag,* 66 f.

20 Heilbronners Vater hieß Fritz. Rolf Aurich schließt eine Verwandtschaft zwischen Milton und Max Heilbronner nicht aus, es gibt allerdings keine Belege. (Aurich, *Kalanag,* 67).

21 *Film-Kurier,* 19.2.1926. Zit. in Aurich, *Kalanag,* 69.

22 »Die Zusammenarbeit und Freundschaft der Herren Heilbronner und Schreiber war in Berliner Filmkreisen allgemein bekannt. Diese berufliche Bindung hat beiden Herren sogar manchmal Nachteile gebracht, da einzelne Firmen diese Bindung nicht akzeptieren wollten.« Bestätigung von Robert Leistenschneider 24.6.1946 (Bundesarchiv BDC-RKK 2703 Helmut Schreiber).

23 Vgl. Aurich, *Kalanag,* 55. Dort im Anhang auch eine vollständige Liste der Filme.

24 Kalanag, *Magier,* 30.

25 Geboren am 20. Dezember 1903.

26 Vgl. www.hugojunkers.bplaced.net/junkers-family.html. Abgerufen am 10.12.2020.

27 Laut der Karteikarte aus der Studentenkartei I war Helmut Schreiber vom SS 1921 bis zum WS 1922/23 immatrikuliert. Die besuchten Lehrveranstaltungen lassen sich nur noch für das erste Semester nachweisen, da die entsprechenden Belegblattbände vom WS 1921/22 bis zum WS 1923/23 im Zweiten Weltkrieg verbrannt sind. (Auskunft Universitätsarchiv der Ludwig-Maximilians-Universität München, 25.5.2020).

28 *Magie* 1925, 49.
29 *Magie* 1925, 52.
30 Ibid. 80.
31 Ibid. 58.
32 *Magie* 1925, 53. Vgl. *Magie* 1925, 60f., Schreiber über die Qualität der Amateure, die manchen Berufskünstler übertreffen.

Bei Papa Benz

1 Seine Studentenbude befand sich in der Ismaninger Straße 162 in Bogenhausen. Vgl. Universität München, Studentenverzeichnis Sommer 1921, 170.
2 Vgl. Hans Brandenburg, »Schwabing nach der Jahrhundertwende«, *Denk ich an München. Ein Buch der Erinnerungen,* hrsg. von Hermann Proebst und Karl Ude, München 1966, 23-40.
3 www.literaturportal-bayern.de/ortelexikon?task=lpbplace.default&id=794, abgerufen 5. 1. 2021; Klaus Budzinski und Reinhard Hippen, *Metzler Kabarett-Lexikon,* Stuttgart 1996.
4 Kalanag 28.
5 Kalanag [Helmut Schreiber], *Simsalabim wirbelt um die Welt,* Karlsruhe 1949, 20.
6 Kalanag, *Magier,* 1962, 28.
7 Kalanag, *Simsalabim,* 20.
8 Vgl. Peter Lamont und Jim Steinmeyer, *The Secret History of Magic: The True Story of the Deceptive Art,* New York 2018.
9 In seinen Buch *Simsalabim wirbelt um die Welt* behauptet Kalanag, er habe die Zauberformel »Simsalabim« als Erster verwendet: »Bald war das Wort populär und es eroberte sich die magische Welt. Dante, der große amerikanische Illusionist, übernahm es nach seinem ersten Besuch in Berlin, der damals im Atrium lediglich unter dem Titel ›Thurston-Schau‹ erfolgte. ›Simsalabim‹ schien auch ihm Glück gebracht zu haben. – Heute ist es populär, beinahe reif für den Brockhaus …« (Kalanag, *Simsalabim,* 20f.). Der amerikanische Zauberkünstler und -historiker Richard Hatch hat dagegen in akribischer Detektivarbeit nachgewiesen, dass Dante die Formel »Simsalabim« spätestens 1928 verwendete. Aber wovon hatte sich der in Dänemark geborene Dante zu seinem Zauberwort inspirieren lassen? Wie es sich für einen Zauberkünstler gehört, lenkte auch Dante von seiner wahren Inspiration ab. Die *New York Times* erklärte ihren Lesern 1940, die Wörter »Sim Sala Bim« seien »einem alten dänischen Volkslied entnommen, das Dante gerne für Sie nach der Show singt, wenn er zwei Glas Bier getrunken hat. In dem Programmheft wird es für die nicht Dänisch verstehenden

Zuschauer mit: ›Ich danke Ihnen sehr‹ übersetzt.« (Sidney Shallet, »Nothing up his sleeves«, *New York Times*, 22.9.1940). Laut Hatch taucht die Liedzeile »simsaladim bamba saladu saladim« bereits 1840 in einer dänischen Operette auf. Hatch fand außerdem keine Belege, dass Helmut Schreiber das Wort »Simsalabim« vor 1939 überhaupt nutzte. Vielmehr habe Schreiber noch 1931 zum Beispiel den Zauberspruch »Abrakadabra-gascandelabra« verwendet. Das klingt vergleichsweise umständlich und weit entfernt von der eingängigen, in der Tat weltberühmten Formel »Simsalabim«. Man kann dem Werbe- und Selbstvermarktungsgenie Kalanag zugutehalten, dass er »Simsalabim« nach dem Zweiten Weltkrieg erst richtig berühmt machte. Aber das Kinderlied war offensichtlich nicht die einzige Inspiration des findigen Helmut Schreiber gewesen. Ironie der Geschichte: Als Deutschland 1939 den Krieg entfachte, brach Dante sein Berliner Gastspiel vorzeitig ab. Im gleichen Jahr ließ Schreiber von Leo Leux einen Marsch für den Magischen Zirkel komponieren. Der Titel: »Simsalabim«. Die Ansage war klar. Vgl. Richard Hatch, »Das letzte Wort«, *Magische Welt* 52 (2003), H. 1, 38–40; H. 2, 98–100.

10 Atteste, Bd. 3, 25 (Kalanag-Nachlass, Stiftung Zauberkunst).

11 Friedrich Wilhelm Conradi-Horster, *Der humoristische Zauberkünstler*, 2. Aufl., Berlin 1918 (*Magische Bibliothek* Bd. 12) und ders., *Der neue humoristische Zauberkünstler*, Berlin 1937. Vgl. Volker Huber, *Horster. Bibliographie der Zauberbücher von F. W. Conradi-Horster*, Offenbach 2007.

12 Friedrich Wilhelm Conradi-Horster, *Schwarz-Weiß-Rot*, Berlin 1915, 39.

13 Conradi-Horster, *Schwarz-Weiß-Rot*, 1915, 60.

Okkulte Erlebnisse

1 Kalanag, *Magier*, 73.

2 Im April 1926 zeigte die *Magie* eine Adressänderung an: Der »Regisseur Helmut Schreiber« war in Berlin umgezogen.

3 *Magie* 1925, 56.

4 Vgl. Birgit Bartel-Engelhardt, *Die Leichtmann-Chronik Berlin, München, Köln*, Hamburg 2019.

5 Ibid.

6 Fritz Maurischat, Erinnerungen (Manuskript), 62f. Deutsche Kinemathek Archiv, 4.3-200013 Nachlass Maurischat.

7 *Der Westen* 9.12.1925; Atteste, Bd. 3, 72 (Kalanag-Nachlass, Stiftung Zauberkunst).

8 Peter Payer, »Die brotloseste aller Künste. Eine kleine Geschichte der Hungerkunst«, *Wiener Zeitung*, 14.12.2001.

9 »Tobsuchtsanfall eines Hungerkünstlers«, *Berliner Tagblatt*, 11. 4. 1926.
10 Vgl. Carl Graf von Klinckowstroem, *Die Zauberkunst*, München 1954, 65 ff. Historische Quellen: Reginald Scot, *The Discoverie of Witchcraft*, London 1584; Eberhard Welper, *Das Zeit kürtzende Lust- und Spiel Hauß – Zweites Haus: Viel vermehrter Hocus Pocus oder Taschen-Spieler*, Frankfurt 1690, 203 (»Wie man einem Menschen das Haupt gleichsam abhauen könne«); o. A., *Hocus Pocus Junior*, London 1635, o. S. »How to seeme to cut off a mans head, it is called the decollation of Iohn Baptist«.
11 Gerhard Flothmann, *Die Macht der Hypnose. Praktischer Lehrkurs des Hypnotismus und Magnetismus für Jedermann*, Leipzig o. J.
12 »Okkulte Erlebnisse«, in: Thomas Mann, *Große kommentierte Frankfurter Ausgabe (GkFA)*, 15.1, 612.
13 Ibid. 613.
14 Mann, *GkFA*, 15.1, 644.
15 *Prager Tagblatt*, 7. 4. 1923. Zitiert in GkFA, 15.2, 393 f.
16 Mann, *GkFA*, 15.1, 649.
17 Mann, *GkFA*, 15.1, 617.
18 *Magie* 1926, 67.
19 *Magie* 1926,76.
20 *Magie* 1925, 44.
21 *Magie*, April 1919.
22 Willy Backhaus, *Magischer Zeitvertreib*, Berlin 1908, 153.
23 *B. Z. am Mittag*, 21. 7. 1925. Zit. in *Magie* 1925, 59.

Geheimrat Moll

1 Fritz Hügli, »Okkulte Phänomene im Lichte der Taschenspielerkunst«, *Magie* 1926, 67.
2 *Magie* 1926, 18.
3 Vgl. Volkmar Sigusch (Hrsg.), *Personenlexikon der Sexualforschung*, Frankfurt 2009, 511–519.
4 Vgl. Ilka Quindeau und Volkmar Sigusch (Hrsg.), *Freud und das Sexuelle. Neue psychoanalytische und sexualwissenschaftliche Perspektiven*, Frankfurt 2005, 17 ff.
5 *Berliner Lokalanzeiger*, 14. 3. 1926.
6 *Berliner Tagblatt*, Abendausgabe 15. März 1926.
7 *Magie* 1925, 9.
8 Vgl. Sigmund Freud, *Jenseits des Lustprinzips. Massenpsychologie und Ich-Analyse – Das Ich und das Es* (*Gesammelte Werke*, Bd. 13), Frankfurt 1998, 11 ff.

9 Baltasar Gracián, *Handorakel und Kunst der Weltklugheit,* aus dem Span. übers. von Arthur Schopenhauer, Zürich 2012, 20.
10 *Ullstein Morgenpost,* 28.3.1926.
11 *Vossische Zeitung,* 26.3.1926.
12 *Ullstein Morgenpost,* 28.3.1926.
13 *Vossische Zeitung,* 26.3.1926.
14 *Magie* 1926, 50.
15 So betonte ein Dr. med. Hans Rosenbusch 1925 in der *Magie* anlässlich eines Besuchs in Prof. Kollmanns Magischem Museum in Leipzig, »daß in der Magie nicht nur Elemente einer Kunst, sondern auch einer Wissenschaft verborgen liegen«. *Magie* 1925, 82.

Die merkwürdigste aller Organisationen

1 Vgl. Einladung zum VI. Kammerkunstabend 6.2.1926; Atteste, Bd. 3, 76 (Kalanag-Nachlass, Stiftung Zauberkunst).
2 Vgl. *Magie* 1925, 99.
3 *Magie* 1925, 60 f.
4 *Magie* 1926, 26.
5 *Magie* 1925, 55.
6 Atteste, Bd. 3, 85 (Kalanag-Nachlass, Stiftung Zauberkunst).
7 *Magie* 1926, 4.
8 Berliner *8-Uhr-Abendblatt,* 12.4.1926.
9 Atteste, Bd. 3, 70 (Kalanag-Nachlass, Stiftung Zauberkunst).
10 Abgedruckt im *8-Uhr-Abendblatt* vom 2.5.26 und der *B. Z.* vom 6.5.26. Vgl. Atteste, Bd. 3, 86 (Kalanag-Nachlass, Stiftung Zauberkunst).
11 Unter den Kondolenzschreiben, die Kalanags Ex-Frau Gloria nach dessen Tod 1963 erhielt, war auch ein Brief aus Israel. Der Verfasser beklagte darin den Tod des »lieben guten alten Freundes und großen Künstlers« Kalanag und kondolierte Gloria formvollendet. Es war Sam Kalinhof, der mehr als vierzig Jahre zuvor das Talent des jungen Zauberers Helmut Schreiber erkannt und ihn in seine Wiener Künstleragentur aufgenommen hatte. Sam Kalinhof vertrat Schreiber »bis zu den dreißiger Jahren«, emigrierte nach Israel und wurde dort nach dem Krieg künstlerischer Direktor des ersten israelischen Zirkus »Ziratron«. In seinem Kondolenzschreibern erklärt Kalinhof, dass er sich seit Jahr und Tag bemüht habe, »Ihren verstorbenen Gatten mit seiner Schau nach Israel zu bringen« und bedauert, dass der Tod nun »allen Hoffnungen, Erwartungen und Bemühungen ein Ende gesetzt« habe (Sam Kalinhof an Gloria de Vos-Kalanag, Tel Aviv, 6.2.1964. Stiftung Zauberkunst).

12 Atteste, Bd. 3, 90 (Kalanag-Nachlass, Stiftung Zauberkunst).
13 *Neue Berliner Zeitung*, 27. 5. 1926; Atteste, Bd. 3, 88 (Kalanag-Nachlass, Stiftung Zauberkunst).
14 *Neue Berliner Zeitung*, 27. 5. 1926.
15 »Der Magische Zirkel. Eine unbekannte merkwürdige Weltorganisation. – Zaubertricks von Kötschenbroda bis Chikago«, *Nachtausgabe*, 29. 5. 1925, Atteste, Bd. 3, 89 (Kalanag-Nachlass, Stiftung Zauberkunst).
16 *Neue Berliner Zeitung*, 27. 5. 1926.
17 Aurich, *Kalanag*, 64.
18 Fritz Maurischat, Erinnerungen, Teil 1 [nicht publiziert], o. O., o. D. [letzte Fassung: April 1985], Bl. 63–64. In: Deutsche Kinemathek, Nachlass Maurischat, 2000/3 Maurischat. Zit. in Aurich, *Kalanag*, 65 f. Cf. auch Maurischat 3, Bl. 299: Schreiner und Herbell seien »Obernazis« gewesen. Zit. in Aurich, *Kalanag*, 139.
19 Landesarchiv Berlin, A Rep. 342-02 Nr. 63151. Vgl. Aurich, *Kalanag*, 71.
20 Vgl. Aurich, *Kalanag*, 71 f. In Heilbronners Entschädigungsakte beim Berliner Landesamt für Bürger- und Ordnungsangelegenheiten befinden sich Schreiben, in denen Heilbronner nach dem Krieg genauere Angaben zu seinem Geschäftsverhältnis zu Schreiber macht.
21 Heilbronner selbst gab den Namen des SA-Mannes nach dem Krieg mit »Ihrke« an. Vgl. Entschädigungsakte Max Bronell, LABO, Seite E23.

Bruder Hanussen

1 Bruno Frei, *Hanussen: Ein Bericht*, Strasbourg 1934, 115 f. Vgl. Wilfried Kugel, *Hanussen: Die wahre Geschichte des Hermann Steinschneider*, Düsseldorf 1998, 197.
2 Das Märchen geht auf ein von Johannes von Müllern-Schönhausen 1959 veröffentlichtes Buch mit dem Titel *Die Lösung des Rätsels Adolf Hitler* zurück. 1972 wiederholte Walter C. Langer in *The Mind of Adolf Hitler* die Geschichte unter Berufung auf Otto Strasser. Beide sind höchst fragwürdig. Vgl. Kugel, *Hanussen*, 185.
3 Das jedenfalls behauptet Bruno Frei in *Hanussen*, Strasbourg 1934, 147 f. Vgl. Kugel, *Hanussen*, 185.
4 Tatsächlich förderte das NS-Regime später die »wissenschaftliche« Erforschung paranormaler Phänomene. Das Paracelsus-Institut des führenden deutschen Parapsychologen Hans Bender wurde mit Geldern der SS und der Reichskanzlei finanziert. Der Physiker Hans-Hermann Kritzinger erforschte in seinem Institut Erd- und Weltraumstrahlungen, die angeblich nur mit Wünschelruten entdeckt werden konnten. Hitler sah sich daraufhin veranlasst, die Reichskanzlei von Wünschelrutengän-

gern nach krebserregenden »Todesstrahlen« abzusuchen. Vgl. Frank-Rutger Hausmann, *Hans Bender (1907–1991) und das »Institut für Psychologie und Klinische Psychologie« an der Reichsuniversität Straßburg 1941–1944*, Würzburg 2006, 46–48; Eric Kurlander, »The Nazi Magicians' Controversy«, *Central European History*, 48, 2015, 504.

5 Kugel, *Hanussen*, 35.

6 Ernst Schertel, *Magie. Geschichte, Theorie, Praxis*, Prien 1923, 78, 90. Vgl. Timothy W. Ryback, *Hitler's Private Library: The Books that Shaped his Life*, New York 2008, 159–162; www.theatlantic.com/magazine/archive/2003/05/hitlers-forgotten-library/302727/. Abgerufen am 4.6.2020.

7 Markus Kompa, »Der Aufschneider«, *Magie* 2003, 432.

8 Kugel, *Hanussen*, 29.

9 Die Botschaft des Schmähartikels war eindeutig und hätte sogar die strengen Sittenwächter des zwei Jahre zuvor gegründeten Magischen Zirkels befriedigt, die unermüdlich gegen falsche Medien und Spiritisten kämpften: »Telepathie als solche, nämlich Gedankenlesen gibt es überhaupt nicht. Wer dieses behauptet, ist irregeführt – oder lügt!« (Kugel 274 zitiert aus dem von Ottokar Fischer an Hellwig übersandten Material. Quelle: Nachlass des Potsdamer Landgerichtsdirektors Albert Hellwig, Archiv des Instituts für Grenzgebiete der Psychologie und Psychohygiene e. V, Freiburg i. Br.).
Zeitungsanzeigen gegen betrügerische Konkurrenten zu schalten, war ein Mittel, das viele Berufszauberer damals nutzten. Der Magische Zirkel brachte in der Zeitschrift *Magie* zahlreiche Berichte von ähnlichen Fällen, welche die Mitglieder zum Kampf gegen die »Schädlinge der Zauberkunst« anspornen sollten.
Labéro zahlte Steinschneider für die Veröffentlichung des Artikels 200 Kronen. Aber der witterte ein neues Geschäft und verlangte mehr: Er wollte, dass der Zauberkünstler Labéro ihn in die Geheimnisse seiner Kunst einweiht.
Von Labéro und dessen Konkurrenten Rubino lernte Steinschneider das Muskellesen, das eine Technik und zugleich eine Kunst war. Der Vorführende versuchte dabei, noch die kleinste, unbewusste Reaktion der Muskeln einer Versuchsperson wahrzunehmen und so auf ihre Gedanken zu schließen. Hatte der Zuschauer vorher einen Gegenstand im Haus oder der näheren Umgebung versteckt, nahm der »Gedankenleser« ihn an der Hand und ließ sich durch die unwillkürlichen Muskelbewegungen des Zuschauers zu dem Versteck führen. Das Muskellesen war eine der wichtigsten Tricktechniken von scheinbaren Gedankenlesern. Es funktionierte tatsächlich, erforderte aber viel Übung. Der junge Hermann Steinschneider sollte es darin zur Meisterschaft brin-

gen. Schon bald fand er mithilfe eines Mediums lauter versteckte Löffel im Café Louvre (Kugel, V., *Hanussen,* 33).

10 Z.B. *Magie* 1920, 158, 165.

11 Im August 1922 druckte die *Magie* eine Zuschrift des jugoslawischen Zauberkünstlers Retta ab, dem Hanussen in Ägypten in die Quere gekommen war. In Kairo hatte Hanussen nicht nur mit dreisten Lügen Reklame gemacht, sondern auch behauptet, übernatürliche Fähigkeiten zu besitzen. Zum Leidwesen Rettas, der im Gefolge der sensationellen Hanussen-Tournee kaum Aufträge bekam, fielen selbst intelligente Leute auf diesen Bluff herein. Hanussen hatte sich sogar einen Doktortitel verpasst und behauptete, kein einfacher Zauberkünstler oder ähnlicher Schwindler zu sein, sondern ein wissenschaftlicher Forscher, »den man als den bedeutendsten Hellseher und Gedankenleser bezeichnen muß!« (*Magie* 1922, 573). Damit hatte Hanussen, der selbst nicht Mitglied des Magischen Zirkels war, gegen den Ehrenkodex der Zunft verstoßen.

12 Nach einem aufsehenerregenden Prozess im Jahr 1930, in dem er sich gegen Betrugsvorwürfe verteidigen musste, sicherte sich Hanussen bei seinen Geschäften mit der Zukunft rechtlich ab. Er ließ seinen Rechtsanwalt eine Erklärung aufsetzen, die von nun an jeder Hanussen-Klient unterschreiben musste, bevor er die Sprechstunde betrat. Das Schriftstück war ein Offenbarungseid, denn Hanussen gab sich darin als der zu erkennen, der er wirklich war – ein Bühnenkünstler, der sich seine unterhaltsamen Privatvorstellungen gut bezahlen ließ. Denn dass die Zeit eines »vielbeschäftigten und meist hochbezahlten Künstlers eben teuer bezahlt« werden muss, verstand sich von selbst.
Garantien gab er keine. Selbst schuld, wer an Wunder glaubte und sich von Hanussens Weissagungen einen praktischen Nutzen erhoffte: »Hanussen ist ein Künstler, will nichts anderes sein und hat nichts anderes zu bieten als das, was im Rahmen der von ihm auf der Bühne während seiner Vorträge gezeigten Experimente möglich ist. Er lehnt es vor allem auf das entschiedenste ab, als übersinnlicher Wundermensch oder Wundertäter zu gelten und erklärt ausdrücklich, keine Wunder wirken zu können, sondern nichts anderes zu bieten als interessante Experimente, die nach geeigneter Vorbereitung auch anderen dafür disponierten Menschen erlernbar sind.« (Zit. in Kugel, *Hanussen,* 134). Der Vorstand des Magischen Zirkels hätte es nicht besser formulieren können. Und doch strömten die Leute weiter in Hanussens Sprechstunde und hingen an seinen Lippen, wenn er ihnen die Zukunft voraussagte.

13 Kugel, *Hanussen,* 181.

14 Kugel, *Hanussen,* 136.

15 Frei, »Der Hellseher«, 1980, 8.

16 Vgl. Markus Kompa, »Der Aufschneider«, *Magie* 2003, 431.
17 Kugel, *Hanussen,* 174.
18 So der Titel eines Artikels über Hanussen in *Tempo,* Berlin 10.12.1932.
19 Leopold Thomas, »Hanussen, ein Abenteurer unserer Zeit. Hinter den Kulissen eines mysteriösen Lebens«, *12 Uhr Blatt,* Berlin 12.5.1933.
20 Klinkostroem (eigentl. Klinckowstroem), »Von den Tricks der Medien«, Sonderbeilage der *Magie,* Oktober 1933.
21 Klinckowstroem, Sonderbeilage *Magie* 1933.
22 Kugel, *Hanussen,* 188.
23 Kugel, *Hanussen,* 188.
24 Erik Jan Hanussen, *Meine Lebenslinie,* Berlin 1930, Vorwort.
25 Kugel, *Hanussen,* 215.
26 Wenn Freunde wie der oberste Polizeichef Kurt Daluege dem »lieben Helldorff« wegen seines ausschweifenden Lebensstils ins Gewissen redeten, reagierte der Graf patzig und antwortete, er werde rein persönliche und private Dinge wie seine Schulden nur mit dem Reichsführer SS besprechen. »Dass ich Graf Helldorff heiße und damit einen Makel mit mir herumtrage, ist mir bekannt«, schrieb er an Daluege. »Ich kann auch verstehen, dass Du Dich hierüber ärgerst, kann es aber leider nicht ändern und da ich, wie Dir bekannt sein dürfte, an diesem Grafen-Titel verdammt wenig hänge, bin ich auch gern bereit, ihn abzulegen.« Helldorf an Daluege, 18.7.1937. Bundesarchiv, R/9361/III 567413.
27 So Josephine Ewers, die Witwe des ebenfalls mit Hanussen bekannten Schriftstellers Hans Heinz Ewers. Vgl. Kugel, *Hanussen,* 187.
28 Kugel, *Hanussen,* 184.
29 Kugel, *Hanussen,* 202.
30 Kugel, *Hanussen,* 225 ff.
31 Christoph Schröder, »Erik Jan Hanussen«, *Zeitschrift für metaphysische Forschung,* 24.1.1934, 179. Zit. in Kugel, *Hanussen,* 217.
32 Vgl. Kugel, *Hanussen,* 217.
33 Maria Paudler, *Auch Lachen will gelernt sein,* Berlin 1978, 122 ff. Vgl. Kugel, *Hanussen,* 228.
34 Paul Marcus, »Ich habe Heimweh nach dem Kurfürstendamm«, *Münchner Illustrierte,* 29.9.1951, 18 f. Zit. in Kugel, *Hanussen,* 228.
35 Vgl. Kugel, *Hanussen,* 234.
36 Paudler, *Auch Lachen will gelernt sein,* 122 ff. Vgl. Kugel, *Hanussen,* 228.
37 Silvesterfeier 1939, vgl. *Magie* 1941, 271.
38 Martin Bormann, »Aktenvermerk für Pg. Winkler«, Führerhauptquartier, 9.12.1942 (Entnazifizierungsakte Helmut Schreiber, Bundesarchiv R/9361/V 112917).
39 Konrad Heiden, Kersten-Manuskript, 103, Institut für Zeitgeschichte (IfZ) München, ED 209/34.

40 »Als Jan Hanussen in Wien ›orinierte‹«, *Neues Wiener Journal*, 1.6.1930, 15 f.
41 Ibid.
42 Heiden, Kersten-MS, 102, IfZ München.
43 Heiden, Kersten-MS, 42 (und 106), IfZ München.
44 Kalanag, *Simsalabim wirbelt um die Welt*, 46 ff.
45 *Neues Wiener Journal* am 22.2.1922. Zit. in Kalanag, *Simsalabim*, 66.
46 Kalanag, *Simsalabim*, 64 ff.
47 Kalanag, *Simsalabim*, 64.
48 Heiden, Kersten-MS, 42, IfZ München.

In der Albtraumfabrik

1 Arthur Maria Rabenalt: *Joseph Goebbels und der »Großdeutsche Film«*, hrsg. von Herbert Holba, München, Berlin 1985, 141.
2 Kalanag, *Magier*, 75 ff.; »Der Produktionsleiter Helmut Schreiber«, *Filmwelt*, 2.5.1937.
3 Angeblich als Regieassistent. 1926 sicherte er sich die Unterstützung eines US-Senators aus Kentucky für ein Einreisevisum (Richard P. Ernst an William Coffin, 6.7.1926, Kalanag-Nachlass, Stiftung Zauberkunst). Im Archiv der Academy of Motion Picture Arts and Sciences in Los Angeles fanden sich keine weiteren Anhaltspunkte für Schreibers genaue Tätigkeit in Hollywood (E-Mail von Genevieve Maxwell an Malte Herwig, 14.11.2018).
4 »Der Produktionsleiter Helmut Schreiber«, *Filmwelt*, 2.5.1937.
5 Fotos im Nachlass zeigen ihn mit Siegerkranz, vermutlich bei der »Brandenburgischen Geländefahrt« (Kalanag-Nachlass, Stiftung Zauberkunst).
6 »Der Produktionsleiter Helmut Schreiber«, *Filmwelt*, 2.5.1937.
7 »Der Produktionsleiter Helmut Schreiber«, *Filmwelt*, 2.5.1937.
8 »Die Produktionsleitung hatte Helmut Schreiber, der sicherlich auch einige illusionistische Scherze aus seiner Amateur-Zauberkiste beigesteuert hat und überhaupt auch im allgemeinen aus einer Kenntnis der Varietékunst viel zu der echten Zeichnung des Milieus beitrug.« (*Film-Kurier*, Nr. 16, 20.1.1937, zit. in Aurich, *Kalanag*, 39).
9 https://youtu.be/WZjJmejaRc0, Min.33.50, abgerufen 5.1.2021.
10 Wenngleich die Annahme nicht beweisbar ist, liegt sie doch nahe, wie auch der Filmwissenschaftler Ralf Aurich vermutet (Aurich, *Kalanag*, 59).
11 Nämlich in *Der Löwe von Venedig*, den die Emelka 1923 unter der Regie von Paul Ludwig Stein produziert hatte. Vgl. Aurich, *Kalanag*, 159.

12 Schreiber heiratete Anneliese Voss am 7.2.1941. Die gemeinsame Tochter Brigitte Schreiber wurde am 2.11.1943 geboren.
13 1h19 m, https://youtu.be/HAz9vLvXkaM, abgerufen 5. 1. 2021.
14 Das Foto ist datiert »Saarow, 21.2.43«. Dort wohnte Zerlett in der ehemaligen Villa von Max Schmeling (Kalanag-Nachlass, Stiftung Zauberkunst).
15 Georg Wilhelm Pabst, Tageskalender, 23.5.1944. Deutsche Kinemathek, Nachlass G. W. Pabst, 4.3-05/17-1.5, Agenda 1944. Auch zit. in Aurich, *Kalanag*, 141.
16 Jan Fethke im Gespräch mit Gero Gandert, o. O., o. D. (verm. 1970er Jahre). Deutsche Kinemathek, Sammlungen, Tonträgerarchiv, N3828_Ton_01a. Teilw. zit. in Aurich, *Kalanag*, 140.
17 Fritz Maurischat, Erinnerungen, unveröff. Typoskript, April 1985, 261. Deutsche Kinemathek 4.3-200013, Nachlass Maurischat.
18 Kalanag, *Magier*, 75.
19 Kalanag-Nachlass, Stiftung Zauberkunst.
20 Jan Fethke im Gespräch mit Gero Gandert, o. O., o. D. Deutsche Kinemathek, Sammlungen, Tonträgerarchiv, N3828_Ton_01a. Teilw. zit. in Aurich, *Kalanag*, 140.
21 Schreiber an Bormann, 14.4.1943. Bundesarchiv R/9361/V 112917.
22 Bormann an Schreiber, 17.4.1943. Bundesarchiv R/9361/V 112917.
23 Aurich, *Kalanag*, 143.
24 Pabst, Tageskalender, 23.5.1944 u. 18.5.1944. Deutsche Kinemathek, Nachlass G. W. Pabst, 4.3-05/17-1.5 Pabst, Georg Wilhelm (5/7) Agenda 1944. Auch zit. in Aurich, *Kalanag*, 141.
25 Vgl. Géza von Cziffra, *Kauf dir einen bunten Luftballon. Erinnerungen an Götter und Halbgötter*, München und Berlin 1975, 304f.
26 Wohlgemerkt noch in den 1980er Jahren, als er seine Erinnerungen verfasste, vgl. Maurischat, Erinnerungen, unveröff. Typoskript, April 1985, 64. Deutsche Kinemathek 4.3-200013, Nachlass Maurischat.
27 Schwerwiegender ist die Aussage des jüdischen Schauspielers und KZ-Überlebenden Fritz Benscher, Schreiber habe angeordnet, dass in der Bavaria nur noch mit Heil Hitler gegrüßt werde (Benscher an Hans Bartl, 24.5.1947. Bundesarchiv, R/9361/V 112917).
28 Der *Westdeutsche Beobachter* vom 9.2.1939 druckte ein Foto von Göring und seiner Frau am Set von *Robert und Bertram*. Auf dem unbeschnittenen Bild sieht man links den Produktionsleiter Schreiber (Deutsche Kinemathek Archiv, Nachlass Hans H. Zerlett, 4.3-80/11).
29 Schreiber an Hinkel, 22.5.1938. Bundesarchiv R/9361/V 112917.
30 Kalanag, *Magier*, 89.
31 Notiz Schreiber vom 13.6.1940, zit. in Moeller, *Der Filmminister. Goebbels und der Film im Dritten Reich*, Berlin 1998, 230.

32 Helmut Schreiber, »Ein 1/4 Jahr aus meinem magischen Tagebuch. 23.2.1938«, *Magie* 1938, 140.
33 Sitzungsprotokolle der Bavaria, 17.2.1942. Bundesarchiv R/109/1.
34 Sitzungsprotokolle der Bavaria, 30.7./1.8.1942. Bundesarchiv R/109/1.
35 Sitzungsprotokolle der Bavaria, 21.1.1943. Bundesarchiv R/109/1.
36 Vgl. Hitlers Reichstagsrede am 30.1.1939. Der Telepolis-Autor Hans Schmid zitiert Zerletts programmatische Aussage aus einem Drehbericht, den die Publikumszeitschrift *Film-Kurier* am 17.1.1939 veröffentlichte: »Diese Ipelmeyer-Szene hat schon bei Raeder eine stark antisemitische Tendenz; sie steht auch in meinem Film im Mittelpunkt.« Schmids überaus lesenswertem Essay verdanke ich auch den Hinweis auf Laurel und Hardy. Hans Schmid, »Dr. Goebbels und die Weltverschwörung: Antisemitismus mit Spiel und Tanz und FSK«, 7. November 2010, www.heise.de/tp/features/Dr-Goebbels-und-die-Weltverschwoerung-Antisemitismus-mit-Spiel-und-Tanz-und-FSK-3387449.html, abgerufen am 9.11.2020.
37 Hans Zerlett an die Schriftleitung des *Oberschlesischen Kuriers,* 13.3.1940. Deutsche Kinemathek Archiv: 4.3-198011-0 »Robert und Bertram«.
38 *Völkischer Beobachter* am 23.1.1939.
39 Hans Schmid spekuliert sogar, ob sich Zerlett nicht Inspiration bei den Laurel-Hardy-Filmen *Way Out West* und *The Bohemian Girl* geholt haben könnte. Siehe Hans Schmid, »Dr. Goebbels und die Weltverschwörung: Antisemitismus mit Spiel und Tanz und FSK«.
40 *Das politische Tagebuch Alfred Rosenbergs 1934/35 und 1939/40,* hrsg. von Hans Günter Seraphim, Göttingen 1956, Eintrag v. 11.12.1939, 110f.
41 *Bild,* 7.1.1959.

Der Österreicher

1 Kalanag, *Magier,* 65.
2 Arthur Maria Rabenalt: *Joseph Goebbels und der »Großdeutsche Film«,* hrsg. von Herbert Holba, München, Berlin 1985, 141.
3 Am 17. Dezember 1937. Vgl. *Magie* 1938, 46f.
4 »Wer ist Kalanag?«, *Lübecker Nachrichten,* 6. Januar 1960. Vgl. Jonathan Allen, »Deceptionists at War«, *Cabinet* 26, 2007, 69.
5 Goebbels, *Tagebuch* 4.3.1945.
6 »Helmut Schreiber vor dem Führer«, *Magie* 1935, 187.
7 Schreiben vom 10.2.1938 von Helmut Schreiber an SS-Gruppenführer und Leiter der Reichskanzlei (Bundesarchiv BDC-RKK 2600 Helmut Schreiber).

8 Kalanag, *Magier,* 88 f.
9 Kalanag, *Magier,* 89.
10 Kalanag, *Magier,* 65.
11 *Magie* 1939, 328. Siehe auch Seiten 311 und 318 in derselben Ausgabe.
12 *Magie* 1939, 322.
13 Schreiber an Tauer-Turmi, 23.7.1939 (Kalanag-Nachlass, Stiftung Zauberkunst).
14 *Magie* 1940, 93 f.
15 Völkischer Beobachter, München 21.7.1940. Zit. in *Magie,* September 1940, 302.
16 27.7.1940. *Magie,* September 1940, 302.
17 »Kalanag enthüllt sein Simsalabim«, o. O., o. D. (Pressealbum 1956–1960, Kalanag-Nachlass, Stiftung Zauberkunst).
18 Michael Seldow zitiert Linge mit der Aussage: »Ende 1940 oder Anfang 1941 baten Göring und Goebbels Helmut Schreiber, seine Zauberdarbietungen auf einem Empfang in der Reichskanzlei vor Hitler zu zeigen. Dieser beobachtete aufmerksam die Vorführungen Schreibers, ohne mit der Wimper zu zucken. Und am Ende war er der einzige, der nicht Beifall klatschte. Beim Verlassen der Reichskanzlei sagte er zu mir: ›Linge, ich habe keine Zeit zu verlieren. Wir sind nicht da, um uns zu amüsieren. Erspart mir in Zukunft derartige Darbietungen!‹« (zitiert in Seldow, *Die Kunst, Frauen zu zersägen,* Bergisch Gladbach 1964, 178). Ein solches Zitat aber findet sich weder in Linges Memoiren (*Bis zum Untergang. Als Chef des Persönlichen Dienstes bei Hitler*, hrsg. v. Werner Maser, München 1980), noch stimmt es mit den Aussagen im NKWD-Bericht überein, die Schreibers Popularität an Hitlers Hof belegen.
19 Hier und im Folgenden nach: *Das Buch Hitler. Geheimdossier des NKWD für Josef W. Stalin, zusammengestellt aufgrund der Verhörprotokolle des Persönlichen Adjutanten Hitlers, Otto Günsche, und des Kammerdieners Heinz Linge, Moskau 1948/49,* hrsg. von Henrik Eberle und Matthias Uhl, Bergisch Gladbach 2005, 248.
20 Ibid. Siebzig Jahre später ließ der *Spiegel* dieselbe Uhr auf seinem Titel wieder erscheinen, nachdem sie im Fundus der Münchner Pinakothek der Moderne aufgetaucht war. »Hitlers Uhr, Deutschlands Geheimnis«, *Der Spiegel,* 28.1.2013.
21 Das auf der Website der bpk-Bildagentur erreichbare Bild ist auf den 3.6.1944 datiert. Vgl. Image-No.: 50041812 auf www.bpk-bildagentur.de, abgerufen am 5.6.2020.

1 Anordnung in *Magie* 1938, 173.
2 *Magie* 1944, 84.
3 Bundesarchiv R/9361/V 101141. Vgl. hierzu auch die Website: www.bonner-geschichtswerkstatt.de/index.php/miszellen/60-qdie-getauften-meyersq. Abgerufen am 11. 10. 2019.
4 Wolfgang Jansen, *Das Varieté. Die glanzvolle Geschichte einer unterhaltenden Kunst*, Berlin 1990, 237.
5 Jürgen August Alt, *Zauberkunst*, Stuttgart 1995, 55.
6 Vgl. Alt 56.
7 Adam, Peter: Kunst im Dritten Reich, Hamburg 1992, 52.
8 Alt 1995. Vgl. Adam 1992.
9 Zit. in Alt 58.
10 Der 1911 geborene Dinardi entschied sich, eine Bewerbung an die Reichskulturkammer zu schicken. Die internationale Artistenloge IAL war bereits 1933 in die Reichskulturkammer eingegliedert worden. 1936 wurde sie endgültig abgeschafft, als die Fachschaft Artistik gegründet wurde. Nachdem Dinardi 1934 seinen Artistenausweis von der Reichskulturkammer erhalten hatte, war er nicht mehr auf das Wohlwollen der Kulturbehörde angewiesen und konnte fortan im Rahmen der KdF-Veranstaltungen für jeweils 30 bis 40 Mark Gage zaubern.
11 Alt 60.
12 Wolfgang Benz (Hrsg.), *Kunst im NS-Staat*, Berlin 2015, 9.
13 Geiger in *Magie* 1939, 161.
14 *Magie* 1939, 198.
15 *Magie* 1, 1938. Schreiber rechtfertigte nach dem Krieg sein Handeln gegenüber anderen Zauberkünstlern damit, dem Magischen Zirkel dadurch viele Vorteile im Dritten Reich verschafft zu haben: Trotz Papierrationierung durfte die Vereinszeitschrift im Krieg weiter erscheinen, der Zirkel hatte jahrelang kostenlos ein schönes Vereinsheim. Ja, er habe das Überleben des Magischen Zirkels gesichert, der ohne sein Handeln schon 1935 zusammengebrochen wäre. »Vergißt man denn, daß meine Politik des Zirkels eine Ausnutzung des Nazi-Regimes war?« Marvelli dagegen habe das Parteiabzeichen schon um 1936 getragen, als sie sich in Berlin kennenlernten, und wohl geglaubt, in Schreiber einen »Gesinnungs-PG« zu treffen. Weit gefehlt, ereiferte sich Schreiber und holte zur Generalverteidigung aus: Er habe bis 1936 eine »rein jüdische Film-Firma geleitet« und dafür gesorgt, dass der Inhaber mit seinem ganzen Vermögen noch rechtzeitig nach London entkommen konnte. Er habe Marvelli im Interesse aller Zauberkünst-

ler immer wieder zur Raison rufen müssen und sich im Ehrenamt für den Zirkel aufgeopfert: »Wenn ich dann dabei diesem oder jenem auf die Zehen getreten (nach seiner Meinung!), so ist dieser Betreffende natürlich heute ein wütender Anti-Faschist und ein Bekämpfer meiner diktatorischen Methode« (Schreiber an Bruno Christoph, 24. 6. 1947, Bundesarchiv R/9361/V 147572).

16 *Magie* 1937, 179.

17 Vgl. hierzu den Aufsatz von Susanne Benöhr-Laqueur, »Kalanag: Unergründlicher Opportunist und Antisemit?« (Typoskript), der auf einem am 16. 11. 2016 auf dem Kalanag-Symposium in Nottuln-Appelhülsen gehaltenen Vortrag der Autorin beruht. Als Beispiele nennt sie den amerikanisch-jüdischen Zauberkünstler Julien Proskauer (Aufnahme im September 1933), den Bielefelder Amateurzauberer Rolf Katzenstein (Januar 1935), dessen Vater Jude war, und den im Januar 1936 aufgenommenen Kaufmann Herbert Lewin. Man mag die Aufnahme der Betroffenen allerdings auch der Initiative und Beharrungskraft einzelner Ortszirkel oder dem bewussten Wegschauen von Schreibers Vorgänger als Präsident Karl Schröder zuschreiben.

18 Als Beispiel mögen zwei aufeinander folgende Absätze aus einer Mitteilung des Hauptvorstands dienen, die in der Januar-Ausgabe der *Magie* von 1934 abgedruckt wurden. Die magische Kunst, heißt es dort, habe an sich zwar nichts mit Staatspolitik zu tun. »Die Totalität des Reiches konnte und kann aber, wie wir an der Entwicklung täglich immer wieder sehen, nur erreicht werden, wenn außer den politischen, wirtschaftlichen und anderen Organisationen auch sonstige öffentliche und private Vereinigungen jeder Art für die Einheitlichkeit erfaßt werden.« Doch was folgt daraus für den Magischen Zirkel? Nicht viel, denn: »Erhebliche Änderungen in der Ämterbesetzung und in der Zusammensetzung unserer Mitgliedschaft brauchten nicht vorgenommen zu werden. Sie entsprachen früher bereits fast allgemein den Anforderungen des heutigen Staates« (*Magie* 1934, 39). Es gab offensichtlich auch so etwas wie eine machtgeschützte magische Innerlichkeit im Dritten Reich.

19 Vgl. Schreiber an Ministerialdirigent und SS-Brigadeführer Hans Hinkel, 23. 12. 1940 (Bundesarchiv BDC-RKK 2703).

20 *Magie* 1937, 180.

21 Ibid.

22 Foto *Magie* 1937, 179.

23 *Magie* 1937, 181.

24 Ibid. 181.

25 *Magie* 1942, 286.

26 Ibid. 261.

27 Wilba in *Magie* 1943, 104.

28 *Magie* 1942, 91. auch *Magie* 1939, Mai, 167.
29 *Magie* 1942, 192.
30 Ibid. 137.
31 Eine Mitgliederliste des Zirkels vermerkt, dass Ackermann 1936 wieder aufgenommen wurde, nachdem der Zirkel in die Reichskulturkammer überführt und eine Mitgliedschaft für Berufskünstler nahezu zwingend geworden war. Allerdings war er nur bis 1938 Mitglied.
32 *Magie* 1942, 137.
33 Ibid 91.
34 Ibid.
35 *Deutsche Artistik*, 15. 3. 1936. Zit. in *Magie* 1936, 72.
36 *Magie* 1942, 201.
37 Ibid. 287.
38 Ibid. 201.
39 Helmut Schreiber klagte in einem langen Brief an den Propagandaminister, dass »jeder Anfänger, aber auch jeder Stümper, einfach Berufszauberkünstler werden kann«. Sein Vorschlag einer Prüfungskommission lief auf eine Ausnahmeregelung hinaus, denn er bat Goebbels, erst einmal »jegliche Zulassung zur Fachschaft für den Beruf eines Zauberkünstlers zu unterbinden«. In Zukunft sollte das Urteil des Amateurs Helmut Schreiber darüber bestimmen, wer mit der magischen Kunst seinen Lebensunterhalt verdienen durfte. Helmut Schreiber an Reichsminister Goebbels, 6. 5. 1942. Bundesarchiv.
40 *Magie* 1942, 252.
41 *Magie* 1943 Heft 1–3 (»Sondernummer für unsere Kameraden an der Front«), 36.
42 Emil Thoma in Sonderheft *Magie* 1944, 7.
43 *Magie* 1943, 151.
44 Emil Thoma in Sonderheft *Magie* 1944, 7.
45 Brief vom 6. April 1939 an Helmut Schreiber, zit. in *Magie* 1939, 168.
46 Thomas Hanna-Daoud, *Die NSDAP und der Film bis zur Machtergreifung*, Köln 1996, 32.
47 Schreiber in »Schnell noch lesen …«, *Magie* 1943, 148.
48 *Magie* 1940, 179.
49 *Magie* 1942, 189.
50 Sonderausgabe der *Magie* über die Arbeitstagung in Bad Aussee vom 23.–28. Februar 1944, 5.
51 Dr. Hellmuth Teumer, Chemnitz, in *Magie* 1943, 133.
52 *Magie* Sonderausgabe 1944, 7.

Erklären verboten

1 *Magie* 1937, 215.
2 *Magie* 1937, 262.
3 *Magie* 1937, 261.
4 *Magie* 1937, 259.
5 Theumer in *Magie* 1938, 40. Überblicksartikel.
6 *Magie* 1937, 215.
7 Abdruck der Anordnung in *Magie* 1937, 216.
8 *Magie* 1942, 261.
9 Helmut Schreiber an Goebbels, 26. 10. 1937. Bundesarchiv R55/20471-Fiches 6–7.
10 Bundesarchiv R55/20471-Fiches 6–7.
11 Niederschrift über Okkultismus-Aufklärung, o. D. Bundesarchiv NS/15/399.
12 Pelz an Rosenberg, o. D. Bundesarchiv NS / 15/399. Pelz war Ende der zwanziger Jahre auch als Experte in dem aufsehenerregenden Prozess in Leitmeritz gegen Hanussen aufgetreten, der sehr zu seinem Bedauern mit einem Freispruch ausging.
13 *Magie* 1941, 80.
14 »Der Fall Koralle«, *Magie* 1940, 86. Die Aussprache ist datiert auf den 4. 2. 1940.
15 Schreiben der Gestapo an das DVBW, 7. 2. 1941. Bundesarchiv NS/15/399.
16 Dabei handelte es sich nicht im frühneuzeitlichen Sinn um Prozesse gegen angebliche »Hexen«, sondern um Verleumdungsklagen gegen Personen, die andere der Hexerei bezichtigt hatten. Vgl. Martin Schneider, »Soldaten der Aufklärung«, *Okkultismus im Gehäuse. Institutionalisierungen der Parapsychologie im 20. Jahrhundert im internationalen Vergleich,* hrsg. von Anna Lux und Sylvia Paletschek, München 2016, 277–306, 282.
17 Die Formulierung stammt von Martin Schneider 2016.
18 HS an Dr. Tietze, 25. 3. 1941. Bundesarchiv NS/15/450.
19 HS an Dr. Tietze/DAF, 16. 7. 1941. Bundesarchiv NS/15/399.
20 Pelz an Kisshauer, 9. 7. 1941. Bundesarchiv NS/15/399.
21 Berlin, 19. 2. 1942, Bundesarchiv NS/15/450, Blatt 1174,
22 Pelz an Kisshauer, 9. 7. 1941. NS/15/399.
23 Während Kalanag zum berühmtesten Zauberkünstler der Bundesrepublik aufstieg, publizierte Pelz weiter Bücher gegen Hellseher und trat wieder beim Volksbildungswerk auf. Dass er die Magier immer noch als etwas zwielichtigen Stand bezeichnete, erboste die ehrlichen

Täuschungskünstler der Nachkriegszeit nicht weniger als früher. Jetzt ging es nicht mehr allein um das Erklärverbot, sondern um den guten Ruf der Zauberkunst. Vgl. »Ein Mann entlarvt Gespenster«, *Magische Welt*, Bd. 5, Nr. 5, 1955, 132.

24 *Magie* 1942, 192. Der Name des Künstlers war Kurt Belli.

25 *Magie* 1942, 200.

26 *Magie* 1942, 22.

27 *Magie* 1942, 246.

28 Auf der Feier zum 30. Gründungsjubiläum des Magischen Zirkels von Hamburg erinnerte Schreiber daran, dass Gründer Karl Schröder den »Kampf gegen das Erklärertum« mit einem langen Gerichtsprozess begonnen hatte (*Magie* 1942, 261). Die juristische Auseinandersetzung mit dem Künstlerpaar Hermez und Cortez begann 1934 und zog sich über Jahre hin. Sie wurde von beiden Seiten mit allen Mitteln geführt. Mit ihrer »Parodierung aller Zauber- und Spiritistenkunst« waren sie einem Berichterstatter der *Magie* schon 1922 negativ aufgefallen (*Magie* 1922, 573). Die »urkomischen Illusionisten« führten Experimente vor und zeigten dann zur Erheiterung des Publikums deren »Kehrseite«: Sie erklärten die Tricks. Aber Hermez und Cortez wollten ihr schädliches Tun nicht aufgeben. Der Herr im Frack und sein grotesker Partner seien weder urkomisch noch Illusionisten, lästerte die *Magie* 1930 (Magie 1930, 153). Die Enthüllung einiger kleiner Tricks wäre noch zu verschmerzen gewesen. Aber die Preisgabe grundlegender Prinzipien der magischen Kunst an das große Publikum durfte nicht sein. Hinter Hermez und Cortez stand die Familie von Leopold, Lina und Johann Nowak aus Österreich. Von einem Club »humorloser Dilettanten« wie dem Magischen Zirkel wollten sich die Nowaks nichts sagen lassen (Schreiben vom 14. 3. 1938 an Göring, Bundesarchiv R55/20471-Fiches 1–5). Im Oktober 1936 gab das Landgericht Hamburg Leopold Nowak recht und verpflichtete den beklagten Karl Schröder, einen Widerruf in der *Magie* abzudrucken und den Schaustellern Schadenersatz zu zahlen. Das wollten Karl Schröder und der Magische Zirkel nicht auf sich sitzen lassen. Die Magier gingen in die nächsthöhere Instanz und hatten Erfolg. Am 8. März 1938 hob das Hanseatische Oberlandesgericht das Urteil auf. Die Richter hielten es für ausreichend, wenn die Herren vom Magischen Zirkel in Zukunft die schädigenden Behauptungen unterließen.

Weihnachten in Carinhall

1 Vgl. *Magie*, Nr. 3, März 1939, 84f.

2 Zit. in Guido Knopp, in Zusammenarbeit mit Friedrich Scherer, Ger-

linde Preis und Gundula Bavendamm, *Göring. Eine Karriere,* München 2006, 39 ff.

3 Annett Gröschner, »Auf Carinhall. Schorfheide«, in: Stephan Porombka, Hilmar Schmundt (Hrsg.), *Böse Orte,* Berlin 2005, 99.

4 Gröschner, »Auf Carinhall. Schorfheide«, 99 f.

5 Volker Knopf und Stefan Martens, *Görings Reich. Selbstinszenierung in Carinhall,* Berlin 1999, 68.

6 *Magie* 1938, 387.

7 Knopf/Martens, *Görings Reich,* 68.

8 Interview mit Paul Potassy, 4.4.2017.

9 *Das große Hokuspokus. Aus dem Leben berühmter Magier,* hrsg. von Gisela und Dietmar Winkler, Berlin 1985, 170 ff.

10 *Magie* 1939, 318.

11 Knopf/Martens, *Görings Reich,* 62.

12 Howard S. Kanton an Hans Bartl jr, 20.4.1947 (Stiftung Zauberkunst).

Marvelli

1 Marvelli an Fischer, 27.4.1940, in: *Ottokar Fischer Korrespondenz von 1938 bis 1964,* bearbeitet von Magic Christian, Eigendruck, Wien, Juli 2020. Ich danke Magic Christian für die Übersendung seiner Edition der Fischer-Briefe, aus der – soweit nicht anders angemerkt – die folgenden Zitate stammen.

2 Vgl. Alexander Wartenberg, »Marvelli. Zauberer im Frack«, *Berliner Morgenpost,* 8.4.1956. Marvelli gab Wartenberg in den 1950er-Jahren mehrere Interviews. Die daraus entstandene Artikelserie ist die einzige detaillierte Lebensbeschreibung, die über Fredo Marvelli existiert.

3 D. i. Max Malzin, geb. 1862, gest. 5.9.1935.

4 Wartenberg, »Marvelli«.

5 *Magie* 1938, 141.

6 Marvelli-Programm von 1948 (ich danke Wittus Witt für die Einsicht in das Programm).

Duell der Magier

1 Marvelli an Fischer, 25.1.1939.

2 Fischer an Marvelli, 5.7.1939.

3 Marvelli an Fischer, 11.3.1940.

4 Fischer an Clement de Lion, 9.12.1938.

5 Fischer an Clement de Lion, 3.6.1939.

6 Schreiber an Fischer, 1.8.1938.

7 Marvelli an Fischer, 2.11.1939.

8 Marvelli an Fischer, 2. 11. 1939.
9 Marvelli an Fischer, 11. 3. 1940.
10 Marvelli an Fischer, 7. 4. 1939.
11 *Magie* 1938, 197.
12 Marvelli an Fischer, 7. 4. 1939.
13 Fischer an Marvelli, 5. 7. 1939.
14 Marvelli an Schreiber, 27. 4. 1940.
15 Schreiber an Wilsmann, 20. 1. 1941; Schreiber an Erich Tauer, 23. 7. 1939.
16 Schreiber an Wilsmann, 12. 2. 1941.
17 Marvelli an Fischer, 28. 6. 1939.
18 Schreiber an Wilsmann, 12. 2. 1941.
19 Fischer an Marvelli, 5. 5. 1940.
20 Fischer an Marvelli, 5. 5. 1940.
21 Marvelli an Fischer, 1. 6. 1940.
22 Schreiber an Wilsmann, 20. 1. 1941.
23 Marvelli an Fischer, 1. 6. 1940.
24 »Dass Herr M. heute einer der führenden Magier des Kontinents ist, lässt sich kaum bestreiten. Dies geht aber aus der ›Magie‹ der letzten Jahre nicht klar genug hervor.« Wilsmann an Schreiber 2. 3. 1942.
25 Wilsmann an Schreiber 2. 3. 1942.
26 Schreiber an Wilsmann, 10. 3. 1942.
27 Marvelli an Fischer, 27. 4. 1940.
28 Marvelli an Wilsmann, 10. 10. 1941.
29 Marvelli an Fischer, 30. 10. 1940
30 Fischer an Marvelli, 18. 9. 1939.
31 Marvelli an Fischer, 23. 1. 1940.
32 Wilsmann an Schreiber, 12. 3. 1941.
33 Schreiber an Wilsmann, 20. 1. 1941.

Der größte Lump im ganzen Land

1 *Magie* 1942, 330.
2 Vgl. Bernd Heller, *Kalanag. Zauberer und Nationalsozialist,* Broschüre, Berlin 2013, 9.
3 Der Ring des Magischen Zirkels ist verschollen, aber Marvellis Neffe Harald Wiesner (Great Hardy) erinnert sich, den Ring bei einem Besuch in Andorra gesehen zu haben: »Die schwarzen kleinen Punkte in den Augen waren Brillanten. Ich kann mich sehr gut daran erinnern, vor allem, weil er beim Zurückgeben in Lutes Teetasse fiel und sie erst ihren Tee austrank und erst dann ihn herausholte. Wir fanden das so

lustig, dass sie alles so mit Humor aufnahm.« (Harald Wiesner, E-Mail vom 3.4.2020).

4 *Magie* 1937, 197 et passim; *Magie* 1938, 324.
5 *Magie* 1942, 330.
6 Ibid. 331.
7 Ibid. 331.
8 Memorandum »Streng vertraulich! Muß geheimgehalten werden! Nur zur Information«, Kulturschriftleitung, Berlin, 16.10.1942 (Bundesarchiv BDC-RKK 2703).
9 Rimbach an Marvelli, 15.8.1946. (Sammlung Stiftung Zauberkunst).
10 Rimbach an Marvelli, 15.8.1946 (Sammlung Stiftung Zauberkunst).
11 Schreiber an Hinkel, 29.12.42 (Bundesarchiv R/9361/V 112917).
12 Hinkel an Schreiber, 10.3.1943 (Bundesarchiv R/9361/V 112917).
13 Schreiber an Hinkel, 16.3.1943 (Bundesarchiv BDC-RKK 2703).
14 *Magie* 1943, 36.
15 *Magie* 1943, 36 (Ingo). Siehe auch 40 (Schröder).
16 Hinkel an Schreiber, 16.11.1943.

Zauberei an allen Fronten

1 Markus Kompa zitiert die Quelle nicht in *Magie* 2005, 246.
2 Abgebildet in Alexander Wartenberg, *The Art of Magic: Europe's Great Magician Fredo Marvelli,* Hamburg 2017, 41.
3 In einem Brief vom 10.4.1941 an Ottokar Fischer illustriert Marvelli den Trick mit einer Zeichnung.
4 *Magie* 1944.
5 Anzeige des Berliner Geschäfts Zauberkönig in der *Magie* 1943, 120.
6 *Magie* 1941, 117. Wie viele hundert andere Mitglieder des Magischen Zirkels war auch Egon von Lautenstein in der Truppenbetreuung tätig (Lautenstein-Brief in *Magie* 1942, 254). Dabei trat er in Lazaretten auf, allerdings nicht auf der Bühne, sondern direkt am Krankenbett. Er unterhielt sich erst mit den Verwundeten und fing währenddessen an zu zaubern, sodass er in manchen Zimmern bis zu vierzig Minuten blieb (*Magie* 1942, 254).
7 Erlass des Präsidenten der Reichstheaterkammer, vgl. *Magie* 1942, 254.
8 *Magie* 1942, 254.
9 *Magie* 1942, 254.
10 *Magie* 1939, 169.
11 Douglas Beaufort, *Nothing Up My Sleeve!,* London 1938.
12 Alexander Adrion (Hrsg.), *Die Memoiren des Robert-Houdin, König der Zauberer,* Düsseldorf 1969, Klappentext.
13 Adrion, *Die Memoiren des Robert-Houdin,* 6.

14 Adrion, *Die Memoiren des Robert-Houdin*, 9.
15 *Magie* 1941, 117.
16 Vgl. Magnus Brechtken, *Albert Speer*, 297 (eBook).
17 »Speer läßt zaubern. Nach ernsten Tagen eine frohe Stunde«, *Signal* Nr. 23, Dezember 1943.
18 *Signal* Nr. 23, Dezember 1943.
19 *Signal* Nr. 23, Dezember 1943.
20 *Signal* Nr. 23, Dezember 1943.
21 Vgl. *Magie: Sonderausgabe über die Arbeitstagung in Bad Aussee vom 23.–28. Februar 1944*, 6.
22 www.bpk-bildagentur.de/thumb.php/30049627.jpg.
23 *Bavaria-Feldpost* Mai/Juni 1944, Sonderausgabe Helmut Schreiber 2 Jahre Produktionschef bei der Bavaria.
24 Vgl. *Magie*, Sonderausgabe 1944, 6.
25 Fotos des Auftritts von 1944 am Stolleneingang zur Produktionsstätte der Rakete A 4/V 2 im Kohnstein bei Nordhausen am Harz unter www.bpk-bildagentur.de. Abgerufen am 5.6.2019. Ob sich unter Schreibers Zuschauern auch Zwangsarbeiter befanden oder lediglich »schichtfreie Zivilarbeiter«, wie Rolf Aurich vermutet, konnte ich nicht ermitteln (Aurich, *Kalanag*, 138).

Der Untergang

1 Die Geschichte von Elmer Gwynne verdanke ich Jonathan Allen, »Deceptionists at War«, *Cabinet* 26, 2007, 65–72.
2 Brief Dr. Naumann an Dr. Schlösser, 2. 1. 1944. Bundesarchiv R55/20471-Fiches 1–5.
3 Vgl. Aurich, *Kalanag*, 139.
4 So erzählt es Kalanag in dem Fernsehfilm des Süddeutschen Rundfunks *Simsalabim. Porträt des großen Zauberkünstlers Kalanag*, gesendet am 13. 7. 1958. Das hier genannte Datum dürfte symbolisch gemeint sein. Tatsächlich war die US Armee bereits am 30. 4. 1945 in München einmarschiert.
5 Befragung von Helmut Schreiber durch Captain de Pokorny am 5. April 1946 (Bundesarchiv BDC-RKK 2703).
6 Befragung von Helmut Schreiber durch Captain de Pokorny am 5. April 1946 (Bundesarchiv BDC-RKK 2703).
7 Befragung von Helmut Schreiber durch Captain de Pokorny am 5. April 1946 (Bundesarchiv BDC-RKK 2703).
Bei Eduard Frenkel handelte es sich offenbar um einen Hochstapler, der die Wirren des Kriegsendes in München nutzte, um sich von den Amerikanern für kurze Zeit als Vizepräsident der Münchner Polizei einset-

zen zu lassen. Einem zeitgenössischen Bericht zufolge besaß er keinerlei Polizeikenntnisse, wurde nach wenigen Wochen aus dem Amt entlassen und später wegen diverser krimineller Delikte gesucht. Vgl. Münchner Sicherheitsforum (Hrsg.), *Chronik des Polizeipräsidiums München*, München 1995, 87 f. Ich danke Joachim Schröder von der HSD Düsseldorf für den Hinweis.

8 Befragung von Helmut Schreiber durch Captain de Pokorny am 5. April 1946 (Bundesarchiv BDC-RKK 2703).

9 Atteste, Bd. 4, o.S. (Kalanag-Nachlass, Stiftung Zauberkunst).

10 Atteste, Bd. 4, o.S. (Kalanag-Nachlass, Stiftung Zauberkunst).

11 Testat von Helen Thutt/ARC, Bad Tölz, 4. 10. 1945 (Kalanag-Nachlass, Stiftung Zauberkunst).

12 »Schreiber – 8 ICU«, in: Entnazifizierungsakte Helmut Schreiber, Bundesarchiv R 9361 V/112917.

13 Befragung Helmut Schreiber durch den Kulturrat, Hamburg, 30. 1. 1946. Bundesarchiv, R 9361 V/112917, Bl. 2771.

14 Vgl. Aurich, *Kalanag*, 141.

15 Kalanag, *Magier*, 94.

16 Kalanag, *Magier*, 94.

17 Kalanag, *Magier*, 94.

Nazi-Gold

1 Vgl. zum Folgenden Ian Sayer und Douglas Botting, *Nazi Gold*, London 1984, 194–221 (dt. Ausg. München 2021); Richard Hatch, »Kalanag and the Vanishing Banknotes«, *Magic* 1998, 48–53; Karl Bernd Esser, *Hitlers Gold, Devisen und Diamanten: Die geheime Kriegsbeute der USA*. Dokumentation, o. O. 2004.

2 Sayer/Botting, *Nazi Gold*, 205 ff.

3 Sayer/Botting, *Nazi Gold*, 206.

4 Sayer/Botting, *Nazi Gold*, 208.

5 Schriftliche Erklärung Major Robert M. Allgeier, 4. 7. 1945 (Bundesarchiv BDC-RKK 2703). Drei Tage später bestätigte Major Brown, Leiter der Abteilung für öffentliche Sicherheit bei der amerikanischen Militärregierung in München, Schreibers große Dienste mit einem ähnlich lautenden, zweiten Schreiben (Bundesarchiv BDC-RKK 2703).

6 Sayer/Botting, *Nazi Gold*, 208. Eine Übersicht der Bestände des Depots am Walchensee bei Esser, *Hitlers Gold*, 340 (Aufstellung von Reichsbankoberkassier Netzeband).

7 Esser, *Hitlers Gold*, 322.

8 Sayer/Botting, *Nazi Gold*, 209.

9 Sayer/Botting, *Nazi Gold*, 209 f.

10 Sayer/Botting, *Nazi Gold,* 211.
11 Diese Entdeckung von Richard Hatch könnte ein Hinweis darauf sein, wie es Kalanag nach dem Krieg binnen kurzer Zeit gelang, mit seiner aufwendigen Revue kostspielige Tourneereisen ins Ausland zu unternehmen. Vgl. Hatch, »Kalanag and the Vanishing Banknotes«, 53.

Eine Karteikarte erscheint

1 Gedächtnisprotokoll über die Vernehmung der Frau Anneliese Schreiber bei Cpt. Moeller bei der Militär-Regierung in München am 16.4.1946 (Bundesarchiv RKK 2703).

Ein Parteiabzeichen verschwindet

1 Vgl. George Clare, *Before the Wall. Berlin Days 1946–47,* London 1989; Toby Thacker, *Music After Hitler,* Farnham 2007, 56; Giles MacDonogh gibt Karl Seltz als Geburtsnamen an, *After the Reich. The Brutal History of the Allied Occupation,* New York 2007, 218.
2 Toby Thacker, *Music After Hitler,* 56, FN 82.
3 Thacker, *Music After Hitler,* 56.
4 Vgl. Toby Thacker und Fred K. Prieberg, *Handbuch Deutsche Musiker 1933–1945,* Kiel 2004, 4362; siehe auch Ernst Klee, *Das Kulturlexikon zum Dritten Reich. Wer war was vor und nach 1945,* Frankfurt am Main 2007, 379.
5 Memorandum on Helmut Schreiber, 26.7.1946 (Bundesarchiv R 9361-V/155040, 177).
6 Vgl. Klee, *Kulturlexikon,* 567.
7 Goebbels notierte am 1. August 1942 in sein Tagebuch: »Der Filmregisseur Selpin hat sich in der Zelle erhängt. Damit hat er die Konsequenzen gezogen, die sonst wahrscheinlich von seiten des Staates gezogen worden wären.« Möglicherweise wurde Selpin auch von der Gestapo in seiner Zelle umgebracht, vgl. Joseph Wulf, *Theater und Film im Dritten Reich: Eine Dokumentation,* Gütersloh 1964, 329f.
8 Erklärung von Helmut Schreiber, Bundesarchiv, R 9361-V/151977.
9 Major Sely an Intelligence Section, ISC Branch, Hamburg, 26.7.1946. Bundesarchiv, R 9361-V/151977.
10 Notiz über eine Rücksprache mit Herrn Fiebiger am 25.7.1946. Bundesarchiv, R 9361-V/151977.
11 Bundesarchiv R/9361/V 151977.
12 22.5.1938. Bundesarchiv R/9361/V 112917.
13 Helmut Schreiber, »1/4 Jahr aus meinem magischen Tagebuch«, *Magie* 1938, 140.

14 Gertrud Lewanczyk an Helmut Schreiber, 28. 8. 1945. Bundesarchiv, R 9361-V/151977.
15 Kalanag-Nachlass, Stiftung Zauberkunst.

Ein Freund, ein guter Freund

1 Der gemeinsame Bekannte war der Zauberkünstler Stanley Jaks, der selber Jude war und eng zusammen mit Schreiber an der Magie gearbeitet hatte. Das Zitat findet sich in einem Brief von Jaks an Howard Kayton, 14.2.o. J. (Sammlung Stiftung Zauberkunst).
2 Laut dem gemeinsamen Bekannten Robert Leistenschneider brachte die mit der Freundschaft einhergehende berufliche Bindung den beiden sogar manchmal Nachteile, da einzelne Firmen diese Bindung nicht akzeptieren wollten. Robert Leistenschneider, Erklärung, Hamburg, 24. 6. 1946 (Bundesarchiv, R 9361 V / 112917, Bild 2426).
3 Übersetzung der eidesstattlichen Versicherung von Max Heilbronner vom 9. Oktober 1946 (Bundesarchiv BDC-RKK 2703). Der Filmhistoriker Rolf Aurich hat das Schicksal der Firma »Heilbronner und Schreiber« in seinem Buch so detailliert rekonstruiert, wie es die lückenhafte Quellenlage zulässt (Aurich, *Kalanag*, 76 ff.). Heilbronner erklärte nach dem Krieg, die Hälfte des Stammkapitals von 25 000 Reichsmark und weitere 15 000 Reichsmark für einen Tonfilm mit dem ominösen Titel *Ich will nicht* aufgebracht zu haben. Sein Freund Schreiber habe überhaupt kein Geld investiert, aber nach Heilbronners Flucht die Firma unter dem Namen »Schreiber Films« arisiert, indem er sich zum Geschäftsführer bestellen ließ. Schreiber habe dann zwischen August 1933 und Januar 1934 insgesamt 25 000 Reichsmark von Heilbronners persönlichem Berliner Konto abgehoben, die als Darlehen für die Firma gedacht waren, an der Heilbronner auch im Exil immer noch als Gesellschafter beteiligt war. Nachdem die Firma 1935, laut Schreiber angeblich wegen des nichtarischen Mitgesellschafters Heilbronner, aus der Reichsfilmkammer ausgeschlossen wurde, trat Schreiber seine Anteile an seine Sekretärin Elfriede Elkisch ab. 1936 wurde die Firma »Schreiber Films« im Berliner Handelsregister gelöscht.
4 Interrogation Report Helmut Schreiber, 12. 11. 1946 in Capt. Nichols office (Bundesarchiv R 9361/V/151977).
5 Interrogation Report Helmut Schreiber, 12. 11. 1946 in Capt. Nichols office (Bundesarchiv R 9361/V/151977).
6 »In Berlin verbliebene Wohnungseinrichtung von Max Heilbronner. Aufstellung meiner Wohnungseinrichtung«. Entschädigungsakte Max Bronell, LABO, Seite D3. Heilbronner bestätigt darin auch Schreibers

Aussage, dass ihm einige Möbel und Gegenstände nach Paris geschickt wurden.

7 Interrogation Report Helmut Schreiber, 12. 11. 1946 in Capt. Nichols office (Bundesarchiv R 9361/V/151977).

8 In Schreiben aus den Fünfzigerjahren widerspricht sich Schreiber teilweise selbst. Was die Möbel anging, war er jedenfalls um keine Antwort verlegen: Während er 1946 behauptete, seine Sekretärin Elfriede Elkisch habe »für 3000 Mark alles wieder instand gesetzt«, nachdem die russischen Soldaten seine Wohnung in Berlin-Halensee wieder verlassen hatten, versicherte er jedoch acht Jahre später, die Einrichtung sei »beim Einmarsch der Russen völlig zerstört worden und nebst meiner eigenen Einrichtung verschwunden«. Interrogation Report Helmut Schreiber, 12. 11. 1946, a. a.O. und Helmut Schreiber an Entschädigungsamt Berlin, 5. 6. 1954. (Entschädigungsakte Max Bronell, LABO).

9 Vgl. Aurich, *Kalanag*, 73, der auf die entsprechenden Akten im Landesarchiv Berlin verweist.

10 »Anlage 1 V 536 zu dem Vordruck D des Entschädigungsantrags Max Heilbronner« vom 28. 9. 1951 (Entschädigungsakte Max Bronell, LABO).

11 Helmut Schreiber an Rechtsanwälte Prof. Dr. Auerbach, Graf und Hampe, 9. 3. 1961 (Entschädigungsakte Max Bronell, LABO).

12 Erich Reinard, M. D., Ärztliche Bescheinigung vom 16. 2. 1957 (Entschädigungsakte Max Bronell, LABO).

13 O. Joachim Granzow, M. D., Nervenfachärztliches Zusatzgutachten vom 8. 11. 1963. In: Entschädigungsakte Max Bronell, LABO.

14 O. Joachim Granzow, M. D., Nervenfachärztliches Zusatzgutachten vom 8. 11. 1963. In: Entschädigungsakte Max Bronell, LABO.

15 Antrag auf Grund des Gesetzes über die Entschädigung der Opfer des Nationalsozialismus, Pforzheim, 28. 9. 1951. Vgl. Aurich, *Kalanag*, 77.

16 Eidesstattliche Versicherung Max Bronell, 19. 2. 1961. Entschädigungsakte Max Bronell, Seite B85; Bescheid des Entschädigungsamts Berlin v. 31. 5. 1967 (beide LABO).

Widerstand

1 Bericht von Capt. de Pokorny in: Bundesarchiv BDC-RKK 2703 Helmut Schreiber.

2 Vgl. Simone Hannemann, *Robert Havemann und die Widerstandsgruppe »Europäische Union«*, Berlin 2001.

3 Vgl. Friedrich Christian Delius, *Mein Jahr als Mörder*, Reinbek 2006, 175.

4 Der Frauenarzt, Lebemann und Salonbolschewist Wolfgang Wohlgemuth spionierte nach dem Krieg für den KGB und sollte in den Fünfzigerjahren eine der Schlüsselfiguren im Fall Otto John werden. Der Präsident des westdeutschen Verfassungsschutzes, der ebenfalls dem Nazi-Widerstand im Dritten Reich angehört hatte, tauchte 1954 zur Überraschung der Bonner Regierung plötzlich in Ostberlin auf, um den wachsenden Einfluss früherer Nationalsozialisten in der Bundesrepublik anzuprangern. Bis heute ist unklar, ob John freiwillig reiste oder unter tätiger Mithilfe seines Bekannten Wohlgemuth entführt wurde. Der Freund habe ihm, behauptete John später zu seiner Verteidigung, ein Betäubungsmittel in den Kaffee getan und ihn dann in den Ostsektor von Berlin verschleppt. Vgl. Erik Gieseking: »Der Fall Otto John. Entführung oder freiwilliger Übertritt in die DDR?«, Phil. Diss. Universität Dortmund 2004, Lauf an der Pegnitz 2005.

5 Statt der von Schreiber genannten Adresse, Rankeplatz 14, befand sich der Treffpunkt in der Rankestraße 19.

6 »Anhang zu dem Bericht von Helmut Schreiber vom 5. April, 1946«, Entnazifizierungsakte Helmut Schreiber (Bundesarchiv BDC-RKK 2703). Wer erfindungsreich ist, muss ein gutes Gedächtnis haben. In den Jahren nach 1945 erzählte Schreiber die gleiche Geschichte auch anders. In einem Brief an den Berliner Zauberkünstler Bruno Christoph behauptet Schreiber 1947, nicht der Glaser habe ihn denunziert, sondern »mein eigener Pressechef, der, wie ich später erfuhr, SS- und SD-Mann war«. Zu allem Übel sei dann auch noch seine Frau wegen Verächtlichmachung des Führers, den sie als »Idioten« bezeichnet habe, in Linz ins Gefängnis gekommen. Das ist bemerkenswert, gibt es doch ein Foto, auf dem das Ehepaar Helmut und Anneliese Schreiber stolz mit dem »Idioten« auf dem Obersalzberg posiert. In der Buchhaltung seines guten Gewissens ergänzte Schreiber die Aufzählung seiner Leiden mit einer Auflistung seiner angeblichen Heldentaten: »Sie wissen vielleicht, lieber Herr Christoph, daß ich über 2 Jahre eine Volljüdin in meiner Wohnung versteckt hielt, weiterhin deren Schwester, daß mein Stellvertreter in der Bavaria Halbjude war und von mir gleich 5 volljüdische Mitarbeiter, die heute alle in wichtigen Positionen tätig sind, getarnt und zT unter anderem Namen beschäftigt wurden. Sie wissen vielleicht, dass ich Herrn Trunk [Wien], dessen Frau Jüdin war und deren 14 Angehörige alle umgekommen sind, gedeckt und unterstützt habe. Sie wissen vielleicht auch, daß ich Herrn Hansen und Herrn Tommsen-Jersey half, daß ich Olten aus dem Internierungslager herausholte und ihm schließlich zur Flucht verhalf usw.usw. Es ist mir widerlich, diese Dinge aufzuzählen, weil ich es eigentlich satt habe, hier in eine Art Verteidigungsstellung gedrängt zu werden.« (Helmut

Schreiber an Bruno Christoph, 24. 6. 1947, Bundesarchiv R/9361/V 147572).

Persilscheine aus dem Nichts

1 Schreiben des Bayrischen Roten Kreuz, Abteilung für politisch Verfolgte vom 26. 2. 1946 an den Kulturrat in Hamburg (Bundesarchiv BDC-RKK 2703); dieser Sachverhalt wird auch in einem Schreiben von Alexander Blagona an Dr. Beissel von 2. 4. 1946 bestätigt in: Bundesarchiv BDC-RKK 2703.
2 Constance Braun, September 1945. Diese und alle weiteren Schreiben Bundesarchiv BDC-RKK 2703.
3 Günter Groll, 25. 8. 1945.
4 Paulus Bünger, 27. 8. 1945.
5 Max Eifertinger, 28. 8. 1945.
6 Gertrud Lewanczyk, 28. 8. 1945.
7 Ilse Lotz-Dupont, 1. 9. 1945.
8 Eidesstattliche Versicherung, 1. 12. 1945 (Bundesarchiv BDC-RKK 2703).
9 Schreiben des Komitees ehemaliger politischer Gefangener – Kulturkreis an den Kulturrat z. Hd. Christian Meyer vom 10.1. 1946 in: Bundesarchiv BDC-RKK 2703.
10 Bundesarchiv R 9361-V/155040.
11 Polizei Hamburg, »Final Report«, 26. 11. 1946 (Bundesarchiv R 9361-V/155040).
12 Vgl. Wilfried Weber und Marina Krauth, *Und wer besorgt das Spielzeug? 75 Jahre Hamburger Bücherstube Felix Jud & Co.*, Hamburg 1998.
13 Transkript aus dem *Main Echo*, 6. 2.1946 (Bundesarchiv R 9361-V/155040).
14 Schreiben der Information Services Control Branch, Control Commission for Germany an 8 Information Control Unit, 6. 2. 1946. Bundesarchiv R/9361/V 151977.
15 *Deutsche Volkszeitung* (Zentralorgan der KPD, Berlin, Sonnabend 23. 3. 1946).
16 Kalanag, *Magier*, 95 f.
17 Kalanag, *Magier*, 97.
18 Die Amerikaner jedenfalls wussten genau, mit wem sie es zu tun hatten. Im Januar 1946 erhielt US-Major Sherwood, der Verbindungsoffizier zu den Briten, ein Memorandum, das die Gründe aufführte, weshalb Schreiber im Monat zuvor auf die schwarze Liste gesetzt worden war. Er war als Zauberkünstler regelmäßig eingeladen worden, Hitler, Goebbels und andere hochrangige Nazis zu unterhalten. Im Jahr

seiner Ernennung zum Produktionschef der Bavaria Studios 1939 habe er die Aufnahme in die NSDAP beantragt, die den von den Amerikanern erbeuteten Akten der Reichsfilmkammer zufolge am 1. Mai 1939 erfolgte. Außerdem sei Schreiber ein »enger Freund« des Reichsfilmintendanten und SS-Obergruppenführers Hans Hinkel gewesen (Memorandum Mr. R. C. Martindale an Major Sherwood, 24. Januar, 1946, Bundesarchiv R 9361-V/155040). Die in seiner Personalakte enthaltene Korrespondenz mit Hinkel jedenfalls erschien den Amerikanern als »sehr vertraut und herzlich« (Information Control Personality Form, 21. 1. 1946, Bundesarchiv R 9361-V/155040). Seinen ehemaligen Freund und Geschäftspartner, den jüdischen Filmarchitekten Max Heilbronner, habe er dagegen nach der Machtübernahme der Nazis um dessen Anteile betrogen. Schreiber sei aalglatt und betone immer, wie er den Alliierten helfen könne. Als wenn das alles nicht schon schlimm genug wäre, hatten die Amerikaner in München erfahren, dass die britischen Verbündeten dem Zauberkünstler und Filmproduzenten bereits einen Job angeboten hatten und er auf dem Sprung nach Hamburg sei. Er werde dort bei der Truppenbetreuung eingesetzt (Capt. Sely an ISC Branch/Bünde, 28. 5. 1946, Bundesarchiv, R 9361-V/151977). Das unliebsame Interesse der amerikanischen Kontrolloffiziere verdankte Schreiber, der sich im Februar 1946 gerade zur Kur in Bad Pyrmont befand, seiner Sekretärin, die in München damit geprahlt hatte, dass ihr Chef die Arbeitsgenehmigung der britischen Behörden erhalten habe, die ihm die Amerikaner verweigert hatten.

19 Eine Duzfreundschaft war es jedenfalls nicht, die ihn mit Hinkel verband. Allerdings suchte Letzterer noch nach dem Krieg Kontakt zu Schreiber und schenkte ihm nach einem Treffen im Jahr 1949 ein wertvolles Zauberbuch aus dem 18. Jahrhundert mit der Widmung: »Herzlichen Dank für den lustigen Abend. Ihr Hans Hinkel. 27. 8. 1949. Bei dem Buch handelt es sich um ein Werk des Illuminaten und Aufklärers Karl von Eckartshausen (1752–1803): *Des Herrn Hofrath von Eckartshausen selbst approbirter praktischer Taschenspieler: ein zweckmäßiger Auszug aus seiner Gaukeltasche*, Graz 1792.

20 Schreiber an Hinkel, 23. 12. 1940 (Bundesarchiv BDC-RKK 2703 Helmut Schreiber).

21 Hitlers Glückwunsch an Schreiber wurde am 1. Dezember 2019 bei einer Auktion versteigert. Vgl. https://www.ratisbons.com/de/auctions-archive/34th-contemporary-history-auction/adolf-hitler-personal-card-to-helmut-schreiber-kalanag.html, abgerufen am 30. 1. 2021.

22 *Magie* 1941, 122.

23 1946 Kulturverwaltung Hamburg. Schreiben vom 4. 3. 1946 an Schreiber (Stiftung Zauberkunst).

24 Gobert an Schult-Bischof, 8. 4. 1946 (Stiftung Zauberkunst). Die Kulturverwaltung habe den früheren Leiter der Bavaria-Film-AG nach Hamburg gerufen, weil er der einzige für Hamburg greifbare Filmhersteller sei, der fähig sei, die Filmproduktion beratend und handelnd in Gang zu bringen. Schreiber, der sämtliche Bindungen in München aufgegeben habe, sei energisch und sachverständig, und die wirtschaftlichen Vorteile einer starken Filmproduktion seien für die Stadt Hamburg unverkennbar, denn sie ziehe prominente Künstler in die Stadt und schaffe Arbeitsplätze. Gobert war erst vor Kurzem von der britischen Besatzungsmacht in sein Amt eingesetzt worden – und legte sogleich ein gutes Wort für den flüchtigen Filmproduzenten aus München ein. Schreiber hatte einen Bekannten in der Hamburger Kulturverwaltung kontaktiert, der auf Schreibers Geheiß dem Senator klargemacht hatte, man könne der Militärregierung nicht zumuten, sich mit den vielen kleinen Produzenten zusammenzusetzen, die auch untereinander gar nicht einig seien.

25 Im Frühjahr 1947 erhielt Schreiber wieder Zugriff auf sein altes Vermögen, nachdem die Reichsbankhauptstelle in Hamburg entschieden hatte, dass die Auflagen des Gesetzes Nr. 52 der Militärregierung über Sperre und Kontrolle von Vermögen für ihn nicht zur Anwendung komme (Reichsbankhauptstelle, Schreiben an Helmut Schreiber, An der Alster 9, 4. 1947, Stiftung Zauberkunst).

Marvellis Rache

1 Marvelli an Enrique Gonzales, 15. 8. 1964 (*Ottokar Fischer Korrespondenz von 1938 bis 1964*, 136).

2 Protokoll (Abschrift Sekretariat Marvelli) 8. 12. 1945. In: Sammlung Marvelli, im Besitz von Karl-Heinz Kaiser, Dresden.

3 Zit. v. Max Holden in *Tops*, 11. Jg., H. 8 (August 1946), 12.

4 Vgl. Birgit Bartl-Engelhardt, »Ein Leben für die Zauberkunst«, in: Magischer Zirkel Hamburg (Hrsg.), *Die Kunst des Verzauberns. Festschrift zum 100-jährigen Bestehen des Magischen Zirkels Hamburg*, Hamburg 2012, 179–190; 180. Einen umfassenden und reichhaltig illustrierten Überblick gibt das empfehlenswerte Kompendium der Bartl-Enkelin Birgit Bartl-Engelhardt, *Die Bartl-Chronik Hamburg 1910 – 1998*, Hamburg 2019.

5 Vgl. Bartl-Engelhardt, »Ein Leben für die Zauberkunst«, 183.

6 Hans Bartl an Fredo Marvelli, 23. 2. 1947 (Bundesarchiv BDC RK 2705000515 Schreiber, Helmut).

7 Marvelli an Hans Bartl jr., 31. 3. 1947 (Bundesarchiv BDC RK 2705000515 Schreiber, Helmut). Bartl schrieb am 24.2. nach New York

an Siegbert (nun Stanley) Jaks, und bat ihn, zusammen mit Kayton-Katzenstein Belastungsmaterial über Schreiber zu sammeln und an Marvelli in Berlin als seinen Mittelsmann zu schicken, »da ich selbst bis zur Aufrollung des Falles aus dem Spiele bleiben muss«. Der Münchner Arzt Katzenstein, der sich in Amerika Howard Kayton nannte, war eines der ersten Mitglieder des von Schreiber 1920 in München gegründeten Ortszirkels gewesen. »Ich kenne diesen egoistischen und eitlen Burschen seit etwa 1920 und weiss, was ich von ihm zu halten habe«, schrieb er an Bartl (Howard B. Kayton an Hans Bartl jr., 20. 4. 1947 (Bundesarchiv BDC RK 2705000515 Schreiber, Helmut). Marvelli versorgte Bartl mit Kopien von Briefen Kaytons und einem Inserat, das er im neuen Programm der Internationalen Artistenloge gefunden hatte. Dort hatte Benno Pantel-Patrix (»Ich zeige Ihnen nur ein pa trix«), bekannt als Erfinder des Zeitungszerreisstricks, im März 1947 eine Zeitungsanzeige aufgegeben, in der er um Zuschriften von Kolleginnen und Kollegen bat, die zwischen 1933 und 1944 mit dem Zauberkünstler Egon von Lautenstein engagiert waren (Ausriss als Anlage des Briefs von Marvelli an Hans Bartl, 31. 3. 1947 (Bundesarchiv BDC RK 2705000515 Schreiber, Helmut). Lautenstein, der mit bürgerlichem Namen Adolf Wöhlbier hieß, hatte im Mai des fatalen Jahres der Machtergreifung Elly geheiratet, die Tochter des Hamburger Zaubergerätehändlers Janos und seiner jüdischen Frau Rosa Bartl. Auch nach 1933 trat er mit seiner Frau als Assistentin auf. Auf der Bühne zerschnitt er vor aller Augen Ellys Gürtel, um ihn sogleich wieder ganz zu machen. Dann machte er sich an den Tragriemen der Handtasche der jungen Frau zu schaffen, die zur Belustigung des Publikums zwischen Lachen und Weinen zu schwanken schien (in *Simsalabim wirbelt um die Welt,* Seite 33, nennt Kalanag seinen Kollegen Lautenstein als »besten Interpreten dieses Tricks«). »Es ist nun einmal so, dass bei den Zuschauern die Schadenfreude immer die reinste Freude ist«, kommentierte ein Zauberkollege später und lobte die sympathische Assistentin, die ihre Rolle glänzend gespielt habe (Dr. Hellmuth Teumer, »Egon v. Lautenstein«, *Magie,* Februar 1934, 25. Vgl. *Magie* Oktober/November 1935, 169 f.: Auftritt Lautensteins mit Gattin im Eden-Arkadia in Leipzig). Abseits der Bühne aber sollte es kein Happy End geben für Egon und Elly, keinen Zauber, der gewaltsame durch die Zeitläufte zerschnittene Bänder wieder heilte. Lautenstein habe, schrieb Marvelli 1947 an Ellys Bruder Hans Bartl, wegen seiner Gattin doch seinerzeit Auftrittsverbot bekommen, »und soll Pantel angeblich dazu beigetragen haben« (Marvelli an Bartl, 31. 3. 1947 (Bundesarchiv BDC RK 2705000515 Schreiber, Helmut). Außerdem sei der Schreibers Freund. Die Frontlinien zwischen den Zauberkollegen Schreiber-Marvelli waren, zwei Jahre nach Kriegsende, deutlich gezogen. Lautenstein aber, der die Unterstellungen und Mutmaßungen hätte aufklären können, war verschwunden. Während des Kriegs war Lautenstein wegen »Wehrkraftzersetzung« verfolgt worden und hatte das getan, was er als Zauberkünstler am besten konnte. Er hatte »sich selbst verschwinden lassen« und war bis zum Untergang des Dritten Reichs unter falschem Namen in Dresden untergetaucht (1943 taucht er noch unter den »Treuen Hundert«, die für den Magischen Zirkel gespendet haben, in der *Magie* auf. 1942 zeichnete er einen in der *Magie,* Seite 254, veröffentlichten Brief mit RM 100 Spende an Helmut Schreiber mit »Heil Hitler!«). Bis 1947 galt er als verschollen, dann plötzlich tauchte Lautenstein wieder auf. Er war zu Fuß an der Elbe entlang zurück nach Hamburg gewandert und feierte dort nach dem Krieg ein Comeback als Wahrsager und »der Mann mit den geschicktesten Händen« (vgl. *Artistik* 12, 1967). Zusammen mit seinem ehemaligen Schwager Hans Bartl veröffentlichte er 1948 in Hamburg die kleine Schrift *Interessante Zauberei im Familienkreise.* War Lautenstein Jude? Jedenfalls taucht er in Hannes Höllers Buch *European Jewish Magicians* (Düsseldorf 1999) mit den Lebensdaten 19. 3. 1901 – 16. 10. 1967 auf. Den »Diktator Schreiber«, wie Marvelli ihn nannte, fürchtete Lautenstein nicht. Im Gegenteil: Er half Bartls und Marvellis Intimfeind dabei, in Hamburg aus dem Nichts die Kalanag-Revue auf die Beine zu stellen.

8 Bundesarchiv R/9361/V 147572.

9 *Magie* 1937, 197.

10 Helmut Schreiber besuchte Marvelli zusammen mit Robert Farchmin am 5. März 1938 in Garmisch-Partenkirchen und berichtete in der *Magie* über das Haus des Zauberkünstlers: »Von außen gar nicht mysteriös, sondern hübsch stilvoll. Innen eine schöne Vorhalle. Würdig steht hier Hinkels Ehrenpreis, die Führerbüste auf einem Marmorsockel. An der einen Wand Magier-Bilder, besonders grüßt mich das Bild des Stifters des Ringes des magischen Zirkels: Dr. Teumer. Und dann das Laboratorium – die magische Werkstatt. Ein Paradies für jeden Fachmann. Da ist alles zur Hand. Marvelli zeigt uns einige Bastelfeinheiten. Wundervoll ausgeklügelt seine Zigaretten-Apparate. – Das neueste ist seine 16 mm-Kamera. Abends war Kino in der Halle. Ausgezeichnete Aufnahmen. Auch Edler mit seinen Kügelchen wurde an die Wand geworfen. Spät abends zu Bett im schönen Gastzimmer. Robert sagte, ich schnarche. So eine Gemeinheit, dabei war es das Echo von ihm.« (*Magie* 1938, 141).

11 Marvelli an Bartl, o.T., März 1947 (Bundesarchiv BDC RK 2705000515 Schreiber, Helmut).

12 Marvelli an Amtsgericht-Vereinsregister Berlin-Charlottenburg,

8. 12. 1945. In: Sammlung Marvelli, im Besitz von Karl-Heinz Kaiser, Dresden.

13 Sitzungsprotokoll, Berlin 14. 7. 1951 (Kalanag-Nachlass, Stiftung Zauberkunst).

14 Dieses und die folgenden Zitate aus dem Brief Helmut Schreibers an Bruno Christoph, 24. 6. 1947 (Bundesarchiv R/9361/V 147572).

15 Die Aufnahme existiert noch, wenngleich in schlechter Audioqualität. Vgl. Marvelli an Fischer, 29. 7. 1940 (*Ottokar Fischer Korrespondenz von 1938 bis 1964*, 87). Schreiber behauptet daneben, dass Marvelli manchmal auch heimlich Aufnahmen von Gesprächen angefertigt habe, um Zirkelmitglieder zu erpressen, nachdem er sie durch geschickte Fragen zu politisch riskanten Aussagen verleitet habe. Laut Schreiber nahm Marvelli insgeheim auch ein Gespräch mit dem Zirkelkollegen Richard Röhl auf, in dessen Verlauf er Röhl durch geschickte Fragen zu politisch riskanten Aussagen verleitete. Die Aufnahme habe Marvelli als Erpressung genutzt, um Röhl gegen Schreiber auszuspielen (Helmut Schreiber an Bruno Christoph, 24. 6. 1947 (Bundesarchiv R/9361/V 147572). Die »Gemeinsame Erklärung«, die Marvelli und Schreiber am 7. 7. 1942 in Berlin unterzeichneten, erwähnt tatsächlich eine »Schallplattenaufnahme von Herrn Roehl in Sachen des Zeitungsartikels vom 6. 3. 1942 *(12 Uhr-Blatt)*«, die in Gegenwart von MZ-Mitarbeiter und Schreiber-Intimus Erich Tauer vernichtet worden war (Kalanag-Nachlass, Stiftung Zauberkunst). Außerdem verpflichtete sich Marvelli darin, dem Präsidenten die »Mappe Schreiber« aus der Sammlung von Ottokar Fischer auszuhändigen »mit dem Anheimstellen, interessierende Schriftsätze zur sofortigen Vernichtung auszuwählen«. Schreiber erklärte im Gegenzug, Marvelli dessen Schreiben an Kassner zurückzugeben, damit er es sofort vernichten könne. Die beiden Zauberkünstler hatten offensichtlich genug Belastungsmaterial übereinander gesammelt, um einen kleinen Scheiterhaufen zu befeuern.

16 *Magie* 1959, S. 245.

17 Das selbstbewusste Auftreten Kalanags und sein märchenhafter Wiederaufstieg nach dem Krieg sorgten jedoch bald für neue Auseinandersetzungen. Der Zauberkünstler Punx hatte anfangs beim Aufbau der Simsalabim-Show in Hamburg mitgewirkt. Doch dann kam es zum Streit zwischen ihm und Kalanag (Hannes Höller, »Kalanag in Wort und Bild«, *Magie* 8–10, 1997, 378). Es ging um einen Ring, die höchste Auszeichnung der deutschen Zauberkunst: den Hofzinser-Ring. Der Zauberkünstler Robert Farchmin hatte ihn 1933 zu Ehren des berühmten Wiener Magiers Johann Nepomuk Hofzinser gestiftet und zuerst an Ottokar Fischer verliehen, der das Erbe Hofzinsers gerettet hatte. Die Auszeichnung sollte zunächst alle drei Jahre verliehen werden. 1939

erhielt ihn Kalanag für seine Verdienste als Schriftleiter der *Magie*. 1942 wurde ihm der Ring erneut verliehen. Dann kamen die Wirren des Krieges. 1945 musste er den Ring statutengemäß an Stifter Farchmin zurückgeben. Aber er konnte von dem Ring nicht lassen. Kalanag ließ sich ein Double anfertigen und warb 1948 in seinen Programmen mit der höchsten internationalen magischen Auszeichnung, »dem Dr. Hofzinser-Ring« (so im ersten Programm des Garrison Theatre 1948). Im gleichen Jahr verlieh Farchmin den Ring an Punx, der einen neuen Vortragsstil entwickelt hatte: Er teilte seine Abendvorstellungen in vier Akte ein und trat in jedem Akt in einer anderen Rolle auf. Damit war Punx so erfolgreich, dass er den Ring 1950 erneut verliehen bekam, diesmal auf Lebenszeit. Dann kam es zum Eklat: Auf einem Magierkongress ließ sich Kalanag einen Ring an den Finger stecken, der dem Hofzinser-Ring zum Verwechseln ähnlich sah. Nur die Initialen fehlten. Farchmin und Punx waren kurz davor, wegen Nachahmung zu klagen. Im letzten Moment reichte Kalanag seinem Kollegen die Hand zur Versöhnungsgeste. »Der Friede in Meister-Magierkreisen ist erst einmal wiederhergestellt«, meldete der *Spiegel* (»Mann aus der Wolke«, *Der Spiegel*, 9. 2. 1950). Trotzdem hatte Punx keine gute Meinung von Kalanag: »Als Mensch war er schlecht erzogen, und als Magier war er nicht fein« (zit. in Val Andrews *Die 7 Schlüssel von Kalanag*, 63).

18 Vgl. Richard Hatch, »Kalanag and the Vanishing Banknotes«, *Magic* 1998, 53.

19 Marvelli an Clement de Lion, 15. 10. 1947 (Sammlung Peter Rawert). 1949 hatte Marvelli seinerseits mit einer Unterlassungsklage gegen den Zauberer Bruno Christoph Erfolg, der von Schreiber mit reichlich Belastungsmaterial ausgestattet worden war, um Marvelli in Zauberkreisen schlecht zu machen (vgl. Hatch, »Kalanag and the Vanishing Banknotes«, *Magic* 1998, 1998, 53).

20 Marvelli-Film »Zauberei, Zauberei« 1947; www.filmportal.de/en/movie/zauberei-zauberei_ea43d4a71b3a5006e03053d50b37753d, abgerufen am 18. 12. 2020.

21 Marvelli an Clement de Lion, 15. 10. 1947 (Sammlung Peter Rawert).

22 So heißt es in der Besprechung »Aus der Luft gegriffen«, o. D. (vermutlich April 1947). In: Sammlung Marvelli, im Besitz von Karl-Heinz Kaiser, Dresden.

23 Die Schlangenseil-Premiere. Marvelli zauberte im Künstlertheater in Neukölln, *Neue Zeit*, 17. 4. 1947.

Das Unmögliche wird möglich

1 Am 6.11.1934 wird in den Protokollen des Magischen Klubs Wien ein Dr. Klein samt Gattin (oder ähnlich, weil schlecht geschrieben) angeführt. Ich danke Christian Stelzel (Magic Christian) für die Auskunft, 17.6.2020.
2 Vgl. Erich Tauer-Turmi, *Heitere Zauberkunst. Studio IV. Klassische Magie,* Berlin 1972, 44.
3 Atteste Bd. 4 (Kalanag-Nachlass, Stiftung Zauberkunst).
4 Der Schweizer Rey war nicht nur Amateurzauberer und Gründer des Magischen Rings der Schweiz, er war auch Eigentümer der chemischen Fabrik ORU und stellte später die Essenzen für Kalanags »Wunderbar« her. Vgl. Rico Leitner, »Geschichte des Magischen Ringes der Schweiz (MRS)«, *Magie* 2003, 268 f.
5 Kalanag, *Magier,* 103.
6 Kalanag, *Magier,* 104.
7 Pressealbum 1947–1948 (Kalanag-Nachlass, Stiftung Zauberkunst).
8 Pressealbum 1947–1948 (Kalanag-Nachlass, Stiftung Zauberkunst).
9 Pressealbum 1947–1948 (Kalanag-Nachlass, Stiftung Zauberkunst).
10 Der Magier Cortini nannte sich zwar den »Mann mit 100 000 Talern«, weil er kübelweise Münzen aus der Luft zaubern konnte. Aber auch er musste nach dem Krieg mit »Sperrmüll-Requisiten« neu anfangen. (Bernd Heller, *Kalanag. Zauberer und Nationalsozialist,* Broschüre, Berlin 2013, 9.)
11 Vgl. Hatch, »Kalanag and the Vanishing Banknotes«, 52.
12 Das Programmheft enthält einen kleingedruckten Hinweis, dass Nachfragen an E. Beyfuß, Benediktenwandstr. 2 in München zu richten seien. Die Dramaturgin Erika Beyfuß war Schreibers Mitarbeiterin bei der Bavaria und 1947 offensichtlich in seinem alten Münchner Haus untergebracht.

Simsalabim, da bin ich wieder

1 *Magie* 1925, 64.
2 *Magie* Oktober 1925.
3 »Kalanags Frau ohne Mitte«, *Der Spiegel,* 25.10.1947.
4 Gespräch mit Lilo Litobarski, 27.5.2019.
5 *Varieté,* Dezemberheft 1947. Zitiert auf dem Kalanag-Programm von 1948 (Kalanag-Nachlass, Stiftung Zauberkunst).
6 Gespräch mit Lore Meyer, 7.6.2019.
7 Kalanag 106.

8 *Keynotes Sports Page and Entertainment Guide,* Sat. 12. March 1948 (Kalanag-Pressealbum, Stiftung Zauberkunst).

9 Rückübersetzung aus dem englischen Bühnentext (Kalanag-Nachlass, Stiftung Zauberkunst).

10 Zu Roger Moores Dienst im britischen Combined Services Entertainment vgl. den Nachruf auf ihn: www.forces.net/live-events/sir-roger-moore-saint-spy-and-cse-legend. Abgerufen am 21. 11.2020.

11 Donald T. Shea an Intelligence Division, OMGB, Munich, 13. 5. 1949 (Bundesarchiv R/9361/V 112917).

Der Herr Direktor

1 Diese und die folgenden Zitate: Gespräch mit Siegfried Fischbacher, 26. 11. 2018.

2 Gespräch mit Gisela Bernhard, 2. 12. 2016 in Hamburg.

3 »Wie ein Kunststück entsteht«, o. D. in Pressealbum 1961–1963 (Kalanag-Nachlass, Stiftung Zauberkunst).

4 Gespräch mit Fritzi Krzepicki, 22. 1. 2017 in Stuttgart.

5 Tournee-Mitarbeiterbuch, Kalanag-Nachlass, Stiftung Zauberkunst.

6 Gespräch mit Fritzi Krzepicki, 22. 1. 2017.

7 »Die schwarze Schlange zaubert wieder«, *Stuttgarter Nachrichten,* 29. 4. 1961.

8 Gespräch mit Fritzi Krzepicki, 22. 1. 2017.

9 Typoskript, 2 S. (Kalanag-Nachlass, Stiftung Zauberkunst).
Auszug aus der Hausordnung der Simsalabim-Revue
»1) Pünktlichkeit und Disziplin
a) Es wird erwartet, daß die Mitglieder der Revue zu allen festgesetzten Zeiten für Proben, Besprechungen, sonstige Arbeiten und selbstverständlich auch zur Vorstellung pünktlich erscheinen. Die Geschäftsführung hat das Recht, verspätetes Eintreffen oder Versäumnis mit einer entsprechenden Geldbuße zu bestrafen.
b) Während der Proben und sonstiger Arbeiten und während der Vorstellung wird von den Mitgliedern des Ensembles unbedingte Disziplin erwartet. Das Rauchen während der Arbeit und der Proben, das Verlassen der Arbeitsstätte zu privaten Erledigungen ohne sich im Büro abzumelden wird, ebenso wie Disziplinlosigkeit, mit einer Geldbuße geahndet. [...]
5) Instandhaltung der Kostüme und Requisiten [...]
b) Die Garderobenplätze der girls wie auch anderen Ensemblemitglieder müssen tadellos aufgeräumt sein. Die Kostüme müssen auf Bügeln aufgehängt, der Tisch mit einem Tuch zugedeckt und die Schuhe geordnet und gesäubert am Platz stehen. Wer seine Kleider und Schuhe nicht

ordentlich aufräumt, ist disziplinlos.
c) Kein girl darf den Garderobenraum nach der Vorstellung verlassen, ohne sich vorher beim Captain girl abgemeldet zu haben. […]
9) Eine eigenmächtige Entfernung vom Spielort ist verboten. Das Verlassen einer Spielstadt in einem Umkreis von mehr als 30 km muß in jedem Einzelfall dem Büro vorher gemeldet werden, auch wenn es sich um Privatangelegenheiten handelt […]
10) Verschiedenes
a) Ein Zusammenleben (Konkubinat) lediger Ensemblemitglieder verschiedenen Geschlechts ist untersagt.
b) Den Damen ist der Aufenthalt in den Herrengarderoben und den Herren der Aufenthalt in den Damengarderoben nicht gestattet. Sie haben sich ausschließlich in ihren eigenen Garderoben umzuziehen. Auch der Requisitenraum ist nur insoweit zu betreten, als dies während der Vorstellung erforderlich ist. […]
e) Das Empfangen von Besuchern aller Art, auch früherer Ensemblemitglieder, auf der Bühne, in den Garderoben, Gängen etc. ist streng untersagt […]
i) Irgendwelche äußere Veränderungen der Ensemblemitglieder an ihrem Gesicht, der Frisur (Schnitt, Haarfarbe oder Dauerwelle) bedürfen der vorherigen Zustimmung der Geschäftsführung. Eine Zuwiderhandlung wird als Kontraktbruch betrachtet und berechtigt die Geschäftsführung zur sofortigen Entlassung.
k) Die girls sind verpflichtet, insbesondere auf Reisen, auf ihre äußere Erscheinung zu achten, d. h. sie dürfen nicht mit Lockenwicklern im Haar herumlaufen oder im Pyjama oder anderer ungeeigneter Kleidung in Kantinen oder Restaurants erscheinen.«

10 Gespräch mit Ursula Demharter, 4. 11. 2020.
11 Gespräch mit Gitta Reinberger, 5. 8. 2017.
12 Gespräch mit Gisela Bernhard, 2. 2. 2016.
13 Gespräch mit Lilo Litobarski, 27. 5. 2019.
14 Gespräch mit Gitta Reinberger, 5. 8. 2017.
15 Gespräch mit Ursula Demharter, 4. 11. 2020.
16 Gespräch mit Gitta Reinberger, 5. 8. 2017.

Die doppelte Brigitte

1 Kalanag gastierte ab Donnerstag 2. 10. 1952 einen Monat im Deutschen Theater, München.
2 »Auto von der Bühne weggezaubert«, *Eschenbach-Kemnather Tagblatt,* 11. 10. 1952.
3 »Er verzaubert eine Welt«, *Die Welt,* 20. 9. 1952.

4 »Des Kanzlers lieber General«, *Der Spiegel,* 22.9.1954.
5 *Die Südpost,* 4.10.1952.
6 Siegfried Sommer, »Vorsicht – ein Zauberer!«, *Süddeutsche Zeitung* 3.10.1952.
7 *Berlin Programm,* Heft 25, 1.–10.9.1959, in Pressealbum 1956–1960 (Kalanag-Nachlass, Stiftung Zauberkunst).
8 Gespräch mit Brigitte Löser, 29.9.2015 in Garmisch-Partenkirchen.
9 Gespräch mit Brigitte Löser, 29.9.2015.
10 Gespräch mit Brigitte Löser, 29.9.2015.
11 *Magie* 1926, 15.
12 Gespräch mit Wolfgang Ketelsen, dessen Vater Conny Kostümschneider bei Kalanag war, 23. 2.2017 in Hamburg

Der Geheimagent

1 *Die Tat,* Zürich, 30.11.1952, in Pressealbum 1951–1952 (Kalanag-Nachlass, Stiftung Zauberkunst).
2 *Neue Zürcher Zeitung,* 20.11.1952.
3 Maître Kalanag ist »der einzige, der die Zürcher Parknot elegant und gebührenfrei gelöst hat«, *Volksrecht,* 4.12.1952.
4 »›Simsalabim‹, die Zauberrevue im Corso«, *Neue Zürcher Zeitung,* 29.11.1952. (Pressealbum 1951–1952– 0239.)
5 Special Agent Report John B. Miles, 12.5.1953. Ich danke Ian Sayer für die Möglichkeit der Einsichtnahme.

Die Verzauberung der Welt

1 Pressealbum 1955–1956 (Kalanag-Nachlass, Stiftung Zauberkunst).
2 Englisches Plakat. Abgedruckt in Claude Klingsor, *Recollections of Kalanag,* o.O, 1997, 23.
3 Kalanag, *Magier,* 196.
4 Kalanag, *Magier,* 221.
5 Vgl. Kalanag, *Magier,* 110.
6 »Der Copperfield der Fünfziger bezaubert noch ein halbes Jahrhundert später«, *Stuttgarter Zeitung,* 22.1.2003.
7 Kalanag, *Magier,* 50.
8 Vgl. *Magie* 1983, 357.
9 Programmheft »Bezauberndes Rendez-vous mit Lycra«, 17.10.1963, Köln (Kalanag-Nachlass, Stiftung Zauberkunst).
10 Kalanag, *Magier,* 149.
11 Kalanag, *Magier,* 161.
12 Kalanag, *Magier,* 163.

13 *Magie* 1963, 49.
14 1943 präsentierte Orson Welles im New Yorker Mercury Theater die »Mercury Wonder Show«, eine magische Unterhaltungsrevue für US-Truppen. Die Szene, in der er Marlene Dietrich von zwei G.I.s zersägen lässt, wurde im gleichen Jahr in den Universal Studios für den Film *Follow The Boys* gedreht. Vgl. Barton Whaley, *Orson Welles. The Man Who Was Magic*, 2006.
15 Kalanag, *Magier*, 87. Schreibers Mitarbeiterin bei der Bavaria, die Dramaturgin Erika Beyfuß, behauptete bei einer Vernehmung in Sachen Schreiber durch den Prüfungsausschuss des Kulturrates in Hamburg am 30. 1. 1946, sie habe früher für Einstein gearbeitet und sei deshalb von den Nazis verfolgt worden. Schreiber habe sie aber vor der von Hans Hinkel geforderten Entlassung geschützt (Bundesarchiv R/9361-V/155040).
16 *Hamburger Abendblatt*, 20./21. Juni 1953, in Pressealbum 1953–1955 (Kalanag-Nachlass, Stiftung Zauberkunst).
17 Kalanag, *Magier*, 211 f.
18 Kalanag, *Magier*, 211.
19 *Magie* 1938, 279.
20 Kalanag, *Magier*, 212.
21 Sein amerikanischer Geschäftspartner Harold Steinmann empfahl Kalanag in einem Brief vom 17. 4. 1957, die Preise zu senken und in kleineren Theatern aufzutreten: »I hope when you lower the prices in Sao Paulo it will mean good business so you can stay and play longer … For whatever time you have waiting for the ship to sail, is it possible for you to work out some deal with a larger movie house to give an hour show with just the people you will bring to the United States? I know it isn't what you would like and you may think it will hurt your prestige, but don't worry about prestige – nothing will matter what you did down there after we start here.« (Kalanag-Nachlass, Stiftung Zauberkunst).
22 Vgl. Gabe Fajuri, »Kalanag«, *Magicol*, August 1999, 15–20.
23 Fajuri, »Kalanag«, *Magicol*, August 1999, 16.
24 *The Detroit News*, 16. 10. 1957.
25 Fajuri, »Kalanag«, *Magicol*, August 1999, 18.
26 Abgedruckt in Bernhard Schmitz und Michael Sondermeyer, *Helmut Schreiber Kalanag. Begleitheft zum Kalanag-Kalender 2017* (Stiftung Zauberkunst), Nottuln-Appelhülsen 2016.
27 *Hugard's Magic Monthly*, November 1957, 65.
28 *Hugard's Magic Monthly*, November 1957, 65.
29 Pressealbum 1956–1960, 57 (Kalanag-Nachlass, Stiftung Zauberkunst).
30 Der Pass hängt in der Bar des Magischen Zirkels von Hamburg.

Vergib uns unsere Sünden

1 Gespräch mit Lore Meyer, 18. 4. 2019.
2 Gespräch mit Brigitte Schreiber, 6. 6. 2019.
3 Gespräch mit Michael Holderried, 7. 4. 2017. Vgl. auch Holderrieds Kommentar in dem Radiofeature »Simsalabim, da bin ich wieder. Kalanag: Ein Zauberer aus Deutschland« von Paul Kohl, gesendet am 23. 10. 2011 im SWR2.
4 Privatbesitz Brigitte Schreiber.
5 Gespräch mit Lore Meyer, 7. 6. 2019.
6 Gespräch mit Niki Hermans, 24. 5. 2019.
7 Ibid.
8 Gespräch mit Brigitte Schreiber, 7. 6. 2019.
9 Gespräch mit Lilo Litobarski, 27. 5. 2019.
10 Gespräch mit Ursula Demharter, 4. 11. 2020.
11 »Die schwarze Schlange zaubert wieder«, *Stuttgarter Nachrichten*, 29. 4. 1961.
12 Gespräch Lilo Litobarski, 27. 5. 2019.

Freies Fernsehen

1 »Die Show für den Mülleimer. 10 Jahre ZDF«, *Funk Uhr* 1973 o. D. (Kalanag-Nachlass, Stiftung Zauberkunst).
2 Rüdiger Steinmetz, *Freies Fernsehen: Das erste privat-kommerzielle Fernsehprogramm in Deutschland*, Konstanz 1996, 300.
3 »Mit beschränkter Haftung«, *Der Spiegel*, 10. 8. 1960.
4 »Mit beschränkter Haftung«, *Der Spiegel*, 10. 8. 1960.
5 »Mit beschränkter Haftung«, *Der Spiegel*, 10. 8. 1960.
6 »Er hat sich nie als ›Dr.‹ vorgestellt, aber er hat andere auch nicht korrigiert, wenn sie es taten.« Gespräch mit Lilo Litobarski, 27. 5. 2019.
7 Vertrag mit dem SR vom 4. 3. 1958 (Stiftung Zauberkunst). Vgl. Alfred Czernewitz, »Helmut Schreiber-Kalanag. Eine Dokumentation aus dem Horst-Müller-Archiv«, *Magie* 1993, 447–455; 453.
8 Wolfgang Brenner, »Der Bundeskanzler hatte es satt«, *Frankfurter Allgemeine Zeitung*, 25. 3. 2013.
9 »Zaubert Kalanag das zweite Fernsehen-Programm?«, *Neue Presse*, *23. Juni 1960* (Kalanag-Nachlass, Stiftung Zauberkunst).
10 »Schwarze Schlange«, *Der Spiegel*, 28. 9. 1960.
11 Kalanag trat auf einer Präsentation der Firma Lycra am 17. Oktober 1963 abends im Restaurant Flora des Botanischen Gartens in Köln auf.
12 »Schwarze Schlange«, *Der Spiegel*, 28. 9. 1960.

13 »Zweites Fernsehen ist schon da. Ohne Tricks und faulen Zauber«, Magazinausschnitt o. D. (Kalanag-Nachlass, Stiftung Zauberkunst).
14 »Mit beschränkter Haftung«, *Der Spiegel,* 10. 8. 1960.
15 »Schwarze Schlange«, *Der Spiegel,* 28. 9. 1960.
16 »Schwarze Schlange«, *Der Spiegel,* 28. 9. 1960.
17 Fotoalbum (Kalanag-Nachlass, Stiftung Zauberkunst).
18 Tageskritiken von A. N. Schneider, Bundesarchiv B 263/111. Zitiert in Steinmetz 1996, 379.
19 Schreiber an Volkmar Hoffmann *(Frankfurter Rundschau),* 21. 9. 1960 (Kalanag-Nachlass, Stiftung Zauberkunst).
20 Schreiber-Kalanag an Heinz Schmidt, 21. 9. 1960 (Kalanag-Nachlass, Stiftung Zauberkunst). Zum Konflikt zwischen Schreiber und seinem Vorgesetzten beim Freien Fernsehen, dem Remigranten Ernest Borneman, vgl. Rolf Aurich, Wolfgang Jacobsen: *Ernest Borneman. Film. Fernsehen. Fremde,* München 2015, S. 69–77.
21 »Schwarze Schlange«, *Der Spiegel,* 28. 9. 1960.
22 Helmut Schreiber-Kalanag an Prof. Dr. Dr. Gladenbeck, 23. 9. 1960 (Kalanag-Nachlass, Stiftung Zauberkunst).
23 Zit. in Steinmetz 1996, 339.
24 Schreiber-Kalanag an Heinz Schmidt, 21. 9. 1960 (Kalanag-Nachlass, Stiftung Zauberkunst).
25 Steinmetz 1996, 379.
26 Gespräch am 17. 4. 2017, London.
27 David Berglas an Malte Herwig, 20. 9. 2017.
28 Hannes Höller, *European Jewish Magicians 1933–1945,* Düsseldorf 1999, 38 f.
29 *Genii,* Mai 2007, 50.
30 Im Kalanag-Nachlass ist eine Besetzungsliste erhalten geblieben (Stiftung Zauberkunst).
31 Gespräch am 17. 4.2017 in London.
32 Aufzeichnung vom 28. 11. 1960. Danke an das ZDF-Archiv.
33 Magie 1932, 39. Der in der Magie 1959 erwähnte »Herr Berglas, früher Berlin, der dann und wann im Magischen Zirkel verkehrte und bei keiner offiziellen Veranstaltung fehlte«, wie es in einer doppeldeutigen Formulierung heißt, ist also nicht der Vater, sondern der Onkel von David Berglas. *Magie* 1959, 270.

Ehrlicher Schwindel

1 Privatbesitz Malte Herwig.
2 Kalanag-Nachlass, Stiftung Zauberkunst.
3 In diesem Fall der bayerische Wirtschaftsminister Dr. Otto Schedl.

Kalanag schnitt den Hinweis in einem Artikel aus der Abendzeitung vom 4. 10. 1963 aus und klebte ihn ins Pressealbum.
4 »Torwart Klett wie Kalanag«, *Abendzeitung*, 2. 12. 1963.
5 *Süddeutsche Zeitung*, 21. 11. 2015.
6 »Schöne Erholungsstätten in Nähe des Waldsees«, *Württemberger Nachrichten*, 28. 9. 1962.
7 »Die Eier verschwanden vom Frühstückstisch. Zu Besuch bei dem berühmten Zauberer Kalanag«, o. D. (Stiftung Zauberkunst).
8 Gespräch mit Brigitte Löser, 29. 9. 2015 in Garmisch-Partenkirchen.
9 Vgl. Susan Schuchert, »Fornsbach in der Zeit des Nationalsozialismus«, Typoskript (mit Dank an Christian Schweizer).
10 Kalanag, *Magier*, 56.
11 Gespräch mit Lilo Litobarski, 27. 5. 2019.
12 Alexander Adrion (Hrsg.), *Die Memoiren des Robert-Houdin*, Düsseldorf 1969, 9.
13 Ibid. 8, 54ff.
14 Ibid. 9.
15 S. Rettenmoser, »Er ist wieder da«, *Abendzeitung*, o. D., Pressealbum 1961–1963 (Kalanag-Nachlass, Stiftung Zauberkunst).
16 »Adabei«, *Express*, o. D. (Juni 1961). Pressealbum 1961–1963 (Kalanag-Nachlass, , Stiftung Zauberkunst).
17 Ludwig Heinrich, »Simsalabim fürs Fernsehen«, *Express*, 13. Juli 1961.
18 »Magische Chirurgie«, *8 Uhr Blatt*, 16. 10. 1961.
19 Gespräch mit Lilo Litobarski, 27. 5. 2019.
20 »Ein bezaubernder Hexenmeister«, *Süddeutsche Zeitung*, o. D. (Oktober 1961).
21 »Ein bezaubernder Hexenmeister«, *Süddeutsche Zeitung*, o. D. (Oktober 1961).
22 Vgl. Dieter Buslau, »Kalanag. König der Magier. Tatsachenbericht über einen der größten Zauberkünstler unserer Zeit«, *Die Zauberkugel*, 1. Jg. (1967), 86.
23 Gespräch mit Heidi und Heike Koehn, 26. 6. 2019 in Hamburg.
24 Ibid.
25 Gespräch mit Gisela Bernhard, 2. 1. 2017 in Hamburg.
26 Hans-Peter Holbach, »Kalanag – umstritten?«, *Zauberbrille*, o. D., Pressealbum 1961–1963 (Kalanag-Nachlass, Stiftung Zauberkunst).

Das Herz des Zauberers

1 Ärztliche Bescheinigung zur Vorlage beim Finanzamt von Dr. med. Niko Schmücker, 14. 4. 1958 (Kalanag-Nachlass, Stiftung Zauberkunst).

2 Arztbrief Dr. med. Peter Schulze, München, o. D. (Kalanag-Nachlass, Stiftung Zauberkunst).
3 Ärztliches Attest von Dr. med. Peter Schulze, München, 26. 10. 1961 (Kalanag-Nachlass, Stiftung Zauberkunst).
4 Adumbran Beipackzettel (Kalanag-Nachlass, Stiftung Zauberkunst).
5 Gespräch mit Lilo Litobarski, 27. 5. 2019.
6 Gespräch mit Brigitte Schreier, 7. 6. 2019.
7 Grußkarte Helmut Schreiber an Gloria, o. O., o. D. (Dezember 1962), Kalanag-Nachlass, Stiftung Zauberkunst.
8 Vgl. Alfred Czernewitz, »Helmut Schreiber-Kalanag. Eine Dokumentation aus dem Horst-Müller-Archiv«, *Magie* 1993, 447–455; 454. Am 24. 11. 1963 notierte Kalanag eine »List of Expenses for Appearance on BBC-TV in London«, nach der sich die Kosten auf 16 664,75 DM beliefen (Stiftung Zauberkunst).
9 Ärztlicher Befund vom 11. 1. 1964. Vgl. Czernewitz, »Helmut Schreiber-Kalanag. Eine Dokumentation aus dem Horst-Müller-Archiv«, 454.
10 *Magie* 1963, 402.
11 Ärztlicher Befunde betr. »Herrn Kalanag (Dr. Schreiber) Helmut, geb. 31. 1. 05)« von Dr. med. Josef Link, Kreiskrankenhaus in Gaildorf, 11. 1. 1964 (Kalanag-Nachlass, Stiftung Zauberkunst). Wie man sieht, starb Kalanag aus ärztlicher Sicht sogar mit Doktortitel und um zwei Jahre verjüngt.
12 Todesanzeige, Kalanag-Nachlass, Stiftung Zauberkunst. Sterbeurkunde Nr. 98/1963 vom 30. 9. 1964 (Stiftung Zauberkunst). Vgl. Czernewitz, »Helmut Schreiber-Kalanag. Eine Dokumentation aus dem Horst-Müller-Archiv«, 455.
13 »Abschied von Kalanag«, *Magie* 1964, 37.
14 »Nicht ab 4. Dezember, sondern ab 4. Januar wird Kalanag ›Wartburg‹ mit Fahrer auf der Bühne des Friedrichstadt-Palastes verschwinden lassen und andere sensationelle Tricks zeigen.« *Berliner Zeitung*, 4. 12. 1963.
15 *Magie* 1964, 37.

Die sieben Schlüssel

1 Zit. in Val Andrews, *Die 7 Schlüssel von Kalanag*, 62.
2 Gespräch mit C.-J. Schröder, Hamburg, 7. 12. 2020. Schröder berichtet, wie Punx ihm einmal erzählte, er habe einen Pianisten »gerettet«, der mit ihm auftrat, weil der nach 1945 aufgrund seiner SS-Vergangenheit keine Anstellung bekommen habe.
3 So erzählte es Margarethe Sedlmeier dem jungen Zauberkünstler Mi-

chael Holderried, der mit seinem Vater Sebastian (»Bastino«) dort nach Kalanags Tod oft zu Besuch war.

4 Vgl. Czernewitz, »Helmut Schreiber-Kalanag. Eine Dokumentation aus dem Horst-Müller-Archiv«, 453.

5 Gloria an Brigitte, 2.5.1969. Privatbesitz.

6 *Magie* 1986, 54.

7 Gespräch mit Ursula Demharter, 7.5.2020.

8 Am 15.9.1962 wurde in Hamburg ein Reisepass auf den Namen Anneliese Heinrich ausgestellt (Privatbesitz Brigitte Schreiber).

9 Gloria an Brigitte Schreiber, 13.7.1968. Privatbesitz.

10 So das Nummernkonto 913 Handelsbank in Zürich. Die Konten Nr. 62 594 und 60156 auf der Kreissparkasse in Murrhardt. Das Girokonto Nr. 43/1886 und das Sparkonto Nr. 43–603 508 bei der Neuen Sparcasse von 1864 in Hamburg. Das Konto Nr. 746–43 bei der Städtischen Girokasse in Stuttgart. Aus den Kontounterlagen ging hervor, dass Helmut Schreiber regelmäßig hohe fünfstellige Geldbeträge hin und her bewegte. Er nutzte das Hamburger Girokonto, das offiziell unter dem Namen seiner Tochter lief, für regelmäßigen Transfer großer Summen: am 26. August 1958 eine Lastschrift über 50000 DM in bar. Am 10. November 1958 eine Überweisung von 24241,07 DM. Am 11. November 1958 überwies er 70000 DM an seinen Freund Adolf Höschle, am 26. Mai 1959 folgte eine Lastschrift über 11 000 DM per Scheck. Vor Weihnachten 1959 überwies er 10000 DM an sich selbst: »Helmut Schreiber Stuttgart postlagernd« (Brief Neue Sparcasse Hamburg an Brigitte Schreiber c/o Gloria, Pension Stella, 8 Avenue Winston Churchill, Brüssel, 25.7.1968. Privatbesitz).

11 »Dass Dein Vater, wie manchmal vermutet, so dumm gewesen sein sollte, eine Verfügung zu treffen, dass ich erst verstorben sein muss, ehe Du offiziell erben kannst, das glaube ich nicht. Denn wenn ich noch 15 Jahre lebe, könnte das gesamte Geld entwertet sein.« (Brief Gloria an Brigitte, 5.9.1968. Privatbesitz.)

12 Die Erbsache Helmut Schreiber-Kalanag war ein Rätsel, das bald ein halbes Dutzend Anwälte beschäftigte. Ein Problem waren Glorias zahlreiche Namen: Aus Anneliese Voss war Anneliese Schreiber war Gloria de Vos geworden und schließlich Gloria Lehmann-de Vos. Dreimal war sie verheiratet gewesen. Die erste Ehe mit einem Mann namens Hufnagel hatte nur kurz gehalten. Er interessierte sich nicht wirklich für Frauen (Gespräch mit Lore Meyer, 18.4.2019. Privatbesitz). Um ihre Ansprüche auf die Gelder diverser Konten nachzuweisen, musste sie Heiratsurkunden vorlegen, »damit man sich in der Folge meiner Namen zurechtfindet« (Brief Gloria an Brigitte, 5.7.1968. Privatbesitz).

13 Gloria an Brigitte, 21.11.1968. Privatbesitz.

14 Gloria an Brigitte, 2. 5. 1969. Privatbesitz.

15 Gloria an Brigitte, 2. 5. 1969. Privatbesitz. In den Briefen, die Gloria an ihre Tochter schrieb, wird deutlich, dass es oft Streit zwischen ihr und Kalanag gegeben hatte. »Er konnte gegenüber meiner Mutter aufbrausend sein, sie lagen sich oft in den Haaren«, erinnert sich Brigitte Schneider. Die Ursache suchte Gloria in einem schweren Unfall, den er im Jahr 1936 gehabt hatte. Er hatte sich durch einen Sturz bei einem Motorradrennen einen Bruch an der Wirbelsäule zugezogen und lag wochenlang gelähmt in einer Klinik (vgl. den Artikel »Der Produktionsleiter Helmut Schreiber«, *Filmwelt,* 2. 5. 1937). Seitdem stimmte etwas nicht mehr mit seinem Hirn, glaubte Gloria: »Das würde auch in den Jahren, mit dem ich mit ihm zusammen gelebt habe die eigentümlichen Wutausbrüche erklären, vor denen wir alle manchmal ratlos standen, denn meistens war es um nichts.« (Gloria an Brigitte, 2. 5. 1969). Als die Mutter den Verdacht schöpfte, dass ihre Tochter ihr nicht die ganze Wahrheit sage und von Kalanag als Alleinerbin eingesetzt worden sei, war ihre Enttäuschung maßlos. »Ich habe Dir damals versprochen, dass ich Dich nicht verklagen werde. Allerdings habe ich auch gesagt, dass ich diese menschliche Enttäuschung von Deinem Vater nicht überwinden würde. Nun, es ist ein Jahr vergangen und ich habe mir überlegt, dass er ja eine Zeitlang nicht gut auf mich zu sprechen war und dass ich mich damit abfinden muss, wenn ich diese Wahrheit erfahre.« (Gloria an Brigitte, 2. 5. 1969). Sie wurde zunehmend verbittert und argwöhnte, dass Kalanag sein Gift aus ihrem zerrütteten Verhältnis verspritzt habe, um sie und ihre Tochter auch noch auseinanderzubringen: »Das wäre wirklich das Allerschlimmste was mir passieren kann, es genügt mir wahrhaftig 5 Jahre meines Lebens verloren zu haben mit all dem Gift und den Gehässigkeiten die er mir als stolzes Erbe hinterlassen hat.« (Gloria an Brigitte, 2. 5. 1969). Es gebe nur eine Erklärung, wie sie Brigitte schrieb: »Dein Vater (hatte) ein beginnendes Gehirnsyndrom!!!« (Gloria an Brigitte, 2. 5. 1969). Also habe er beim Verfassen seines Testaments nicht mehr bei klarem Verstand sein können. Misstrauisch sei er in jedem Fall gewesen, sonst hätte er sie nicht bei ihrer vorletzten Begegnung gefragt, ob sie ihm in der Schweiz nachspüre. Im Kalanag-Nachlass der Stiftung Zauberkunst ist die Abschrift eines Testaments vom 27. 1. 1950 erhalten, in dem Schreiber seine Ehefrau zur alleinigen Erbin und die Tochter Brigitte zur Nacherbin bestimmt.

16 Gloria de Vos wollte in Frieden und Sicherheit leben, »weit ab vom Krisenherd, dann wäre die nächste Überlegung, dass der Besitz nicht komplett auf Grundbesitz konzentriert bleibt. Immerhin wohne ich in der Nähe des Dammes. Erstes Angriffsziel, wenn es mal donnert. Und das kommt mit Sicherheit, wenn nicht heute u. morgen, aber bestimmt

übermorgen. Die Tschechoslowakei ist erst der Anfang. Eines Tages gehört den Russen das Europa – später die Welt, denn sie sind die besseren Diplomaten. Mein ›sechster Sinn‹ sagt mir, dass es so werden wird.« (Gloria an Brigitte, 4. 9. 1968). Ihr sechster Sinn sagte Gloria, dass die Rettung der Menschheit möglicherweise von auswärts kommen würde. »Willst Du nicht auch der Ufo Gesellschaft beitreten?«, fragte sie Brigitte. »Kostet 16 DM, eine Nadel bekommst Du auch. Ich bin schon Mitglied. Einzige unpolitische Vereinigung der Welt.« (Gloria an Brigitte, 24. 2. 1969).

17 Gloria an Brigitte, 2. 5. 1969. Privatbesitz.
18 Gloria an Brigitte, 13. 7. 1968. Privatbesitz.
19 Gloria an Brigitte, 13. 7. 1968. Privatbesitz.
20 Gloria an Brigitte, o. D. Privatbesitz.
21 Gloria an Brigitte, 4. 9. 1968. Privatbesitz.
22 Gespräch mit Lore Meyer, 18. 4. 2019. Privatbesitz.
23 Gespräch mit Lore Meyer, 7. 6. 2019 in Kassel.
24 Gespräch mit Lore Meyer, 7. 6. 2019.
25 Horst Müller, »Der Präsident berichtet«, *Magie* 2 (1986), 54.

Nachwort

1 Gespräch mit Siegfried Fischbacher, 26. 11. 2018.

Bildnachweis

Ein Großteil der Abbildungen im Bildteil stammt aus dem Archiv der Stiftung Zauberkunst in Nottuln-Appelhülsen. Wir danken der Stiftung und den weiteren Bildgebern für die freundliche Genehmigung zum Abdruck.

Folgende Abbildungen im Bildteil stammen aus einer anderen Quelle als der Stiftung Zauberkunst:

Herrmann Göring am Filmset (S. 3): SZ Photo/Süddeutsche Zeitung Photo

Das Glückwunschschreiben Hitlers an Helmut Schreiber (S. 5): Auktionshaus ratisbon's

Anneliese und Helmut Schreiber mit Hitler bzw. Eva Braun auf dem Obersalzberg (S. 6): Bildarchiv der National Archives at College Park, Maryland, Fotos: Heinrich Hoffmann

Die große Schwebeillusion (S. 10): Sammlung Wittus Witt, www.zauber-pedia.de

Das Kalanag-Fenster (S. 16): Sebastian Holderried

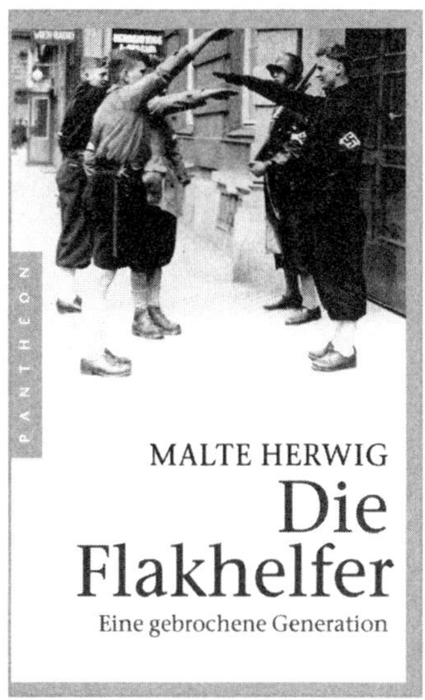

»Malte Herwigs Studie ist ein Muss-Buch.«

Die Welt

Die Flakhelfer: eine Generation zerrissen zwischen zwei Welten. Sie waren fast noch Kinder, als man sie an der Front verheizte. Ihre jugendliche Begeisterung für Hitler und den Nationalsozialismus trieb sie an. Viele von ihnen prägten nach 1945 als prominente Politiker, Künstler, Wissenschaftler die junge Bundesrepublik. Sie taten sich hervor als engagierte Demokraten, ihr Wirken im NS-Regime aber verschweigen oder verdrängen die meisten bis heute.

»Er fordert die Wahrheit, ohne anzuklagen – das macht die Qualität seines Buches aus.«

DIE ZEIT

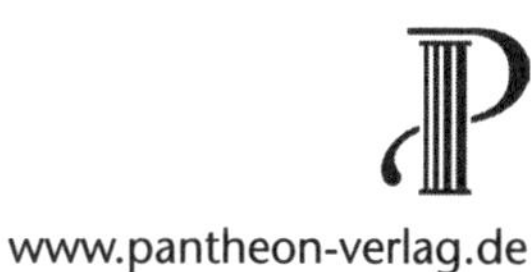

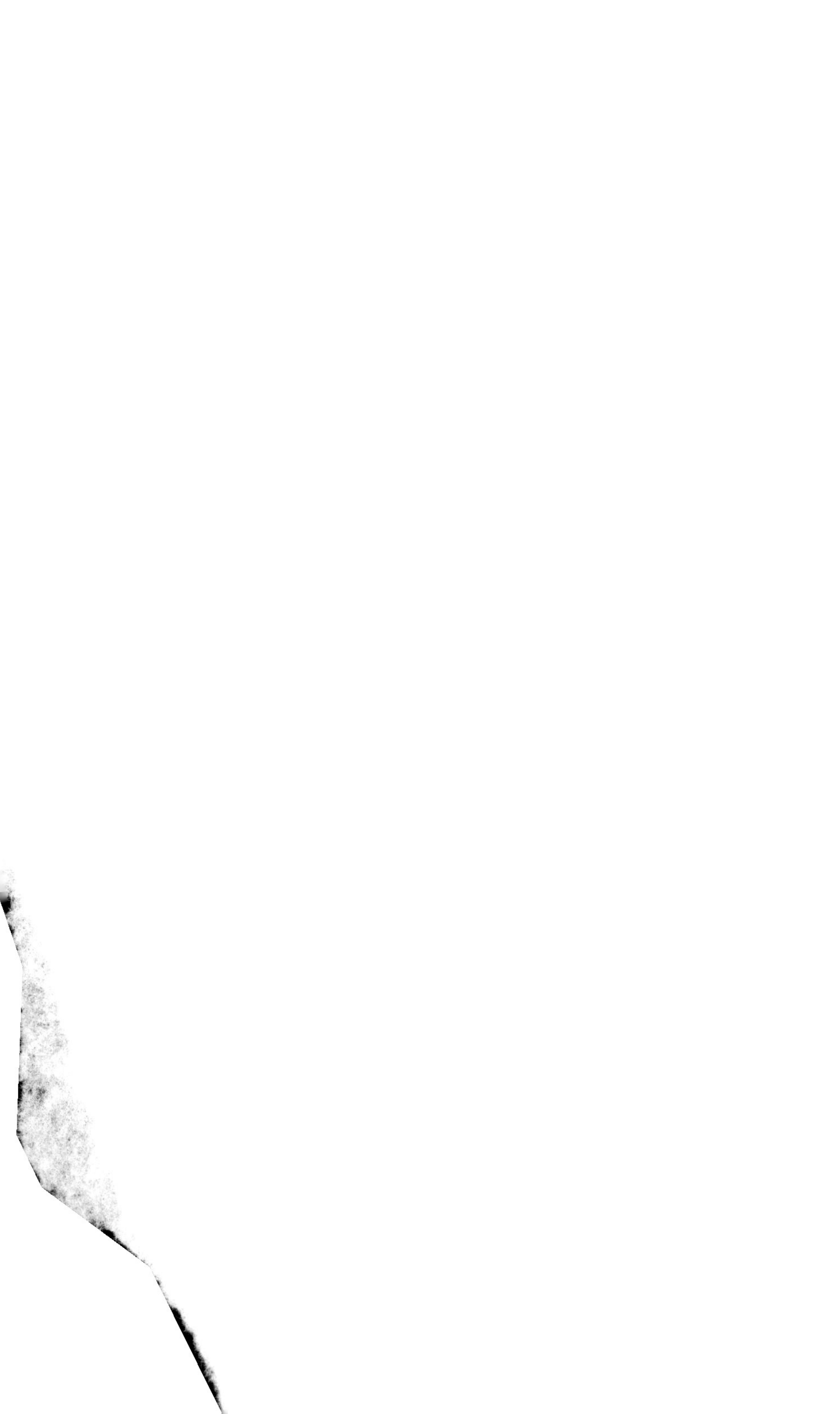

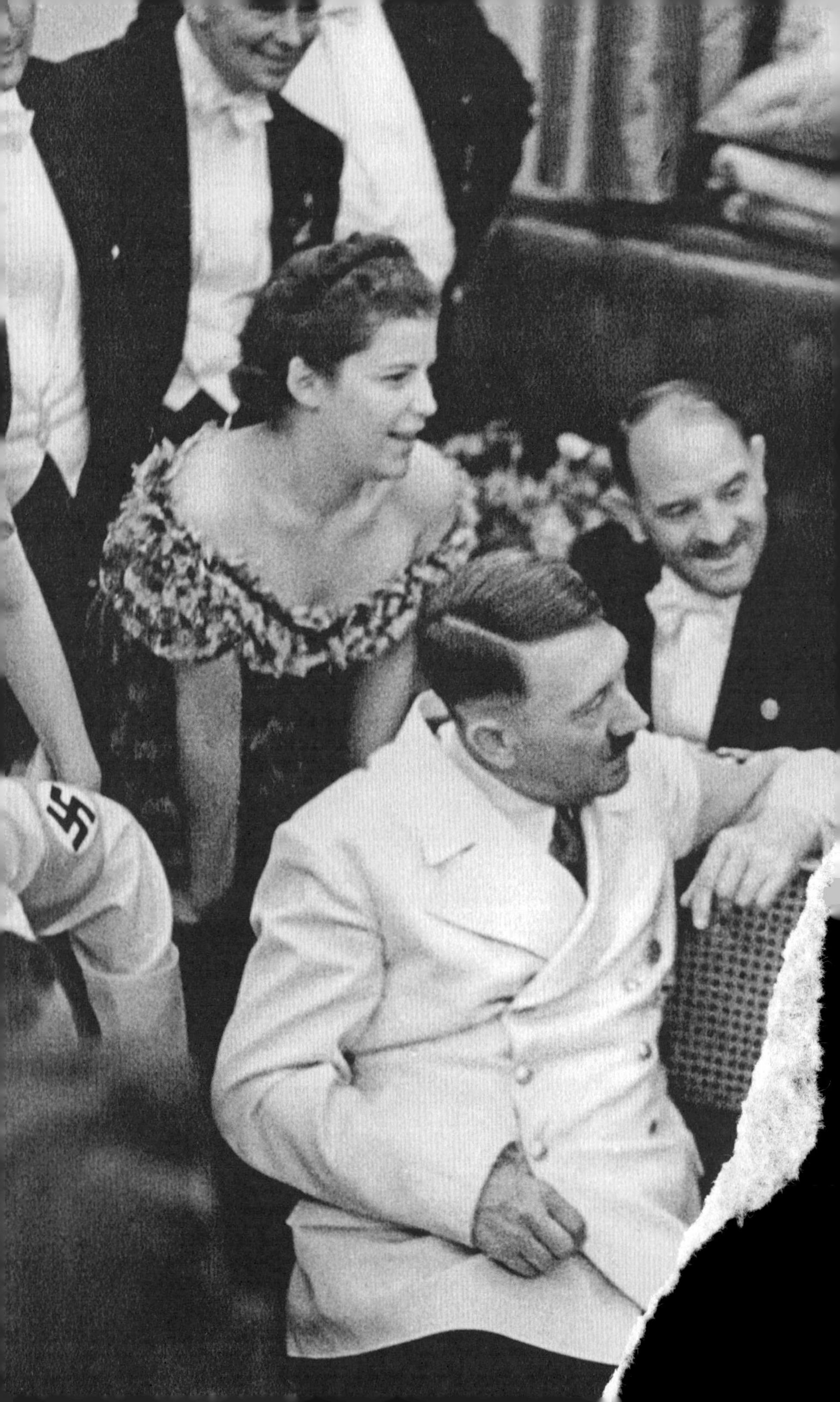